黑龙江省精品工程专项资金资助出版

船舶舾装技术丛书（第四分册）

钢质海船的防腐蚀及安全营运

主　编　叶邦全

副主编　桑　巍　黄　维　施海涛

主　审　孙明先

哈尔滨工程大学出版社

Harbin Engineering University Press

内容简介

本分册包括两大部分,即钢质海船防腐蚀保护及船舶安全营运。

钢质海船防腐蚀保护是从钢质船舶结构的腐蚀机理出发,阐明了钢材及其结构物的表面处理方法,进而叙述了表面涂层保护、牺牲阳极保护以及外加电流阴极保护等方法的原理、材料、设备组成和设计方法。

船舶安全营运的内容包括航行设备、桅樯及信号设备、船用消防器材、失事堵漏器材、船舶外部和内部标志以及直升机甲板设施。本书对这些设备做了全面系统的论述,包括设备的类型和构造,有关规范规则中对这些设备的构造及配置方式的要求,并附有大量的图表。

图书在版编目(CIP)数据

钢质海船的防腐蚀及安全营运 / 叶邦全主编. — 哈尔滨:
哈尔滨工程大学出版社,2022.12
(船舶舾装技术丛书)
ISBN 978-7-5661-3347-2

Ⅰ.①钢… Ⅱ.①叶… Ⅲ.①海船-防腐②海船-船舶安全 Ⅳ.①U672.7②U698

中国版本图书馆 CIP 数据核字(2021)第 249319 号

钢质海船的防腐蚀及安全营运
GANGZHI HAICHUAN DE FANGFUSHI JI ANQUAN YINGYUN

选题策划　史大伟　薛　力　**责任编辑**　张志雯　雷　霞　**封面设计**　李海波

出版发行:哈尔滨工程大学出版社
地　　址:哈尔滨市南岗区南通大街 145 号
邮政编码:150001
发行电话:0451-82519328
经　　销:新华书店
印　　刷:武汉精一佳印刷有限公司
开　　本:787 mm×960 mm　1/16
印　　张:21.75
字　　数:414 千字
版　　次:2022 年 12 月第 1 版
印　　次:2022 年 12 月第 1 次印刷
定　　价:185.00 元
http://www.hrbeupress.com
E-mail:heupress@hrbeu.edu.cn

出　　品:船海书局　www.ship-press.com
告 读 者:如发现本书有印装质量问题请与船海书局发行部联系
服务热线:4008670886

"船舶舾装技术丛书"编写组成员

主　编

叶邦全

主　审

孙明先

副主编

桑　巍　黄　维　施海涛

组　员

王　健　李　坤　刘　刚　刘　琰　吴　彬
孟繁涛　杨　奕　杨春云　周晓葵　俞　赟
施海涛　唐　凡　桑　巍　黄　果　黄　维
黄晓雷　眭国忠　韩立维　瞿晓文

前　　言

　　船舶舾装专业内容丰富,涉及的知识范围广,许多内容直接关系到船舶的安全性、适用性、居住性和经济性。"船舶舾装技术丛书"共四个分册,即《船体设备》《船舶舱面属具》《船舶舱室设备和内装》和《钢质海船的防腐蚀及安全营运》。每一分册包括若干章节,对于舾装专业各种系统进行了全面的论述,包括各种舾装设备的型式、组成及其配置方式,有关的国际公约、法规和船级社规范的要求,以及甲板和舱室机械的型式介绍等,并附有大量图表。

　　本丛书旨在传播船舶舾装的技术知识,对于从事船舶舾装设计的技术人员是一本很好的参考书,对于从事船舶建造和设备配套工作的人员来说也是一本有用的工具书。

　　"船舶舾装技术丛书"各分册的主要修订人员如下:

　　一分册《船体设备》:第1章舵设备由吴彬负责修订;第2章锚设备由施海涛负责修订;第3章系泊设备由黄维负责修订;第4章拖曳设备由施海涛负责修订;第5章救生设备由黄维和眭国忠负责修订;第6章起重设备由 秦云根 提供;第7章货物舱舱口盖与滚装设备,其中7.1节货物舱舱口盖由刘刚负责修订,7.2节滚装通道设备由黄果和黄晓雷编写;第8章货物装载和系固由刘刚负责修订;第9章船舶减摇装置由杨奕和杨春云编写。

　　二分册《船舶舱面属具》:第1章人孔盖和小舱口盖由桑巍负责修订;第2章船用门和窗中的2.1节~2.4节,除2.3节第2.3.3条外,均由桑巍负责修订;2.3节第2.3.3条以及2.5节~2.21节由刘琰和周晓葵负责修订;第3章船用梯、第4章栏杆和风暴扶手、第5章船上专用通道、第6章天幕和第7章自然通风筒均由桑巍负责修订。

　　三分册《船舶舱室设备和内装》:第1章舱室设备,除1.6节外,由周晓葵负责修订,1.6节船用电梯由唐凡编写;第2章船舶结构防火由刘琰负责修订;第3章舱室内装材料及其构造由刘琰负责修订;第4章舱室隔热由李坤负责修订;第5章舱室甲板铺材与敷料由刘琰负责修订;第6章舱室隔声与吸声由刘琰负责修订。

四分册《钢质海船的防腐蚀及安全营运》:第1章钢质海船的防腐蚀保护,除1.5节外,由黄维、王健和韩立维负责修订,1.5节钢质海船的外加电流阴极保护由瞿晓文负责修订;第2章航行设备由施海涛负责修订;第3章桅樯及信号设备由桑巍负责修订;第4章船用消防器材由施海涛负责修订;第5章失事堵漏器材由施海涛负责修订;第6章船舶外部和内部标志由俞赟负责修订;第7章直升机甲板设施由孟繁涛负责修订。

"船舶舾装技术丛书"在编辑过程中得到了业内同人的大力支持,多位专家提供了详细、准确的资料,确保编辑工作的顺利进行,在此表示诚挚的感谢!

由于本次编辑出版工作历时两年,其中收录的技术数据、规则和规范可能有些变动,希望专业读者能够谅解并多提宝贵意见,我们将在修订或再版的时候改正过来。

希望本丛书能给广大读者带来帮助!

编者

2022 年 12 月

目　　录

第1章 钢质海船的防腐蚀保护

1.1 金属及钢质海船腐蚀的基本概念

1.1.1 金属腐蚀的基本原理

船舶与海洋工程装置中使用量最大的金属是钢铁。在海水环境下，钢铁的腐蚀速度是在大气中腐蚀速度的 10 倍，因此钢质海船的防腐蚀保护措施对船舶行业具有重要的意义。金属所具有的各种性能是因为金属有特殊的晶体结构，即晶格，如果金属的晶格被破坏，其性能也就遭到破坏。从金相学的观点看，金属的腐蚀实际上就是金属晶格被破坏，破坏的原因是金属和环境中的腐蚀剂（如水和空气等），发生化学作用或电化学作用。

（1）双电层

金属晶格是由按规则排列的金属正离子及在其间流动的自由电子所组成。如果把金属浸入电解质水溶液中，金属表面的正离子会受到水的极性分子的作用形成水化离子而进入水溶液中，在金属表面则留下当量的电子，这一过程是金属失去电子的过程，称为氧化过程，可用下式表示：

$$Me^{2+} \cdot 2e + nH_2O \longrightarrow Me^{2+} \cdot nH_2O + 2e$$

另一方面，水溶液中的水化金属离子也有与金属上过剩电子结合而回到金属表面的倾向，这一过程是金属得到电子的过程，称为还原过程，可用下式表示：

$$Me^{2+} \cdot nH_2O + 2e \longrightarrow Me^{2+} \cdot 2e + nH_2O$$

当上述两个过程的速度相等时，就建立起如下的动态平衡：

$$Me^{2+} \cdot 2e + nH_2O \longleftrightarrow Me^{2+} \cdot nH_2O + 2e$$

此时，金属的溶解就停止了，同时在金属和电解质溶液接触界面上就形成了"双电层"，如图 1-1 所示。

（2）金属电极电位

双电层的建立，使金属与电解质溶液之间形成电位差，这种电位差称为该金属

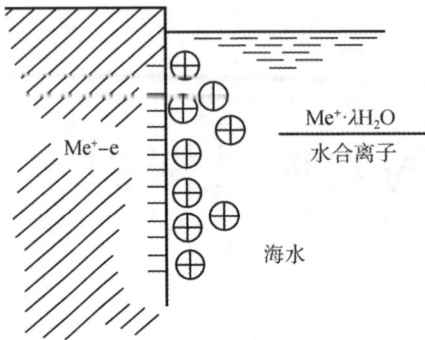

图 1-1 双电层示意图

在此电解质中的电极电位。

由于金属在海水中的化学活泼性不同，即各种金属原子离解成金属正离子和电子的难易程度不同，所以不同的金属在海水中的电极电位是不一样的。如铝在海水中的电极电位为 -0.76 V（相对于铜/硫酸铜参比电极，下同），钢为 -0.64 V，铜为 -0.32 V，锌为 -1.12 V。

当不同的金属连在一起浸在海水中时，由于海水就是电解质，所以电极电位较负的金属成为阳极受到腐蚀。这种腐蚀既有化学反应，又有电流产生，因此称为电化学腐蚀。浸没在海水中的船体和其他金属结构主要是受到这种电化学腐蚀而遭到破坏的。

1.1.2　金属腐蚀的主要类型

金属的腐蚀现象很复杂，通常可按腐蚀环境、腐蚀形态、腐蚀现象或腐蚀原因分类，而各类腐蚀往往又会互相影响或互为因果，有时一类腐蚀可能是另一类腐蚀的特例。对于同一个金属物体，往往会有几种腐蚀的联合作用，采用某些防腐蚀措施后，主要腐蚀原因得到缓解，而次要腐蚀原因可能会上升为主要原因，所以对金属腐蚀的原因要做细致的分析。

为了能更好地反映金属腐蚀的本质，可以根据腐蚀作用的机理将金属腐蚀分为化学腐蚀和电化学腐蚀两大类。

（1）化学腐蚀

金属由单纯的化学作用而引起的腐蚀叫作化学腐蚀，主要有干燥气体腐蚀和非电解质溶液中的腐蚀两种形态。

①干燥气体腐蚀。金属在干燥气体和高温条件下与某些气体介质（如 O_2、H_2S、SO_2、Cl_2 等）相互作用而生成相应化合物的过程属于化学腐蚀。例如，刚出炉的钢锭、高温铸锻成的钢铁毛坯、热处理后的零件表面就常常见到氧化皮生成。与此同时，在氧化层与金属本体（钢铁）之间常伴随发生脱碳现象，这是由于钢铁中的渗碳体（Fe_3C）和空气中的氧气、二氧化碳、水分等介质反应，生成的各种气体产物离开金属表面而逸出，于是金属表层中的碳元素不断减少，在氧化层和本体之间形成了脱碳层。正是由于钢铁表面脱碳层的形成，才导致其表面硬度、疲劳极限下降，钢材有效利用率下降。这种在高温、干燥空气中所发生的腐蚀是化学腐蚀中较为严重的一类。至于在常温下的干燥空气中，一般认为钢铁是不会生锈的，然而微

观分析,即使在常温下,空气中的氧气也会和钢铁表面发生作用,不过所生成的氧化膜很薄,肉眼观察不到。例如在常温、干燥、洁净的空气中,钢铁表面所生成的氧化膜为 0.003～0.004 μm,这样薄的氧化膜对材料的质量影响很小,以至可忽略不计。由于氧化膜比较完整和致密,氧气不易透过膜层来继续腐蚀金属,从而起到保护作用,但是,如生成的这层氧化膜不够致密,则会失去保护作用。

②非电解质溶液中的腐蚀。金属在非电解质溶液中,即不导电的溶液(如汽油、煤油、柴油、润滑油、酒精、卤代烷烃溶剂等)中也会产生腐蚀。这是由于非电解质溶液中常含有多种形式的有机硫化物等腐蚀性介质与金属表面直接反应而形成的,例如石油贮罐与管道内壁表面常会出现这类化学腐蚀。

(2)电化学腐蚀

电化学腐蚀是金属表面与周围电解质溶液间发生电化学反应而引起的金属破坏,这是一种比化学腐蚀更广泛存在、危害性更大的腐蚀类型,它的特点是腐蚀反应通过腐蚀电池进行,同时存在两个相互依存、相互独立的反应,即阳极反应和阴极反应。例如金属在潮湿空气中的大气腐蚀,在酸、碱、盐溶液和海水中的腐蚀,在地下土壤中的腐蚀,以及不同金属结合面处的腐蚀等,均属于电化学腐蚀。

(3)化学腐蚀与电化学腐蚀的区别

从金属腐蚀的本质分析,化学腐蚀和电化学腐蚀都是金属从原子态向离子态转化的氧化过程,化学腐蚀只是金属与周围介质直接进行的化学反应,而电化学腐蚀则是腐蚀微电池的电极反应过程。两种腐蚀的机理不同,却不能截然分开,有时还会相伴相生。

1.1.3 钢质海船的腐蚀环境

在各种自然环境中,海洋是最严重的腐蚀环境。海水中溶有大量的以 NaCl 为主的盐类,因此海水是自然界量最大的天然电解质溶液,具有极强的腐蚀性。海水的盐度一般在 32‰～37.5‰ 范围内变化,盐分中的氯离子会破坏和妨碍金属的钝化,被称为"金属的病毒"。

钢质海船和海上装置根据其暴露在海洋腐蚀环境下的不同部位,一般可分为以下 5 个区域:

(1)海洋大气区:飞溅区以上部分,接触海水较少,通常暴露在海洋盐雾大气中。

(2)飞溅区:从海面(对于钢质海船来说即夏季载重水线,对于海上装置来说即最高天文潮位)到海面以上 2 m 部位,经常受到波浪飞沫的喷溅。

(3)潮汐区:海平面的上下一段部位(对于钢质海船来说即从轻载水线到夏季载重水线,对于海上装置来说即从最低天文潮位到最高天文潮位),随季节、潮汐、晴雨气候以及吃水的变化,有时浸在海水中,有时露出海面。

(4) 全浸区:海平面下的部位(对于钢质海船来说即轻载水线以下部位,对于海上装置来说即最低天文潮位以下部位),常年浸在海水中不接触大气。

(5) 海泥区:埋在海底淤泥或砂土中的部位。

根据上述区域的划分,对于钢质海船来说,甲板室或上层建筑处在海洋大气区,干舷部位处在海洋大气区和飞溅区,水线部位处于潮汐区,水线以下部位处在全浸区;着底的锚及锚链处在海泥区。

从表1-1中可以看出,飞溅区腐蚀速率最大,海泥区腐蚀速率最小。飞溅区金属表面潮湿,氧气供应充分,又受到海水浪花的冲击,保护膜易受破坏,导致严重的冲击腐蚀(系指金属表面受到腐蚀,同时还受到流体冲击而遭到破坏的腐蚀现象)和空蚀(系指空泡形成和溃灭的多次循环中所引起的金属累积损坏的现象),所以腐蚀速率最大。而海泥区供氧不足,腐蚀反应较慢,但可能存在泥浆-海水界面腐蚀或者微生物的腐蚀。

表1-1 不同海洋环境中普通碳钢平均腐蚀速率

海洋环境	平均腐蚀速率/(mm/a)[①]	海洋环境	平均腐蚀速率/(mm/a)
海洋大气区	0.128	全浸区	0.090
飞溅区	0.372	海泥区	0.075
潮汐区	0.083		

注:① a——年。

在实际运用时还必须注意到点蚀的影响。如果钢材上附着层愈积愈厚或锈层太厚,容易引起局部氧气供应不足,形成微电池腐蚀,导致点蚀。点蚀量(即金属表面最大点蚀深度)与平均腐蚀量(即金属表面的平均腐蚀厚度)之比,即点蚀量/平均腐蚀量,称为点蚀系数。点蚀系数越大表示局部腐蚀越严重,在决定钢板厚度以及防腐蚀措施时,必须考虑点蚀系数,以尽可能避免危险事故的出现。

1.1.4 防腐蚀保护的主要措施

针对引起金属腐蚀的基本原理,可以采取相应的防腐蚀保护措施。

(1) 合理选用材料

根据金属所处的腐蚀环境和使用工况,正确选用耐蚀性强的材料,同时注意降低金属成本,在可能条件下用非金属材料替代。

(2) 合理设计

严格遵循设计准则,合理设计金属结构,对处于不良腐蚀环境中的构件要留有腐蚀余量;工艺上尽量采用焊接,不用铆接;尽量避免热应力;易于腐蚀部位应考虑便于换装等。

（3）采用缓蚀剂

缓蚀剂是一种可以明显降低腐蚀速度的化学物质,它有许多种类,其作用大体有以下方面:

①缓蚀剂被金属表面吸收,形成一层有防腐蚀作用的保护膜。

②在腐蚀性介质中,缓蚀剂可以减少或清除介质中的腐蚀物质,或者使促进腐蚀的催化剂失去活性。

③既能在金属表面形成保护膜,又能减少腐蚀介质的腐蚀性。

（4）采用阴极保护

所谓阴极保护,就是通过外加电流或是电化学反应,使被保护金属成为阴极,达到减少和防止腐蚀的一种保护措施。根据构成直流回路的不同方法,阴极保护可分为牺牲阳极阴极保护和外加电流阴极保护,详见本章 1.4 节和 1.5 节。

（5）采用覆盖层保护

覆盖层的作用是隔离介质,以阻碍金属表层的微电池作用,这是防止金属腐蚀最普遍而又很重要的方法。船舶上应用较普遍的是非金属覆盖层和金属覆盖层。

①非金属覆盖层,主要有涂料覆盖层和塑料覆盖层两种,其防腐蚀作用主要是将金属与腐蚀介质隔离,降低腐蚀速度。涂料覆盖层是应用最广和最古老的防腐蚀方法。涂料覆盖层的应用至今仍超过其他的防腐蚀方法。

②金属覆盖层,是用耐蚀性较强的金属或合金把容易腐蚀的金属表面紧密而牢固地覆盖起来以防止腐蚀的方法,主要形式包括电镀、化学镀、热喷镀、渗镀及热浸镀等方法。

1.2 船舶涂装前的表面处理

1.2.1 涂装前表面处理的分类

钢材表面防腐蚀涂层的有效保护寿命与涂装之前的表面处理、涂料种类、涂膜厚度及涂装工艺等许多因素有关,其中涂装前的钢材表面处理质量是影响涂膜保护性能的最主要因素。表 1-2 列出了根据国内外试验统计分析后总结的各种因素对涂层寿命的影响。

船舶涂装前的表面处理一般可分为钢材表面预处理和二次表面处理两大类,它们分别处于涂装工艺流程的不同阶段。船舶涂装工艺的流程通常如图 1-2 所示。

表 1-2　各种因素对涂层寿命的影响

影响因素	影响程度/%	影响因素	影响程度/%
表面处理质量	49.5	涂料种类	4.1
膜厚(涂装道数)	19.1	其他因素	26.5

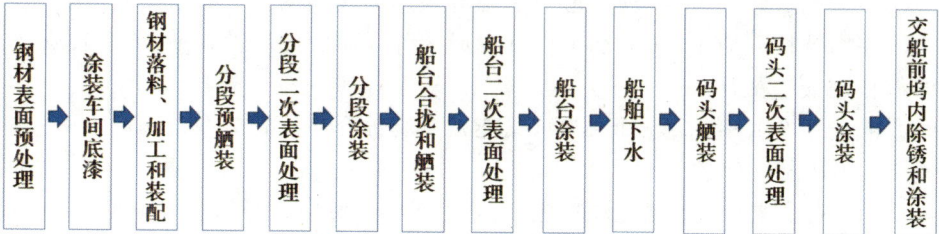

钢材表面预处理 → 涂装车间底漆 → 钢材落料、加工和装配 → 分段预舾装 → 分段二次表面处理 → 分段涂装 → 船台合拢和舾装 → 船台二次表面处理 → 船台涂装 → 船舶下水 → 码头舾装 → 码头二次表面处理 → 码头涂装 → 交船前坞内除锈和涂装

图 1-2　船舶涂装工艺流程图

从图 1-2 的流程可以看出,钢材表面预处理是整个工艺流程的开始,而在分段、船台、码头和坞内涂装前一般都需要进行二次表面处理。

1.2.2　表面预处理

钢材表面预处理,主要是指钢材在加工前(即原材料状态)应用物理或化学的方法,进行表面除锈、去除氧化皮和其他污染物,并涂覆保护底漆或形成表面钝化层的处理过程。钢材经过预处理可以提高机械产品和金属构件的抗腐蚀能力,提高钢板的抗疲劳性能,延长其使用寿命;同时还可以优化钢材表面工艺制作状态,有利于数控切割机下料和精密落料。此外,由于加工前钢材形状比较规则,有利于机械除锈和自动化喷漆,因此采用钢材预处理可大大提高清理工作的效率,减轻清理工作的劳动强度和对环境的污染。

1.2.2.1　表面预处理的主要方法

钢材表面预处理的主要方法有抛丸处理、喷丸(砂)处理、酸洗处理和磷化处理等。

(1) 抛丸处理

抛丸处理是利用抛丸机的叶轮在高速旋转时产生的离心力,将磨料以很高的线速度射向被处理的钢材表面,产生打击和磨削作用,除去钢材表面的氧化皮与锈蚀,使钢材表面露出金属本色并有一定的粗糙度。抛丸处理所用磨料通常为钢丸、铸铁丸、钢丝段、粗磨料等,不宜采用硅砂,以避免增加设备磨损和维修费用。

抛丸处理通常在密闭的环境中进行,效率很高,配以自动喷涂装置,形成除锈和车间底漆涂装一体化的自动化流水作业。图 1-3 为典型的表面预处理流水线示意图,该流水线主要分为四个区域:加热区、抛丸/清洁区、车间底漆喷涂区和干燥区,钢板通过传送带依次经过各个处理区域。

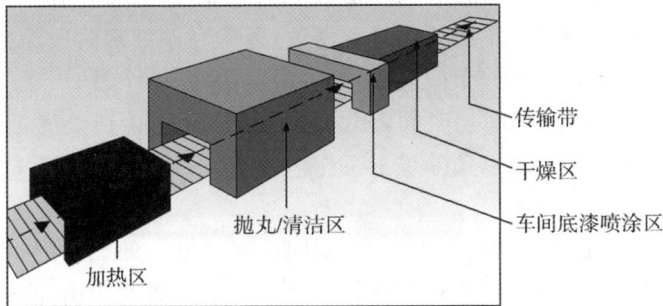

图 1-3　表面预处理流水线示意图

表面预处理流水线一般可分为钢板预处理和型材预处理两大类,两者原理相同,以钢板预处理为例,其工艺流程如图 1-4 所示。

图 1-4　钢板预处理工艺流程图

钢板原材料在流水线上通过校平、预热抛丸、喷漆、烘干等过程以达到造船所需要的表面状态。为保证流水线持续高效运转,需配备相应的除尘装置、磨料回收系统、自动喷漆系统和漆雾处理系统等。

① 校平。使用校平机对钢板变形或不平整的区域进行校平,以防止在抛丸过程中出现处理不充分及影响后期加工精度的区域。

② 预热。采用中频感应加热、液化石油气加热、热水喷淋加热等形式,除去钢板表面的水分、油污,并使钢板达到一定的温度,一般在 40 ℃左右。温度过低,不利于钢板表面水分、油污的去除,影响车间底漆的干燥。温度过高,既浪费能源,又可能造成车间底漆表面起泡等缺陷。

③ 抛丸。通过高速运动的磨料撞击钢板表面所产生的打击和磨削作用,去除后期影响涂层质量的氧化皮和锈蚀。在流水线上,通常配备磨料循环系统、磨料清

扫装置以及通风除尘装置,以提高磨料的利用率,减少金属粉尘飞扬,保证钢板表面清洁。磨料通常选用钢丸加钢砂或钢丸加钢丝段,前者和后者的比例为 $1:1\sim2:1$,磨料的直径为 $0.8\sim1.2$ mm,处理后钢材表面粗糙度为 $40\sim75$ μm。

④ 喷漆。经抛丸处理后的钢材在形成分段前需要一定周期的存放及组立过程,为了避免在此阶段产生不必要的过度锈蚀,通常在预处理阶段涂覆一层临时保养油漆,常用的是无机硅酸锌车间底漆,保养时效为 $3\sim6$ 个月。

⑤ 烘干。可缩短漆膜固化时间,使涂层的保护性能达到最优,但对于使用干性良好的车间底漆,一般可以免除烘干工作。

(2) 喷丸(砂)处理

喷丸(砂)处理是以压缩空气为动力,如同流水线抛丸处理,将磨料以一定的速度喷向被处理的钢材表面,以磨料对钢材表面的冲击和磨削作用,除去钢材表面的氧化皮、锈蚀产物及其他污物。这种处理方法主要用于分段形成后,油漆施工前的二次表面处理阶段,也可以用在未经预处理的钢材组成的分段、舾装件、结构件等,也可在没有抛丸流水线的条件下作为替代方法对原材料进行预处理。

采用这种处理方式时,一般须选用不同类型的磨料或不同粒径混合的同类型磨料,以达到处理过的钢板表面致密度比较均匀的目的。喷丸(砂)处理通常在船厂的涂装厂房内施工,一般需配备专用的空压机系统、喷丸(砂)系统、磨料回收系统、磨料筛选处理系统、除湿系统、除尘系统以及涂装相关的工艺系统等,形成独立的、不受外界环境条件限制的施工环境,相比于手工除锈,处理效率高且灵活。

(3) 酸洗处理

这是使用无机酸或有机酸与钢铁表面的氧化皮、铁锈进行化学反应,生成可溶性铁盐,然后将其从钢铁表面清除的工艺方法。

酸洗中发生的化学反应如下:

$$Fe_2O_3 + 6H^+ \longrightarrow 2Fe^{3+} + 3H_2O$$
$$FeO + 2H^+ \longrightarrow Fe^{2+} + H_2O$$

在此过程中,酸还将与铁发生反应,析出氢气。

$$2H^+ + Fe \longrightarrow Fe^{2+} + H_2$$

虽然氢分子的析出会加快铁锈和氧化皮脱离铁表面的速度,但是由于氢原子较小,很容易扩散到铁机体内部,导致金属铁的性能发生变化,降低了铁的韧性和塑性,增加了脆性,对于钢铁来说存在很大的潜在威胁。因此,酸洗处理常常被没有抛丸预处理流水线的中小型船厂用于钢材原材料的预处理;而在大型船厂中,酸洗处理方法主要用于薄板、管材、舾装件和零部件等的表面处理。

(4) 磷化处理

这是将钢铁浸入磷酸盐溶液中,使钢铁表面生成不溶于水的金属磷酸盐保护膜的化学处理方法,可提高钢铁表面的抗腐蚀能力,且可作为涂料保护的底层。 对镀锌件做磷化处理可以防止锌产生白锈腐蚀,并提高油漆对镀锌材料的附着力。

磷化处理在船厂涂装前表面处理的施工中不太常用,一般是将含磷添加剂用于涂料制造中,利用磷渗透性强的原理,使涂料在钢材表面形成一层磷化层,其与钢板表面附着力非常强,且表面粗糙,与下道涂层附着力较好,通常用于有涂装要求且表面光滑的有色金属涂装。

1.2.2.2　钢材表面处理标准

钢材表面处理的质量主要是指钢材表面的铁锈、氧化皮、旧涂层、油脂、灰尘、残留焊渣等污物的清洁程度和处理后钢材表面所形成的粗糙度的大小。世界上最早提出、最通用和为各国所公认的钢材表面处理标准是瑞典标准,即《涂装前钢材表面除锈标准》(SIS 055900—1967),这一标准是由瑞典腐蚀协会、美国材料试验学会和美国钢结构涂装委员会协同制定的。国际标准化组织色漆和清漆技术委员会涂装前钢材表面处理分会以上述标准为基础,制定了国际标准《涂装油漆和有关产品前的钢材预处理　表面清洁度的目视评定　第一部分:未涂装过的钢材和全面清除原有涂层后的钢材的锈蚀等级和除锈等级》(ISO 8501-1)。

我国发布的国家标准《涂装前钢材表面锈蚀等级和除锈等级》(GB 8923—1988),等效采用国际标准 ISO 8501-1 的第一部分,将涂装前钢材表面氧化皮覆盖程度和锈蚀状况分为 A、B、C、D 四个等级,如图 1-5 所示,主要描述如下。

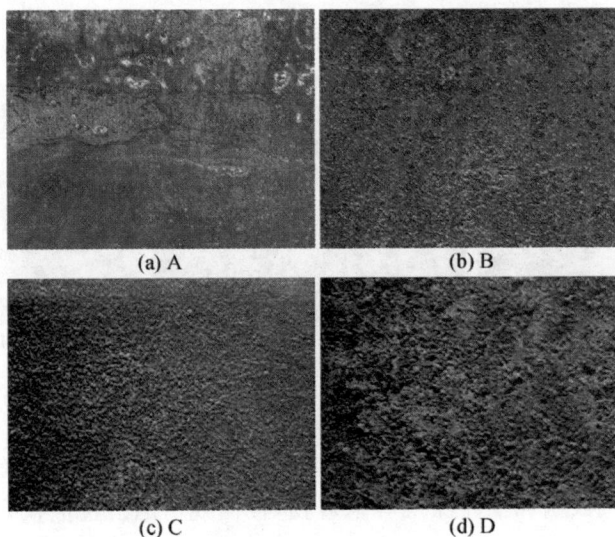

(a) A

(b) B

(c) C

(d) D

图 1-5　锈蚀等级

A：全面地覆盖着氧化皮而几乎没有铁锈的钢材表面。

B：已发生锈蚀，并且部分氧化皮已经剥落的钢材表面。

C：氧化皮已因锈蚀而剥落，或者可以刮除，并且有少量点蚀的钢材表面。

D：氧化皮已因锈蚀而全部剥离，而且已普遍发生点蚀的钢材表面。

该项标准对喷丸（砂）或抛丸除锈、手工和动力工具除锈以及火焰除锈过的钢材表面清洁度规定了除锈等级，如下所述。

（1）喷丸（砂）或抛丸除锈分为四个等级

Sa1：轻度的喷丸（砂）或抛丸除锈（见图1-6）。钢材表面应无可见的油脂和污垢，并且没有附着不牢的氧化皮、铁锈和油漆涂层等附着物。

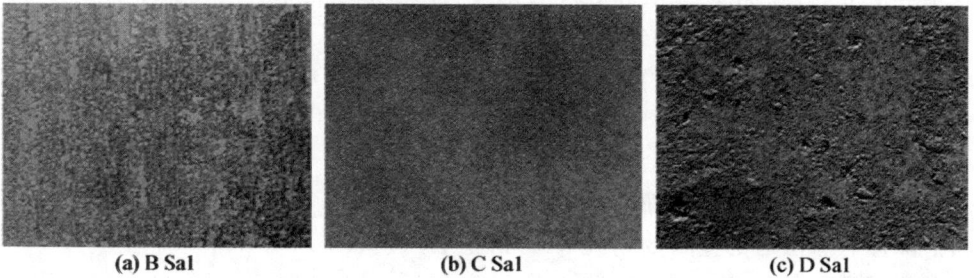

(a) B Sa1　　(b) C Sa1　　(c) D Sa1

图 1-6　Sa1

Sa2：彻底的喷丸（砂）或抛丸除锈（见图1-7）。钢材表面应无可见的油脂和污垢，并且氧化皮、铁锈和油漆涂层等附着物已基本清除，其残留物应是牢固附着物。

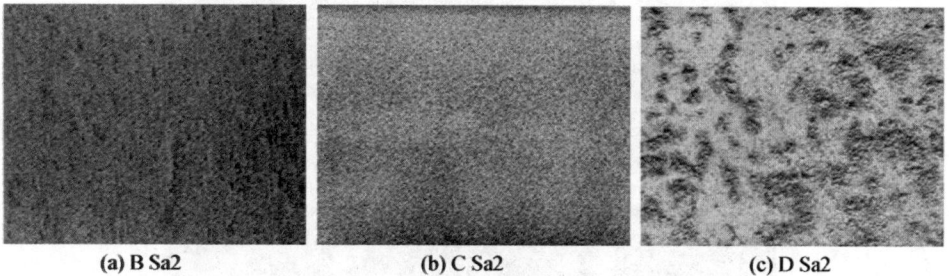

(a) B Sa2　　(b) C Sa2　　(c) D Sa2

图 1-7　Sa2

Sa2.5：非常彻底的喷丸（砂）或抛丸除锈（见图1-8）。钢材表面应无可见的油脂、污垢、氧化皮、铁锈和油漆涂层等附着物，任何残留的痕迹应仅是点状或条纹状的轻微色斑。

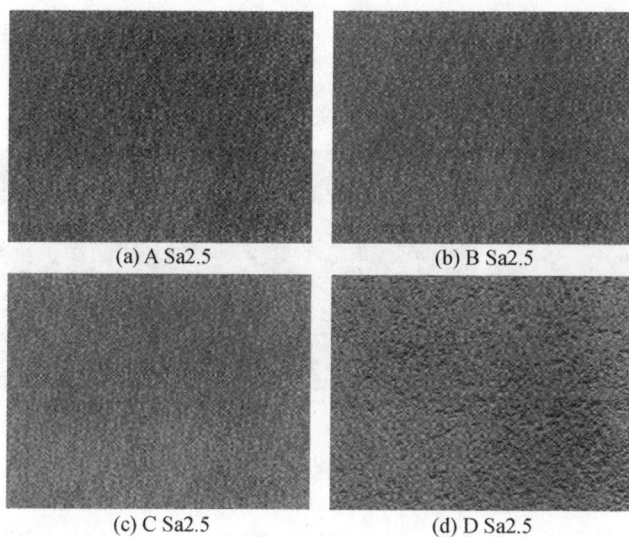

(a) A Sa2.5

(b) B Sa2.5

(c) C Sa2.5

(d) D Sa2.5

图 1-8　Sa2.5

Sa3：使钢材表观洁净的喷丸（砂）或抛丸除锈（见图 1-9）。钢材表面应无可见的油脂、污垢、氧化皮、铁锈和油漆涂层等附着物，该表面应显示均匀的金属色泽。

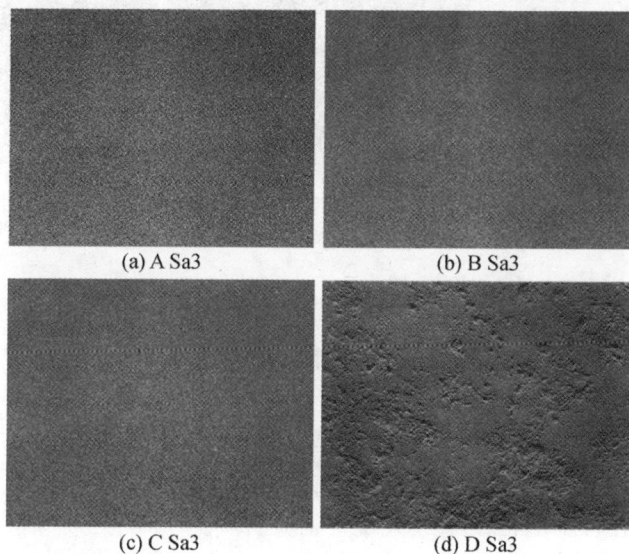

(a) A Sa3

(b) B Sa3

(c) C Sa3

(d) D Sa3

图 1-9　Sa3

（2）手工或动力工具除锈分为两个等级

St2：彻底的手工和动力工具除锈（见图 1-10）。钢材表面应无可见的油脂和污垢，并且没有附着不牢的氧化皮、铁锈和油漆涂层等附着物。

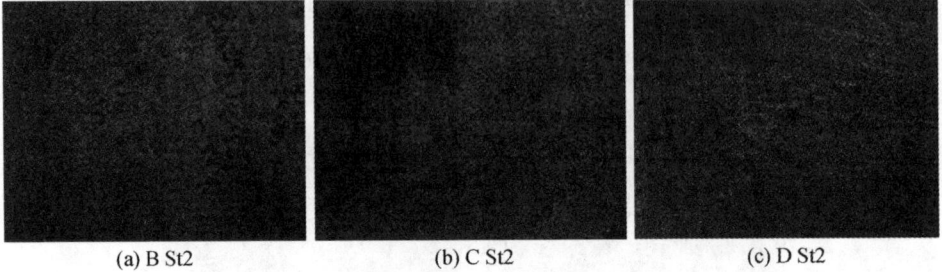

(a) B St2　　　　　　　(b) C St2　　　　　　　(c) D St2

图 1-10　St2

St3：非常彻底的手工和动力工具除锈（见图 1-11）。钢材表面应无可见的油脂和污垢，并且没有附着不牢的氧化皮、铁锈和油漆涂层等附着物。除锈应比 St2 更为彻底，底材显露部分的表面应具有金属光泽。

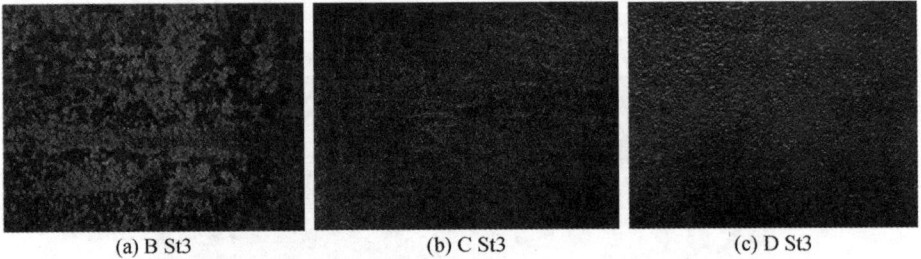

(a) B St3　　　　　　　(b) C St3　　　　　　　(c) D St3

图 1-11　St3

（3）火焰除锈只设一个等级

F1：钢材表面应无氧化皮、铁锈和油漆涂层等附着物，任何残留的痕迹应仅为表面变色（不同颜色的暗影）（见图 1-12）。

上述钢材表面锈蚀等级和除锈等级是以钢材表面的目视外观与典型的样板照片进行目视比较做出评定的。评定时应在良好的散射日光下或照度相当的人工照明条件下进行，并且不应借助于放大镜等器具。

表 1-3 列出了一些主要工业国家和国际组织关于表面处理标准的对照情况。

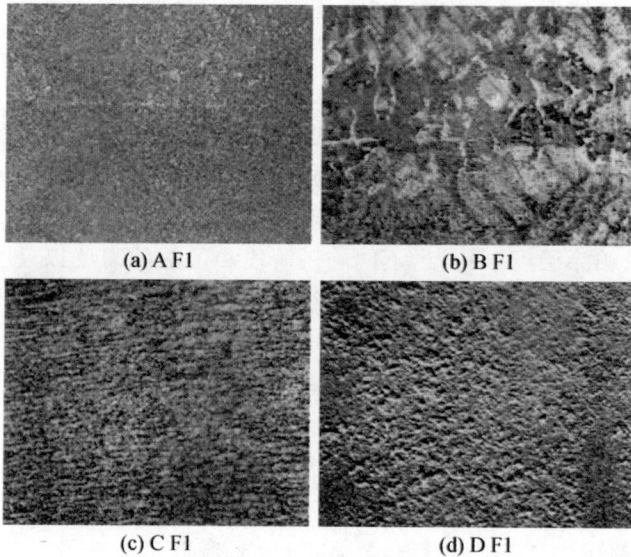

(a) A F1　　　　　　　(b) B F1

(c) C F1　　　　　　　(d) D F1

图 1-12　F1

表 1-3　表面处理标准对照表

国际标准 ISO 8501	中国 GB 8923	瑞典 SIS 055900	德国 DIN 55928	美国 SSPC	美国 NACE	英国 BS 4232	日本 SPSS
Sa3	Sa3	Sa3	Sa3	SP5	No. 1	1 级	Sd3、Sh3
Sa2.5	Sa2.5	Sa2.5	Sa2.5	SP10	No. 2	2 级	Sd2、Sh2
Sa2	Sa2	Sa2	Sa2	SP6	No. 3	3 级	Sd1、Sh1
Sa1	Sa1	Sa1	Sa1	SP7	No. 4	—	Ss
St3	St3	St3	St3	SP3	—	—	Pt3
St2	St2	St2	St2	SP2	—	—	Pt2

1.2.3　二次表面处理

　　二次表面处理是指经过预处理并且涂有保养底漆的钢材由于焊接、切割、机械碰撞或自然原因受到破坏,导致钢材表面重新锈蚀,在进一步涂装防锈漆之前,需要对这些部位进行表面清理和除锈的处理过程。由于二次表面处理对于原材料预处理来说是再次进行除锈,因此通常又称之为二次除锈。

　　在二次除锈时,车间底漆或原来已有的涂装虽然没有损伤,但不免发生污染(油污、脏污等),为了确保后续涂层与前道涂层有良好的附着力,在其表面涂装前,应进行相应的清理处理,通常称之为"涂装前的表面清理"。

1.2.3.1 二次除锈的主要方法

随着造船产业的不断发展,高效、便捷的除锈手段不断地应用在生产过程中,低效落后的手工工具铲刮的除锈方式已逐步被淘汰(少部分应用于修船)。新造船的二次除锈通常采用高效的喷丸(砂)处理和灵活的动力工具打磨处理这两种方式。船厂根据船舶涂层配套特点,不同施工阶段和工况的需要以及工厂设备、劳动力负荷情况,将不同的表面处理方式相互结合,平衡使用。

(1) 喷丸(砂)处理

喷丸(砂)处理时,将高度集中的磨料流射向被处理物体的表面,以清除锈蚀、氧化皮或其他污染物,并产生一个粗糙的表面,以利于涂料良好附着。这种处理通常分为两类,即喷丸处理和喷砂处理。喷丸处理的磨料一般包括钢丸、钢砂、钢丝段等,喷砂处理的磨料包括河砂(可能含有盐分)、石英砂、铜矿砂等。由于石英砂喷射后,产生的粉尘被工人吸入后易导致硅肺病,所以目前石英砂已被严禁使用。

喷丸处理的磨料可以循环使用,因此一般都在有磨料回收装置的喷丸房内进行处理,且大多应用于分段的二次除锈。喷砂处理的磨料大多不回收,因此既可在室内进行分段喷砂二次除锈,也可在现场进行区域喷砂二次除锈。成品油船和化学品船的液货舱、采用特殊材质的液舱(如尿素舱、航空煤油舱等)、使用有特殊表面处理要求的涂料(如冰区油漆)的特涂工程,均采用舱内喷砂处理或室外磨料喷射处理。喷丸处理和喷砂处理采用的设备大多一样,两者的区别仅在于使用的磨料不同。

(2) 动力工具打磨处理

动力工具打磨处理是指使用动力(气动或电动)辅助机械清理工具处理钢板表面的一种机械清理方法。该方法依靠马达驱动打磨器具(砂轮纸盘、钢丝刷盘、气铲等)高速旋转或往复运动,磨削或打击需要涂装的表面,达到清除铁锈及其他杂物的效果。

动力工具一般体积较小,质量较轻,便于个人携带和操作,使用区域灵活。与传统的敲铲除锈相比,动力工具打磨处理具有除锈质量好、工作效率高的特点。

然而这种方式需要手动操作,因此相比喷丸(砂)处理来说,效率较低,劳动强度较大,在大面积除锈工程中很少使用。此外,动力工具打磨处理的除锈质量也不如喷丸(砂)处理,不能除去附着牢固的氧化皮和锈蚀,且易抛光表面,处理后的表面粗糙度低,不利于涂料附着,特别是对于一些高性能涂料,动力工具打磨处理不能适应涂料对表面处理的要求。

（3）其他二次除锈方式

随着环保要求的不断提高，以及各类施工环境的限制，更多的科技手段被引入二次除锈。除了喷丸（砂）处理和动力工具打磨处理外，二次除锈还有很多其他处理方式。

① 湿式喷射磨料处理。在磨料中添加一部分水，使磨料以湿的状态喷射到被处理钢板的表面。这种方式与喷丸（砂）处理类似，其优点是可减少喷射磨料现场的尘埃飞扬，有益于环境保护和施工者的健康。湿式喷射磨料处理后，表面呈潮湿状态，易于产生返锈现象，故而在水中最好添加一定量的缓蚀剂。

② 高压水喷射处理。这种处理方式的原理是将淡水在非常高的压力下喷射到目标物表面，能有效地除去锈蚀、氧化皮、旧涂层等。与湿式喷射磨料处理相同，其优点是可减少处理现场的尘埃飞扬，有益于环境保护和操作者的健康，同时还可避免磨料与金属撞击时产生火花，有利于安全作业。此外，喷射的淡水可有效除去钢板表面的水溶性盐类，处理后的废物也更容易清理，即废物处置费用更低。高压水喷射处理可以在天气环境较差的情况下进行（相对湿度较高），由于处理时会使钢板表面潮湿，处理后的表面很容易产生返锈现象，故在喷射处理的水中需添加一定量的缓蚀剂（需注意水的清洁性和确保缓蚀剂与后续涂层的兼容性）。此外，即使压力很高，也不可能在钢板表面形成足够的表面粗糙度，为此可在水中添加磨料。对于高压水喷射处理后的钢板表面，第一道涂料应具有良好的润湿性和渗透性。

③ 真空磨料喷射处理。该方法利用压缩空气进行引导、喷射，并将喷出的磨料和除下的铁锈一起吸入真空器内。这种处理方式能彻底清除表面氧化皮、锈蚀和旧涂层等，并获得理想的表面粗糙度，其优点是不影响环境，尤其是在船舶下水后的舾装阶段，不会对其他工种作业和已装船设备造成影响。但这种表面处理方式会受到空间的限制，难以处理形状复杂的表面，且工作效率较低。

④ 海绵磨料除锈处理。这种技术结合了聚氨酯海绵的吸收能力及传统喷砂工艺的清洁磨削能力。海绵磨料的柔性使其在冲击被处理表面时变扁，令金属颗粒显露出来。在脱离表面后，海绵磨料瞬间扩张至实际尺寸的 3 倍并形成真空，捕捉大多数经冲击后脱离表面造成空气污染的物质。该方法可大量减少喷砂过程的空气污染，无火星飞溅，在目标物表面可形成良好的粗糙度，但工作效率较低，适用于空间有限但有冲砂要求的特定小区域。

⑤ 爬壁机器人。这种技术是将机器人与喷丸技术相结合。工作时，设备吸附于待施工表面，通过设备底部高强度磨片旋转装置或高压气体喷丸装置，根据被处理表面实际状态调节速度，在自动运行过程中摩擦（或喷出钢丸）产生粗糙度并同时去除异物，达到表面处理的要求。磨料回收后经过分离粉尘和异物后可循环使

用,满足绿色造船的需要。

⑥ 激光除锈处理。激光除锈一般包括三种方式,即干式激光清洗、湿式激光清洗和激光等离子体清洗。干式激光清洗是将激光脉冲直接作用在污染物上,使污染物或基底瞬间产生热膨胀,由此而形成的巨大清洗力,可克服颗粒与目标物表面的黏附力。湿式激光清洗则是先在目标物表面喷涂一层液膜,利用激光脉冲瞬间加热基底或液膜,导致液体蒸发带走污染物。激光等离子体清洗时,激光脉冲不直接作用在污染物上,而是在污染物附近击穿空气产生等离子体,依靠等离子体冲击波带走污染物。这种方式对硅片或精密光学元件更适用。激光除锈作为近些年新兴的除锈技术,由于其绿色环保、精准精密、无损微损等特性,被广泛应用于文物保护、模具清洗、金属脱漆等领域。但是由于其工作效率不高,且仅能去除表面锈蚀,无法处理深层、多层腐蚀,因此现阶段无法大范围应用于船舶行业中。

1.2.3.2 二次除锈的质量等级

(1) 船舶行业标准《船体二次除锈评定等级》(CB/T 3230—2011)规定了二次除锈的质量等级。

① 该标准将二次除锈前的钢材表面状态(图 1-13)分为三类:

W:涂有车间底漆的钢材经焊接作业后重新锈蚀的表面。

F:涂有车间底漆的钢材经火工矫正后重新锈蚀的表面。

R:涂有车间底漆的钢材因暴露或擦伤而重新锈蚀或附有白色锌盐的表面。

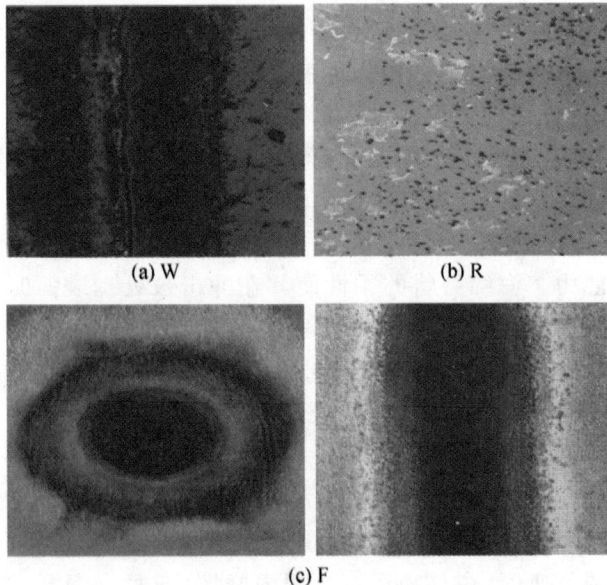

(a) W   (b) R

(c) F

图 1-13　二次除锈前的钢材表面状态

② 该标准将二次除锈的质量等级分为两大类：

a. 动力或手工工具二次除锈质量等级（图 1-14）：

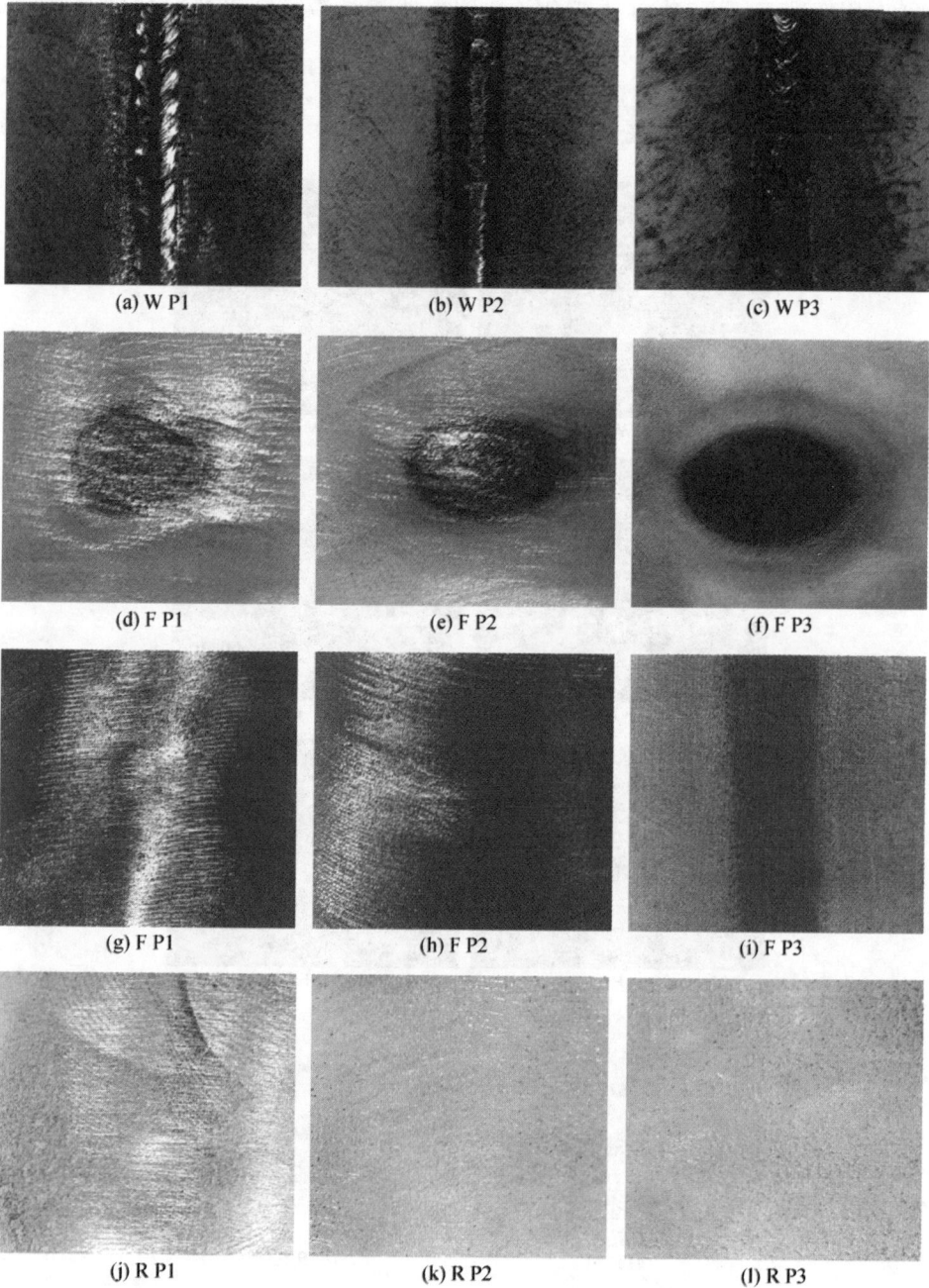

(a) W P1　　　　　　　(b) W P2　　　　　　　(c) W P3

(d) F P1　　　　　　　(e) F P2　　　　　　　(f) F P3

(g) F P1　　　　　　　(h) F P2　　　　　　　(i) F P3

(j) R P1　　　　　　　(k) R P2　　　　　　　(l) R P3

图 1-14　动力或手工工具二次除锈质量等级

P1：用动力钢丝刷、动力砂纸盘彻底地清除锈和其他污物，仅留有轻微的痕迹，经清理后，表面应具有金属光泽。

P2：用动力钢丝刷、动力砂纸盘或并用上述工具清除几乎所有的锈和其他污物，但局部仍可看到少量的锈迹。

P3：用动力钢丝刷、动力砂纸盘或手工工具清除浮锈和其他污物。

b. 喷丸（砂）二次除锈质量等级（图 1-15）：

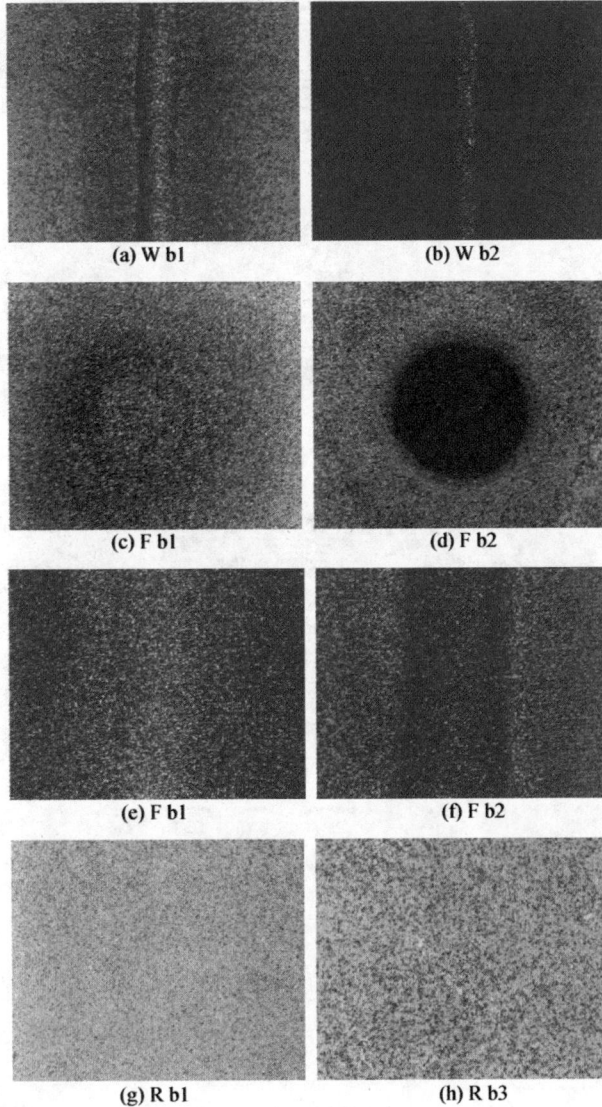

(a) W b1 　　　　　　　　　(b) W b2

(c) F b1 　　　　　　　　　(d) F b2

(e) F b1 　　　　　　　　　(f) F b2

(g) R b1 　　　　　　　　　(h) R b3

图 1-15　喷丸（砂）二次除锈质量等级

　　b1：以喷射磨料的方式彻底清除锈和其他污物，仅留有轻微的痕迹，经清理后，外观应相当于 W b1、F b1 或 R b1 级的照片。

　　b2：以喷射磨料的方式除去几乎所有的锈和其他污物，但局部仍可看到少量锈迹，经清理后，外观应相当于 W b2 或 F b2 级的照片。

　　b3：以轻度喷射磨料的方式清除锈、锌盐和其他污物，但表面上允许留有车间底漆和少量锈迹，经清理后，外观应相当于 R b3 级的照片。

　　上述二次除锈前的钢材表面状态及二次除锈后的钢材表面清洁度等级均有典型样板照片作为目视评定的对照。表 1-4 为二次除锈与钢材表面预处理的质量等级对应关系。

表 1-4　二次除锈与钢材表面预处理的质量等级对应关系

CB/T 3230	GB/T 8923	CB/T 3230	GB/T 8923
b1	Sa2.5	P1	St3
b2	Sa2	P2	—
b3	—	P3	St2

　　（2）ISO 8501-2 是用于评定涂装过的钢材在局部清除涂层后的除锈等级的国际标准，其除锈等级设置基本上与 ISO 8501-1 一致，但是无火焰除锈。另外，为了表示局部除锈，该标准将 ISO 8501-1 中的除锈等级前加上字母"P"，例如 PSa2.5 等。

　　钢材表面经过除锈处理后，会获得一定的表面粗糙度或表面轮廓。表面粗糙度的存在会使钢材表面的面积明显增加，有利于涂料和底材之间的附着。当然并不是粗糙度越大越好，因为在实际涂装时涂料必须能够覆盖住这些粗糙度的波峰，如果粗糙度过大，容易造成波峰处的膜厚变薄以及涂料对底材的浸润不良，从而降低了涂膜的防腐性和附着性。反之，如果粗糙度过小，也会影响涂膜的附着效果。

　　（3）国际标准 ISO 8503 用来评定喷射除锈后钢材表面粗糙特征，该标准由四个部分组成，其中 ISO 8503-2（比较样块法）是目前国际上最常用和最简便的一种评定方法。我国参照上述标准制定了国家标准《涂装前钢材表面粗糙度等级的评定（比较样块法）》（GB/T 13288—1991），采用表面粗糙度基准比较样块，以目视或触摸的方式进行比较来判断喷射清理过的表面粗糙度。

　　（4）对于经过表面预处理和涂装车间底漆的钢材表面，如果需要涂装防锈涂料时，其二次除锈的质量等级要求应根据相应国际标准、行业标准或涂料供应商的推荐要求进行，表 1-5 供参考。

表 1-5　防锈涂料对船体二次除锈的质量等级要求

涂料种类	涂装部位				
	船体外板	宰外暴露部位	舱室内部	液舱	燃油舱
常规涂料	Sa2 或 St2~St3	Sa2 或 St2~St3	Sa2 或 St2	Sa2 或 St2~St3	St2
氯化橡胶涂料	Sa2 或 St2~St3	Sa2 或 St2~St3	Sa2 或 St2	—	—
环氧树脂涂料	Sa2.5 或 St3	Sa2.5 或 St3	Sa2 或 St2~St3	Sa2.5 或 St3	—
焦油环氧涂料	Sa2 或 St3	Sa2 或 St3	Sa2 或 St2~St3	Sa2.5 或 St3	—
乙烯基树脂涂料	Sa2.5 或 St3	Sa2.5 或 St3	—	Sa2.5 或 St3	—
无机锌涂料	Sa2.5	Sa2.5	Sa2.5	Sa2.5	—

1.2.3.3　涂装前的表面清理

二次除锈以后，如果将涂料施工在未经正确处理的受污染表面，就会出现涂层失效，从而导致重新涂装和保养的问题。为了确保涂料与被涂表面之间的附着力，需要在涂装前对被涂表面进行清理。

涂装前表面清理的主要工作内容有：去除待涂装表面的水分、盐分、油脂、尘埃、锌盐、气割或电焊的烟尘、粉笔记号、标志漆等杂物污物。具体的处理方法包括：

（1）高压水冲洗。该方法可清理待涂装表面的盐分、尘埃；如在水中加入清洁剂，则可用于清理待涂装表面上绝大多数被轻度污染的油脂，但在冲洗后，必须用清水再冲洗一次，以除去已附着于待涂装表面上的清洁剂成分。

（2）气动工具打磨。该方法通过更换不同的研磨工具，可去除不同情况的表面污染。安装研磨片可用于"拉毛"已超过最大涂装间隔的涂层，或一些无法用其他方法去除的标志漆及其他痕迹。安装钢丝刷，可处理局部"返锈"的表面或浮于表面的盐分、黏结牢固的尘埃、锌盐、粉笔记号等。

（3）压缩空气吹扫。该方法可清除钢板表面的水分，但需确保压缩空气经过油水分离处理，且在无尘、无积水的情况下进行。

（4）抹布擦拭。干抹布擦拭可去除水分、粉笔记号、黏结不牢固的尘埃、锌盐等。如加入溶剂或清洁剂，可去除油污、标志漆及其痕迹，但被清理表面需用含清水的抹布清除清洁剂残余。

（5）手工砂纸打磨。该方法可去除黏结较为牢固的尘埃、锌盐、气割及电焊的烟尘、粉笔记号、标志漆及其痕迹，并可对一些已超过最大涂装间隔，但"拉毛"要求不太高的涂层进行"拉毛"处理。

（6）用吸尘器和刷子清理。该方法可去除浮灰，但在使用前，应先清除体积较大、分量较重的垃圾。

1.3　钢质海船的涂层保护

1.3.1　船舶涂料类型及特性

1.3.1.1　涂料的成分

涂料一般由不挥发组分与挥发组分两大部分组成。不挥发组分是涂料的成膜物质，也称涂料的固体分，通常成膜物质可分为主要成膜物质、次要成膜物质与辅助成膜物质。挥发组分即溶剂，只存在于涂料中，其在涂料成膜的过程中会逐渐挥发掉，不再存在于漆膜之中。图 1-16 展示了涂料的基本组成成分。

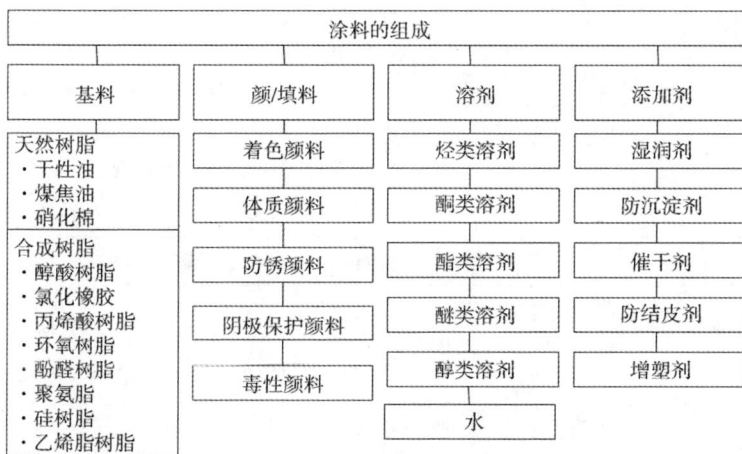

涂料的组成			
基料	颜/填料	溶剂	添加剂
天然树脂 ·干性油 ·煤焦油 ·硝化棉	着色颜料	烃类溶剂	湿润剂
	体质颜料	酮类溶剂	防沉淀剂
合成树脂 ·醇酸树脂 ·氯化橡胶 ·丙烯酸树脂 ·环氧树脂 ·酚醛树脂 ·聚氨脂 ·硅树脂 ·乙烯脂树脂	防锈颜料	酯类溶剂	催干剂
	阴极保护颜料	醚类溶剂	防结皮剂
	毒性颜料	醇类溶剂	增塑剂
		水	

图 1-16　涂料的基本组成成分

主要成膜物质可单独成膜，也可黏结颜/填料等物质共同成膜，它是涂料的主体，所以称为基料，也称为黏结剂。

次要成膜物质如颜/填料等，不能离开主要成膜物质单独成膜，但它也是漆膜的一个比较重要的组成部分。其主要用于改进和提高漆膜的性能，如着色颜料可赋予涂料各种不同的色彩,防锈颜料可增强涂料的防腐性能,体质颜料可提高涂料的耐冲击性和耐磨性,并可降低成本等。阴极保护颜料通常用于富锌底漆,由于其电活性高于铁,而先发生腐蚀,保护钢板。毒性颜料用于防污漆中,起到防止海生物生长的作用。

辅助成膜物质如各种添加剂不能单独成膜,它用来改进和提高涂料的施工性能和成膜性能,故称为助剂。

涂料组成部分的作用及相关的代表原料见表1-6。

表1-6　涂料组成部分的作用及代表原料

涂料的组成		作用	代表原料
主要成膜物质（基料）	油料	黏着于物体表面,也可以与颜/填料等物质共同黏着于物体表面而成膜	干性植物油:桐油、亚麻仁油、苏子油等。 半干性植物油:豆油、棉籽油、葵花籽油等。 不干性植物油:蓖麻油、花生油、椰子油等
	树脂		天然树脂:虫胶、松香、(沥青)*等。 合成树脂:醇酸、丙烯酸、环氧、聚氨酯、酚醛、聚硅氧烷等
次要成膜物质（颜/填料）	颜料	赋予涂料以特殊的性能要求	无机着色颜料:钛白、氧化锌、(铬黄)*、氧化铁红、炭黑等。 有机着色颜料:甲苯胺红、酞菁蓝、耐晒黄等。 防锈颜料:(锌铬黄)*、偏硼酸钡、铝粉等。 阴极保护颜料:锌粉等。 毒性颜料:氧化亚铜、氧化锌等。 其他功能性颜料:氧化亚铜、氧化锌、膨润土等
	填料		长石粉、滑石粉、碳酸钙、硫酸钡、重晶石粉等
辅助成膜物质（添加剂）		改善涂料的贮存、施工性能与涂膜的性能等	催干剂、增韧剂、稳定剂、防毒剂、防结皮剂、润湿剂、防污剂、阻燃剂等
挥发物质（溶剂）		调节涂料黏度,改善涂装施工	松香水、二甲苯、三甲苯、松节油、环戊二烯、醋酸丁酯、醋酸乙酯、乙醇、丁醇、丙酮、环己酮等

注:()* 该类物质由于安全、健康和环保的考虑正逐步被淘汰。

1.3.1.2　船舶涂料性能的一般要求

船舶结构较为复杂,其各个部位的保护要求不同,因而所需的涂料种类也各不相同,一般来说,船舶涂料应具备以下特征:

（1）船体外表通常需要根据区域的不同以及船东的要求，采用不同的颜色，这就要求涂料具有一个基本性能，即装饰性；

（2）船舶较大的尺度决定了涂料必须能在常温下干燥固化；

（3）船舶涂装施工的面积较大，要求涂料应适用于高效的高压无气喷涂作业；

（4）船舶涂装工作量较大，且个别部位施工困难，因而希望一次涂装能达到较高的膜厚，故往往需要厚膜型涂料；

（5）船舶水下部位和压载舱通常需要使用阴极保护，因此用于这些部位的涂料需具有良好的耐电位性、耐碱性；

（6）船舶露天甲板、货舱及船体外板等区域经常受到外界环境的影响，因此用于这些部位的涂料需具有良好的耐磨性；

（7）船舶烟囱等部位经常处于较高的温度环境下，因此用于这些部位的涂料需具有良好的耐热性；

（8）从防火、安全角度考虑，船舶内表面使用的涂料、清漆和其他饰面涂料燃烧时应不致产生过量的烟气和毒性物质；

（9）化学品船经常装载不同的化学物质，各种化学物质的腐蚀性也各不相同，因此要求化学品船液货舱涂料具有宽广的耐化学物质性能；

（10）船舶货舱如需装载可食用的物品，则货舱涂料应不能污染物品，需满足食品安全要求，具备承载谷物证书及经美国食品及药物管理局（Food and Drug Administration，FDA）认证；

（11）船舶饮/淡水舱涂料应满足饮水健康要求。

1.3.1.3 船舶涂料的类型

船舶涂料可根据其基料类型、使用部位、作用特点、施工方式等不同方法进行分类，目前比较通用的是按其使用部位分类。表 1-7 列出了船舶涂料主要分类和基本要求。

表 1-7 船舶涂料主要分类和基本要求

部位	名称	涂料基本性能要求	涂料类型	说明
钢板预处理	车间底漆	（1）干燥快 （2）耐热性 （3）低毒性 （4）与后续油漆的兼容性 （5）独立的预认证	（1）磷化底漆（聚乙烯醇缩丁醛树脂） （2）环氧富锌底漆 （3）环氧铁红底漆 （4）无机硅酸锌底漆	无机硅酸锌底漆为常用车间底漆

表 1-7 （续 1）

部位	名称	涂料基本性能要求	涂料类型	说明
水线以下涂料	船底防锈漆	(1)优异的防锈性 (2)耐冲击性 (3)耐磨性 (4)与阴极保护的相容性	(1)氯化聚烯烃防锈漆 ①橡胶类船底防锈漆 ②氯醋树脂防锈漆 ③高氯化聚乙烯防锈漆 ④氯醚树脂防锈漆 (2)沥青船底防锈漆 (3)环氧沥青船底防锈漆 (4)环氧类船底防锈漆	①②两项已不常用； (2)、(3)两项沥青、环氧沥青类涂料由于健康原因正在被淘汰； (4)项分为改性环氧及纯环氧
	船底连接漆	连接船底防锈漆和船底防污漆	(1)环氧沥青连接漆 (2)乙烯环氧连接漆	沥青类涂料由于健康原因正在被淘汰
	船底防污漆	(1)防止海生物在船体上生长 (2)稳定的防污性能 (3)对环境无污染	(1)水合型防污漆 (2)水解自抛光型防污漆 (3)低表面能、不含杀虫剂防污漆	按 IMO 规则要求，防污漆不应含有机锡、滴滴涕(DDT)
水线以上涂料	水线漆	(1)防锈性 (2)耐候性 (3)耐干湿交替性 (4)耐摩擦、耐冲击性 (5)与阴极保护相容性	(1)氯化橡胶水线漆 (2)丙烯酸树脂水线漆 (3)乙烯基树脂水线漆 (4)环氧类水线漆 (5)水线防污漆	由于对环境的影响，溶剂法氯化橡胶水线漆被淘汰；常用的水线漆为环氧类
	船壳底漆	(1)船壳底漆主要用于船舶干舷、上层建筑外部和室外船装件 (2)防锈性	(1)醇酸船壳漆 (2)氯化橡胶船壳漆 (3)丙烯酸树脂船壳漆 (4)聚酯树脂船壳漆 (5)乙烯基树脂船壳漆 (6)环氧树脂船壳漆	由于对环境的影响，溶剂法氯化橡胶船壳漆被淘汰；常用的船壳底漆为环氧类
	船壳面漆	(1)船壳面漆主要用于船舶干舷、上层建筑外部和室外船装件 (2)耐候性	(1)醇酸面漆 (2)环氧面漆 (3)丙烯酸面漆 (4)聚氨酯面漆 (5)聚硅氧烷面漆	—

表 1-7 （续 2）

部位	名称	涂料基本性能要求	涂料类型	说明
水线以上涂料	甲板漆	(1)防腐蚀性 (2)耐磨性 (3)耐油性 (4)防滑性	(1)醇酸甲板漆 (2)氯化橡胶甲板漆 (3)环氧甲板漆 (4)甲板防滑漆	由于对环境的影响，溶剂法氯化橡胶甲板漆被淘汰；常用的甲板漆为环氧类
	货舱漆（干货舱）	(1)耐磨性 (2)耐冲击性 (3)光滑易清洗 (4)谷物证书 (5)满足 FDA 要求	(1)环氧货舱漆 (2)耐磨环氧货舱漆	—
	机舱室漆	低播焰性	(1)醇酸漆 (2)环氧漆 (3)水性舱室漆	—
液舱涂料	压载水舱漆（空舱通常与压载水舱为同类产品，但膜厚相对较低）	(1)优异的防锈性 (2)与阴极保护的相容性 (3)快干,有利施工 (4)浅色,易检查	(1)环氧沥青压载舱漆 (2)改性环氧压载舱漆 (3)纯环氧压载舱漆	按 IMO PSPC 要求进行预认证；沥青类涂料由于健康原因正在被淘汰
	饮水舱漆	饮水舱漆卫生证书	(1)纯环氧饮水舱漆 (2)酚醛环氧饮水舱漆	通常用无溶剂环氧漆
	油舱漆	耐油性	(1)石油树脂漆 (2)环氧沥青漆 (3)环氧树脂漆 (4)无机锌涂料	沥青类涂料由于健康原因正在被淘汰
	化学品舱室漆	(1)适用不同化学品 (2)易清洗	(1)纯环氧舱室漆 (2)酚醛环氧舱室漆 (3)无机锌舱室漆	

（1）车间底漆

车间底漆（shop primer）又称钢材预处理底漆（prefabrication primer），是钢材（钢板或型钢）经抛丸或喷砂处理除锈后在车间流水线上喷涂于金属表面的快干底漆，以防止其在加工、组装等过程期间产生锈蚀，从而大大减轻分段或船台涂装时的除锈工作量。

与通常的涂层不同，车间底漆是一种临时保护性的底漆，在分段涂装时可除去，也可保留，主要取决于涂装时车间底漆涂层本身的完好性和第一道涂装涂料对表面处理的具体要求，因此车间底漆的膜厚将不计入涂层的总膜厚之内。

车间底漆的临时保护特性及施工要求，决定了车间底漆应具备与一般涂料所不同的性能，其中最重要的特点如下：

① 可以使用自动设备，喷涂方便。

② 必须对喷砂过的钢材有极好的附着力。

③ 快干。钢材在喷涂 3～5 min 后不粘辊道，可以搬运。

④ 必须有足够的机械强度和柔韧性，以防底漆在钢材搬运和制造过程中损坏。

⑤ 应有优良的防腐蚀性能。

⑥ 可以复涂大多数类型的涂料。

⑦ 有优良的耐水、耐化学和溶剂性能。

⑧ 不影响钢材的切割速度。

⑨ 不影响钢材焊接的质量。

⑩ 加热时不产生有毒气体。

有关车间底漆的详细技术指标可参见国家标准《船用车间底漆》（GB/T 6747—2008）。

车间底漆诞生于 20 世纪 50 年代初，最初开发的产品是以聚乙烯醇缩丁醛为基料的 PVB 车间底漆，又称磷化底漆，此后又相继开发出了环氧富锌底漆、环氧无锌底漆、无机锌车间底漆等品种，它们的主要性能特点详见表 1-8。

表 1-8　各种车间底漆性能比较

性能特点	底漆类型					
	磷化底漆	环氧无锌底漆	环氧富锌底漆	无机锌车间底漆		
				高锌	中锌	低锌
主要成分	PVB	环氧树脂＋氧化铁红	环氧树脂＋锌粉	硅酸乙酯＋锌粉	硅酸乙酯＋锌粉	硅酸乙酯＋锌粉
典型干膜厚/μm	20～30	20～30	20～25	15～20	15～20	15～20

表 1-8　（续）

性能特点	底漆类型					
	磷化底漆	环氧无锌底漆	环氧富锌底漆	无机锌车间底漆		
				高锌	中锌	低锌
干燥时间	一般	一般	一般	快	快	快
防锈蚀期/月	3～4	3～5	6～9	9～12	6～9	3～6
耐化学品	差	很好	好	优异	很好	很好
耐热破坏	差	一般	一般	好	很好	优异
耐溶剂性	一般	好	好	优异	优异	优异
耐电位性	差	好	优异	优异	优异	优异
焊接性能	一般	一般	一般	一般	很好	优异
切割性能	很好	好	一般	好	很好	很好
安全与健康	很好	很好	很差	一般	很好	很好

　　除了上述四种车间底漆以外，国内外也相继推出了新一代的耐高温的无机锌车间底漆。这种新型的无机锌车间底漆在原有的无机锌车间底漆的基础上，采用超耐热树脂对硅酸乙酯进行改性，采用一部分耐热防锈颜料与锌粉共用，旨在降低车间底漆中锌粉含量和提高其耐热性。

　　耐高温无机锌车间底漆比传统型无机锌车间底漆耐热性能大大提高，从能耐400 ℃高温提高到能耐800 ℃的高温，这样在电焊和火工校正部位，涂层烧损的面积将大大减少。另外含锌量降低不仅降低了热加工区氧化锌烟尘产生的量，对工人健康有利，同时也降低了经过一段时间室外暴露后车间底漆表面白色锌盐的发生量。烧损面积和锌盐的减少可大大降低二次除锈的工作量。

　　为了提高安全、环保及生产效率，水溶性无机硅酸锌车间底漆已在一些国家开始使用。水溶性无机硅酸锌车间底漆通常是指以碱性硅酸钠、硅酸钾或硅酸锂为基料的车间底漆，其 pH 值通常在 11～12 之间或更高，这对涂料施工是一个挑战。同时受到成本和现有流水线设计的限制，水溶性无机硅酸锌车间底漆目前还未得到广泛的应用。

　　（2）船底防锈漆

　　船底防锈漆是指涂装在船体水下部位外表面，对船体金属起到防腐蚀功能的涂料。虽然船体水下部位长期浸于严重腐蚀环境的海水之中，但是实际使用中，船底防锈涂层并不直接与海水接触，而是在船底防锈涂层的外面还要涂装船底连接漆和防污漆，因此要求船底防锈漆能够与船底连接漆及防污漆配套使用。

目前绝大多数钢质海船都会采用阴极保护措施(外加电流系统或者牺牲阳极系统),因此要求船底防锈漆应与阴极保护系统相适配,即能耐一定的阴极保护电位。

船底防锈漆的基本技术性能要求可参见国家标准《船体防污防锈漆体系》(GB/T 6822—2007)。

船底防锈漆可分为沥青系、氯化橡胶系、乙烯系、环氧沥青系和环氧系等种类,其中沥青系属低档性能船体防锈漆;氯化橡胶系、乙烯系、环氧沥青系属中档性能船体防锈漆;最为普遍使用的环氧系属高档性能船体防锈漆。

① 沥青系船底防锈漆。这类防锈漆的耐水性和防水性良好,价格低廉,在早期作为船体防锈漆曾被广泛使用,其缺点是耐热性和耐大气暴晒性差,耐电位性也较差,并且在涂装过程中对施工人员的健康有较大影响,目前这类船底防锈漆仅在一些小型船,特别是渔船上有应用,在中、大型船舶上已几乎不使用。

② 氯化橡胶系船底防锈漆。这类防锈漆具有很好的耐海水性、耐化学品腐蚀性,且涂装方便,涂膜干燥迅速,较少受到环境气候的影响。该种防锈漆主要由氯化橡胶树脂、增塑剂、防锈颜料、体质填料、其他助剂以及溶剂组成。除以氯化橡胶作为主要成膜物质外,还可与其他树脂混合改性,如醇酸树脂、聚氨酯树脂、环氧树脂、酚醛树脂、丙烯酸树脂、煤焦油沥青等。

氯化橡胶系船底防锈漆在高温、日光等因素影响下会逐步释放出 HCl 气体,并在分子中形成双键而发生交链作用,进而形成网状结构而导致涂料胶化,特别是含有铝粉的防锈涂料,如没有加入合适的稳定剂,其储存稳定性较差。

氯化橡胶本身无毒,对环境无害,但在氯化橡胶树脂的生产工艺中,溶解橡胶的四氯化碳在成品中会有 3%～8% 的残留,进而挥发到大气中,会对人体造成毒害,并破坏大气的臭氧层。为此,联合国通过了《制止危害民用航空安全的非法行为的公约》(又称《蒙特利尔公约》),禁止和限制使用破坏地球臭氧层的四氯化碳、氟利昂等化学物质,我国是该公约的签字国,并正式履行该公约。目前氯化橡胶船底防锈漆的应用已经淘汰。

③ 乙烯系船底防锈漆。这类防锈漆多以氯乙烯、醋酸乙烯、顺丁烯二酸酐三元共聚体制成的氯醋共聚体树脂为主要成膜物质,具有优良的耐水性、耐碱性、耐油性和耐电位性,可在 −10 ℃ 的低温下施工。由于氯醋共聚体树脂溶解度有限,故制成涂料固体分含量较低,在船体防锈漆中常增加部分沥青以提高其固体分含量和进一步增强对钢材表面的附着力。通常将以沥青改性的氯醋共聚体树脂为基料的船体防锈漆称为乙烯沥青船底防锈漆。但如前所述,由于沥青对人体安全的危害,这类船底防锈涂料也在淘汰之中。

④ 环氧沥青系船底防锈漆。这类防锈涂料兼备了环氧树脂的优良黏结能力

和煤焦油沥青树脂的防水性能,漆膜坚韧,耐阴极保护电位能力强,耐盐水浸泡性能优良,且对钢板表面处理的要求不是很苛刻,因此作为船舶、海洋工程、管道工程中的水下和地下钢结构的防腐涂料被广泛使用。

然而环氧沥青系船底防锈漆中的煤焦油沥青含有较强的致癌性,且由于涂层本身颜色为深黑色,在封闭环境中施工时不易检查涂层的质量,因此在船舶压载水舱应用中受到限制。同样,出于安全和环境保护的考虑,环氧沥青船底防锈漆在大型船舶上的使用也已基本停止,逐渐被不含煤焦油沥青的环氧系船底防锈漆所替代。

⑤ 环氧系船底防锈漆:环氧系船底防锈漆是当今造船业最常用的船底防锈涂料,主要包括改性(石油树脂)环氧船底防锈漆和纯环氧船底防锈漆,为双组分涂料,固体分高,涂膜厚,附着性好,耐化学品腐蚀,而且涂膜耐阴极保护性能好。有关改性(石油树脂)环氧和纯环氧船底防锈漆的组成和性能特点见表 1-9。

表 1-9　环氧系船底防锈漆组成及特点

品种名称	组成			特点
	主要成膜物质	防锈颜料	固化剂	
改性环氧船底防锈漆	环氧树脂+碳氢石油树脂	铝粉、云母粉	聚酰胺、腰果油、改性酚醛胺、胺加合物等	表面容忍性好,固含量高,干燥慢,存在胺析出及石油树脂析出的风险,常温和低温固化剂不同
纯环氧船底防锈漆	半固体、液态环氧树脂	铝粉、云母粉	聚酰胺、腰果油、改性酚醛胺、胺加合物等	附着性好,耐碱,耐干湿交替,耐高温,耐磨,耐阴极保护电位性能好,干燥快,可低温施工,更适合新造船的涂装

（3）船底防污漆

如果海洋生物大量附着在船底上,将给船舶带来很大的危害,不仅会增加船舶的自重、减少载重量,而且还会大大增加船体粗糙度,造成船舶航速降低和燃油消耗增加,使船东的营运成本极大增加,同时会严重影响人们赖以生存的环境（导致温室效应和酸雨等）。

船底防污漆简称防污漆,是防止海洋附着生物污损、保持船底光洁和光滑的一种专用涂料。防污漆在使用寿命内,通过不断地释放防污剂,在海水与涂层的界面处形成含一定毒料浓度的微层,从而防止污损生物对船体的附着。

防污漆根据其防污性能、结构及防污剂渗出方式,大致可分为溶解型防污漆、接触型防污漆、扩散型防污漆、有机锡共聚物自抛光型防污漆、无锡自抛光型防污漆和无防污剂防污涂料。

① 溶解型防污漆。该类防污漆以松香为可溶性基料,多以氧化亚铜、氧化汞(已淘汰)、双对氯苯基三氯乙烷(DDT,已淘汰)等为防污剂,为控制其防污剂的渗出率和改善漆膜的力学性能,还需有一部分不溶性基料,如沥青、氯化橡胶、油性基料等。防污漆在海水中其防污剂和基料将同时逐渐溶解在漆膜表面形成防污的薄层,但由于存在不溶性基料,它会影响内层可溶性基料的溶解速度,并且析出的 Cu^+ 会被海水中的氧气氧化成 Cu^{2+},并进一步生成碱式碳酸铜等不溶性铜盐沉积于防污涂层表面,使渗出率降低。因此,溶解型防污漆往往是一开始有很高的渗出率,随着时间推延,渗出率不断降低,当降到临界渗出率以下时,防污漆就失效了。一般溶解型防污漆的防污能力为 1～3 年。

② 接触型防污漆。该类防污漆以不溶性树脂为基料,防污剂以氧化亚铜为主。由于其基料是不溶性的,为使防污剂能够不断渗出,必须使防污剂颗粒紧密排列,以达到面层防污剂溶于海水后形成空隙,使内层的防污剂能从空隙中排向海水,为此防污剂的含量很高。实际上,接触型防污漆中都含有一定量的可溶性基料(松香),既可调节防污剂渗出率,又可降低防污剂用量,从而减少防污漆的成本。因接触型防污漆的防污剂含量大大高于溶解型防污漆,所以其防污能力亦高一些,一般可达 2 年或更长的时间。

③ 扩散型防污漆。该类防污漆以乙烯树脂或氯化橡胶为基料,以有机锡(已淘汰)或有机铅(已淘汰)为防污剂,并有一部分可溶性基料。涂层有一定的透水性,当涂层浸入海水中,海水将渗透到涂层内部,促使防污剂与基料溶胀,形成固溶体,从内部向表面扩散,进而使防污剂与基料的固溶体溶于海水,释放出防污剂。扩散型防污漆的渗毒机理与溶解型防污漆有些相似,故有的资料中亦将其归为溶解型防污漆,但通常将以无机防污剂为主的归为溶解型,而以有机防污剂为主的归为扩散型。

④ 有机锡共聚物自抛光型防污漆。该类防污漆以有机锡共聚物为基料和防污剂,通过有机锡共聚物在海水中水解,释放出有机锡防污剂,同时基料亦成为可溶性的物质溶解于海水中,因此其防污剂渗出率非常平稳。由于漆膜凸起的部位受水流作用力较大,水解速度较快,而凹进的部位则水解速度较慢,因而漆膜日趋光滑,达到自光滑的效果,这可减少船体的粗糙度和航行阻力,大大节省燃料消耗。有机锡共聚物自抛光型防污漆的防污效果与漆膜厚度成正比,有效防污寿命可达 5 年。

由于有机锡自抛光防污漆所释放的有机锡化合物的毒性给海洋中非目标海生物带来了意想不到的伤害,影响它们的发育、繁殖和生存,并且有毒物质会通过海水进入海洋生物体内后再进入人体内,损害人体的生殖和免疫系统,因此 2001 年国际海事组织通过了禁止使用有机锡的《国际控制有害船底防污系统公约》。

⑤ 无锡自抛光型防污漆。有机锡的禁用,使得无锡自抛光防污漆得到很大发展。目前世界各国开发的无锡自抛光防污漆品种繁多,按照其防污机理可分为三大类:水合型、水解型和复合型。水合型是一种将传统的溶解型防污漆技术和长效的接触/扩散型防污漆技术有机地结合的新型防污漆。水解型是一种以新型丙烯酸聚合物为基料,以氧化亚铜和有机防污剂(如羟基吡啶硫酮铜或羟基吡啶硫酮锌)为防污剂的防污漆。复合型是一种将水合型和水解型技术融合一体的防污漆。

以丙烯酸硅氧烷酯聚合物或甲基丙烯酸硅氧烷酯聚合物为基料的无锡自抛光水解型防污漆与有机锡共聚物自抛光型防污漆的水解机理相同,此类无锡自抛光型水解防污漆是目前防污性能最好的防污漆之一,其防污期效可达 5 年或 5 年以上,但缺点是成本较高。其水解过程如图 1-17 所示。

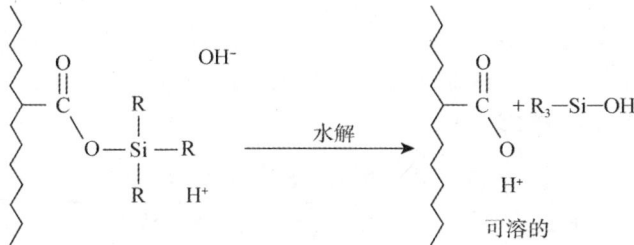

图 1-17　无锡自抛光型水解防污漆水解过程示意图

各种无锡自抛光型防污漆的主要性能特点详见表 1-10。

表 1-10　各种无锡自抛光型防污漆性能比较

性能	类型		
	水合型	水解型	复合型
固体含量(体积)	较高,通常可达到 60%	较低,通常 50% 左右	较高,通常可达到 60%
价格	便宜	较贵	适中
皂化层厚度	较厚	较薄	一般
防污期限	一般为 36 个月左右	可达 60 个月以上	一般为 36～60 个月
自光滑性能	无自光滑	自光滑	自光滑

⑥ 无防污剂防污涂料(污损不粘型涂料,fouling release coating,FRC)。从环保角度讲,最理想的是不需要释放防污剂而达到防污效果的产品。低表面能无防

污剂防污涂料是利用涂料表面具有低表面能的物理性能,使海洋生物难以附着或附着不牢,在船舶航行时利用水的剪切力作用或用专门的清理设备很容易清除附着生物的一种防污涂料,主要是指基于有机硅树脂及氟碳树脂的无毒污损物易脱落型防污涂料。这类涂料不含毒剂,符合环保要求,但其对船舶运营速度及停航时间有严格的要求,故其应用受到一定限制。

(4) 船壳/甲板漆

① 船壳漆。船壳漆涂刷于船体及上层建筑,这些部位受到强烈变化的海洋气候影响,如日光、风雨、盐雾等的侵蚀,海浪及海水中蒸发的水汽的腐蚀作用等,因此对船壳漆的要求是耐大气曝晒、耐干湿交替,与防护底漆和旧漆膜之间有良好的附着力。

a. 单组分船壳漆。其主要有醇酸漆、丙烯酸漆和氯化橡胶漆,共同的特点是价格低廉,低表面能处理,使用方便,刷、辊、喷涂均可,可作为新造、维修用漆,也可作为在航保养船壳漆的主要品种。

b. 双组分船壳漆。其主要有环氧船壳漆、聚氨酯船壳漆、聚硅氧烷面漆等,因它们具有较长的使用寿命,从而成为远洋船舶市场的主打产品。

各种船壳漆的性能比较列于表 1-11。

表 1-11 各种船壳漆性能比较

性能	船壳漆种类					
	聚硅氧烷漆	环氧漆	聚氨酯漆	丙烯酸漆	氯化橡胶漆	醇酸漆
耐机械磨损	好	好	好	差	一般	差
耐溶剂和化学品溅液	好	好	好	差	差	差
耐粉化	极好	差	很好	好	一般	一般
初始光泽	极好	好	很好	好	一般	很好
保光性	极好	差	很好	好	一般	好
保色性	极好	差	很好	好	一般	一般
易清洁	极好	一般	很好	一般	一般	好

② 甲板漆。甲板漆应用于船舶的甲板部位,处于与船壳漆同样的海洋大气腐蚀环境下,不同之处在于甲板受到日光的垂直照射时间长,且船员行走及设备移动等对涂层的磨损很大,因此甲板漆应具有的性能包括:与底材、层间具有良好的附着力,耐海洋气候好,有较好的耐磨性、耐洗刷性和耐冲击性,有足够的柔韧性来适应船板冷热的伸缩。此外,对防滑漆来说,还应具有较好的防滑性。甲板漆通常是指由具有防腐作用的底漆和耐候作用的面漆组成的涂层体系,有些船舶会采用与船体、上层建筑部位一致的涂层配套体系。常用的甲板漆主要有以下几种类型:

a. 醇酸甲板漆。常规的配套是醇酸底漆＋醇酸面漆。

b. 氯化橡胶甲板漆。其耐水性、耐候性和耐碱性均较好，对表面处理要求低，漆膜坚韧、干燥快，使用期限比醇酸甲板漆长。其缺点是耐油性较差，不适合油船的露天甲板，另外由于氯化橡胶受热分解会释放出氯化氢气体，因此不适合用作室内甲板漆。

c. 环氧甲板漆。其以环氧树脂为基料，聚酰胺树脂为固化剂，配以耐磨性好的颜/填料制成，漆膜耐磨性、耐水性、耐油性、耐化学品性良好，属高性能船舶甲板涂料，目前在大型商船、海上钻井平台上普遍使用。

d. 聚氨酯类型甲板漆。聚氨酯类型甲板漆配套体系通常采用防腐底漆、厚涂聚氨酯弹性中间层、聚氨酯面漆的综合体系，该体系赋予涂层优良的耐冲击性，能适应重载冲击和环境温差引起的热胀冷缩，具有极好的弹性和韧性，良好的耐介质、耐大气老化和耐磨性，以及较舒适的踩踏感觉。

对于有防滑性能要求的甲板漆，通常可在涂层中添加防滑粒料，赋予漆膜防滑能力，增大摩擦力，减少磨损，防止人员滑倒。常选用的防滑粒料是不规则的硬质或软质的颗粒，按其材质可分为合成有机材料（如聚氯乙烯、聚乙烯、聚丙烯树脂粒子，聚氨酯树脂粒子，橡胶粒子等）和无机材料（如硅石粉、石英砂、玻璃片、碳化硅、结晶氧化铝、云母等）。

（5）舱内涂料

① 压载水舱涂料。压载水舱是船舶内部舱宫中相当特殊的一类舱室，其结构复杂，空间狭小，表面处理和涂装工作十分困难，且腐蚀环境恶劣，因此压载水舱的防腐涂层在较短时间内很容易发生裂纹、剥落和失效，进而引起压载水舱船体结构腐蚀，导致结构强度大幅下降，成为一些重大船舶事故发生的主要原因之一。这一问题受到国际海事组织（IMO）的高度关注，并于 2006 年 12 月海上安全委员会（MSC）第 82 届会议上通过了决议，规定《所有类型船舶专用海水压载舱和散货船双舷侧处所保护涂层性能标准》（简称 PSPC，将在本章 1.3.6 节中具体介绍）为强制性要求。早期的压载水舱涂料多含有沥青类树脂，如煤沥青或煤焦油沥青，并与其他树脂（主要是环氧和聚氨酯树脂）配制为环氧沥青涂料、聚氨酯沥青涂料等。沥青类树脂具有优良的耐水性能，加上环氧树脂或聚氨酯树脂优异的黏结性能，使得环氧沥青涂料和聚氨酯沥青涂料成为一类防腐性能优异的压载水舱保护涂料。然而，由于含沥青类树脂涂料均为深黑色，不利于发现早期的涂层破坏，另加上健康和环保因素，现今沥青系压载水舱涂料已退出了在压载水舱部位的应用。

目前船舶压载水舱涂料主要采用的是环氧类涂料，在 PSPC 中将环氧型压载水舱涂料作为优选类型来规定（详见本章 1.3.6 节的介绍）。压载水舱环氧类涂料主要分为两类，即纯环氧类和改性环氧类。纯环氧类压载水舱涂料与改性环氧类压载水舱涂料相比,前者由于其与喷砂钢板底材的附着力更佳、耐化学品性更优良、更耐高温、干燥速度更快等,因此更适合新造船舶的涂装。

②饮水舱涂料。饮水舱涂料用于船舶饮水舱、淡水舱和各种淡水柜,这种涂料除了应具有良好的附着力、力学性能、防锈性能和耐水性能之外,还要求漆膜无毒、无味、无臭,对其储存的清水没有污染,对人体健康无影响,饮水舱水质必须符合相应国家饮用水的标准,选用的品种需获得有关卫生检验机构的认可和发证。

饮水舱涂料通常采用聚酰胺固化的环氧漆(俗称纯环氧漆),它具有优良的耐水性、耐油性和防锈性,能在 5 ℃以上的条件下施工,低于 5 ℃则施工后难以干燥。为了提高一次成膜的厚度及施工安全性,减少残留溶剂对水质的影响,目前饮水舱涂料正逐步向无溶剂环氧树脂漆方向发展。

饮水舱涂料施工后,应待涂膜完全固化后才能向舱内灌水,为避免涂料中某些游离的有害物质渗入饮水,影响人体健康,饮水舱在涂料施工并完全固化后,应先用淡水浸泡 2~3 次,每次 2~3 天,然后取水样分析,在水质合格后方可正式投入使用。

③油舱涂料。油舱涂料根据涂覆舱室的不同,一般可分为成品油舱涂料、燃油舱涂料、滑油舱涂料和货油舱涂料等。

a. 成品油舱涂料。成品油舱装载对象的特殊性,要求成品油舱涂料必须具备优良的耐化学品性、耐海水性、耐交替装载性和耐热性,主要的涂料品种包括纯环氧涂料、酚醛环氧涂料、无机硅酸锌涂料和聚氨酯涂料等。这些类型的涂料各有特点,目前为止还没有一种涂料能适应所有种类的货物。涂料的选择应根据船舶的主要装载货物来确定,表 1-12 为各类成品油舱涂料的耐载荷参考清单。

表 1-12　各类成品油舱涂料的耐载荷参考清单

装载物	涂料			
	环氧类成品油舱涂料		聚氨酯类成品油舱涂料	无机硅酸锌类成品油舱涂料
	纯环氧类	酚醛环氧类		
丙酮(酮类)	—	—	△	+
航空汽油	+	+	+	+
乙醇(醇类)	—	△	△	+
脂肪类石油溶剂	+	+	+	+
烷烃	+	+	+	+
烯烃	+	+	△	+
烷基苯	+	+	△	+

表 1-12　(续)

装载物	涂料			
	环氧类成品油舱涂料		聚氨酯类成品油舱涂料	无机硅酸锌类成品油舱涂料
	纯环氧类	酚醛环氧类		
动物油脂	△	△	+	△
芳香族石油溶剂	+	+	+	+
谷类	+	+	+	+
酯类	△	△	△	△
乙醚(醚类)	-	△	△	△
花生油	△	△	△	+
牛乳	△	△	△	△
石脑油	+	+	+	+
石油	△	+	+	△
砂糖液	+	+	△	△
海水	+	+	+	△

注：① 该表摘自于涂料供应商的船舶载物清单"Cargo Resistance List"。

② "＋"表示适合，"－"表示不适合，"△"表示有条件适合。

b. 燃油舱涂料。燃油舱一般不需要涂料保护，但为了防止舱壁在建造过程中的锈蚀，减少封舱加油前的清洁工作量，常在分段阶段涂装一道石油树脂漆(亦称干性防锈油)。石油树脂漆是由石油树脂溶于烃类溶剂中制得，一般固体含量为50％左右，涂于钢材表面能干燥成膜。当燃油舱开始装油以后，漆膜将逐渐溶于燃油，舱壁将直接接触燃油而不致腐蚀。由于不含防锈颜料，石油树脂漆的防锈性能欠佳，保护期限较短。燃油舱也可涂装一道无机硅酸锌车间底漆加以保护。

c. 滑油舱涂料。滑油舱可像燃油舱一样采用石油树脂漆进行临时性保护，而更好的保护方式是用纯环氧涂料保护，尤其是主机滑油循环舱，其储藏的油质要求高，通常采用纯环氧涂料保护。

d. 原油舱涂料。原油船的货油舱现基本采用环氧类涂料保护，涂装部位是舱底和舱顶，竖直舱壁通常不涂装。对于 2013 年 1 月 1 日后签合同的原油船，其原油舱涂层需满足货油舱涂层性能标准(PSPC COT)的要求(详见本章 1.3.6 节)。

各种油舱涂料对液舱的适用情况参见表 1-13。

④ 货舱涂料。货舱涂料用于船舶干货舱内部，应具有良好的附着力和较高的耐磨、耐冲击性能，各涂层的涂装间隔时间应符合产品技术要求，漆膜要易于清洁，便于货物转换。

表 1-13　各种油舱涂料对液舱的适用情况

液舱种类	涂料类型						
	沥青涂料	石油树脂涂料	环氧沥青涂料	纯环氧涂料	酚醛环氧涂料	聚氨酯涂料	无机锌涂料
饮水、淡水舱	x	x	x	◎	—	x	○
压载水舱	○	x	◎	◎	—		x
舱底水舱	○	x	◎	◎	—		x
污油水舱		x	x	◎	—		x
燃油舱	x	◎	—	—	—		—
滑油舱	x	○	x	◎	◎	—	x
原油舱				◎	—		x
成品油船货油舱	x	x	x	○	◎	◎	◎

注:"◎"表示优良,"○"表示合适,"—"表示不推荐,"x"表示不合适。

大型散货船在实际营运过程中,往往会出现单程装运货物的情况,此时需要向其中某些货舱注入海水来压载,这样的货舱内部所用的涂料就必须像压载水舱一样具有优良的耐水性能和抗腐蚀性能。

用于装载散装谷物食品的货舱,其舱内涂料必须是对谷物无毒和无污染的,并应取得有关部门的认可证书。

1.3.2　钢质海船涂层配套方案

船舶各部位处于不同的腐蚀环境,因此应采用不同的涂层配套方案,一般应考虑以下因素:

(1) 使用年限。涂膜的使用年限是非常重要的参考因素,包括防锈年限、防污年限等,涂料的配套体系和每层涂料的厚度应根据使用年限来确定。

(2) 配套性能。同一部位的各层涂料间应有良好的结合力,最好是底、面漆采用同类型涂料。如果不能采用同类型的涂料,则底漆的性能应等于或高于面漆的性能,以免出现咬底、渗色等弊病。

(3) 装饰效果。根据不同客户需求,确定颜色效果和施工工艺。

(4) 涂装成本。涂装成本不能只看涂料的单价,还应考虑单位使用寿命期限内的价格,即每平方米造价/使用寿命[元/(m² · a)];同时还应考虑表面处理的等级、涂料单位体积的覆盖率(涂料的固体含量)、涂料体系的设计年限、涂料施工的难易度(通用性,涂装设备的要求等)、涂料体系是否节能(如反辐射的涂料体系可降低舱室的温度,先进的丙烯酸硅烷系列防污漆由于其自光滑机理减少了船体的摩擦阻力而节省燃油等)等因素。

(5)使用要求。应考虑特定的使用要求(耐磨、无毒、防污、防腐、防锈、防水、防火及环保节能等)及相关证书要求,应满足相关规范、公约的要求。

(6)环境状况要求。应根据船舶的部位不同(船底、飞溅区、上层建筑、舱内、舱外等)以及其特定的建造方式,选用涂料品种。

表1-14列出了集装箱船、散货船和油船的涂层推荐配套体系,在实际设计中,可参考表中的推荐配套体系,再结合项目的具体情况,制定出更为详尽的涂装配套方案。

表 1-14 集装箱船、散货船和油船涂层推荐配套体系

序号	施工部位	涂料类型
A	干舷	1×150 μm 环氧底漆 ＋ 1×100 μm 环氧面漆,或 2×100 μm 环氧底漆＋1×50 μm 聚氨酯面漆
B	船底	2×125 μm 环氧底漆 ＋ 1×100 μm 连接漆 防污漆[①](膜厚根据具体航行参数确定)
C	上层建筑外表	1×100 μm 环氧底漆 ＋ 1×100 μm 环氧面漆,或 1×100 μm 环氧底漆 ＋ 2×50 μm 聚氨酯面漆
D	货舱	2×100 μm 常规环氧漆/耐磨环氧漆
	货油舱	2×160 μm 环氧漆
E	压载舱	2×160 μm 环氧漆[②]
F	机舱	1×80 μm ＋ 1×40 μm 醇酸漆,或水性组合,或 1×100 μm 单道涂层环氧底、面漆
G	空舱	2×125 μm 环氧漆
H	露天甲板	2×100 μm 常规环氧漆,或 2×100 μm 耐磨环氧漆
I	淡水舱	2×125 μm 纯环氧漆,或 1×300 μm 无溶剂环氧漆

注:① 防污漆按设计年限可分为 3 年、5 年,一些船级社对一些船型也允许 7.5 年;一些船东因节油的考虑会提出特殊要求,这样就需要防污漆有自光滑性能,如以丙烯酸硅烷/甲基丙烯酸硅烷为基料的防污漆。随着 ISO 19030(见本章 1.3.6 节)的推出,防污漆的设计应满足该标准中的要求。
② 环氧类压载舱涂料通常分为纯环氧类和改性环氧类,纯环氧类压载舱涂料的性能通常优于改性环氧类涂料,而且由于纯环氧通用底漆的快干性、适合低温施工,及无胺析出的风险,其更适合新造船的施工。

表 1-15 所示为某超大型集装箱船(20 000 TEU)涂装技术规格书的部分内容。该船大量采用高性能、高固体分铝粉纯环氧通用底漆和超低阻丙烯酸硅烷/甲基丙烯酸硅烷纯水解自抛光防污漆。

表 1-15　某 20 000 TEU 超大型集装箱船涂装技术规格书（节选）

部位：平底

表面处理标准：Sa 2.5

产品	体积固含量/%	膜厚/μm		损失率/%	覆涂间隔时间						稀释剂		用量	
		干膜厚(DFT)	湿膜厚(WFT)		10 ℃		23 ℃		40 ℃		No	Max/%	理论	实际
					Min	Max	Min	Max	Min	Max				
铝粉纯环氧通用底漆	72	150	208	—	7 h	14 d	4 h	14 d	2 h	12 d	—	—	—	—
纯环氧通用底漆·灰	72	125	174	—	7 h	14 d	4 h	14 d	2 h	12 d	—	—	—	—
乙烯环氧连接漆	56	75	134	—	8 h	7 d	5 h	5 d	2 h	3 d	—	—	—	—
丙烯酸硅烷水解型无锡自抛光防污漆·浅红	58	85	147	—	9 h	*	7 h	*	6 h	*	—	—	—	—
丙烯酸硅烷水解型无锡自抛光防污漆·深红	58	85	147	—	9 h	*	7 h	*	6 h	*	—	—	—	—

总膜厚/μm　520

表 1-15 （续 1）

部位：

表面处理标准：

直底

Sa 2.5

产品	体积固含量/%	膜厚/μm 干膜厚(DFT)	膜厚/μm 湿膜厚(WFT)	损失率/%	覆涂间隔时间 10℃ Min	10℃ Max	23℃ Min	23℃ Max	40℃ Min	40℃ Max	稀释剂 No	稀释剂 Max/%	用量 理论	用量 实际
铝粉纯环氧通用底漆	72	150	208	—	7 h	14 d	4 h	14 d	2 h	12 d	—	—	—	—
纯环氧通用底漆·灰	72	125	174	—	7 h	14 d	4 h	14 d	2 h	12 d	—	—	—	—
乙烯环氧连接漆	56	75	134	—	8 h	7 d	5 h	5 d	2 h	3 d	—	—	—	—
丙烯酸硅烷水解型无锡自抛光防污漆·深红	58	130	224	—	9 h	NR	7 h	NR	6 h	NR	—	—	—	—
甲基丙烯酸硅烷水解型无锡自抛光防污漆·浅红	55	150	273	—	9 h	NR	7 h	NR	6 h	NR	—	—	—	—
甲基丙烯酸硅烷水解型无锡自抛光防污漆·深红	55	150	273	—	9 h	*	7 h	*	6 h	*	—	—	—	—

总膜厚/μm　780

表 1-15（续 2）

部位：

表面处理标准：干舷及舷墙 Sa 2.5

产 品	体积固含量/%	膜厚/μm 干膜厚(DFT)	膜厚/μm 湿膜厚(WFT)	损失率/%	覆涂间隔时间 10℃ Min	10℃ Max	23℃ Min	23℃ Max	40℃ Min	40℃ Max	稀释剂 No	稀释剂 Max/%	用量 理论	用量 实际
铝粉纯环氧通用底漆	72	100	139	—	7 h	5 mth	4 h	5 mth	2 h	3 mth	—	—	—	—
纯环氧通用底漆·灰	72	100	139	—	7 h	4 d	4 h	3 d	2 h	3 d	—	—	—	—
可覆涂聚氨酯面漆	63	50	79	—	14 h	*	7 h	*	4 h	*	—	—	—	—
可覆涂聚氨酯面漆	63	50	79	—	14 h	*	7 h	*	4 h	*	—	—	—	—

总膜厚/μm 300

部位：

表面处理标准：露天甲板 Sa 2.5

产 品	体积固含量/%	膜厚/μm 干膜厚(DFT)	膜厚/μm 湿膜厚(WFT)	损失率/%	覆涂间隔时间 10℃ Min	10℃ Max	23℃ Min	23℃ Max	40℃ Min	40℃ Max	稀释剂 No	稀释剂 Max/%	用量 理论	用量 实际
铝粉环氧底漆·铝红	72	125	174	—	10 h	NR	4 h	NR	2 h	NR	—	—	—	—
环氧面漆	62	100	161	—	15 h	*	7.5 h	*	4 h	*	—	—	—	—

总膜厚/μm 225

表 1-15 （续 3）

部位：

表面处理标准：舱口盖（外部）　Sa 2.5

产品	体积固含量/%	膜厚/μm 干膜厚(DFT)	膜厚/μm 湿膜厚(WFT)	损失率/%	覆涂间隔时间 10℃ Min	10℃ Max	23℃ Min	23℃ Max	40℃ Min	40℃ Max	稀释剂 No	Max/%	用量 理论	用量 实际
无机富锌底漆	72	75	104	—	13 h	NR	4 h	NR	1.5 h	NR	—	—	—	—
环氧连接漆	42	50	119	—	18 h	NR	6 h	NR	3 h	NR	—	—	—	—
环氧面漆	62	100	161	—	15 h	*	7.5 h	*	4 h	*	—	—	—	—

总膜厚/μm　225

部位：

表面处理标准：甲板室和机舱围壁-外墙　Sa 2.5

产品	体积固含量/%	膜厚/μm 干膜厚(DFT)	膜厚/μm 湿膜厚(WFT)	损失率/%	覆涂间隔时间 10℃ Min	10℃ Max	23℃ Min	23℃ Max	40℃ Min	40℃ Max	稀释剂 No	Max/%	用量 理论	用量 实际
铝粉环氧底漆,铝红	72	100	139	—	10 h	*	4 h	*	2 h	*	—	—	—	—
铝粉环氧底漆,铝色	72	100	139	—	10 h	10 d	4 h	7 d	2 h	5 d	—	—	—	—
可覆涂聚氨酯面漆	63	50	79	—	14 h	*	7 h	*	4 h	*	—	—	—	—
可覆涂聚氨酯面漆	63	50	79	—	14 h	*	7 h	*	4 h	*	—	—	—	—

总膜厚/μm　300

表 1-15（续 4）

部位：甲板室和机舱围壁-暴露甲板

表面处理标准：Sa 2.5

产品	体积固含量/%	膜厚/μm		损失率/%	覆涂间隔时间						稀释剂		用量	
		干膜厚(DFT)	湿膜厚(WFT)		10 ℃		23 ℃		40 ℃		No	Max/%	理论	实际
					Min	Max	Min	Max	Min	Max				
铝粉环氧底漆，铝红	72	100	139	—	10 h	NR	4 h	NR	2 h	NR	—	—	—	—
环氧面漆	62	100	161	—	15 h	*	7.5 h	*	4 h	*	—	—	—	—
总膜厚/μm	200													

部位：烟囱-外部

表面处理标准：Sa 2.5

产品	体积固含量/%	膜厚/μm		损失率/%	覆涂间隔时间						稀释剂		用量	
		干膜厚(DFT)	湿膜厚(WFT)		10 ℃		23 ℃		40 ℃		No	Max/%	理论	实际
					Min	Max	Min	Max	Min	Max				
铝粉环氧底漆，铝红	72	100	139	—	10 h	*	4 h	*	2 h	*	—	—	—	—
铝粉环氧底漆，铝色	72	100	139	—	10 h	10 d	4 h	7 d	2 h	5 d	—	—	—	—
可覆涂聚氨酯面漆	63	50	79	—	14 h	*	7 h	*	4 h	*	—	—	—	—
可覆涂聚氨酯面漆	63	50	79	—	14 h	*	7 h	*	4 h	*	—	—	—	—
总膜厚/μm	300													

表 1-15 （续 5）

部位：烟囱-内部

表面处理标准：Sa 2.5

产品	体积固含量/%	膜厚/μm		损失率/%	覆涂间隔时间						稀释剂		用量	
		干膜厚(DFT)	湿膜厚(WFT)		10 ℃		23 ℃		40 ℃		No	Max/%	理论	实际
					Min	Max	Min	Max	Min	Max				
醇酸底漆	56	70	125	—	2 h	*	1.5 h	*	1 h	*	—	—	—	—
铝粉耐温漆	45	20	44	—	12 h	*	8 h	*	6 h	*	—	—	—	—
铝粉耐温漆	45	20	44	—	12 h	*	8 h	*	6 h	*	—	—	—	—

总膜厚/μm：110

部位：平台、系泊件、扶手和支柱等-镀锌

表面处理标准：

产品	体积固含量/%	膜厚/μm		损失率/%	覆涂间隔时间						稀释剂		用量	
		干膜厚(DFT)	湿膜厚(WFT)		10 ℃		23 ℃		40 ℃		No	Max/%	理论	实际
					Min	Max	Min	Max	Min	Max				
纯环氧底漆	51	50	98	—	8 h	9 mth	4 h	9 mth	3 h	9 mth	—	—	—	—
高性能环氧面漆	50	50	100	—	14 h	*	7 h	*	3 h	*	—	—	—	—

总膜厚/μm：100

表 1-15（续 6）

部位：平台、系泊牛、扶手和支柱等裸钢

表面处理标准：Sa 2.5

产品	体积固含量/%	膜厚/μm 干膜厚(DFT)	膜厚/μm 湿膜厚(WFT)	损失率/%	覆涂间隔时间 10℃ Min	覆涂间隔时间 10℃ Max	覆涂间隔时间 23℃ Min	覆涂间隔时间 23℃ Max	覆涂间隔时间 40℃ Min	覆涂间隔时间 40℃ Max	稀释剂 No	稀释剂 Max/%	用量 理论	用量 实际
纯环氧通用栖装底漆，红	60	100	167	—	5 h	3 mth	3 h	3 mth	2 h	2 mth	—	—	—	—
纯环氧通用栖装底漆，灰	60	100	167	—	5 h	NR	3 h	NR	2 h	NR	—	—	—	—
环氧面漆	62	100	161	—	15 h	*	7.5 h	*	4 h	*	—	—	—	—

总膜厚/μm：300

部位：通风管-外部

表面处理标准：Sa 2.5

产品	体积固含量/%	膜厚/μm 干膜厚(DFT)	膜厚/μm 湿膜厚(WFT)	损失率/%	覆涂间隔时间 10℃ Min	覆涂间隔时间 10℃ Max	覆涂间隔时间 23℃ Min	覆涂间隔时间 23℃ Max	覆涂间隔时间 40℃ Min	覆涂间隔时间 40℃ Max	稀释剂 No	稀释剂 Max/%	用量 理论	用量 实际
铝粉环氧底漆，铝红	72	125	174	—	10 h	NR	4 h	NR	2 h	NR	—	—	—	—
环氧面漆	62	100	161	—	15 h	*	7.5 h	*	4 h	*	—	—	—	—

总膜厚/μm：225

表 1-15（续 7）

部位：通风管-内部

表面处理标准：Sa 2.5

产品	体积固含量/%	膜厚/μm 干膜厚(DFT)	膜厚/μm 湿膜厚(WFT)	损失率/%	覆涂间隔时间 10℃ Min	10℃ Max	23℃ Min	23℃ Max	40℃ Min	40℃ Max	稀释剂 No	稀释剂 Max/%	用量 理论	用量 实际
铝粉环氧底漆，铝红	72	100	139	—	10 h	*	4 h	*	2 h	*	—	—	—	—
铝粉环氧底漆，铝色	72	100	139	—	10 h	*	4 h	*	2 h	*	—	—	—	—

总膜厚/μm　200

部位：货舱-壁，顶，内舱口盖等

表面处理标准：Sa 2.5

产品	体积固含量/%	膜厚/μm 干膜厚(DFT)	膜厚/μm 湿膜厚(WFT)	损失率/%	覆涂间隔时间 10℃ Min	10℃ Max	23℃ Min	23℃ Max	40℃ Min	40℃ Max	稀释剂 No	稀释剂 Max/%	用量 理论	用量 实际
环氧底漆，红	72	100	139	—	10 h	*	4 h	*	2 h	*	—	—	—	—
环氧底漆，灰	72	100	139	—	10 h	*	4 h	*	2 h	*	—	—	—	—

总膜厚/μm　200

表 1-15 （续 8）

舱口围板-外部

部位：

表面处理标准： Sa 2.5

产品	体积固含量/%	膜厚/μm		损失率/%	覆涂间隔时间						稀释剂		用量	
		干膜厚(DFT)	湿膜厚(WFT)		10 ℃		23 ℃		40 ℃		No	Max/%	理论	实际
					Min	Max	Min	Max	Min	Max				
铝粉环氧底漆，铝红	72	125	174	—	10 h	NR	4 h	NR	2 h	NR	—	—	—	—
环氧面漆	62	100	161	—	15 h	*	7.5 h	*	4 h	*	—	—	—	—

总膜厚/μm： 225

舱口围板-内部

部位：

表面处理标准： Sa 2.5

产品	体积固含量/%	膜厚/μm		损失率/%	覆涂间隔时间						稀释剂		用量	
		干膜厚(DFT)	湿膜厚(WFT)		10 ℃		23 ℃		40 ℃		No	Max/%	理论	实际
					Min	Max	Min	Max	Min	Max				
环氧底漆，红	72	100	139	—	10 h	*	4 h	*	2 h	*	—	—	—	—
环氧底漆，灰	72	100	139	—	10 h	*	4 h	*	2 h	*	—	—	—	—

总膜厚/μm： 200

表 1-15 （续 9）

部位：货舱隔离舱壁内的横框

表面处理标准：Sa 2.5

产品	体积固含量/%	膜厚/μm 干膜厚(DFT)	膜厚/μm 湿膜厚(WFT)	损失率/%	覆涂间隔时间 10℃ Min	10℃ Max	23℃ Min	23℃ Max	40℃ Min	40℃ Max	稀释剂 No	稀释剂 Max/%	用量 理论	用量 实际
环氧底漆·红	72	100	139	—	10 h	*	4 h	*	2 h	*	—	—	—	—
环氧底漆·灰	72	100	139	—	10 h	*	4 h	*	2 h	*	—	—	—	—
总膜厚/μm		200												

部位：货舱内污水井

表面处理标准：Sa 2.5

产品	体积固含量/%	膜厚/μm 干膜厚(DFT)	膜厚/μm 湿膜厚(WFT)	损失率/%	覆涂间隔时间 10℃ Min	10℃ Max	23℃ Min	23℃ Max	40℃ Min	40℃ Max	稀释剂 No	稀释剂 Max/%	用量 理论	用量 实际
铝粉纯环氧通用底漆	72	150	208	—	7 h	5 mth	4 h	5 mth	2 h	3 mth	—	—	—	—
纯环氧通用底漆	72	150	208	—	7 h	*	4 h	*	2 h	*	—	—	—	—
总膜厚/μm		300												

表 1-15 （续 10）

部位： 生活和储藏舱 - 舱壁和顶（裸钢）

表面处理标准： Sa 2.5

产品	体积固含量/%	膜厚/μm		损失率/%	覆涂间隔时间								稀释剂			用量	
		干膜厚(DFT)	湿膜厚(WFT)		10 ℃		23 ℃		40 ℃				No	Max/%		理论	实际
					Min	Max	Min	Max	Min	Max							
醇酸底漆	56	70	125	—	2 h	*	1.5 h	*	1 h	*			—	—		—	—
醇酸面漆	48	50	104	—	24 h	*	16 h	*	12 h	*			—	—		—	—

总膜厚/μm 120

部位： 生活和储藏舱 - 管道及保温层后面

表面处理标准： Sa 2.5

产品	体积固含量/%	膜厚/μm		损失率/%	覆涂间隔时间								稀释剂			用量	
		干膜厚(DFT)	湿膜厚(WFT)		10 ℃		23 ℃		40 ℃				No	Max/%		理论	实际
					Min	Max	Min	Max	Min	Max							
醇酸底漆	56	70	125	—	2 h	*	1.5 h	*	1 h	*			—	—		—	—

总膜厚/μm 70

表 1-15 （续 11）

部位：生活和储藏舱-底板

表面处理标准：Sa 2.5

产品	体积固含量/%	膜厚/μm 干膜厚(DFT)	膜厚/μm 湿膜厚(WFT)	损失率/%	覆漆间隔时间 10℃ Min	10℃ Max	23℃ Min	23℃ Max	40℃ Min	40℃ Max	稀释剂 No	Max/%	用量 理论	用量 实际
醇酸底漆	56	70	125	—	2 h	*	1.5 h	*	1 h	*	—	—	—	—
醇酸面漆	48	50	104	—	24 h	*	16 h	*	12 h	*	—	—	—	—

总膜厚/μm　120

部位：冷冻室和变电室

表面处理标准：Sa 2.5

产品	体积固含量/%	膜厚/μm 干膜厚(DFT)	膜厚/μm 湿膜厚(WFT)	损失率/%	覆漆间隔时间 10℃ Min	10℃ Max	23℃ Min	23℃ Max	40℃ Min	40℃ Max	稀释剂 No	Max/%	用量 理论	用量 实际
环氧底漆	72	150	208	—	10 h	*	4 h	*	2 h	*	—	—	—	—

总膜厚/μm　150

表 1-15 （续 12）

部位：
表面处理标准：

排水道
Sa 2.5

产品	体积固含量/%	膜厚/μm 干膜厚(DFT)	膜厚/μm 湿膜厚(WFT)	损失率/%	覆涂间隔时间 10℃ Min	覆涂间隔时间 10℃ Max	覆涂间隔时间 23℃ Min	覆涂间隔时间 23℃ Max	覆涂间隔时间 40℃ Min	覆涂间隔时间 40℃ Max	稀释剂 No	稀释剂 Max/%	用量 理论	用量 实际
铝粉环氧底漆·铝红	72	100	139	—	10 h	*	4 h	*	2 h	*	—	—	—	—
环氧底漆·灰色	72	100	139	—	10 h	*	4 h	*	2 h	*	—	—	—	—

总膜厚/μm　200

部位：
表面处理标准：

机舱、围壁、甲板下空间等舱壁和顶
Sa 2.5

产品	体积固含量/%	膜厚/μm 干膜厚(DFT)	膜厚/μm 湿膜厚(WFT)	损失率/%	覆涂间隔时间 10℃ Min	覆涂间隔时间 10℃ Max	覆涂间隔时间 23℃ Min	覆涂间隔时间 23℃ Max	覆涂间隔时间 40℃ Min	覆涂间隔时间 40℃ Max	稀释剂 No	稀释剂 Max/%	用量 理论	用量 实际
醇酸底漆	56	70	125	—	2 h	*	1.5 h	*	1 h	*	—	—	—	—
醇酸面漆	48	50	104	—	24 h	*	16 h	*	12 h	*	—	—	—	—

总膜厚/μm　120

表 1-15　（续 13）

部位：机舱、围壁，甲板下空间等-底部

表面处理标准：Sa 2.5

产品	体积固含量/%	膜厚/μm		损失率/%	覆涂间隔时间						稀释剂		用量	
		干膜厚(DFT)	湿膜厚(WFT)		10 ℃		23 ℃		40 ℃		No	Max/%	理论	实际
					Min	Max	Min	Max	Min	Max				
铝粉环氧底漆，铝红	72	100	139	—	10 h	*	4 h	*	2 h	*	—	—	—	—
环氧底漆，灰色	72	100	139	—	10 h	*	4 h	*	2 h	*	—	—	—	—

总膜厚/μm：200

部位：压载舱

表面处理标准：Sa 2.5

产品	体积固含量/%	膜厚/μm		损失率/%	覆涂间隔时间						稀释剂		用量	
		干膜厚(DFT)	湿膜厚(WFT)		10 ℃		23 ℃		40 ℃		No	Max/%	理论	实际
					Min	Max	Min	Max	Min	Max				
铝粉纯环氧通用底漆	72	160	222	—	7 h	14 d	4 h	14 d	2 h	10 d	—	—	—	—
纯环氧通用底漆	72	160	222	—	7 h	*	4 h	*	2 h	*	—	—	—	—

总膜厚/μm：320

钢质海船的防腐蚀及安全营运

表 1-15 (续 14)

部位:
表面处理标准: Sa 2.5　　淡水/饮水舱

产品	体积固含量/%	膜厚/μm 干膜厚(DFT)	膜厚/μm 湿膜厚(WFT)	损失率/%	覆涂间隔时间 10℃ Min	10℃ Max	23℃ Min	23℃ Max	40℃ Min	40℃ Max	稀释剂 No	稀释剂 Max/%	用量 理论	用量 实际
环氧保护底漆	41	50	122	—	8 h	14 d	4 h	14 d	2 h	10 d	—	—	—	—
无溶剂饮水舱室漆	98	300	306	—	30 h	*	12 h	*	4 h	*	—	—	—	—

总膜厚/μm: 350

部位:
表面处理标准: Sa 2.5　　滑油舱

产品	体积固含量/%	膜厚/μm 干膜厚(DFT)	膜厚/μm 湿膜厚(WFT)	损失率/%	覆涂间隔时间 10℃ Min	10℃ Max	23℃ Min	23℃ Max	40℃ Min	40℃ Max	稀释剂 No	稀释剂 Max/%	用量 理论	用量 实际
铝粉环氧底漆,铝红	72	100	139	—	10 h	*	4 h	*	2 h	*	—	—	—	—
环氧底漆,灰色	72	100	139	—	10 h	*	4 h	*	2 h	*	—	—	—	—

总膜厚/μm: 200

表 1-15 （续 15）

部位：空舱，隔离空舱等
表面处理标准：Sa 2.5

产品	体积固含量/%	膜厚/μm 干膜厚(DFT)	膜厚/μm 湿膜厚(WFT)	损失率/%	覆涂间隔时间 10℃ Min	10℃ Max	23℃ Min	23℃ Max	40℃ Min	40℃ Max	稀释剂 No	稀释剂 Max/%	用量 理论	用量 实际
铝粉环氧底漆，铝红	72	150	208	—	10 h	*	4 h	*	2 h	*	—	—	—	—
环氧底漆，灰色	72	150	208	—	10 h	*	4 h	*	2 h	*	—	—	—	—
总膜厚/μm	300													

部位：船舱
表面处理标准：Sa 2.5

产品	体积固含量/%	膜厚/μm 干膜厚(DFT)	膜厚/μm 湿膜厚(WFT)	损失率/%	覆涂间隔时间 10℃ Min	10℃ Max	23℃ Min	23℃ Max	40℃ Min	40℃ Max	稀释剂 No	稀释剂 Max/%	用量 理论	用量 实际
铝粉纯环氧通用底漆	72	150	208	—	7 h	14 d	4 h	14 d	2 h	12 d	—	—	—	—
纯环氧通用底漆，灰	72	125	174	—	7 h	14 d	4 h	14 d	2 h	12 d	—	—	—	—
乙烯环氧连接漆	56	75	134	—	8 h	7 d	5 h	5 d	2 h	3 d	—	—	—	—
丙烯酸硅烷水解型无锡自抛光防污漆，深红	58	130	224	—	9 h	NR	7 h	NR	6 h	NR	—	—	—	—
甲基丙烯酸硅烷水解型无锡自抛光防污漆，浅红	55	150	273	—	9 h	NR	7 h	NR	6 h	NR	—	—	—	—
甲基丙烯酸硅烷水解型无锡自抛光防污漆，深红	55	150	273	—	9 h	*	7 h	*	6 h	*	—	—	—	—
总膜厚/μm	780													

1.3.3　船舶涂装色彩的基本要求

船舶涂装除了防腐蚀、防污及某些特殊用途外,还有一个作用就是装饰性,其主要体现在色彩上。此外,船舶管系常常利用涂料颜色做标记,起到识别和警示作用。

1.3.3.1　色彩的基本要素

色彩三要素(或称色彩三属性)分别是色相、明度和彩度。

色相是指不同色彩的面目或"相貌",即是什么颜色,如红、黄、蓝等。明度是指色彩的明暗程度,从黑色到白色,明度依次增高。彩度是指色彩的纯净饱和程度,彩度越高,则色彩的纯度也越高。

色彩三要素是分析评价物体色彩的基本要素,它们同时显示,并综合在一起。通常指定应用某一标色体系来评定色彩的基本要素,目前应用较为广泛的是劳尔(RAL)和孟塞尔(A. H. Munsell)标色体系。

1.3.3.2　船舶涂色

船体外表的颜色往往根据船舶的种类或船东的要求确定,指定的颜色用相应编号的色卡对照做评定。对于舱室内部,由于各种装饰材料的应用,涂料色彩已不是主要的装饰手段。

1.3.3.3　船舶管系的颜色标记

船舶内部的管系种类繁多、纵横交错,为便于对管系内介质属性和流向的了解,需要在管系上做好颜色标记。管系颜色标记分为基本识别颜色标记和安全性颜色标记,前者是为了帮助识别管道内流动的是何种介质,后者则是为了引起注意,在一定程度上带有警告性的意义。

(1) ISO 推荐的管系基本识别颜色及管内介质情况见表 1-16。

表 1-16　管系基本识别颜色及管内介质情况

颜色	色卡号	管内介质情况
黑	RAL9005	废弃物
蓝	RAL5015	淡水
棕	RAL8001	燃料油
绿	RAL6018	海水

表 1-16 　（续）

颜色	色卡号	管内介质情况
灰	RAL7001	不可燃气体
褐红	RAL8015	气态的或液态的气体（除空气外）
橙	RAL2003	非燃料油
银	RAL9006	蒸汽
红	RAL3000	灭火系统
紫	RAL4001	酸、碱
白	RAL9010	通风设备中的空气
赭黄	RAL1021	可燃性气体

管系基本识别颜色的施工方法有：

① 采用相应颜色的涂料，涂覆于整根管子上；

② 根据管子直径，每隔一定距离采用相应颜色的涂料涂覆于管子上；

③ 采用带相应颜色的、有黏性的材料，每隔一定距离包覆在管子上。

基本识别颜色应垂直于管子轴线施工，并应覆盖管子的所有连接点、阀的两侧、辅助设备、管子穿过舱壁的部位以及其他需要识别流体介质的地方，每个舱室至少施工一次。由于管道弯曲、不同种类管道过于靠近等原因，在 3～5 m 长度内，可能需要多次施工基本识别颜色。如果需要反映管系内介质流动的方向时，可用一个白色或黑色的箭头表示，该箭头应紧挨于基本识别颜色附近，或写在管子上的铭牌、标志牌上。

（2）ISO 推荐的管系安全性颜色的含义如下。

红色：表示灭火系统。

黄色、带有黑色斜条纹：属于危险警告。

以绿色为基本颜色并辅以蓝色：表示淡水管、饮用水或非饮用水管。

管系安全性颜色的施工方法如下：

① 采用相应颜色的涂料，涂于基本识别颜色上，此时基本识别颜色应涂覆于整根管子上；

② 采用相应颜色的涂料，涂于两个约长 150 mm 的基本识别颜色带中间（图 1-18）；

③ 在两个约长 150 mm 的基本识别颜色带中间，用黏性的、带安全性颜色的材料包覆成环（图 1-18）。

（3）所有管系识别涂料或有黏性的材料都不应影响和破坏管子表面。

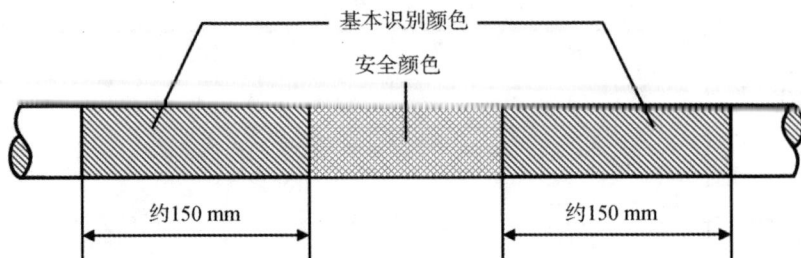

图 1-18　管系安全性颜色标记的施工方法

1.3.4　船舶常用的涂装施工方法

涂装是使涂料在被涂表面均匀成膜的作业过程。随着涂料工业的不断发展，船东及船厂对施工效率,涂层的防锈、装饰等性能要求的不断提高,涂装技术也随之不断发展提高,涂装方法日趋多样化、高效化、现代化。在施工过程中,需根据涂装工作的施工环境、施工场所、施工阶段、被涂目标的形状及大小、所使用涂料的性能特点等,采用合适的涂装方法或多种涂装方法的组合,以保证被涂装表面漆膜满足质量要求,即形成无表面缺陷、膜厚均匀的漆膜。

船舶常用的涂装施工方法有刷涂、辊涂、有气喷涂(压缩空气)、无气喷涂等,各种涂装方法均有其优缺点,因此也就有各自的适用范围。

1.3.4.1　刷涂

刷涂是用涂刷工具蘸上涂料,然后将其覆盖于被涂表面的一种作业方法。由于使用工具简单、操作方便灵活,且不受操作场所的限制等优点,刷涂至今仍被广泛应用于船舶涂装,一般用于小面积、形状与结构复杂的物体表面。

（1）刷涂的优点

① 对于喷涂作业较困难的区域,即可能造成"漏涂"或难以确保涂层达到规定膜厚要求的区域,可采用刷涂方式施工,如各种沟槽、流水孔、减轻孔、通气孔的边缘,型钢反面和狭小的区域等,在大面积喷涂前,这些部位应先刷涂1～2遍(通常称为预涂),以便于整体膜厚满足规定要求。

② 可以进行小范围涂层修补。如在喷涂时发生涂层缺陷且面积不大时,可立即用刷子进行修补。

③ 刷涂具有较强的渗透力,尤其对粗糙度较大的表面,能使涂料渗透到细孔和缝隙中,使这些部位的涂层有很好的附着力。当被涂表面有少量潮气时,刷涂能排挤水分,使涂料能较好地黏附于表面。

④ 刷涂方式油漆浪费少,对环境污染较低,尤其适用于梯子、栏杆、小型设备

等的涂装。

（2）刷涂的缺点

① 刷涂对涂料品种的适应性不强，比较适合涂料黏度较低、涂层膜厚较薄、外观要求不高、涂装范围较小的常规涂料。

②刷涂是手工操作，作业的劳动强度较大，生产效率较低，且被涂工件表面涂膜质量、外观也不够良好，如果操作不熟练，涂膜易出现刷痕、流挂和不均匀的缺陷，所以刷涂对于干性快、流平性较差的涂料不大适用。

1.3.4.2　辊涂

辊涂的主要工具是带有手柄的辊筒，它由空心棍子外包羊毛绒或其他具有吸附能力的纤维绒毛制成。辊筒蘸满涂料后将涂料均匀地滚刷到被涂物表面。辊涂适用于因某些原因而难以喷涂的大平面的涂装。

（1）辊涂的优点

① 辊涂的效率高于刷涂（但低于喷涂）。

② 与刷涂类似，辊涂也具有较强的渗透力，且油漆浪费较少，对环境污染较低。

③ 与刷涂相比，辊涂方式可应用于被涂物件较远距离的修补作业，并可减少一部分搭建脚手架的麻烦。

（2）辊涂的缺点

① 对于结构复杂和凹凸不平的表面，辊涂的使用受到限制，往往只应用于船体外板、甲板和上层建筑外表面等的涂刷。

② 辊涂的美观效果比刷涂差，涂层表面会呈现小橘皮状，达不到光滑效果，因此需在涂料内添加适量的稀释剂，以增加涂膜表面的流平性。

1.3.4.3　压缩空气喷涂

压缩空气喷涂是用压缩空气将涂料从容器中吸引（或压迫）至喷枪，在 0.2～0.5 MPa 的压力下，涂料在喷嘴处与空气混合并雾化，喷射在被涂物体表面，从而得到分布均匀的漆膜的一种涂装方法。

（1）压缩空气喷涂的优点

该方法容易获得均匀的涂膜，对于有缝隙、小孔的工件表面以及倾斜、曲面、凹凸不平的工件表面，涂料都能分布均匀。其工作效率比手工刷涂和辊涂高。

（2）压缩空气喷涂的缺点

① 用于压缩空气喷涂的涂料黏度要比刷涂和辊涂的涂料低，因此在一般涂料中需添加一部分稀释剂。在喷涂时，部分涂料会喷散到空气中或从被涂表面弹回

到空气中,因此涂料利用率较低,浪费严重(尤其是在室外大风天气作业时),对环境污染较大,并且此种方式不能像刷涂或辊涂那样获得良好的渗透性,因此涂层附着力也不如刷涂和辊涂。

② 操作过程中需注意喷涂状况及压缩空气的质量。喷涂时,所用压缩空气的压力、喷嘴口径和角度、喷涂距离和稀释剂添加量等,都需根据涂料产品说明书的要求来调整,喷枪运行的速度需按膜厚要求与成膜情况而定。所使用压缩空气必须经过过滤,去除水分和油分,以免混入涂料中影响涂层质量。

1.3.4.4　高压无气喷涂

高压无气喷涂通常是利用压缩空气作为动力驱动高压泵,将涂料吸收并加压至 $10\sim25$ MPa,通过高压软管和喷枪后,经特殊形状的喷嘴喷出,涂料离开喷嘴后在大气中瞬间剧烈膨胀,雾化成很细的微粒,喷射到被涂表面,形成均匀的涂膜。由于压缩空气在涂料雾化过程中只起到动力源的作用,而涂料本身不与压缩空气混合,这与用压缩空气雾化涂料的压缩空气喷涂完全不同,因此称之为高压无气喷涂。

(1)高压无气喷涂的优点

①喷涂时涂料处于高压雾化状态,喷射在钢板表面上的涂料能渗透到细孔里面,并与钢板紧密结合,形成的漆膜对钢板表面附着力较强,可获得光滑致密的涂层。

②涂料不含压缩空气,因而避免了压缩空气中的水分、油分和其他杂质对涂料的污染。

③ 高压无气喷涂最大的优点是效率高,涂刷量可达到 $300\sim500$ m²/h,比刷涂或辊涂高几十倍至上百倍。对于需要大面积涂装的船舶来说,高效率作业可大大减轻劳动强度,缩短造船周期。

④ 与压缩空气喷涂相比较,无气喷涂时涂料没有因压缩空气在被涂表面弹回而造成的损失,而且可以在不加或稍加稀释剂的情况下顺利作业,因此涂装施工时,漆雾飞扬较少,提高了涂料利用率,降低了有机溶剂的空气挥发量,从而减少了涂装环境的污染,改善了涂装施工条件。

⑤ 高压无气喷涂能用于任何快速干燥的涂料施工,一次喷涂能较容易控制涂膜厚度(喷涂厚度较易达到 300 μm 以上),保证涂膜质量。在用于特殊涂料(如熟化时间极短的冰区油漆)的施工时,可通过增加双组分加热喷涂泵的方式,来实现大范围喷涂。

(2)高压无气喷涂的缺点

① 涂料喷散造成的浪费比刷涂和辊涂大(特别是在有大风的情况下,涂料吹

散损失更多),而且在喷涂表面形状复杂、宽度较小的物件时,浪费情况更为严重。

② 操作时,喷雾幅度和喷出量不能随意调节,必须更换喷嘴或调节压力。

③ 涂料在喷嘴出口处压力很高,射出的速度很大,很容易刺穿皮肤,造成伤害,施工过程中应引起特别注意。

船舶常用涂装施工方法的特点列于表 1-17。

表 1-17　船舶常用涂装施工方法的特点

涂装施工方法	原理	优点	缺点	适用范围
刷涂	刷子蘸上涂料进行涂装	(1)施工方式简单,工具简单; (2)浸润性好; (3)油漆浪费少,环境污染小	(1)涂装效率低; (2)一般不适用快干性、流平性差的涂料,外观不够良好,可能会存在刷痕	(1)在喷涂作业较困难的区域进行施工; (2)小范围涂层修补; (3)形状复杂的构件
辊涂	带有手柄的空心辊子外包吸附纤维绒毛,蘸上涂料进行涂装	(1)施工方式简单,工具简单; (2)浸润性好; (3)油漆浪费少,环境污染小	(1)涂装效率低; (2)一般不适用快干性、流平性差的涂料,外观不够良好,会存在橘皮缺陷	适用于因某些原因而难以喷涂的平面的涂装
有气喷涂	用压缩空气将涂料从壶形容器中吸引(或压迫)至喷枪,在喷嘴处与空气混合并雾化,喷射在物体表面	工作效率高,膜厚均匀	(1)油漆利用率较低; (2)在施工时需保证压缩空气内不要有油水进入; (3)相比于刷涂和辊涂,对环境污染较大	一般用于大面积涂装,但需要刷涂配合预涂
无气喷涂	涂料通过高压泵被增至高压,经小孔在大气中突然剧烈膨胀雾化,随后喷射在物体表面	(1)工作效率高,膜厚均匀; (2)浸润性好	(1)油漆浪费较多; (2)相比于刷涂和辊涂,对环境污染较大	一般用于大面积涂装,但需要刷涂配合预涂

其他涂装方法还包括静电喷涂、浸涂、淋涂、电泳喷涂、粉末喷涂等,在船舶建造过程中不常使用,在此不做介绍。

1.3.5 液货舱的特殊涂装要求

船舶的特殊涂装(简称特涂),通常是指成品油船和化学品船的液货舱的涂装。

成品油船和化学品船通常是指装载和运输石油精制产品、石油化学制品和化学合成产品等的船舶。这些石油制品及各种化学品具有易燃、易爆、易挥发、有毒或有腐蚀性等特性。因此,与一般的船舶涂装不同,成品油船和化学品船液货舱的涂装有许多特殊性。

1.3.5.1 特殊的装载对象

成品油船和化学品船装载的对象大致可分为以下几大类:

(1) 石油提炼产品:包括汽油、发动机燃料油、煤油、柴油、石脑油等精练油类,重油、沥青、红油等黑色石油提炼产品,以及润滑油、机油等。

(2) 石油化学制品:包括烷烃(脂肪族)类化合物和苯、甲苯、二甲苯等芳香族(芳烃)类化合物。

(3) 化学合成制品:包括有机化学物(醇类、酮类、胺类、醚类、酯类等)、碱性化学物(磷酸钠、苛性碱等)和酸性化学物(醋酸、脂肪酸等)。

(4) 天然油脂类:包括各种动物油、植物油等。

(5) 其他一些食品类:包括蜂蜜、果汁、酒类等。

1.3.5.2 特殊的涂层要求

上述装载对象,有的具有很强的溶解性和渗透性,有的具有很强的腐蚀性,有的则可被食用,因此它们对涂层提出了很高的要求。更为甚者,成品油船和化学品船的液货舱,在空载时往往被兼作压载水舱,这样货物与海水的交替装载使舱内的涂层处于十分严酷的腐蚀环境,只有具备特殊性能的涂料才能胜任。因此,作为成品油船和化学品船的液货舱涂料,必须具备以下性能:

(1) 化学结构致密,能抵抗各种装载对象的溶解、渗透和腐蚀,并且不会污染所装载的货物;

(2) 具有优良的耐海水性和耐成品油、化学品货物交替装载的性能,即使是涂层吸附了一部分成品油类或化学品,本身发生了溶胀,也不会遇水剥落或失去原来的抗水能力,而在货物卸下后,溶胀的涂层会恢复原有的状态和性能;

(3) 涂层沾上货物或其他污物后清洗容易,并且涂层应具有一定的耐热性,以抵抗货物的加热和热水清洗。

目前世界上用来作为成品油船和化学品船液货舱的涂料,一般都是纯环氧涂料、酚醛环氧涂料、无机锌涂料和聚氨酯涂料 4 种类型,这些涂料各有各的特点,到目前为止还没有一种涂料能适应所有种类的货物。涂料的选择应该根据船舶的主要装载对象来确定。一般来说,提供成品油船和化学品船液货舱涂料的厂商会提供一本耐载荷清单(Cargo Resistance List),表明其涂料对各种载荷的抵抗能力,据此可选择应该使用的涂料。

1.3.5.3　特殊的施工条件

成品油船和化学品船液货舱涂装,需要以下特定的施工条件:

(1) 必须在船上做整体涂装,不应先做分段涂装然后整体合拢时修补,这是因为:

① 液货舱涂料都是致密的化学固化型涂料,这些涂料都有严格的涂装间隔期,超过了涂装间隔期后再继续涂装,会导致涂层间的附着力不够,易发生层间剥离现象。从分段涂装到整体合拢后修补,间隔时间很长,大大超过了涂装间隔期,因此修补区域与原涂层的交界处往往很难附着好。

② 分段涂装后,往往堆放在露天环境中,时间一长涂层质量必受影响,尤其在漆膜完全固化前,如遇下雨、大雾、落霜等天气更易破坏涂膜。

③ 分段涂装后在运输、吊装时难免损伤涂层,而且分段预舾装工作不大可能做到百分之百,合拢后难免还会有切割和焊接工作,加上分段数量多,焊缝修补工作量大,焊缝的涂装又是特殊涂装中的关键性工作,大量的焊缝修补涂装,很难保证其质量符合特殊涂装的质量要求。

(2) 必须进行温度和露点管理。用于成品油船和化学品船液货舱的双组分化学固化型涂料,其干燥受周围环境温度的影响很大,尤其是环氧系涂料在环境温度低于 10 ℃时,固化反应进行得很慢,低于 5 ℃时,固化反应几乎停止。所以要求施工中,涂膜固化及养护期间环境温度高于 10 ℃,合适的施工温度为 15～30 ℃,这就需要进行温度管理。

比温度管理更重要的是露点管理。所谓露点是指在该环境的温度和相对湿度的条件下,环境温度下降到物体表面刚刚开始结露时的温度。涂装作业时的湿度会给涂层的性能带来重大影响,而在成品油船和化学品船液货舱的涂装作业过程中,很难避免结露现象的发生,因此需要通过露点管理来解决。露点管理主要包括两方面内容:一方面是判别被涂物表面温度与露点之间的差距,以确定能否进行涂装;另一方面是在被涂物表面温度接近露点或低于露点时,通过改变环境条件(降温、去湿)或提高被涂物表面的温度,创造合适的涂装条件。

为了适应整体涂装和温度、露点管理,还需要采用许多特殊的设备和特定的施工工艺,这也是成品油船和化学品船液货舱涂料施工的关键所在。

与特殊涂装严格的温度和露点管理相比,一般涂装通常只要保证环境温度高于露点 3 ℃以上,环境湿度低于 85％即可进行作业。

1.3.5.4 特殊的表面处理

众所周知,涂装质量的好坏,最关键的环节在于表面处理的质量。而成品油船和化学品船由于装载特殊的货物,需要在特定的条件下施工涂装特殊的涂料,因此必须严格认真地进行表面处理。与一般涂装不同,成品油船和化学品船液货舱的表面处理有以下特定的要求:

(1)结构性处理。在分段组装前应当对所有尖锐的自由边缘做倒角处理,达到边缘呈 $R＝2$ mm 左右的圆角状态。在分段组装后,应对所有由于切割焊接所引起的表面不平整处进行补焊、磨光等处理,以使被涂表面处于良好、光滑的状态。

(2)整体喷砂处理。一般来说,在整体涂装以前对分舱进行喷砂处理,除锈等级达到 SIS 标准 Sa 2.5 级,粗糙度在 40～70 μm 范围内。如钢材表面涂有车间底漆或后续涂装的涂料有特殊要求时,则车间底漆的处理和残留、钢材的除锈质量应满足后续涂料的要求。对于某些特殊涂料,涂装时钢材表面不允许有任何车间底漆残留,则需提前和涂料厂商进行沟通,协商采取合适的处理方式,例如钢材表面预处理后不施工车间底漆,或使用涂料厂商认可的其他临时涂层保护的措施。

1.3.5.5 特殊的结构设计

为有利于液货舱的特殊涂装,在进行船体结构设计时应尽可能使液货舱的构造趋于简单,具体可采用以下措施:

(1)减少船体构件。诸如横舱壁采用槽形舱壁,纵舱壁上的扶强材尽可能安装在朝向压载舱一侧,舱底上扶强材尽可能安装在双层底舱内。

(2)简化船体构件。纵横构件贯通时,避免采用重傍板固定方式,应采用贯穿的构件与舱壁直接焊接的方式,减少横肋骨上的流水孔,变更其形状和位置,扶强材尽可能不采用 T 形材而采用球扁钢。

(3)部分构件采用耐腐蚀材料。对于脚手架吊环、吊攀、某些管道的支架、管扎等尽可能采用不锈钢制造,以减少表面处理与涂装的困难。

(4)人孔及通风孔的尺寸、位置、形状应有利于搭建脚手架材料的进出,便于通风、换气、清理和磨料回收,必要时应设置工艺孔。

(5)液货舱内舾装件的安装位置应适当,避免造成不能进行表面处理和涂装的死角。此外对于梯子等舾装件,在涂装前可先预留复板,待涂装后再进行安装。

(6) 甲板面上的舾装件如带缆桩等,应尽量在涂装前安装完毕。

1.3.6　船舶涂层保护的相关规范和标准

随着造船行业的发展,有关船舶涂层的保护性能、节能减排的要求以及对海洋环境保护的影响等问题越来越受到关注,IMO 和 ISO 相继颁布和实施了一些新的船舶涂料和涂装标准,诸如《船舶压载舱保护涂层性能标准》(PSPC WBT)、《原油船货油舱保护涂层性能标准》(PSPC COT)、《国际控制船舶有害防污底系统公约》(AFS)、《船体和螺旋桨性能变化测量方法》(ISO 19030)等相关标准,其中船舶涂层的性能及船舶能效的要求是各方关注的重点。挥发性有机化合物(VOC)对大气造成的污染同样引起各方的关注,国家对船舶涂装领域也发布了相关的标准。

1.3.6.1　IMO 的《船舶压载舱保护涂层性能标准》

(1)《船舶压载舱保护涂层性能标准》的产生过程

船舶的压载舱始终处于空舱和海水压载这样的干湿交替状态,其腐蚀环境非常严酷。早期的船舶,压载舱的腐蚀不受重视,没有保护措施,靠增加钢板厚度来提高腐蚀余量,多用了大量钢板,增加了空船质量。后来尽管做了涂装,但对涂料和涂装工艺没有严格规定,因此腐蚀还是相当严重,由此而导致各种海难事故。由于腐蚀给船舶安全带来极大的威胁,国际航运界对压载舱涂层的性能和质量越来越重视。

1995 年 11 月,IMO 通过了 A.798(19)号决议《专用海水压载舱防腐系统的选择、应用和维护指南》(以下简称《指南》),以改进散货船和油船的安全。但该《指南》为建议性而非强制性,其主要精神如下:

① 压载舱的涂层系统应是硬质涂层;

② 建议使用对比颜色的多层涂层进行涂装;

③ 最好使用浅色涂层作为表面涂层。

随后 IMO 海上安全委员会(MSC)在 1996 年 6 月 4 日通过了 MSC.47(66)号决议,重申了 A.798(19)号决议要求。

2004 年 11 月,由波罗的海和国际海事理事会(BINCO)等 6 个组织在 A.798(19)号决议发布的《指南》和油船结构合作论坛(The Tanker Structure Co-operative Forum,TSCF)的 TSCF 15 标准的基础上起草了《船舶压载舱保护涂层性能标准》草案,经过 IMO 船舶设计与装备分委会(DE)第 48 次、49 次会议和 MSC 第 81 次会议讨论,基本达成一致意见。2006 年 12 月,在土耳其伊斯坦布尔召开的 MSC 第 82 次会议决议,即 MSC.215(82)号决议,通过了《船舶压载舱保护涂层性能标准》(*Performance Standard for Protective Coating for Dedicated Seawater Bal-*

last Tanks in All Types of Ships and Double Side Skin Spaces of Bulk Carriers，PSPC)，简称《涂层性能标准》，并列入 SOLAS 公约成为强制性标准。

（2）《船舶压载舱保护涂层性能标准》的适用范围及其关键技术要求

《船舶压载舱保护涂层性能标准》适用于 500 总吨及以上的所有类型船舶的专用海水压载舱和船长不小于 150 m 的散货船双舷侧处所。

该标准的技术是基于 15 年的目标使用寿命的要求，即涂层要持续保持 15 年的"良好"状态，这样的目标使用寿命将使船舶在其整个生命周期（如设定为 30 年）中预期仅重复涂装一次。

该标准的框架共有 8 节（分别为目的、定义、一般要求、涂装标准、涂层系统认可、涂装检查要求、验证要求、替代程序）和 3 个附录（分别为涂层合格性试验程序、检查日志和不合格报告、干膜厚度测量），其中第 4 节"涂装标准"为关键的技术要求，其涉及的主要内容摘要见表 1-18。

表 1-18　《船舶压载舱保护涂层性能标准》关键技术要求摘要

项目	技术要求
涂层系统设计	（1）准备用于海水压载舱的涂层配套系统（不仅是单一的涂料）必须经过合格的预试验（相当于涂层的型式认可）。 （2）涂层类型应采用环氧基体系，建议多道涂层系统，每道涂层的颜色要有对比，面涂层为浅色，便于使用期内的检查。 （3）若采用其他涂层类型，其性能要通过涂层合格性试验程序的试验。 （4）对环氧类涂层，在 90/10 规则* 下应达到名义总干膜厚度（NDFT）320 μm，其他系统可根据涂料生产商的技术要求；另外应小心避免涂膜过厚，涂装过程中应定期检查湿膜厚度。 ＊ 90/10 规则系指涂层干膜厚度的测量，即对所有测量点的 90% 测量结果应大于或等于 NDFT，余下 10% 测量点均应不小于 $0.9 \times$ NDFT（编者注）
钢表面预处理	（1）喷射处理达到 Sa 2.5 级。 （2）钢表面水溶性盐限制（相当于氯化钠）≤50 mg/m²（依据 ISO 8502-9 采用电导率测定）。 （3）车间底漆应采用无缓蚀剂的含锌硅酸锌基涂料或等效的涂料，并应与主涂层系统相兼容

表 1-18 （续）

二次表面处理	（1）去除毛边，打磨焊珠，去除焊接飞溅物和任何其他的表面污染物，使之达到 ISO 8501-3 等级 P2。 （2）边缘应处理成半径至少为 2 mm 的圆角，或经过三次打磨，或至少经过等效的处理。 （3）被破坏的车间底漆和焊缝处达到 Sa 2.5 级；如车间底漆按规定的试验程序未通过涂层合格证明预试验，完整底漆至少要去除 70%，达到 Sa 2 级。 （4）喷砂或打磨后的钢表面水溶性盐含量（相当于氯化钠）≤50 mg/m²。 （5）合拢后的表面处理：对大接缝为 St 3 级，或更好，或可行时为 Sa 2.5 级；对小面积破坏区域不大于总面积的 2% 时为 St 3 级；当相邻接的破坏区域的总面积超过 25 m² 或超过舱室总面积 2% 时应为 Sa 2.5 级

（3）《船舶压载舱保护涂层性能标准》的衍生扩展

在最早制定的《船舶压载舱保护涂层性能标准》的基础上，至今已有相应的 5 个标准（表 1-19），其中《船舶压载舱涂层性能标准》（PSPC WBT）和《原油船货油舱涂层性能标准》（PSPC COT）为强制性执行标准，其他为推荐性标准或指导性文件。

《散货船/油船空舱涂层性能标准》（PSPC VS）为推荐性标准，适用于散货船和油船结构空舱处所，其具体范围见表 1-20。

《永久性通道腐蚀保护指南》（PSPC PMA）适用于压载舱和空舱，其涂层技术要求可参照 PSPC WBT 的要求，漆膜干膜厚不得低于 200 μm。

《保护涂层的维护和保养指南》（PSPC M&R）是一个指导性文件，适用于船舶压载舱涂层的维护和保养，其基本要求见表 1-21。

《原油船货油舱涂层性能标准》（PSPC COT）和 PSPC WBT 一样，都是以涂装工艺要求为主的标准，两者基本要求相似，但略有不同。表 1-22 总结了两个标准主要要求之间的差异。

表 1-19 IMO 制定的船舶保护涂层性能标准

标准/指导性文件	适用范围	批准时间	实施时间
MSC. 215(82)《船舶压载舱保护涂层性能标准》（PSPC WBT）	不小于 500 总吨的所有类型船舶的专用海水压载舱和船长不小于 150 m 的散货船双舷侧处所	2006 年 12 月强制执行	2008 年 7 月 1 日

表 1-19 （续）

标准/指导性文件	适用范围	批准时间	实施时间
MSC.244(83)《散货船/油船空舱涂层性能标准》(PSPC VS)	散货船和油船的空舱,具体部位按IACS的定义,见表1-20	2007年10月非强制性标准	—
MSC.1/Circ.1279《永久性通道腐蚀保护指南》(PSPC PMA)	(1) 永久检验通道(PMA)防腐措施适用于压载舱和空舱,不适用于货舱 (2) 和船体结构相连的永久检验通道的保护涂层参照MSC.215(82)通过的PSPC标准的要求,涂层干膜厚度不小于200 μm (3) 对于非船体结构的永久检验通道,建议热镀锌作为第一层腐蚀保护涂层,再进行涂层保护	2008年5月指导性文件	—
MSC.1/Circ.1330《保护涂层的维护和保养指南》(PSPC M&R)	适用于船舶压载舱的维护和保养	2009年6月指导性文件	—
MSC.288(87)《原油船货油舱涂层性能标准》(PSPC COT)	不小于5 000总吨的原油船的货油舱,涂装的部位如图1-19所示	2010年5月强制执行	2013年1月1日

表 1-20 《散货船/油船空舱涂层性能标准》的基本要求

标准适用范围	油船	散货船
Ⅰ类	双舷侧(DSS)空舱,包括保护货油舱的空边舱、底部/双壳空舱处所	货舱区域顶边空舱处所、底边空舱处所和双层底空舱处所
Ⅱ类	(1) 艏部隔离空舱/分割艏尖舱与货舱的隔离空舱; (2) 货舱区域的隔离空舱/分割不兼容品的隔离空舱; (3) 艉部隔离空舱; (4) 箱型龙骨/管隧; (5) 舱壁底凳; (6) 舱壁顶凳	(1) 双层底管路/管隧; (2) 位于槽型舱壁底部封槽板或挡货板背后的小型空舱,全封闭处所除外; (3) 货舱内其他小型空舱,全封闭处所除外; (4) 横舱壁底凳,全封闭处所除外; (5) 横舱壁顶凳,全封闭处所除外

表 1-20　（续）

标准适用范围	油船	散货船
Ⅲ类	(1) 位于槽型舱壁底部封槽板或挡货板背后的全封闭处所，以及货舱内其他小型全封闭处所； (2) 全封闭的横舱壁底横凳； (3) 全封闭的横舱壁顶横凳； (4) 换能器空舱； (5) 本表Ⅰ和Ⅱ类未特别提及的任何空舱处所	

注：① 散货船和油船Ⅰ类空舱处所应按照专用海水压载舱和散货船双舷侧处所的要求涂装。
　　② 散货船和油船Ⅱ类空舱处所应按照散货船和油船空舱处所的要求涂装。
　　③ 散货船和油船Ⅲ类空舱处所的保护涂层没有要求。

表 1-21　《保护涂层的维护和保养指南》的基本要求

表面处理要求	涂层体系		干膜厚度/μm
(1) 去除淤泥、油脂等； (2) 清水清洁； (3) 通风干燥； (4) 对于"Fair"等级表面处理至 St 3 或 Sa 2.5 级； (5) 对于"Poor"等级表面处理至 Sa 2.5 级； (6) 按氯化钠计算的盐分 ≤80 mg/m²； (7) 按供应商要求控制施工环境	中期目标： (10 年的设计寿命)	(1) 涂层体系按 MSC.215(82)； (2) 与原相同的涂层体系，或与原涂层体系相容的涂层体系，或油漆供应商推荐的等同涂装体系	(1) 250 μm DFT； (2) 至少 2 度喷涂，2 度预涂
	长期目标： (15 年的设计寿命)	(1) 涂层体系按 MSC.215(82)； (2) 与原相同的涂层体系，或与原涂层体系相容的涂层体系，或油漆供应商推荐的等同涂装体系	(1) 320 μm DFT； (2) 至少 2 度喷涂，2 度预涂

表 1-22　PSPC COT 和 PSPC WBT 的主要要求的差异对比

项目	PSPC COT	PSPC WBT
涂料要求	通过原油船货油舱合格性试验	通过压载水舱涂层合格性试验
合拢后的表面处理要求	内底板： (1) 破坏区域不大于需涂装面积的20%时，至少为 St 3 级 (2) 相连破坏区域面积超过 25 m² 或超过需涂装面积的 20%时，须为 Sa 2 1/2 级。 内顶板： (1) 破坏区域不大于需涂装面积的 3%时，至少为 St 3 级； (2) 相连破坏区域面积超过 25 m² 或超过需涂装面积的 3%时，须为 Sa 2 1/2 级	(1) 破坏区域不大于需涂装面积的 2%时，至少为 St 3 级 (2) 相连破坏区域面积超过 25 m² 或超过需涂装面积的 2%时，须为 Sa 2 1/2 级

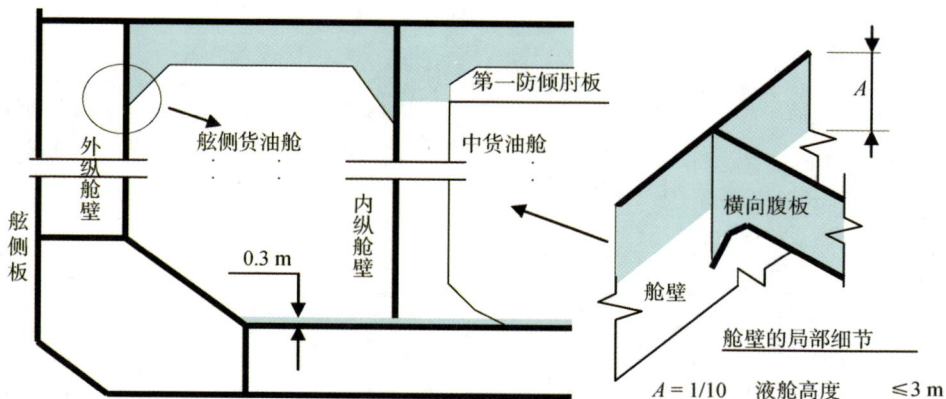

图 1-19　5 000 总吨及以上原油船的货油舱涂装部位

1.3.6.2　IMO 的《国际控制船舶有害防污底系统公约》

为清洁船底，减少能耗，常常需要使用防污漆来驱除或杀死附着在船壳上的生物。三丁基锡(TBT)作为防污漆中的杀虫剂，曾经被广泛用于防污漆系统。到 20 世纪七八十年代，人们开始意识到 TBT 作为防污漆中的杀虫剂给海洋环境带来了严重危害。为控制有害防污漆系统对海洋环境的影响，2001 年 10 月 5 日，IMO 在英国伦敦总部召开的国际控制船舶有害防污底系统外交大会通过了《国际控制船舶有害防污底系统公约》(*International Convention on the Control of Harmful Anti-fouling Systems on Ships*,2001),简称《防污底系统公约》或 AFS 公约,该公约禁止船舶使用有害的防污底系统。根据公约附件 1 的要求,2003 年 1 月 1 日开始,所有船舶(不包括固定平台、浮式平台、浮式液化天然气生产储卸装置(FPSO))不得再施涂或重新施涂含有 TBT 的防污漆;到 2008 年 1 月 1 日,现有船舶已经涂有含 TBT 防污漆的,要么将有害防污漆一次清除,要么在原防污漆上涂封闭漆形成封闭层,然后再涂不含 TBT 的防污漆。2008 年 9 月 17 日,该公约正式生效。

2012 年 7 月 3 日,我国环境保护部首次发布了《环境标志产品技术要求　船舶防污漆》(HJ 2515—2012)。该标准对船舶防污漆中的禁用物质、有害物质限值和使用说明书提出了要求,规定了船舶防污漆类环境标志产品的术语和定义、基本要求、技术内容及检验方法,适用于各类船舶的防污漆。该标准的制定对鼓励和推动防污漆向更加环保的方向发展具有积极作用。表 1-23 列出了在涂料中禁止使用的物质,表 1-24 则规定了涂料中有害物质的限值,该标准禁止使用 DDT、汞(Hg),并不得检出。

表 1-23　《环境标志产品技术要求　船舶防污漆》中禁止使用的物质

禁用种类	禁用物质
乙二醇醚及其酯类	乙二醇甲醚、乙二醇甲醚醋酸酯、乙二醇乙醚、乙二醇乙醚醋酸酯、二乙二醇丁醚醋酸酯
烷烃类	正己烷
酮类	3,5,5-三甲基-2-环己烯基-1-酮(异佛尔酮)
卤代烃类	二氯甲烷、二氯乙烷、三氯甲烷、三氯乙烷、四氯化碳
醇类	甲醇
硅酸盐类(石棉类)	温石棉、青石棉、铁石棉、直闪石棉、阳起石棉、透闪石棉

表 1-24　《环境标志产品技术要求　船舶防污漆》中有害物质的限值

有害物质名称	限值
挥发性有机化合物(VOC)	≤400 g/L
甲苯＋二甲苯＋乙苯质量分数	≤25%
苯质量分数	≤0.05%

表 1-24 （续）

有害物质名称		限值
可溶性重金属	铅（Pb）	≤90 mg/kg
	镉（Cd）	≤75 mg/kg
	铬（Cr）	≤60 mg/kg
	砷（As）	≤5 mg/kg
锡总含量（干漆）		≤1 500 mg/kg
铜离子渗出率		≤25 μg/(cm·d)

1.3.6.3 《船体和螺旋桨性能的测量》（ISO 19030）

该标准的总体目标是规定一种测量船体和螺旋桨性能变化的实用方法，并对表征船体和螺旋桨维修、维护和升级的性能指标进行了定义。该标准主要包括三个部分，分别是"总则""默认测量方法"和"其他测量方法"，其中第二部分"默认测量方法"是推荐的测量方法，详细说明了所需测量的参数、测量过程及性能指标计算方法。

"默认测量方法"中，为了分析一种解决方案是否真的能实现船体性能的提高，首先需要建立一个性能比较的基准。为了高度精确设置基准，必须选择一个相对比较漫长的时期，通常选择船舶交船出坞后 3～12 个月作为基准期限。在这段时间内，每天记录数据，得出给定轴功率下实际航速，再通过该轴功率和实际吃水下的设计曲线得到设计航速，进而计算出每天的船舶平均航速偏差，筛选去除一定风速（如风速超过 6 级）、发动机功率小于 50% 的偏差数据后取平均值，得到基准期限内的平均航速偏差，以此作为船舶出坞时船体性能的基准，用偏离的百分比表示。

基准确定后，在剩余的坞修间隔期内，继续每天记录数据，计算航速偏差。将计算结果与基准比较，这样就可以精确监测涂装防污漆后，在坞修间隔期内的船体性能。与基准的偏差越大，说明船舶航速降低得越多，船体性能越差。而优良的防污漆应能在相同的基准条件下，使船舶航速降低较少，船体性能表现得较好，因此 ISO 19030 标准是防污漆设计的一个重要依据。

1.3.6.4 《船舶涂料中 VOC 限量》（GB 38469—2019）

船舶涂料领域有害物质强制性国家标准《船舶涂料中 VOC 限量》（GB 38469—2019）于 2019 年 12 月 31 日正式发布，该标准参考了 ISO 标准、IMO 对船舶涂料的相关要求，以及美国、欧盟、日本、韩国等主要国家对于船舶涂料有害物质限量的规定，并参考了船舶涂料的其他各种标准。有关标准中规定的涂料 VOC 限量见表 1-25。

表 1-25 《船舶涂料中 VOC 限量》(GB 38469—2019)的基本要求

产品类型		限量值/(g/L)
车间底漆	无机类	≤700
	有机类	≤680
底漆		≤550
面漆		≤500
通用底漆		≤400
防污漆	Ⅰ型和Ⅱ型	≤500
	Ⅲ型	≤450
维修漆		≤600
其他涂料		≤500

1.4 钢质海船的牺牲阳极阴极保护

1.4.1 概述

金属腐蚀的基本原理表明:当两种不同的金属在电解质溶液中通过导线连接时,电极电位较低(即化学性质较活泼)的金属总是成为阳极受到腐蚀,而电极电位较高的金属总是成为阴极而不会受到腐蚀。

钢铁浸在海水中时,由于钢铁并不是单纯的理想金属,而是由铁与碳及其他金属元素共同构成的合金,因此将形成许多微电池。其中铁的电位较低成为微阳极受到腐蚀,碳或其他金属元素成为微阴极则不会被腐蚀。在钢铁中铁是主要成分,铁的腐蚀导致钢铁总体上不断受到腐蚀。

基于钢铁在海水中的腐蚀原理,如果在钢铁制件上设置电极电位比钢铁更低的金属物构成阳极,钢铁在整体上成为阴极,并且得到极化,则可使钢铁免遭腐蚀,即得到保护。这种电化学的保护方法称为牺牲阳极阴极保护法。从 1823 年英国化学家 Davy 首次采用铸铁和纯锌保护木船的铜包皮以来,这种牺牲阳极阴极保护技术得到了飞速发展,已广泛应用于各个工业领域,是一种比较成熟的防蚀技术。

1.4.2 牺牲阳极阴极保护的基本参数

在阴极保护中,有两个最基本的也是最重要的参数:保护电位和保护电流密度。可以根据这两个参数值的大小来判断被保护金属是否处于被保护状态。

1.4.2.1 保护电位

保护电位是指使金属表面微电池腐蚀作用被抑止所需的阴极电位,一般情况下,保护电位并不是一个唯一的数值,而是在一定的范围,即保护电位域内,它介于最小保护电位和最大保护电位之间。

最小保护电位是指使被保护结构达到指定防蚀率所必需的电极电位临界值。最大保护电位是指不引起被保护结构表面涂层鼓泡脱落或不引起铝等两性金属碱性腐蚀所允许的最低电位值。

铁元素的标准电极电位为 -0.44 V,在 pH 值约为 8.2 的海水里,相对于标准氢电极,钢铁的最小保护电位为 -0.53 V,最大保护电位为 -0.68 V,因此钢铁在海水里相对于标准氢电极的保护电位域为 $-0.53 \sim -0.68$ V。

保护电位域的值与所选用的参比电极的种类有关。钢铁在海水中相对于不同参比电极的保护电位域如下:

氢电极:　　　　　　　　$-0.53 \sim -0.68$ V

饱和甘汞电极:　　　　　$-0.77 \sim -0.92$ V

海水/银/氯化银:　　　　$-0.78 \sim -0.93$ V

铜/饱和硫酸铜:　　　　　$-0.85 \sim -1.00$ V

锌电极:　　　　　　　　$+0.25 \sim +0.10$ V

1.4.2.2 保护电流密度

保护电流密度是指使被保护结构达到保护电位域时,单位面积所必需的阴极电流,而保护电流密度与保护面积的乘积就是被保护结构所需的保护电流。

保护电流密度 i_c 可分为初始保护电流密度 i_{ci}、平均保护电流密度 i_{ca} 和末期保护电流密度 i_{cf},其中初始保护电流密度用于考察初期保护船体钢板所需的阳极发生电流量,末期保护电流密度用于考察末期消耗后的阳极的发生电流量是否满足需要,平均保护电流密度则用于计算在保护年限内阴极保护所需的最少阳极质量。

在钢铁结构的阴极保护实践中得知,保护电流密度与下列诸多因素有关。

(1)涂层

钢质船舶或结构物表面一般都有涂层保护,涂层基本上是绝缘体,它将钢铁与海水隔绝,但并非密不透水,而且涂层还经常会受到损坏,因此在涂层与阴极保护联合进行保护时,仍需要一定的保护电流。需要注意的是,船级社规范中所推荐的电流保护密度数值一般是针对裸钢板的(如果规范中明确是针对有涂层的船体钢板,则可不需再考虑),对于表面有涂层的钢板来说,保护电流密度需要考虑涂层破损率的影响。通常,涂层破损率与所用涂层的特性、施工和使用的环境条件以及使用时间的长短等有关,该比率的取值可参考 DNV 推荐作法 RP B401 *Cathodic Protection Design*(2005)(以下简称 DNV RP B401)和 BV Information Note NI 423 *Corrosion Protection of Steel Offshore Units and Installations*(2006)(以下简称 BV NI 423)中相关要求(表 1-26 和表 1-27)。

(2) 阴极沉积物

阴极保护过程中,阴极表面将产生许多氢氧根离子,使 pH 值升高。海水中的钙、镁等碱土金属分子会生成不溶性的碱土化合物,并沉积于作为阴极的钢铁表面。这在一定程度上起到了保护的作用,即能抑制钢铁的腐蚀,降低钢铁的腐蚀电流,从而可以降低所需要的保护电流密度。

表 1-26　DNV RP B401 对涂层破损率的规定

(1)初期涂层破损率 $f_{ci} = a$

(2)中期涂层破损率 $f_{cm} = a + bt_f/2$

(3)末期涂层破损率 $f_{cf} = a + bt_f$

水深/m	不同涂层分类下的 a 和 b 推荐值		
	涂层分类 Ⅰ ($a = 0.10$)	涂层分类 Ⅱ ($a = 0.05$)	涂层分类 Ⅲ ($a = 0.02$)
0～30	$b = 0.10$	$b = 0.025$	$b = 0.012$
>30	$b = 0.05$	$b = 0.015$	$b = 0.008$
涂层分类 Ⅰ	1 道环氧漆,最小干膜厚度 20 μm		
涂层分类 Ⅱ	1 道或 1 道以上油漆(环氧、聚氨酯或乙烯基),总干膜厚度不小于 250 μm		
涂层分类 Ⅲ	2 道或 2 道以上油漆(环氧、聚氨酯或乙烯基),总干膜厚度不小于 350 μm		

t_f——阴极保护设计寿命,年

注:① 当计算出的涂层破损率 $f_c > 1$ 时,取 $f_c = 1$。

② 当阴极保护设计寿命大于涂层实际寿命时,$f_{cm} = 1 - (1-a)^2/(2bt_f)$。

③ a 和 b 为常数,与涂层特性和环境条件有关。

表 1-27　BV NI 423 对涂层破损率的规定

对海上固定平台和浮式装置（不进坞）

设计寿命/年	涂层破损率 K		
	初期	中期	末期
10	0.05	0.1	0.2
20	0.05	0.15	0.35
30	0.05	0.2	0.5
40	0.05	0.25	0.65
50	0.05	0.3	0.8

对机动的浮式装置（5 年进坞周期）

结构类型	涂层破损率 K		
	初期	中期	末期
钢质海船	0.05	0.15	0.25

（3）流速

海水的流动性会增加氧的去极化作用，使腐蚀速度增加。航行中的船舶，其保护电流密度约为停航时的 2 倍，而高速航行的舰艇则可达到 3～4 倍。

（4）其他因素

海水的温度、盐度、风浪大小、污染程度等对保护电流密度也有一定的影响。DNV RP B401 和 BV NI 423 中，对裸钢在世界各海域中所需的保护电流密度给出了相应的推荐值，详见表 1-28～表 1-31。

表 1-28　DNV RP B401 对裸钢初期和末期电流保护密度的推荐值　　（A/m²）

水深/m	热带（>20°）		亚热带（12°～20°）		温带（7°～11°）		寒带（<7°）	
	初期	末期	初期	末期	初期	末期	初期	末期
0～30	0.150	0.100	0.170	0.110	0.200	0.130	0.250	0.170
>30～100	0.120	0.080	0.140	0.090	0.170	0.110	0.200	0.130
>100～300	0.140	0.090	0.160	0.110	0.190	0.140	0.220	0.170
>300	0.180	0.130	0.200	0.150	0.220	0.170	0.220	0.170

表 1-29　DNV RP B401 对裸钢平均电流保护密度的推荐值　　　　　（A/m²）

水深/m	热带（>20°）	亚热带（12°~20°）	温带（7°~11°）	寒带（<7°）
0~30	0.070	0.080	0.100	0.120
>30~100	0.060	0.070	0.080	0.100
>100~300	0.070	0.080	0.090	0.110
>300	0.090	0.100	0.110	0.110

表 1-30　BV NI 423 对固定式海上装置裸钢电流保护密度的推荐值

海域		电流保护密度/(mA/m²)		
		初期 i_o	平均 i_m	末期（或再极化）i_r
北海（北部地区）	北纬 62°以上	220	100	130
	北纬 55°~62°	180	90	120
北海（南部地区：英国西部、爱尔兰西部、荷兰）		150	90	100
阿拉伯湾、海湾地区、印度、澳大利亚、巴西、西非		130	70	90
墨西哥湾、印度尼西亚、地中海、亚得里亚海		110	60	80

注：当钢铁表面温度大于 25 ℃时，电流保护密度的取值建议在本表中数值基础上，每升高 1 ℃增加 1 mA/m²。

表 1-31　BV NI 423 对移动式海上装置裸钢电流保护密度的推荐值

位置	典型结构类型	电流保护密度/(mA/m²)
浸没低速：0.5~1.5 m/s	海上浮式结构、任何形式的浮体、港口浮式装置（受到潮汐影响）	150
浸没中速：1.5~3.0 m/s	工作艇	250
浸没高速：>3.0 m/s	航行船舶	500 及以上

对于表面有涂层保护的船体钢板来说，保护电流密度 $i_c = i_b f_c$（i_b 为裸钢板保护电流密度，f_c 为油漆破损率）。当然，如果规范中明确推荐的保护电流密度是针对有涂层的船体钢板的话，则可直接参考引用。另外还需注意的是，规范中所推荐的保护电流密度一般是针对介质溶液为常温（一般在 25 ℃左右）的海水，如果阳极安装在含油水舱或是货油舱底部，并且舱内温度大于 25 ℃，这种情况在规范中并没有相应的规定和要求，这时可以参照常温下水舱的保护电流密度值，可适当增

加,同时也可多听取一下阳极制造厂商的经验和建议,选择一个较为合适的数值。

1.4.3 牺牲阳极的材料与种类

牺牲阳极阴极保护是采用一种电位更低(化学性更活泼)的金属或合金与被保护金属连接在一起,依靠该金属或合金不断的腐蚀溶解所产生的电流使被保护金属获得阴极极化而受到保护的方法。这种自身被腐蚀的金属或合金,称为牺牲阳极。牺牲阳极阴极保护多用于液舱内的保护,也可用于船体水下部分外表面、舵叶、海水门、侧推管隧等部位的保护。

一般来说,牺牲阳极所采用的材料主要包括锌合金、铝合金以及镁合金。镁合金阳极很少使用,一般只用于最初的极化过程,比较常用的是锌合金和铝合金。

1.4.3.1 锌合金阳极

锌是一种较为活泼的金属,其标准电极电位为-0.76 V,比铁的标准电极电位-0.44 V低0.32 V,是一种较好的牺牲阳极材料。20世纪60年代以前曾广泛使用纯锌作为牺牲阳极。

但是,纯锌必须具有很高的纯度(含锌量大于99.95%)才能有良好的电化学性能,否则将很容易极化,表面生成坚硬的腐蚀产物,不易脱落且电阻很高,使电极电位向正方向大大移动,不能起到对钢铁的保护作用。另外纯锌阳极对杂质的含量要求很高,尤其是含铁量必须控制在0.0014%以下,这给原料的供应和冶炼都带来了很大的困难。随着阳极材料的不断发展,纯锌阳极就逐渐被淘汰替换。

目前广泛应用的是锌-铝-镉三元合金阳极,俗称"三元锌"阳极,具有很好的电化学性能,其对杂质元素的含量要求虽然较高,但远不如纯锌阳极那样苛刻,因而材料来源丰富,冶炼方便。

与铝阳极相比,锌合金阳极的发生电流启动时间较短,更适用于压载水舱。因为压载水的每次注入,阳极都需要一定的时间才能发挥作用,如果压载水的注入和排出频率较快,而阳极的启动时间又较长时,可能出现阳极还未来得及发出电流,而压载水已被排出的情况,这样阳极就很难起到有效的保护作用,因此锌阳极比铝阳极更适合用于压载水舱。

另外锌阳极在介质溶液温度大于$50\ ℃$时会发生电势逆转的现象,这时锌阳极的电势会高于船体钢板,使钢板成为阳极而不断被腐蚀,因此在高温情况下不宜使用锌阳极。

我国的国家标准《锌-铝-镉合金牺牲阳极》(GB/T 4950—2002)规定了锌-铝-镉合金牺牲阳极的化学成分(表1-32)、电化学性能(表1-33)以及类型和规格。

表 1-32　锌-铝-镉合金牺牲阳极的化学成分

化学元素	铝(Al)	镉(Cd)	杂质元素				锌(Zn)
			铁(Fe)	铜(Cu)	铅(Pb)	硅(Si)	
含量/%	0.3~0.6	0.05~0.12	≤0.005	≤0.005	≤0.006	≤0.125	余量

表 1-33　锌-铝-镉合金牺牲阳极的电化学性能

电化学性能	开路电位/V	工作电位/V	实际电容量/(A·h/kg)	消耗率/[kg/(A·a)]	电流效率/%	溶解性能
海水中(1 mA/cm²)	−1.09~−1.05	−1.05~−1.00	≥780	≤11.23	≥95	表面溶解均匀,腐蚀产物容易脱落
土壤中(0.03 mA/cm²)	≤−1.05	≤−1.03	≥530	≤17.25	≥65	

注:① 参比电极——饱和甘汞电极。

② 介质——海水介质采用人造海水或天然海水;土壤介质采用潮湿土壤,且阳极周围添加填充料。

图 1-20 所示为设置单铁脚焊接固定的船体用锌合金牺牲阳极,其规格和主要尺寸列于表 1-34。图 1-21 所示为设置双铁脚焊接固定的船体用锌合金牺牲阳极,其规格和主要尺寸列于表 1-35。图 1-22 所示为螺栓固定的船体用锌合金牺牲阳极,其规格和主要尺寸列于表 1-36。图 1-23 所示为压载水舱用锌合金牺牲阳极,其规格和主要尺寸列于表 1-37。图 1-24 所示为港口和海洋工程设施用锌合金牺牲阳极,其规格和主要尺寸列于表 1-38。

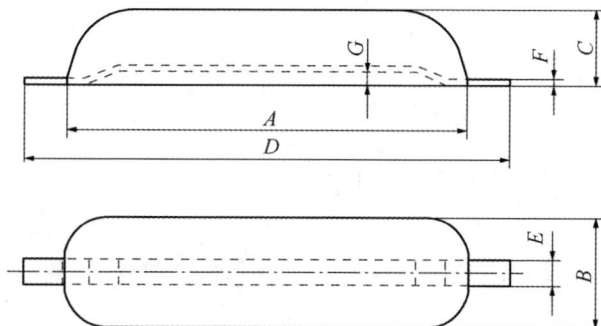

图 1-20　船体用焊接式锌合金牺牲阳极(单铁脚)

表 1-34 船体用焊接式锌合金牺牲阳极(单铁脚)规格及主要尺寸

型号	规格/mm		铁脚尺寸/mm				净重/kg	毛重/kg
	$A \cdot B \cdot C$	D	E	F	G			
ZH-1	800×140×60	900	45	5～6	8～10		45.4	47.0
ZH-2	800×140×50	900	45	5～6	6～8		37.4	39.0
ZH-3	800×140×40	900	45	5～6	5～6		29.5	31.0
ZH-4	600×120×50	700	40	5～6	6～8		24.0	25.0
ZH-5	400×120×50	470	35	4～5	6～8		15.3	16.0
ZH-6	500×100×40	580	40	4～5	5～6		12.7	13.6
ZH-7	400×100×40	460	30	4～5	5～6		10.6	11.0
ZH-8	300×100×40	360	30	3～4	5～6		7.2	7.5
ZH-9	250×100×40	310	30	3～4	5～6		6.2	6.5
ZH-10	180×70×40	230	25	3～4	5～6		3.3	3.5

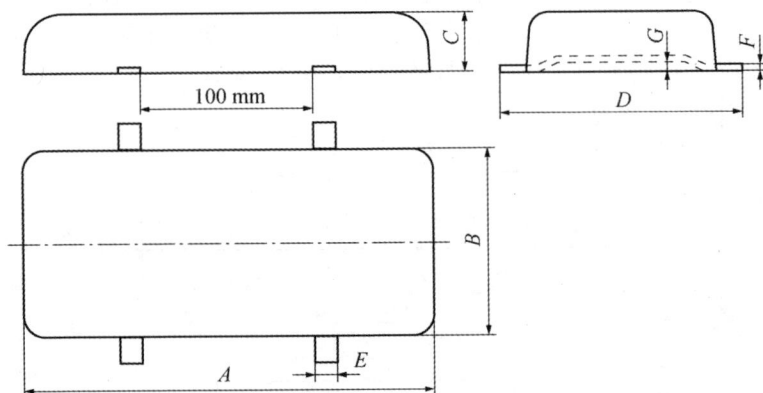

图 1-21 船体用焊接式锌合金牺牲阳极(双铁脚)

表 1-35　船体用焊接式锌合金牺牲阳极（双铁脚）规格及主要尺寸

型号	规格/mm	铁脚尺寸/mm				净重/kg	毛重/kg
	$A \cdot B \cdot C$	D	E	F	G		
ZH-11	300×150×50	360	30	4～5	5～6	13.7	14.5
ZH-12	300×150×40	360	30	4～5	5～6	10.7	11.5

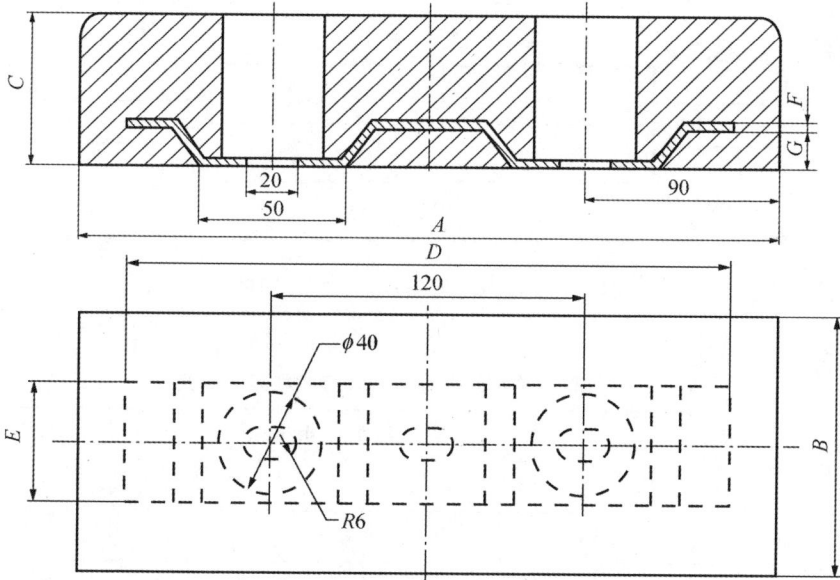

图 1-22　船体用螺栓连接式锌合金牺牲阳极（单位：mm）

表 1-36　船体用螺栓连接式锌合金牺牲阳极规格及主要尺寸

型号	规格/mm	铁脚尺寸/mm				净重/kg	毛重/kg
	$A \cdot B \cdot C$	D	E	F	G		
ZH-13	300×150×50	250	50	3～4	8～10	11.6	12.0
ZH-14	300×150×40	250	50	3～4	8～10	8.6	9.0

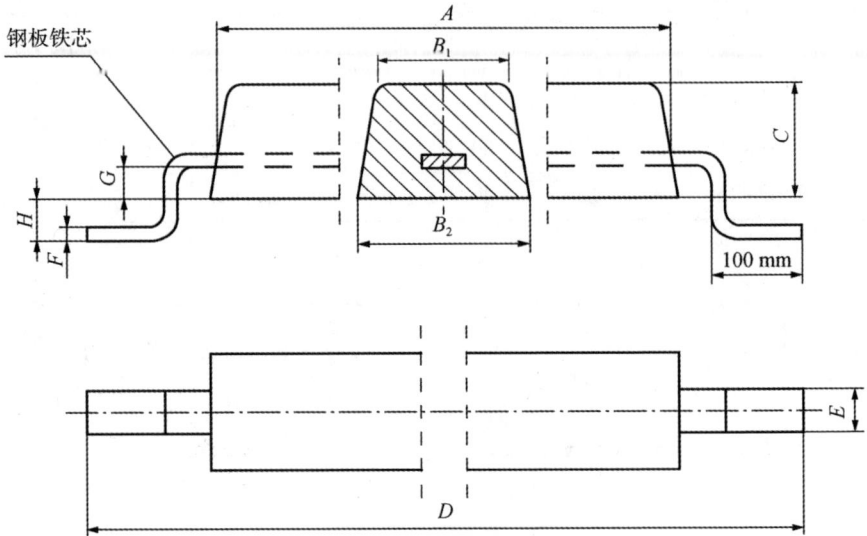

图 1-23　压载水舱用锌合金牺牲阳极

表 1-37　压载水舱用锌合金牺牲阳极规格及主要尺寸

型号	规格/mm	铁脚尺寸/mm					净重/	毛重/
	$A \cdot (B_1 + B_2) \cdot C$	D	E	F	G	H	kg	kg
ZT-1	500×(115+135)×130	800	50	6	40	60	53.5	56.0
ZT-2	1 500×(65+75)×70	1 800	—	16	20	40	48.3	50.0
ZT-3	500×(110+130)×120	800	50	6	40	60	48.0	50.0
ZT-4	1 000×(58.5+78.5)×68	1 300	—	16	20	40	31.8	33.0
ZT-5	800×(56+74)×65	1 100	—	16	20	40	24.0	25.0
ZT-6	1 150×(48+54)×51	1 450	—	12	15	35	18.6	20.0
ZT-7	250×(80+100)×85	310	30	4	6～8	0	12.8	13.0
ZT-8	200×(70+90)×70	260	30	3	6～8	0	7.3	7.5

注：① ZT-7、ZT-8 为平贴式阳极。

　　② ZT-2、ZT-4、ZT-5、ZT-6 型阳极铁脚为圆钢。

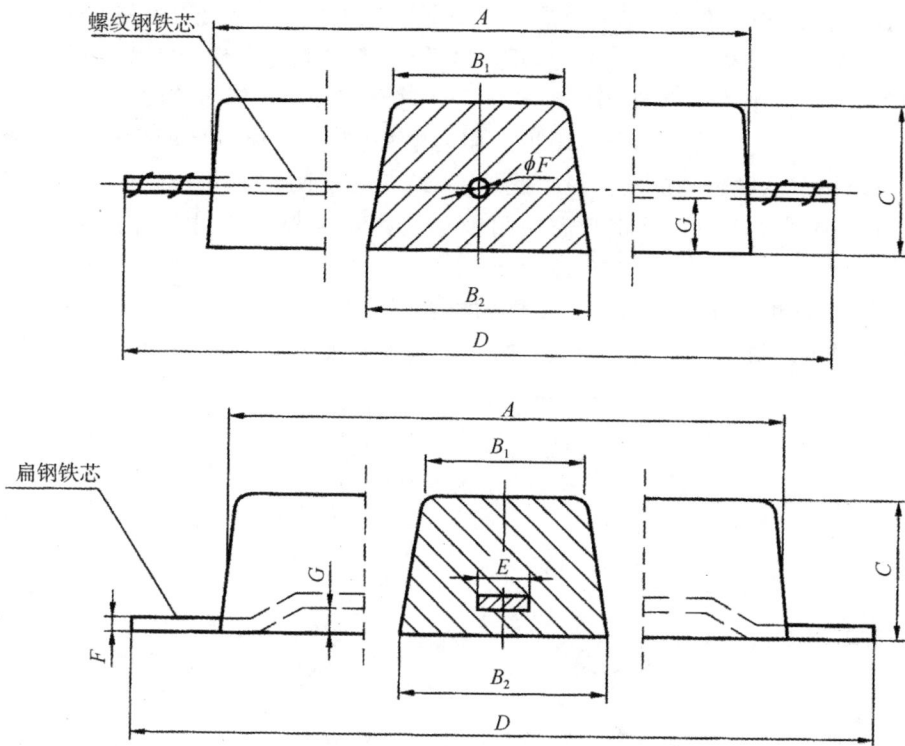

图 1-24　港口和海洋工程设施用锌合金牺牲阳极

表 1-38　港口和海洋工程设施用锌合金牺牲阳极规格及主要尺寸

型号	规格/mm	螺纹钢铁脚尺寸/mm			扁钢铁脚尺寸/mm				净重/	毛重/
	$A \cdot (B_1+B_2) \cdot C$	D	F	G	D	E	F	G	kg	kg
ZI-1	$1\,000 \times (115+135) \times 130$	1 250	18	45	1 250	40	8	45	111.6	115.0
ZI-2	$750 \times (115+135) \times 130$	1 000	16	45	1 000	40	8	445	83.0	85.0
ZI-3	$500 \times (115+135) \times 130$	750	16	45	750	40	6	45	55.0	56.0
ZI-4	$500 \times (105+135) \times 100$	750	16	35	750	40	6	35	38.6	40.0

1.4.3.2　铝合金阳极

铝是一种活泼金属,其标准电极电位为 -1.67 V,比铁的标准电极电位 -0.44 V 低 1.23 V,比锌的标准电极电位也要低 0.91 V。但铝是自钝化金属,在空气中或海水中其表面会自动生成一层致密的三氧化铝薄膜,造成一定的化学惰性,保护铝不再氧化,因此纯铝不能作为牺牲阳极对其他金属进行阴极保护。由于铝具有密度小、电容量大(即单位质量发电量大)、材料来源充足、价格较便宜等优点,经世界各国研发人员长期努力,开发出了铝-锌-铟系合金作为牺牲阳极,目前主要种类有铝-锌-铟-锡、铝-锌-铟-镉、铝 锌 铟-硅和铝-锌-铟-锡-镁等。

与锌合金阳极相比,铝合金阳极的驱动电势较高,单位质量所含电容量较大,并且可以用于温度较高的油水舱。此外,从经济性方面来看,虽然铝合金的单价较贵,但由于电容量较大,因此所需的阳极总量相对少很多,阳极总的采购成本也更低。

当环境温度大于 20 ℃时,铝阳极的电容量会随温度的升高而降低,如图 1-25 所示,此时可以根据图中推荐的估算公式来计算出某一温度下对应的阳极电容量。

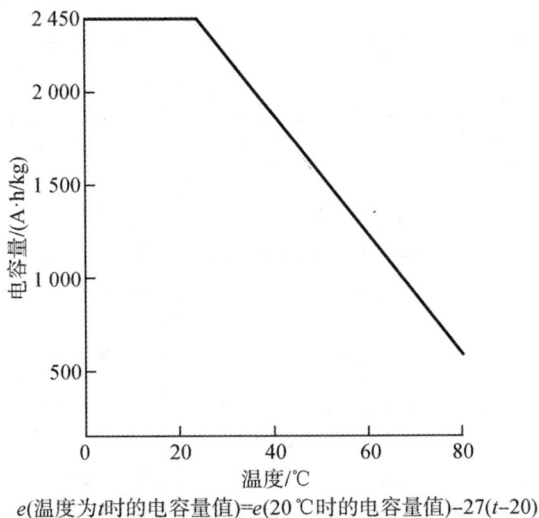

$e($温度为t时的电容量值$)=e($20 ℃时的电容量值$)-27(t-20)$

图 1-25　铝阳极电容量随温度的变化

铝合金阳极在含有危险气体的液舱内安装时,需特别注意阳极安装位置的跌落势能,其数值不能大于 275 N·m,否则有产生火花、引发爆炸的危险。

我国的国家标准《铝-锌-铟系合金牺牲阳极》(GB/T 4948—2002)规定了铝-锌-铟系合金牺牲阳极的化学成分(表 1-39)、电化学性能(表 1-40)以及类型和规格。

图 1-26 所示为设置单铁脚焊接固定的船体用铝合金牺牲阳极,其规格和主要尺寸列于表 1-41。图 1-27 所示为设置双铁脚焊接固定的船体用铝合金牺牲阳极,其规格和主要尺寸列于表 1-42。图 1-28 所示为螺栓固定的船体用铝合金牺牲阳极,其规格和主要尺寸列于表 1-43。图 1-29 所示为压载水舱用铝合金牺牲阳极,其规格和主要尺寸列于表 1-44。图 1-30 所示为海洋工程设施用铝合金牺牲阳极,其规格和主要尺寸列于表 1-45。

表 1-39　铝-锌-铟系合金牺牲阳极的化学成分

| 种类 | 化学成分/% | | | | | | | 杂质,不大于 | | | 铝(Al) |
	锌(Zn)	铟(In)	镉(Cd)	锡(Sn)	镁(Mg)	硅(Si)	钛(Ti)	硅(Si)	铁(Fe)	铜(Cu)	
铝-锌-铟-镉 A11	2.5~4.5	0.018~0.050	0.005~0.020	—	—	—	—	0.10	0.15	0.01	余量
铝-锌-铟-锡 A12	2.2~5.2	0.020~0.045	—	0.018~0.035	—	—	—	0.10	0.15	0.01	余量
铝-锌-铟-硅 A13	5.5~7.0	0.025~0.035	—	—	—	0.10~0.15	—	0.10	0.15	0.01	余量
铝-锌-铟-锡-镁 A14	2.5~4.0	0.020~0.050	—	0.025~0.075	0.50~1.00	—	—	0.10	0.15	0.01	余量
铝-锌-铟-镁-钛 A21	4.0~7.0	0.020~0.050	—	—	0.50~1.50	—	0.01~0.08	0.10	0.15	0.01	余量

表 1-40　铝-锌-铟系合金牺牲阳极的电化学性能

阳极材料	开路电位/V	工作电位/V	实际电容量/(A·h/kg)	电流效率/%	消耗率/(kg/(A·a))	溶解状况
1型	−1.18~1.10	−1.12~−0.15	≥2 400	≥85	≤3.65	产物容易脱落,表面溶解均匀
2型	−1.18~−1.10	−1.12~−1.05	≥2 600	≥90	≤3.37	

注:①参比电极——饱和甘汞电极。

②介质——人造海水或天然海水。

③阳极材料——本标准中 A11、A12、A13、A14 为 1 型;A21 为 2 型。

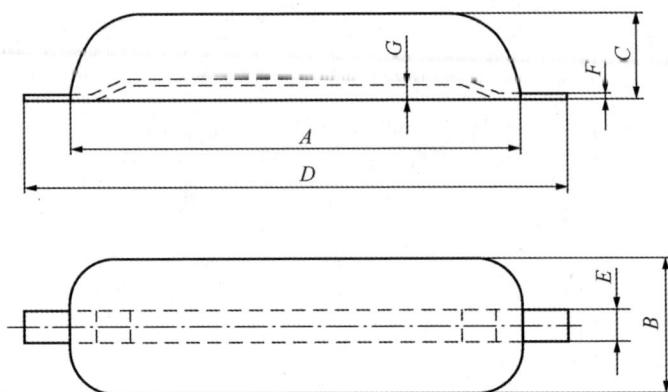

图 1-26　船体用焊接式铝合金牺牲阳极（单铁脚）

表 1-41　船体用焊接式铝合金牺牲阳极（单铁脚）规格及主要尺寸

型号	规格/mm	铁脚尺寸/mm				净重/kg	毛重/kg
	$A \cdot B \cdot C$	D	E	F	G		
A□H-1	800×140×60	900	45	4～6	8～10	15.4	17.0
A□H-2	800×140×50	900	45	4～6	6～8	13.4	15.0
A□H-3	800×140×40	900	45	4～6	5～6	10.5	12.0
A□H-4	600×120×50	700	40	4～6	6～8	9.0	10.0
A□H-5	400×120×50	460	35	4～6	6～8	5.8	6.5
A□H-6	500×100×40	580	40	4～6	5～6	4.6	5.5
A□H-7	400×100×40	460	30	3～4	5～6	4.1	4.5
A□H-8	300×100×40	360	30	3～4	5～6	3.2	3.5
A□H-9	250×100×40	300	30	3～4	5～6	2.2	2.5
A□H-10	180×70×35	230	25	3～4	5～6	1.0	1.2

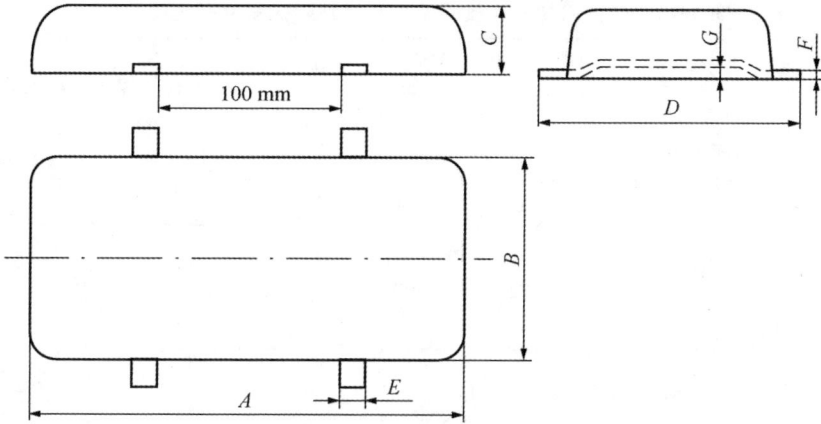

图 1-27　船体用焊接式铝合金牺牲阳极（双铁脚）

表 1-42　船体用焊接式铝合金牺牲阳极（双铁脚）规格及主要尺寸

型号	规格/mm		铁脚尺寸/mm				净重/kg	毛重/kg
	$A \cdot B \cdot C$	D	E	F	G			
A□H-11	300×150×50	360	30	4～5	5～6		5.0	5.8
A□H-12	300×150×40	360	30	4～5	5～6		3.8	4.6

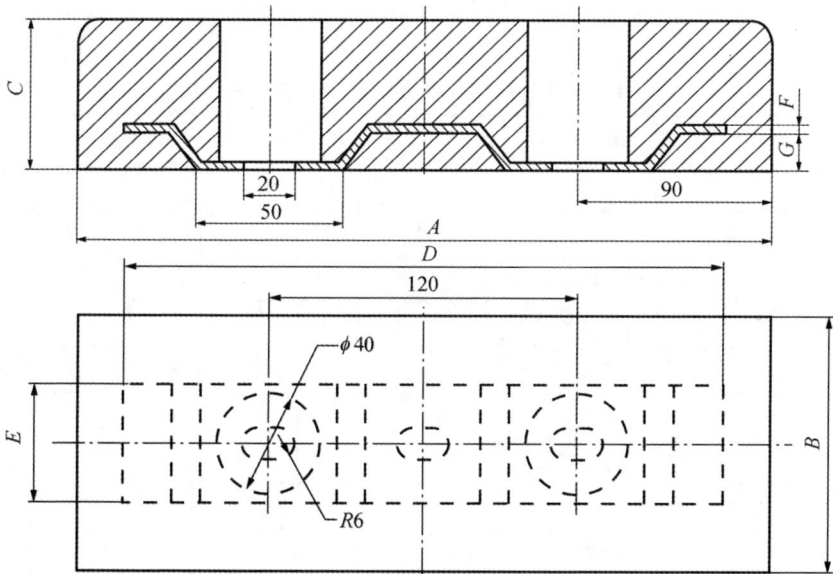

图 1-28　船体用螺栓连接式铝合金牺牲阳极（单位:mm）

表 1-43   船体用螺栓连接式铝合金牺牲阳极规格及主要尺寸

型号	规格/mm	铁脚尺寸/mm				净重/kg	毛重/kg
	$A \cdot B \cdot C$	D	E	F	G		
A□H-13	300×150×50	250	50	3~4	8~10	5.4	5.8
A□H-14	300×150×40	250	50	3~4	8~10	4.4	4.8

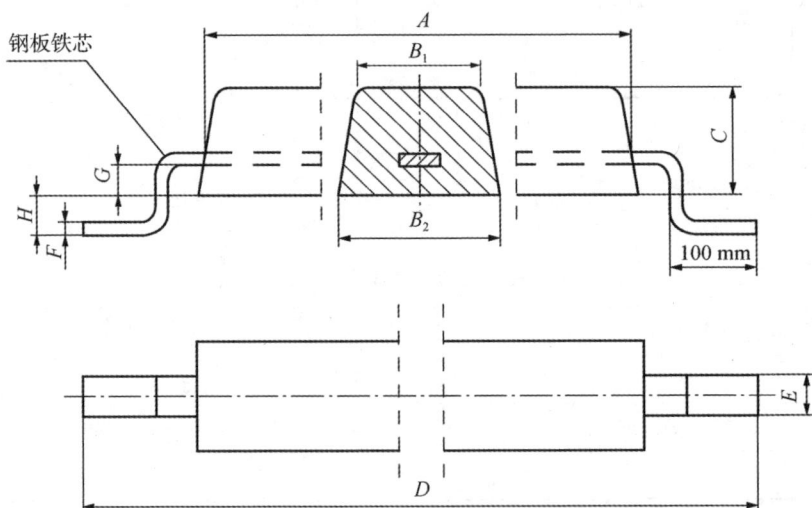

图 1-29   压载水舱用铝合金牺牲阳极

表 1-44   压载舱用铝合金牺牲阳极规格及主要尺寸

型号	规格/mm	铁脚尺寸/mm					净重/kg	毛重/kg
	$A \cdot (B_1 + B_2) \cdot C$	D	E	F	G	H		
A□T-1	500×(115+135)×130	800	50	6	40	60	20.5	23.0
A□T-2	1 500×(65+75)×70	1 800	—	12	20	40	19.8	21.5
A□T-3	500×(110+130)×120	800	50	6	40	60	18.0	20.0
A□T-4	1 000×(58.5+78.5)×68	1 300	—	12	20	40	12.0	13.2
A□T-5	800×(56+74)×65	1 100	—	12	20	40	9.0	10.0
A□T-6	1 150×(48+54)×51	1 450	—	12	15	35	7.6	9.0
A□T-7	250×(80+100)×85	310	25	4	6~8	0	4.8	5.0
A□T-8	200×(70+90)×70	260	25	4	6~8	0	2.8	3.0

注:① A□T-7、A□T-8 为平贴式阳极。

② A□T-2、A□T-4、A□T-5、A□T-6 型阳极铁脚为圆钢。

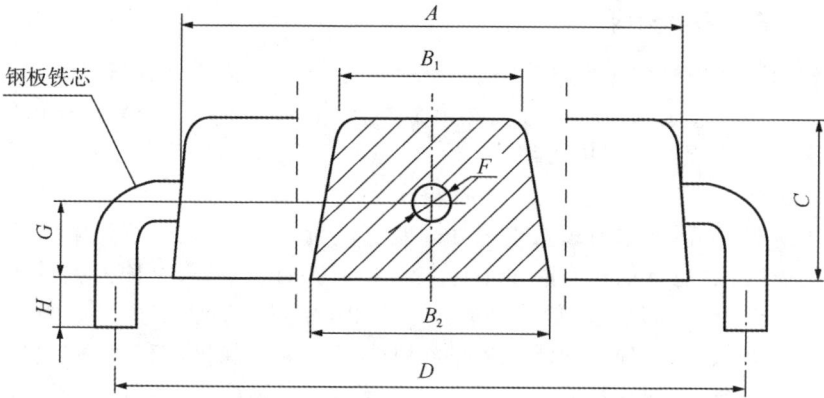

图 1-30 海洋工程设施用铝合金牺牲阳极

表 1-45 海洋工程设施用铝合金牺牲阳极规格及主要尺寸

型号	规格/mm	铁脚尺寸/mm				净重/kg	毛重/kg
	$A \cdot (B_1 + B_2) \cdot C$	D	E	F	G		
A□I-1	2 300×(220+240)×230	2 500	60	300	110	294.0	310.0
A□I-2	1 600×(200+210)×220	1 800	60	300	90	181.0	190.0
A□I-3	1 500×(170+200)×180	1 700	50	300	80	122.0	130.0
A□I-4	900×(150+170)×160	1 100	40	300	70	55.0	58.0

表 1-41～表 1-45 中的型号说明:以 A□H-1 为例,字母"A"表示"铝-锌-铟系合金牺牲阳极";符号"□"表示材料种类代号,如 11,12,13,14,21(参见表 1-39);字母"H""T""I"表示用途代号,依次为船体、压载水舱和海工设施阴极保护用牺牲阳极;数字"1"～"14"表示牺牲阳极规格代号。

1.4.4 牺牲阳极阴极保护的设计、布置及安装

总的来说,牺牲阳极阴极保护设计的主要目的是确定阳极块的类型、规格、数量、布置以及安装方式等,有关设计的具体方法在 DNV RP B401、BV NI 423 以及《海船牺牲阳极阴极保护设计和安装》(CB/T 3855—1999)中都有所介绍,相比之下,DNV RP B401 规范中的规定更为具体,条理更为清晰,而在 CB/T 3855—1999 标准中则给出了校核单块阳极寿命的方法。下面结合上述相关规范、标准的要求,总结和归纳了牺牲阳极阴极保护设计的一般方法。

1.4.4.1 保护面积计算

船舶的牺牲阳极保护区域一般包括液舱(主要是压载舱,也可包括货油舱和含油水舱等)、船体外板水下部分、舵、螺旋桨、艏侧推和海水门等位置,设计的第一步是计算出各区域所需的保护面积。

(1) 液舱

对于压载舱、污油水舱以及工艺处理舱等液舱来说,保护面积通常指舱内所有结构件的表面积(舱顶面积有时可不计入),对于货油舱来说,保护面积一般只考虑舱底至舱底上方 2 m 范围和舱顶到舱顶下方 2 m 范围的区域,这是因为舱底积有较多的原油沉积水,舱顶表面常有大量冷凝水。在计算保护面积时,应根据相关区域的船体结构图,详细计算舱内包括横舱壁、纵舱壁、强肋板、纵骨、横梁、水平桁以及扶强材等各种船体构件的表面积。

(2) 船体外板水下部分

船体外板水下部分的面积 S_1(m^2)可按式(1.4.4.1)进行估算:

$$S_1 = \frac{\frac{1}{2}(4d+B)L_{BP}}{1.625 - C_B} \tag{1.4.4.1}$$

式中 L_{BP}——垂线间长,m;

       B——型宽,m;

       d——满载吃水,m;

       C_B——方形系数,$C_B = \nabla/(L_{BP} \cdot B \cdot d)$(其中 ∇ 为满载吃水时的排水体积, m^3)。

此外,船体外板水下部分的面积 S_1(m^2)也可按式(1.4.4.2)进行近似计算:

$$S_1 = 1.7dL_{WL} + \frac{\nabla}{d} \tag{1.4.4.2}$$

式中 L_{WL}——满载水线长,m;

       d——满载吃水,m;

       ∇——满载吃水时的排水体积,m^3。

(3) 螺旋桨及轴毂

螺旋桨表面积 S_2(m^2)可按式(1.4.4.3)计算:

$$S_2 = \frac{n\pi d_1^2 \eta}{2} + n\pi d_2 \ell \tag{1.4.4.3}$$

式中 n——螺旋桨数量;

       d_1——螺旋桨直径,m;

       η——螺旋桨盘面比;

       d_2——轴毂直径,m;

ℓ——轴毂长度，m。

（4）其他

舵、艏侧推、海水门等处浸水表面积可根据相关图纸进行计算。

1.4.4.2　保护电流计算

保护电流 I_c（A）可根据保护电流密度和保护面积计算得出，即

$$I_c = i_c \cdot S \qquad\qquad (1.4.4.4)$$

式中　i_c——保护电流密度，A/m²，对于有涂层的钢板，$i_c = i_b \cdot f_c$（其中 i_b 为裸钢保护电流密度，A/m²；f_c 为涂层破损率）；

　　　S——保护面积，m²。

一般来说，船舶建造规格书中会对各区域保护电流密度的大小做出规定，在设计时只要根据式（1.4.4.4）计算即可。如果建造规格书中没有做出明确规定，则需要根据被保护区域的具体情况（如航行海区、保护年限、舱内介质溶液类型、船体表面涂层情况、航速等），参照有关规范标准予以确定。例如，在表 1-28～表 1-31 中可查出裸钢电流保护密度，在表 1-26 和表 1-27 中可查出涂层破损率，有了这两个数值就可以计算出所需的保护电流密度，从而计算出相应的保护电流。

1.4.4.3　阳极尺寸的确定

对于一般船舶来说，牺牲阳极的保护年限通常为 3～5 年。这种情况下，阳极块的类型和规格可直接从有关的标准中选取。但对于一些有特殊要求的船舶，例如要求的保护年限较长（10 年以上），同时液舱中介质溶液的温度较高，这时必须结合实际的环境条件设计专用的阳极块。

根据形状的不同，阳极块通常可分为长条式、短条式、平板式和其他类型，无论采用哪一种类型的阳极，都需要根据船体结构的具体情况，综合考虑安装和布置的要求。在确定了阳极块的基本类型后，接下来是确定阳极块的具体尺寸，如长、宽、高等。其选取原则是单块阳极的使用寿命需满足保护年限的要求。单块牺牲阳极使用寿命可按 CB/T 3855—1999 推荐的公式估算如下：

$$t = \frac{mQ \cdot 1\,000}{I_m \cdot 8\,760} \cdot \frac{1}{K} \qquad\qquad (1.4.4.5)$$

式中　t——单块牺牲阳极使用寿命，年；

　　　m——单块牺牲阳极质量，kg；

　　　Q——牺牲阳极实际电容量，A·h/kg，锌阳极一般取 780 A·h/kg，铝阳极取 2 400 A·h/kg；

　　　$\dfrac{1}{K}$——牺牲阳极利用系数，见表 1-46；

I_m——牺牲阳极平均发生电流,mA,这里 $I_m=(0.6\sim0.8)I_a$。

表 1-46　牺牲阳极利用系数

阳极类型	牺牲阳极利用系数 $\dfrac{1}{K}$
长条型(支架式) $L^{①}\geqslant4r^{②}$	0.90
短条型(支架式) $L^{①}<4r^{②}$	0.85
长条型(平贴式) $L^{①}\geqslant4\times$宽度,且 $L^{①}\geqslant4\times$厚度	0.85
短条型(平贴式)、手镯型和其他平贴类型	0.80

注:① L 为阳极长度;② 对于非圆柱形阳极,$r=\dfrac{C}{2\pi}$,C 为阳极横截面周长,m。

牺牲阳极发生电流 I_a(A)的大小取决于阳极块的外形尺寸,按下式计算:

$$I_a=\frac{\Delta E}{R} \tag{1.4.4.6}$$

式中　ΔE——牺牲阳极驱动电势,V,对于铝阳极,一般取 0.25 V,对于锌阳极,一般取 0.20 V;

R——牺牲阳极接水电阻,Ω。

阳极接水电阻 R 可根据 DNV RP B401 提供的计算公式进行计算(表 1-47)。其中,平贴式是指阳极块紧贴结构物安装。需要注意的是,对于支架式的阳极来说,表 1-47 中的公式仅适用于阳极与被保护表面的净距离大于 300 mm 的情况。如果净距离小于 300 mm 但大于 150 mm,计算出的电阻值还要乘上修正系数 1.3。

表 1-47　牺牲阳极接水电阻 R 的计算

阳极类型	电阻公式及图示	
长条型(支架式)[①] $L\geqslant4r$	$R=\dfrac{\rho}{2\pi L}\left(\ln\dfrac{4L}{r}-1\right)$	
短条型(支架式)[①] $L<4r$	$R=\dfrac{\rho}{2\pi L}\left(\ln\left\{\dfrac{2L}{r}\left[1+\sqrt{1+\left(\dfrac{r}{2L}\right)^2}\right]\right\}+\dfrac{r}{2L}-\sqrt{1+\left(\dfrac{r}{2L}\right)^2}\right)$	
长条型(平贴式)$L\geqslant4\times$宽度,且 $L\geqslant4\times$厚度	$R=\dfrac{\rho}{2S}$	

表 1-47　（续）

阳极类型	电阻公式及图示	
短条型（平贴式）、手镯型和其他平贴型式	$R = \dfrac{0.315\rho}{\sqrt{A}}$	

式中　ρ——环境电阻率，$\Omega \cdot m$，如图 1-31 所示；

$\quad\quad L$——阳极长度，m；

$\quad\quad r$——阳极等效半径，m，对于非圆柱形阳极 $r = \dfrac{C}{2\pi}$，C 为阳极横截面周长，m；

$\quad\quad S$——阳极长度和宽度的算术平均值，m，即 $S = \dfrac{L+W}{2}$，W 为阳极宽度，m；

$\quad\quad A$——阳极暴露表面积，m^2。

注：① 当阳极与被保护表面的净距离大于 300 mm 时公式有效，当净距离小于 300 mm 但大于 150 mm 时，计算出的电阻值还要乘上修正系数 1.3。

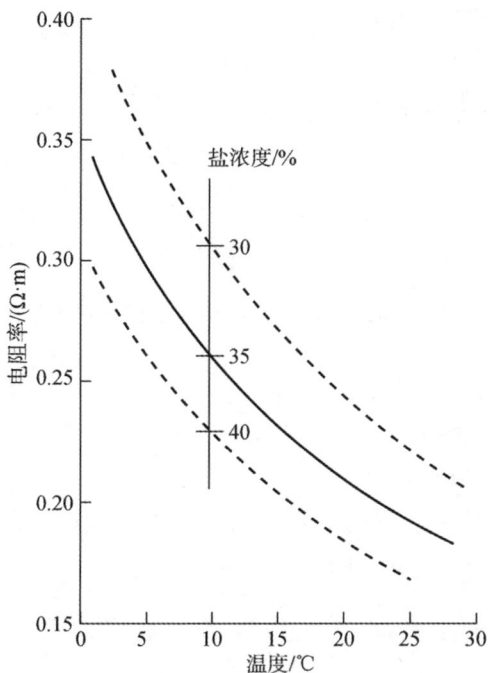

图 1-31　DNV 规范推荐的环境电阻率

从表 1-47 中的公式可以看出，阳极的尺寸决定了阳极接水电阻的大小，阳极接水电阻的大小又决定了阳极发生电流的多少,而阳极块的使用寿命又与阳极发生电流的数值密切相关。由此可以得出结论,阳极块尺寸的大小直接影响到阳极块的使用寿命。

1.4.4.4 阳极数量确定

在单块阳极的质量和尺寸确定后,可以计算出所需阳极的数量,通常衡量的标准如下所述。

(1)阳极块的总电容量应满足船体在保护年限内对电流总量的要求,即

$$n_1 m Q \frac{1}{K} \geqslant I_{cm} T \cdot 8\,760 \tag{1.4.4.7}$$

式中 n_1——阳极数量;

m——单块阳极质量,kg;

Q——牺牲阳极实际电容量,A·h/kg;

$\dfrac{1}{K}$——牺牲阳极利用系数;

I_{cm}—— 平均保护电流,A;

T——保护年限。

(2)在保护初期,阳极块的总发生电流应满足船体对保护电流的要求,即

$$n_2 I_{ai} \geqslant I_{ci} \tag{1.4.4.8}$$

式中 n_2——阳极数量;

I_{ai}——牺牲阳极初期发生电流,A;

I_{ci}——初期保护电流,A。

(3)在保护末期,阳极块的总发生电流应满足船体对保护电流的要求,即

$$n_3 I_{af} \geqslant I_{cf} \tag{1.4.4.9}$$

式中 n_3——阳极数量;

I_{af}——牺牲阳极末期发生电流,A;

I_{cf}——末期保护电流,A。

最终确定的阳极数量应同时满足式(1.4.4.7)、式(1.4.4.8)和式(1.4.4.9),因此阳极数量 n 应取 n_1、n_2、n_3 中的最大值。

1.4.4.5 阳极布置与安装

牺牲阳极的布置应根据液舱特点和船体结构具体情况综合考虑,一般情况下应遵循以下原则:

(1)船体外板所需的牺牲阳极应均匀对称地布置在舭龙骨和舭龙骨前后的流线上。

（2）螺旋桨和舵所需的牺牲阳极应均匀地布置在尾部船体外板及舵上。但是,距螺旋桨叶梢 300 mm 范围内的船体外板上和单螺旋桨船的无阳极区不得布置牺牲阳极。值得注意的是,关于船体尾部无阳极区的定义,不同船级社规范的要求略有区别,如图 1-32～图 1-34 所示。

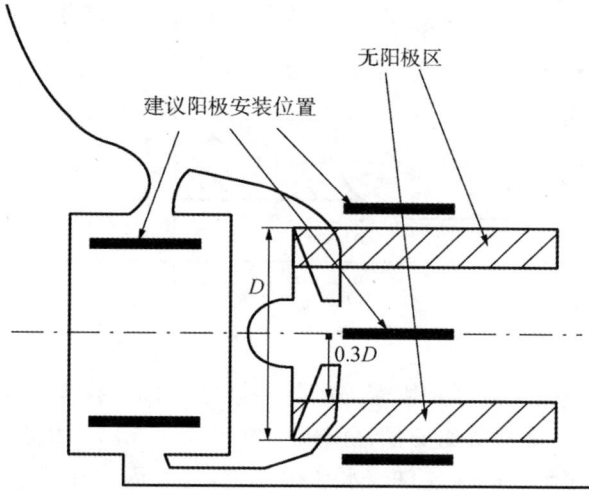

图 1-32　法国船级社(BV)规范对船体尾部无阳极区的规定

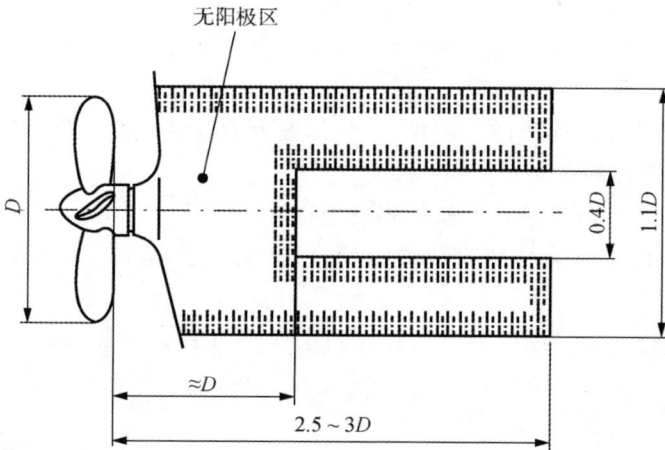

图 1-33　德国劳氏船级社(GL)规范对船体尾部无阳极区的规定

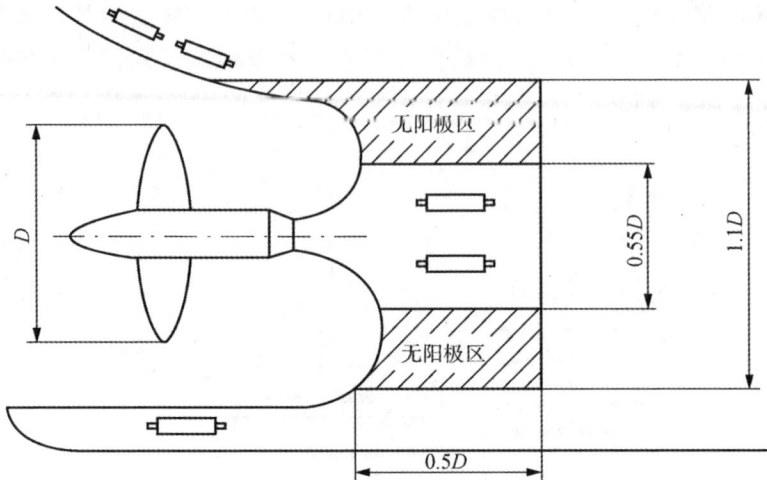

图 1-34　GB 标准中对船体尾部无阳极区的规定

（3）海底阀箱、声呐换能器阱所需的牺牲阳极应布置在箱、阱内部。

（4）压载水舱或其他液货舱的牺牲阳极布置应该注意以下几点：

① 阳极应固定在舱内的扶强材或水平构件上，或者固定在舱壁、强肋板、水平桁无加强筋的一面，并与反面的加强筋相对应；

② 在液舱的垂直方向上，阳极的布置应由下而上均匀递减，而在同一水平方向上要注意对称分布和均匀分布；

③ 阳极应避免布置在应力较为集中的区域；

④ 阳极块之间应保持有足够的距离，以避免因彼此的干扰而降低有效的电流输出；

⑤ 对于安装在油舱里的铝阳极，安装位置上的跌落势能不能大于 275 N·m，否则会有引发爆炸的危险；

⑥ 阳极不能跨越安装在两根扶强材上；

⑦ 阳极的位置应兼顾到安装的方便性，并且在人孔和梯子周围亦不宜布置阳极。

阳极的安装主要有焊接固定和螺栓固定两种方式。一般来说，焊接固定方法简单、安装牢固、接触电阻小，而螺栓固定则较易更换，且更换时不会损坏周围及钢板反面的涂层。

用于船体外板、螺旋桨、舵叶、海底阀箱等处的平贴式阳极应紧贴外板固定。安装前，在紧贴船体外板的阳极表面上应涂装两道防锈漆（一般用环氧沥青涂料较好），待油漆干燥后才能安装。阳极安装后，其工作表面不得沾染上油漆或油污。一旦受到污染，必须随时进行清除。

1.5　钢质海船的外加电流阴极保护

1.5.1　外加电流阴极保护系统的组成及功能

外加电流阴极保护(impresed current cathodic protection,ICCP)是由外部电源通过安装在船体上的辅助阳极输出保护电流(低压直流电),使被保护金属(船体)获得阴极极化而受到保护的方法,一般用于船体外板水下区域的保护。输出的保护电流越大,阴极表面(即被保护船体表面)积聚的电子就越多,当电子积聚到一定程度时,钢铁表面等电位,腐蚀微电池的作用被迫停止。此时,钢铁的腐蚀就被抑制住了。

早期使用的外加电流阴极保护装置,通过不断测定船体电位的变化,人工调节保护电流的大小。然而,航速、介质、温度、水深及涂料状况等因素都会影响所需的保护电流量。为了提高保护效能,研发出了自动阴极保护系统(即恒电位仪),它可以根据给定的保护电位与参比电极所测定的电位进行相互比较,从而自动调节保护电流的大小,使船体始终处于良好的保护状态,这样的系统需要一定的维护和管理。

外加电流阴极保护系统主要由恒电位仪、辅助阳极、阳极屏蔽层、参比电极、水密罩、接地装置等组成,如图 1-35 所示。该系统的功能是用来保护船体水下部位不受海水的腐蚀,其工作原理是由恒电位仪提供直流电流,电源正极连接辅助阳极,负极连接船体,当正、负极之间通过海水构成回路时,船体外板就开始进行阴极极化。通过参比电极,监控船体外板的电位值,并可根据外界条件的变化(如航速、海区、油漆破坏程度等),自动调节输出的保护电流,使船体外板始终处于最佳保护电位的范围内。

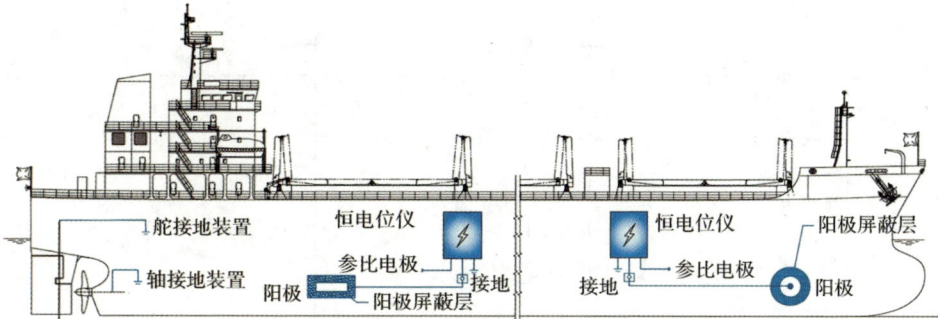

图 1-35　船体外加电流阴极保护系统示意图

1.5.1.1 恒电位仪

恒电位仪是系统的核心部件,设备外形如图 1-36 所示,它可以根据环境条件的变化,如船舶航速、风浪、吃水等变化,通过参比电极监测对比后提供的信号,自动调整输出电流的大小,使被保护船体外板的电位维持在保护电位范围内,处于被保护状态。因此,仪器的性能直接影响到保护效果。恒电位仪的规格应根据全船所需的总保护电流量来选择,总保护电流量与各部位保护电流密度和被保护面积有关,保护电流密度需根据船体的材质、表面涂装状况、船舶在航率、航速、坞修间隔期及水质温度和盐度等情况选取。恒电位仪应具有性能稳定、使用可靠、结构合理、便于维修等特性。

船用恒电位仪的技术要求应符合国家标准《船体外加电流阴极保护系统》(GB/T 3108—1999)中规定的主要技术性能。

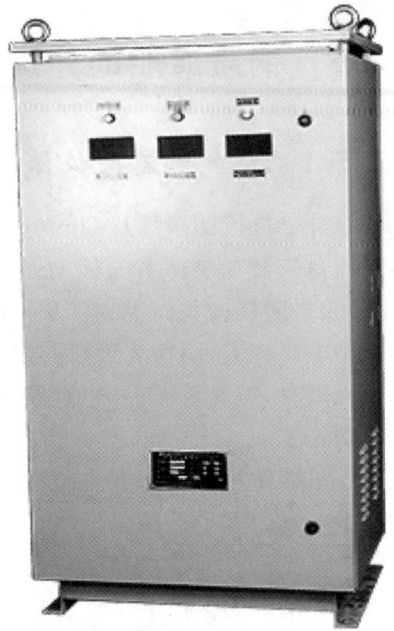

图 1-36　恒电位仪

(1) 在给定电位范围内连续可调,通常船体钢板的保护电位范围为 $-0.80 \sim -1.0$ V(相对于银/氯化银参比电极/海水,下同);特殊情况下,当辅助阳极布置位置受到限制时,保护电位范围可扩大为 $-0.75 \sim -1.0$ V。不同参比电极所对应的船体保护电位的数值可参考图 1-37 所示。

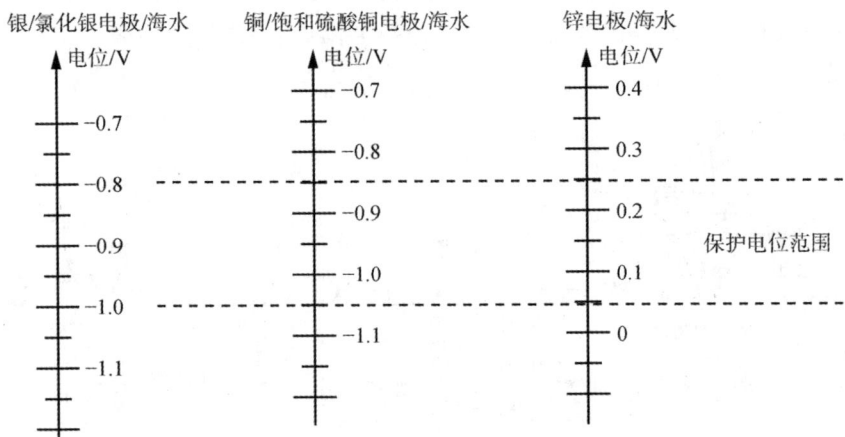

图 1-37　不同参比电极所对应的船体保护电位的数值

（2）电位控制允许误差范围±0.020 V。

（3）输入阻抗≥1 MΩ。

（4）纹波系数≤5%，当外加电流阴极保护系统中用镀铂钛阳极时，才有此要求。

（5）具有手动/自动转换功能。

（6）具有限流或过流保护功能。

同时根据国家标准《船舶电气设备 定义和一般规定》（GB/T 6994—2006）要求，若船用恒电位仪安装于机舱内，应具备高温报警及保护功能。

船用恒电位仪还应具备对输出电流、输出电压、给定电位和船体电位的监测及显示功能，并具有防滴式、防干扰的金属结构外壳，外壳防护等级至少为 IP22。

1.5.1.2　辅助阳极

在外加电流保护系统中，辅助阳极安装在船体外板上，与直流电源（恒电位仪）正极相连，经海水介质向船体施加保护电流。设备外形如图 1-38 所示。

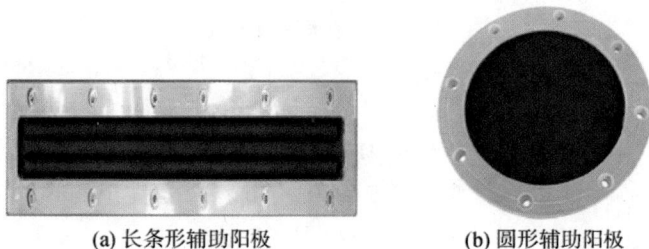

(a) 长条形辅助阳极　　(b) 圆形辅助阳极

图 1-38　辅助阳极

辅助阳极应具有下列性能特点：

（1）具有良好的导电性，阳极表面在高电流密度下使用时，极化要小、阻抗要低，阳极本身电位尽可能稳定；

（2）阳极排流量要大，且阳极本身应耐溶蚀，使用寿命要长；

（3）具有一定的机械强度，耐磨、耐冲击振动；

（4）机械加工性能好，可加工成所需的各种形状，便于安装；

（5）阳极材料来源方便，价格适宜，便于推广使用；

（6）绝缘性能好，阳极体或导电杆与阳极填料函或水密罩之间的绝缘电阻，在干燥状态下（即阳极结构安装完毕后没有试水压前）应大于 1 MΩ；

（7）水密性能佳，在 196 kPa 的水压下，历时 15 min 不渗水。

有关船用辅助阳极的设计使用，可参考国家标准《船用辅助阳极技术条件》（GB/T 7388—1999）中相关要求。

1.5.1.3　阳极屏蔽层

在系统通电时,为使辅助阳极输出的电流尽量分布到较远的被保护船体表面,以达到被保护船体电位比较均匀的目的,从辅助阳极流出的电流(排流量)通常会比较大,从而导致阳极周围的阴极电位很低,使阳极周围出现过保护现象,造成船体油漆起泡脱落,甚至会损坏辅助阳极。因此,需要在辅助阳极周围一定面积范围内涂覆绝缘层,即阳极屏蔽层。用于阳极屏蔽层的涂料应具有良好的耐电极电位性、耐海水性以及良好的绝缘性和附着力。阳极屏蔽层的形状应与辅助阳极的形状相对应,一般为圆盘形和长条形,如图 1-39 所示。设计时可根据船舶总体要求和辅助阳极额定输出电流量来选择阳极屏蔽层的涂料及尺寸。

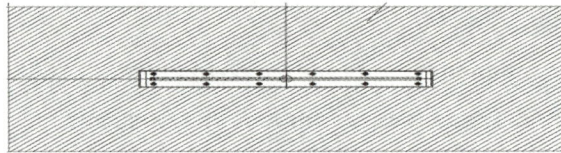

图 1-39　长条形阳极屏蔽层

船用阳极屏蔽层的设计与涂装,可参考船舶行业标准《船用阳极屏蔽层的设计与涂装》(CB/T 3455—1992)中的相关要求。阳极屏蔽层的涂料应符合国家标准《船舶及海洋工程阳极层涂料通用技术条件》(GB 7788—1987)的规定。

1.5.1.4　参比电极

参比电极如图 1-40 所示,它的作用是测量被保护船体外板的电位,并向恒电位仪提供设定保护电位(给定电位)与实测电位之间的比较信号,使恒电位仪自动调整保护(输出)电流大小,从而使船体始终处于保护电位范围内。因此,要求参比电极应当是可逆的、不极化的或极化值很小的电极,在长期使用中能够保持性能稳

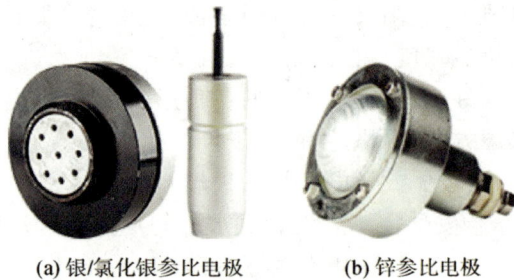

(a) 银/氯化银参比电极　　　(b) 锌参比电极

图 1-40　参比电极

定、准确、灵活和坚固。

　　船用参比电极的类型主要有银/氯化银参比电极、高纯锌参比电极、锌铝硅参比电极和铜/饱和硫酸铜参比电极等。参比电极的型号和数量可根据船舶总体的设计要求、船舶吨位和恒电位仪的安装数量予以确定。

　　参比电极应具有下列性能特点：

　　(1) 具有一定的机械强度，耐磨、耐冲击振动；

　　(2) 材质为可逆的、不极化的或极化值很小的电极；

　　(3) 机械加工性能好，可加工成所需的各种形状，便于安装；

　　(4) 电极材料来源方便，价格适宜，便于推广使用；

　　(5) 绝缘性能好，阳极体或导电杆与阳极填料函或水密罩之间的绝缘电阻，在干燥状态下（即阳极结构安装完毕后没有试水压前）应大于 1 MΩ；

　　(6) 水密性能佳，在 196 kPa 的水压下，历时 15 min 不渗水。

　　有关船用参比电极的设计使用，可参考国家标准《船用参比电极技术条件》(GB/T 7387—1999)中的相关要求。

1.5.1.5　水密罩

　　水密罩是辅助阳极及参比电极安装在船体上用于内部接线的一个水密保护装置，如图 1-41 所示。一般在完成水密罩及相应的电缆穿线管的安装后，应进行密性试验。密性试验建议按气密试验进行，试验压力建议为 0.15 MPa。

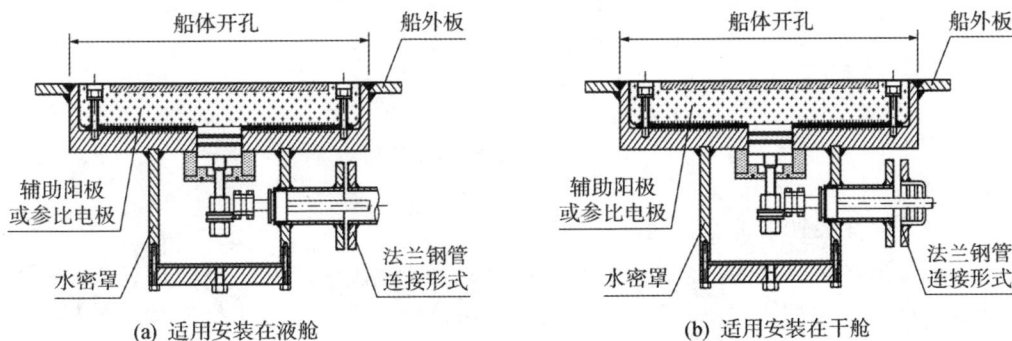

(a) 适用安装在液舱　　　　　　(b) 适用安装在干舱

图 1-41　水密罩

　　若水密罩安装于干舱内，在安装完水密罩后建议对水密罩进行防腐处理，涂刷环氧系防腐涂料；若水密罩安装于液舱内（如淡水舱或压载舱），建议在安装完毕后，除了进行防腐处理外，还应在水密罩内填入环氧树脂或石蜡进行密封，防止液舱内的水渗入水密罩内从而造成设备的短路情况。

1.5.1.6　接地装置

一般来说,接地装置包括舵接地和螺旋桨轴接地两大类。

（1）舵接地

舵在船的艉部,正对着螺旋桨。船舶行进过程中,螺旋桨引起的水流和水花直接作用在舵上,导致舵表面氧的去极化作用加剧,使其腐蚀比较严重。为了防止舵叶的电化学腐蚀(不包括冲刷磨蚀和空泡腐蚀),在舵机舱内用一根软性电缆或铜编织线(截面为 25 mm² 以上)将舵杆与船体相连接(图 1-42),接地电阻应小于 0.02 Ω,即可使舵叶与船体保持相同电位,从而得到保护。

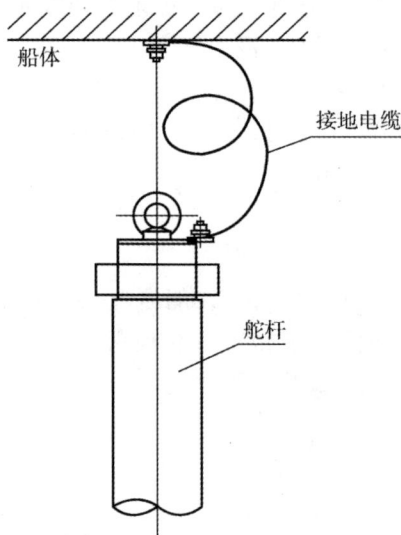

图 1-42　舵接地示意图

（2）螺旋桨轴接地

船舶的螺旋桨通常是由铜合金制成,在旋转时,氧的去极化作用加剧,通常腐蚀也较严重。采用阴极保护时,需要较大的保护电流密度。由于螺旋桨在旋转时,轴与轴承之间的润滑油膜将影响其导电性能,在外加电流阴极保护系统工作时,螺旋桨与船体之间的电位差可达 0.3 V 左右,这样螺旋桨将不能得到较好的保护。为使螺旋桨与船体之间具有良好的导电性,保护螺旋桨免受电化学腐蚀,需在螺旋桨轴上安装接地装置,使其与船体的电位差降至 0.1 V 以下,从而得以保护。

螺旋桨轴接地装置主要由导电环、电刷、刷握和刷握支架组成,图 1-43 所示为螺旋桨轴接地装置结构形式图。导电环既可采用黄铜制成的两个半圆滑环形式,用螺栓紧固,也可采用银-钢合金带制成的圆环形式,两边箍紧。电刷通常分为铜碳刷、石墨碳刷及银碳刷（含银量 65％～90％），一般一套螺旋桨轴接地装置安装三副电刷,其中一副用作测量螺旋桨对船体的电位差,该电刷应与船体绝缘。螺旋桨轴接地装置的安装位置应选择在干燥、无油污、便于观察和保护的部位,同时注意日常的维护和保养。

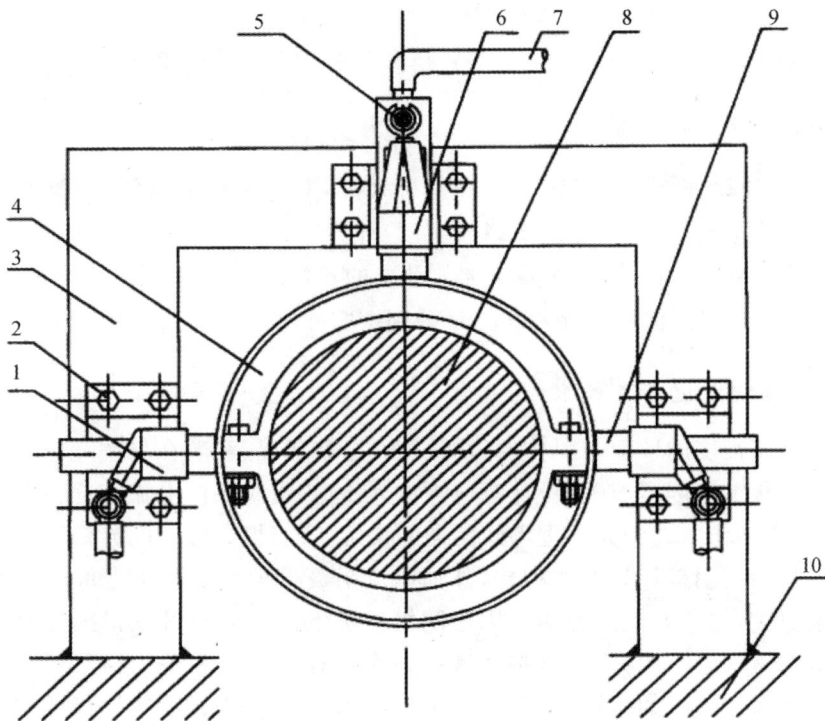

1—刷握;2—固定螺栓;3—刷握支架;4—滑环;5—绝缘圈;6—测量刷握;7—测量电缆;
8—螺旋桨轴;9—碳刷;10—船体。

图 1-43　螺旋桨轴接地装置结构形式图

1.5.1.7　外加电流阴极保护系统主要功能

（1）与涂层保护相结合,使得保护周期比单独使用涂层保护大大延长。

（2）大大减缓船体钢板的电化学腐蚀,延长船底漆膜的使用时间,可节省涂料,降低维修费用。

（3）可延长入坞间隔期,提高航运效益。

（4）由于抑制了船体钢板的腐蚀,从而降低了船体表面粗糙度,减少了船舶航行阻力,降低了燃料消耗。

（5）减轻舵和螺旋桨的电化学腐蚀。

1.5.2 外加电流阴极保护系统的设计

为使船体得到有效的保护,外加电流阴极保护系统必须满足两个基本要求,其一为电位必须达到保护电位值;其二为必须对船体施加足够的保护电流,该电流通常以单位面积的保护电流量,即保护电流密度来计算。

外加电流阴极保护系统设计的主要技术要求和步骤阐述如下。

1.5.2.1 保护面积计算

(1)船体浸水面积 S_1 可按线型图精确计算,对于普通的流线型船舶,可按本章 1.4.4 节中的式(1.4.4.1)和式(1.4.4.2)计算。

(2)螺旋桨表面积 S_2 按本章 1.4.4 节中的式(1.4.4.3)计算。

(3)舵或其他附体浸水面积 S_3、S_4 分别按实际尺寸计算。

1.5.2.2 保护电流密度选取

保护电流密度的取值与船体的材质、表面涂装状况、船舶在航率、航速、坞修间隔以及水质状况等因素有关,设计时通常按表 1-48 选取保护电流密度。对于特殊船舶,可视其工作条件和允许进坞间隔期的长短,适当提高保护电流密度。

与牺牲阳极阴极保护方式相比,外加电流阴极保护系统通常选取的保护电流密度取值更大,这主要是因为牺牲阳极阴极保护电流的大小可以根据外界环境对保护电流的需求(一般与涂层破损率和船体腐蚀程度密切相关)自行调整,而这个需求在整个保护年限的早期、中期和晚期通常是不同的,因此牺牲阳极的保护电流密度一般选取的是保护年限内的平均值,即保护年限中期的保护电流密度值。而外加电流阴极保护系统通过外部电源提供所需的保护电流,为满足整个保护年限内的保护电流需求,保护电流密度一般选取的是保护年限内的最大值,这样可以保证系统在最大保护电流的范围内进行调节。

表 1-48　保护电流密度的选取

部位	材料	表面状态	保护电流密度/(mA/m²)
船体外板	钢板	涂装	30~50
螺旋桨	青铜、黄铜	裸露	500
声呐导流罩	不锈钢	裸露	350
舵	钢板	涂装	150

1.5.2.3　全船所需的总保护电流量计算

全船所需的总保护电流量按下式计算：

$$I = i_1 S_1 + i_2 S_2 + i_3 S_3 + i_4 S_4 \qquad (1.5.2.1)$$

式中　I——全船所需的总保护电流量，A；

i_1——船体的保护电流密度，A/m^2；

i_2——螺旋桨的保护电流密度，A/m^2；

i_3——舵的保护电流密度，A/m^2；

i_4——其他附体的保护电流密度，A/m^2。

1.5.2.4　恒电位仪、辅助阳极和参比电极的选择

（1）根据全船所需总保护电流量，参照《船用恒电位仪技术条件》（CB*3220—1984）的要求选择恒电位仪的规格。当选用钛基辅助阳极时，恒电位仪的额定输出电压应不超过 12 V 为宜，否则钛基辅助阳极长时间在 12 V 以上的电压下运行较易损耗及损坏。

（2）根据全船所需的总保护电流量、船舶吨位、船舶总体设计要求和辅助阳极的使用寿命，参照《船用辅助阳极技术条件》（GB/T 7388—1999）选择辅助阳极的规格型号和数量（一般为偶数）。

（3）根据船舶总体设计要求、船舶吨位和恒电位仪的安装数量，参照《船用参比电极技术条件》（GB/T 7387—1999）选择参比电极的型号和数量。原则上一条船安装的参比电极应不少于两个。

（4）根据船舶总体要求和辅助阳极的型号选择阳极屏蔽涂料，并计算阳极屏蔽层的尺寸。

圆形阳极屏蔽层如图 1-44 所示，其半径 r 按下式计算：

$$r = \frac{I_a \rho}{2\pi(E_{min} - E)} \qquad (1.5.2.2)$$

式中　r——圆形阳极屏蔽层的半径，m；

I_a——辅助阳极的额定输出电流，A；

ρ——海水电阻率，$\Omega \cdot m$；

E_{min}——船体在海水中最小保护电位（绝对值），V；

E——离辅助阳极中心为 r 处的船体电位，V，它取决于船体水下部位涂层的耐阴极剥离电位值，具体数值列于表 1-49。

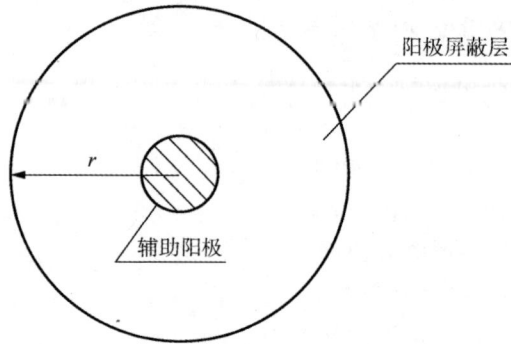

图 1-44 圆形阳极屏蔽层示意图

表 1-49 各种涂层耐阴极剥离电位值

涂层种类	耐阴极剥离电位值/V
沥青系涂层	-0.95
乙烯系涂层	-1.00
氯化橡胶系涂层	-1.20
环氧沥青系涂层	-1.25
有机富锌涂层	-1.30
无机富锌涂层	-1.30
环氧系涂层	-1.50

长条形阳极屏蔽层如图 1-45 所示，其尺寸按下式计算：

$$\ln\frac{2L}{d} = \frac{\pi L(E_0 - E)}{I_a\rho} + 1 \tag{1.5.2.3}$$

式中　L——长条形辅助阳极的长度，m；

　　　d——阳极屏蔽层边缘至辅助阳极轴线的最近距离，m；

　　　I_a——辅助阳极的额定输出电流，A；

　　　ρ——海水电阻率，$\Omega \cdot m$；

　　　E_0——船体在海水中的最小保护电位（绝对值），V；

　　　E——离辅助阳极轴线为 d 处的船体电位，V，它取决于船体水下部位涂层的耐阴极剥离电位值，具体数值参见表 1-49。

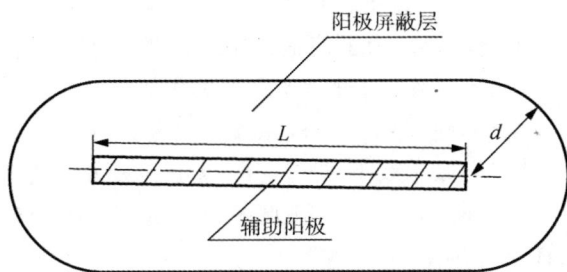

图 1-45　长条形阳极屏蔽层示意图

（5）阳极屏蔽层的厚度应根据辅助阳极不同规格要求和不同阳极屏蔽涂料的性能来确定，通常不小于 0.6 mm，一般为 1～2 mm，而且辅助阳极绝缘座托架附近应更厚一些，以辅助阳极为中心向外逐渐减薄。

1.5.2.5　电缆的选用

（1）外加电流阴极保护系统所用的电缆应是船用电缆。

（2）辅助阳极电缆的导体截面应足够大，使其从恒电位仪到阳极接线端的线路电压降小于 2 V，并使各阳极的线路电压降尽量接近。

（3）阴极接地电缆的电压降应小于 0.1 V。

（4）参比电极的电缆应采用屏蔽电缆。

1.5.2.6　辅助阳极和参比电极的布置原则

（1）辅助阳极总的布置原则应使船体电位均能达到 −0.80～−1.00 V 保护电位范围（相对于银/氯化银参比电极/海水）。特殊情况下，当阳极布置位置受到限制时，也应使保护电位达到−0.75～−1.00 V。

（2）辅助阳极与参比电极正上方不可有船体开孔结构，阳极屏蔽层内也不可有船体开孔结构，且钢板焊缝最好不要经过屏蔽层；若布置位置受限制，需务必将焊缝的毛刺打磨干净，防止电荷积蓄过大导致此处过流保护，而引起船体油漆鼓起脱落。

（3）辅助阳极的纵向布置。原则上艏部、舯部和艉部都布置辅助阳极，艉部偏多为宜；如遇船舶尺度较小或安装较困难的船舶，也可艏艉布置或仅艉部布置，但左右舷应对称布置。

（4）对大多数海船来说，若除了船体还需同时考虑螺旋桨及舵叶保护时，一般建议将辅助阳极布置在靠近艉部，左右对称；若不需考虑对螺旋桨和舵叶的保护，则一般建议将辅助阳极布置在舯部。所有设计方案、设备配置和布置位置都需要结合相关船体结构、维护空间、设备预算等一系列因素进行综合考虑确定。

(5) 辅助阳极的垂向布置。为了使辅助阳极能够在船体进入海水中任何航行状态(重载/轻载)时都正常工作,同时考虑到辅助阳极结构体大小及阳极屏蔽层的面积范围需保持在海水中,建议辅助阳极布置在从重载水线到船底中心线的弧长约三分之一处,且必须在轻载水线下方 0.5 m 以下。另外考虑到辅助阳极的结构体安装在船体上,其与船体的贴合面的弧度不可太大,若是非嵌入式的辅助阳极,则其安装平面与船体务必尽量贴合。

(6) 参比电极的纵向布置。如果全船安装两个参比电极,原则上艉部一个,舯部或艏部一个,最好左右舷分开配置。如果安装四个参比电极,原则上船的前后部各配置两个,左右舷分开,具体位置最好布置在两辅助阳极中间,一般要求参比电极与辅助阳极屏蔽层外沿之间距离至少 1 m,若由于安装位置限制也可布置在离阳极较近的屏蔽层附近,但不可布置在屏蔽层内。

(7) 参比电极的垂向布置。原则上参比电极应与辅助阳极在同一水平面上,若由于安装位置困难或布置位置不妥,至少要保证参比电极安装在轻载水线以下 0.3 m 处。

1.5.2.7 恒电位仪的布置原则

由于恒电位仪需定时进行维护,一般建议将其布置在机舱内或者具备维护空间的安全区域内。

1.5.3 外加电流阴极保护系统安装后的试验

1.5.3.1 系泊试验

外加电流阴极保护系统安装施工结束,经外观质量及气密性检验合格,在船舶下水后,应进行码头系泊试验,程序及项目如下。

(1) 通电前检查

① 检查水密罩处,应密封无渗漏;

② 检查恒电位仪输入电压、相序是否正确无误;

③ 根据电气接线图检查装置各连接是否正确无误;

④ 检查各部位接地的可靠性;

⑤ 检查测量恒电位仪的电源输入端对机壳的绝缘性能是否良好;

⑥ 辅助阳极与参比电极建议分开接地,至少保持 1 m 距离,避免辅助阳极由于大电流回路而对参比电极接收信号产生干扰。

（2）船体自然电位试验

在船舶下水（海水或淡海水）后，外加电流阴极保护系统通电前，用安装在船上的参比电极测量船体的自然电极电位。

（3）舵接地试验

用数字万用表测量舵与船体之间的接地电阻，其接地电阻应不大于 0.02 Ω。

（4）轴接地试验

用数字万用表测量螺旋桨与船体之间的电位差，其值应小于 0.1 V。

（5）保护电位跟踪性能试验

在系统通电后，选定一个安装在船体上的参比电极作为控制电极，并在保护电位范围内选择三个不同的给定电位数值，观察并记录不同给定电位时恒电位仪的输出电压、输出电流和船体电位的变化，以考察恒电位仪的跟踪性能。

（6）全船保护电位分布试验

在系统通电后，用便携式参比电极在船的两舷选择 10 个点测量船体的保护电位。

1.5.3.2　航行试验

（1）外加电流阴极保护系统必须在船舶进入海水水域后使用和检查（若系泊试验中不能完成的项目，可在航行试验中进行）。

（2）外加电流阴极保护系统运行后，用参比电极测量被保护的船体在海水中的电位，与给定电位进行差值比较，并通过反馈使恒电位仪能够自动调整输出电压和输出电流。

1.5.4　外加电流阴极保护系统的运行和管理

外加电流阴极保护系统是完全自动化的设备，在船舶日常操作中基本上不需要特别的维护保养，而且正常情况下也无须对系统进行调整。但是，为了确保系统在任何时候都能最大程度地发挥效能，避免因偶然故障对船体保护造成一些不良的影响，要求设备主管人员在日常操作和管理中必须注意以下事项。

（1）每天应观察设备（特别是恒电位仪）的工作状况一次，并应建立"日常运行日志"（即船体外加电流阴极保护系统实测数据记录表），主要内容包括：时间、航行区域、海水温度、仪器输出电压、输出电流、控制电位（给定电位）、船体保护电位及船舶航行状况等，此工作必须持之以恒地进行。

（2）每周一次系统维护工作，要求如下：

①检查螺旋桨轴接地装置、滑环、碳刷的外表是否清洁干净，确保碳刷在刷握中能自由活动，并且刷握弹簧将碳刷紧紧压在滑环表面，使螺旋桨轴和船体间的电

位差小于 0.1 V。如电位差在 0.1 V 以上时,应使用中性清洁剂用干净的布进行清洁处理。仍无效果时,则必须检查、调整碳刷刷握的压紧弹簧,检查该系统和接线,以判别故障所在,恢复其正常工作。

②检查舵与船体的接地状况是否良好。

(3) 每月应将"日常运行日志"寄回设备制造厂商,以便咨询设备的工作状况是否正常,同时报送船舶管理部门存档,以便比较、分析。

(4) 船舶在进坞坞修时,首先应关闭外加电流阴极保护系统,在坞修中要进行系统的船体外部部件的检查:

①检查、记录船体和螺旋桨及舵叶有无锈蚀情况。

②检查船体的涂层有无脱落以及局部脱落处有无黄色锈斑及腐蚀凹坑。

③检查辅助阳极和参比电极表面有无机械损伤。若损伤严重或在运行中发现参比电极电位异常,应及时修复或更换,并且在舱内打开水密罩,检查有无渗水现象,并检查接头有无松动或腐蚀。

④检查并记录阳极屏蔽层的表面状况。若有局部破损或油漆剥落,且剥落面积小,则可手工打磨剥落部位直到露出钢板基体后及时补涂、修复。若阳极屏蔽层剥落面积大或已到使用寿命,则铲除整块阳极屏蔽层,按新装时的要求重做阳极屏蔽层。

⑤每次坞修时,应对恒电位仪设备进行彻底检查、维护和保养。

第2章 航行设备

2.1 概述

　　船舶在航行时必须经常地选择和变换航向,测定船位。对于所经水域的海况和气象情况除了收听气象与海况预报外,必要时还需利用自备的仪器进行观察和测量,据以做出判断。在整个航行过程中,对于船舶周围的各种情况,如陆地、岛屿、水面的障碍物以及其他过往船舶等需要密切观察,在浅水区则需要经常地测量水深。船舶航行设备正是为了满足上述各种航行作业所需配备的仪器和用具的总称。

　　船舶航行设备按其功能分类如下:
　　(1) 航向指示设备主要有磁罗经(标准罗经、操舵罗经)、陀螺罗经(电罗经)。
　　(2) 船位测量仪器主要有无线电测向仪、无线电导航定位系统、罗兰导航系统、奥米加导航系统、船载北斗卫星导航系统(BDS)、全球定位系统(GPS)、天文钟、六分仪、秒表、索星卡或星球仪、航迹仪等。
　　(3) 速度测量仪器主要有拖曳式计程仪、水压式计程仪、电磁计程仪、多普勒计程仪、声相关计程仪等。
　　(4) 水深测量仪器主要有回声测深仪、测深手锤等。
　　(5) 海域搜索和观察仪器主要有导航雷达、自动雷达标绘仪、望远镜、测距仪、电子海图等。
　　(6) 气象仪器主要有船舶气象仪、无液气压计、温度计、自动气压记录器、干湿温度计、水温计、风向风速仪等。

　　除此之外,其他用于航海作业的工具还有倾斜仪、海图作业仪器、自动操舵仪、舵角指示器、推进器转速指示仪、回转速度指示器以及海图和航行图书资料等。

　　本章主要介绍磁罗经及其他非电助航仪器设备在船上的配置要求,以及这些仪器的基本性能、简要构造和使用方法。

2.2 航行设备

2.2.1 磁罗经

磁罗经是船上指示航向及测量目标方位的仪器。由于其结构简单可靠,不易损坏,使用方便,因而在现代船舶上仍然是主要的航海仪器之一。

2.2.1.1 磁罗经构造简介

磁罗经一般由罗盆、主体、自差消除器、减震器机构和照明系统组成。其中主体又称罗经柜,由帽子、上座、大身、底座等组成(图 2-1),用于支承罗盆以及安装磁罗经的其他设施。

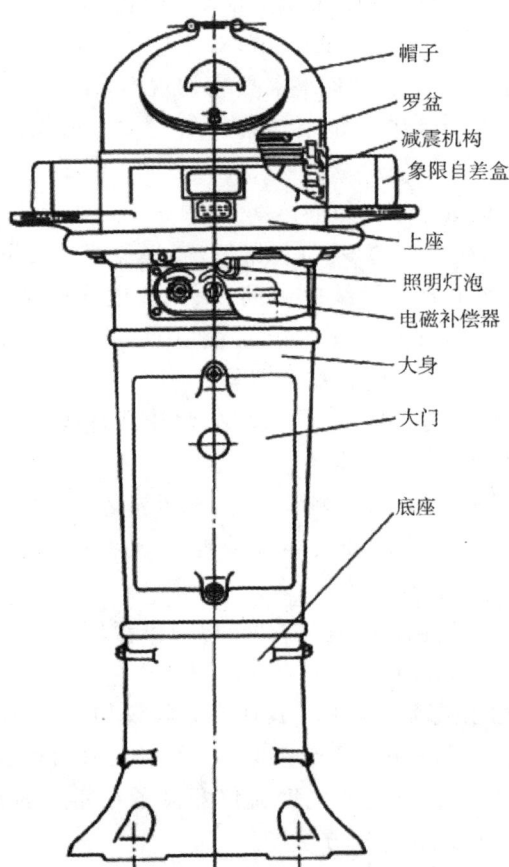

图 2-1　磁罗经总体构造图

罗经度盘安置于罗经盆内,用轴针支承。罗经度盘刻成 360 个分度,每 10°标示数码,从北(000°)顺时针到 360°。主点方位东、南、西、北,分别用大写英文字母 E、S、W、N 标志,北方位可选用一个适当的符号表示。隔点方位东北、东南、西北、西南,可分别用大写英文字母 NE、SE、NW、SW 标志。

磁罗经按照指向系统(包括罗经度盘)是否浸在液体中可分为干罗经和液体罗经。后者在船舶摇摆时,罗经度盘能保持稳定,特别适宜于作操舵罗经使用,因此现代船舶上几乎都采用液体罗经。图 2-2 所示为普通液体磁罗经的罗盆构造。

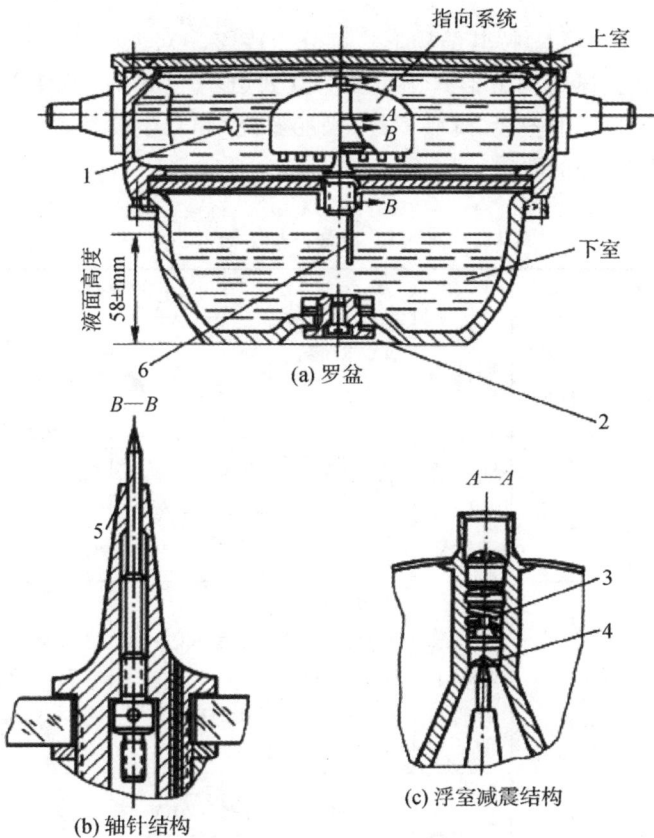

1—注液螺钉;2—换轴针螺钉;3—减震器;4—宝石轴承;5—轴针;6—毛细管。

图 2-2 液体罗经的罗盆构造

磁罗经的自差消除器用于消除各种自差,其中用于消除倾斜自差的垂直磁铁、消除半圆自差的纵向磁铁棒和横向磁铁棒均设置在罗经柜内。消除象限自差的软铁片分别插在罗经上部两侧的象限自差盒内。专供远洋船使用的佛氏棒设在罗经柜的正前方,用于抵消船上垂直软铁零件中的感应磁性的影响。

有些舰船为了防磁性水雷,在船上安装了载电流线圈的消磁设备。这种设备会使罗经产生电磁自差,为此在罗经上需要安装消除电磁自差的线圈,即电磁补偿器。

磁罗经有两组减震器,一组是罗盆部分的浮式减震结构(图 2-2),用以减少轴针尖与轴承的冲击;另一组是罗盆减震机构(图 2-1),使罗盆缓冲、缓震。

此外,磁罗经应设有正常照明和应急照明。

2.2.1.2 磁罗经的类型和在船上的应用

船用磁罗经(代号 C)按其结构形式可分为普通(P)、光学(G)、磁电(D)及组合(Z)四大类;按其主体的构造形式则可分为立式(L)、台式(T)和手提式;按其在船上的用途又可分为标准罗经、驾驶罗经(操舵罗经)和救生艇罗经(J)。表 2-1 按度盘直径列出了磁罗经的要求。

表 2-1 磁罗经的要求

度盘直径/mm	自差校正装置				一般适用范围	电磁补偿装置的安装位置	电源规格		定向环外径(与方位圈的尺寸配合)/mm
	主半圆	象限	倾斜	次半圆			正常	应急	
190	有	有	有	有	500 总吨以上的船舶	立式的:普通类磁罗经、复示磁罗经、垂直度盘磁罗经和自动操舵罗经均有	交流 220 V 或 110 V,频率 50 周或 60 周	直流 24 V 或其他照明	$\phi 246^{-0.12}_{-0.20}$
165	有	有	有	有	150 总吨以上的船舶		交流 220 V 或 110 V,频率 50 周或 60 周	直流 24 V 或其他照明	$\phi 246^{-0.12}_{-0.20}$(反射及投影磁罗经按 190 的配合尺寸)
130	有	有	有/无		500 总吨以下的船舶	复示磁罗经有	交流 220 V 或 110 V(直流 220 V)频率 50 周或 60 周	直流 24 V 或其他照明	$\phi 165^{-0.06}_{-0.165}$
100	有/无	有/无	有/无		150 总吨以下的船舶		直流 24 V 或 12 V,其他照明	其他照明	

表 2-1　（续）

度盘直径/mm	自差校正装置				一般适用范围	电磁补偿装置的安装位置	电源规格		定向环外径（与方位圈的尺寸配合）/mm
	主半圆	象限	倾斜	次半圆			正常	应急	
75	有/无				150 总吨以下的船舶		直流 24 V 或 12 V，其他照明	其他照明	
50					应急或救生船舶使用		直流 12 V 或其他照明	其他照明	

　　普通磁罗经在船上得到最广泛的使用。图 2-3 所示为度盘直径为 190 mm 的普通立式磁罗经，图 2-4 所示为 CPT 190 台式磁罗经，图 2-5 所示为 100 手提式救生艇磁罗经。标准罗经通常采用立式磁罗经，安装在罗经甲板的船体中心线上，并配有方位仪（或称方位圈，图 2-6），用于测定物标及天体的方位。驾驶罗经又称操舵罗经，既可采用立式也可采用台式罗经，安装在驾驶室内操舵器前面的船体中心线上，并配有罗经放大镜（图 2-7），供驾驶员操舵时观察航向用。

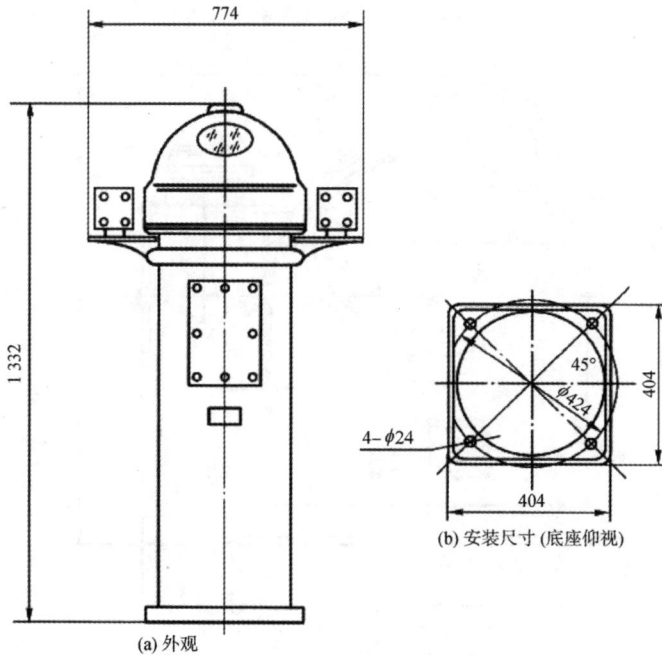

(a) 外观

(b) 安装尺寸 (底座仰视)

图 2-3　CPL190 立式磁罗经（单位：mm）

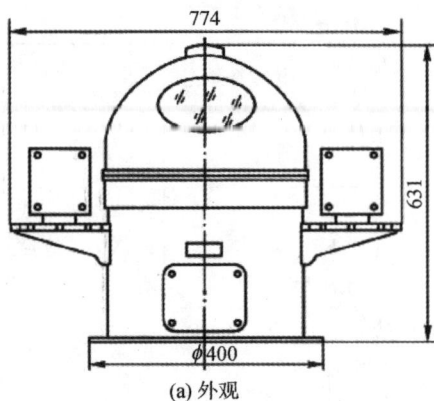

(a) 外观

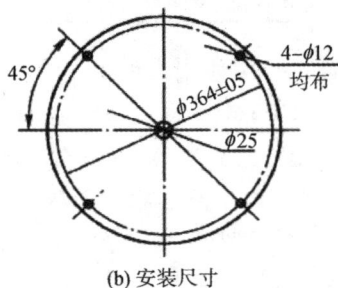

(b) 安装尺寸

图 2-4　CPT190 台式磁罗经(单位:mm)

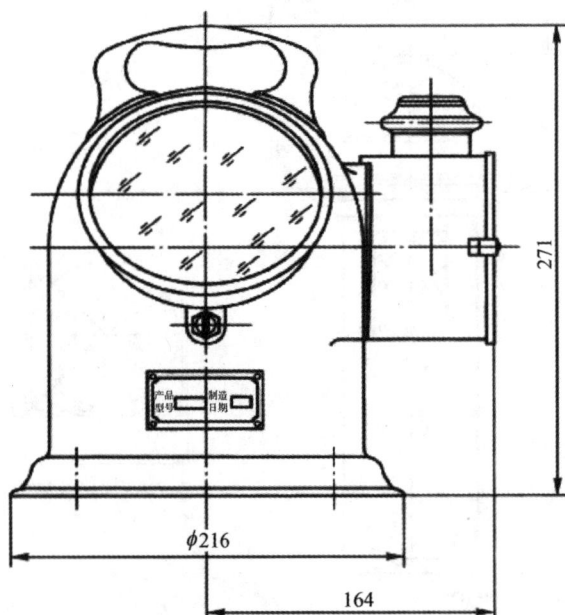

图 2-5　100 手提式救生艇磁罗经(单位:mm)

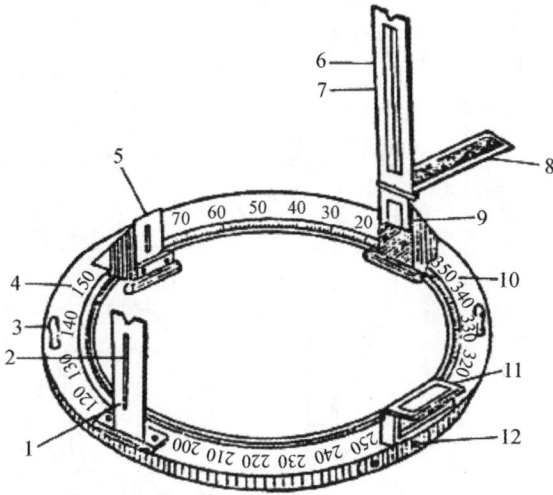

1—照门；2—照门孔；3—握钮；4—弦角刻度；5—方便盒；6—照准架；7—照准线；
8—黑色反射玻璃板；9—棱镜；10—水准泡；11—反射镜；12—可调螺钉。

图 2-6　磁罗经方位圈

图 2-7　罗经放大镜

　　常用的光学磁罗经有两种：其一为投影磁罗经(Y)，是通过光学系统将度盘的图象整个或部分地投影到可直接观察到的屏幕(反射镜)上的罗经；其二为反射罗经(F)，是利用反射系统观察整个或部分度盘的罗经。这两种罗经均为立式罗经，安装在罗经甲板上，既可作标准罗经又可兼作操舵罗经。图 2-8 所示的投影磁罗经，其镜筒由罗经柜基座下伸入驾驶室内，在镜筒端部的平面反射镜上显示罗经度盘的部分映象。镜筒可以调节高低，左右旋转，使平面反射镜上度盘映象适应舵手的视平线，以便于观察航向。

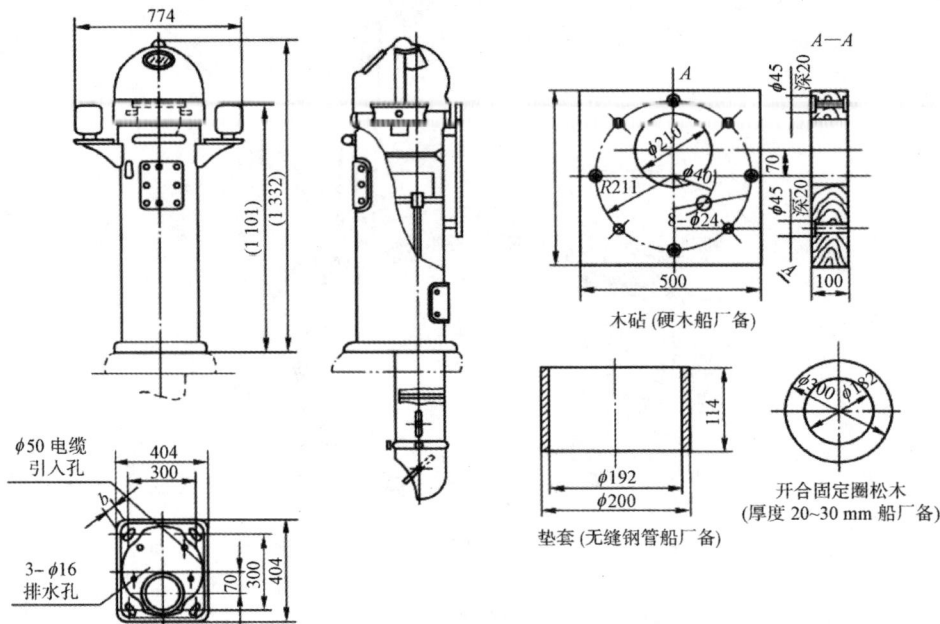

图 2-8 CGY165 投影磁罗经(单位:mm)

2.2.1.3 磁罗经的位置及安装要求

（1）标准罗经安装在罗经甲板的船体中心线上，其视野应尽可能不受遮蔽，以便观察水平和天体方位。磁罗经的首方位基线应指示船的首向，精度为±0.5°。操舵罗经安装在驾驶室内操舵器前面的船体中心线上。

（2）磁罗经的安装位置应尽可能远离船舶结构的任何磁性材料，标准罗经离开船舶结构任何磁性材料的最小距离应符合图 2-9 的要求，操舵罗经所要求的距离可以减少到图 2-9 所给值的 65%，但不得小于 1 m。若船上只有 1 台操舵罗经，则仍应尽可能符合标准罗经的最小距离要求。磁罗经应离开船上电气或磁性设备适当的距离，或对这些电气或磁性设备加以屏蔽，以使其外部干扰磁场能减至最低限度。

（3）船舶无横倾时，罗经柜的垂轴线应保持垂直，且应考虑船舶在不同装载情况下，使其顶部平面不致有过大的纵倾。

（4）标准罗经安装处所与操舵罗经安装处所之间，以及应急操舵处所与驾驶室之间，应装有通话设备。

（5）在磁罗经附近通过的直流源导线应采用双芯电缆，以免产生强磁场，影响罗经自差的变化。

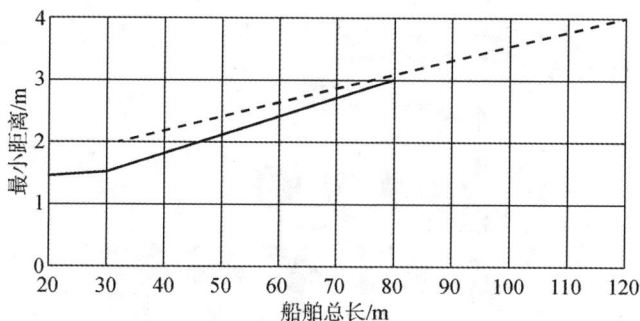

——不间断的固定材料；

- - - 固定磁性材料的末端部分如围壁、间壁和舱壁的顶边、肋骨、桁材、栏杆、横梁、支柱和同类钢材的两端，在海上容易移动的磁性材料如吊杆、通风筒、钢铁门等，带有可变磁场的大件磁性材料如烟囱。

图 2-9　磁性材料离开标准磁罗经的最小距离

（6）所有安装在船上的磁罗经，不论为立式还是台式，其罗经柜应使用非磁性的螺栓可靠地固定在与甲板固定的硬木座或底座上，高度与位置适合操舵和观察。

（7）安装好的磁罗经在船舶建造完工后应进行自差校正。在以后的使用过程中，每年至少应进行一次自差校正。若因发生其他足以影响磁罗经自差的情况，诸如船体结构变动，船舶经过消磁，运载大量磁性物之后，船舶失火、搁浅，船体遭受雷击、碰撞，船体进行电焊或被敲击以及罗经更换或移动后，等等，均应进行自差校正。

2.2.2　测深手锤

在现代船舶上，测深手锤作为回声测深仪的备用或补充手段仍然是必备的测深工具。测深手锤由两部分组成，即测锤（或手锤）与测绳。

测锤是用铅或生铁制成的六面锥体，锤底有凹穴，穴内涂牛油。当锤投至海底时，底质泥沙黏附在油脂上被带出水面，可以观察到底质的性质。测锤质量为 3～6 kg。

测绳用周长 25～30 mm 的白棕绳或棉纱绳制成，长 52 m，一端同测锤连接。测绳应做标记。在做标记之前，先将测绳放在水中浸透，盘成大圆圈后吊重物使其伸长，这样反复两次以后才可做标记。测绳的第一个标记有两种量法。第一种，自测锤的底端量起，将所测得的水深代表准确的深度；第二种，自测锤的顶端量起，将所测得的水深比实际水深小一个测锤的高度（约 25cm），这样可引起海员的注意。测绳的公制标记做法如图 2-10 和表 2-2 所示。

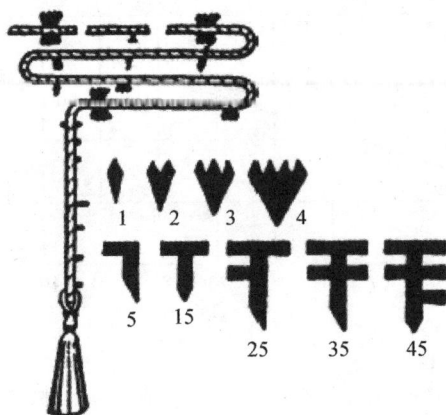

图 2-10　测深手锤及公制测绳标记

表 2-2　公制测绳标记表

测绳上的尺度/m										标记
1	6	11	16	21	26	31	36	41	46	带一个齿的皮块
2	7	12	17	22	27	32	37	42	47	带两个齿的皮块
3	8	13	18	23	28	33	38	43	48	带三个齿的皮块
4	9	14	19	24	29	34	39	44	49	带四个齿的皮块
5										带单横臂的皮块
	10									红纱旗
		15								带双横臂的皮块
			20							蓝纱旗
				25						带三横臂的皮块
					30					白纱旗
						35				带四横臂的皮块
							40			黄纱旗
								45		带五横臂的皮块
									50	红白纱旗

　　除表 2-2 所列的标记外,在 0～15 m 之间,每隔 0.2 m 卷入与测绳同色的小绳头一个;在 15～25 m 之间,每隔 0.5 m 卷入与测绳同色的小绳头一个。所有标记

应牢固地嵌入测绳的股纹内。

图 2-11　天文钟

2.2.3　天文航海仪器

船上的天文航海仪器包括天文钟、六分仪、秒表、索星卡或星球仪及船钟等。

2.2.3.1　天文钟

天文钟(图 2-11)是航海时用来指示准确的世界时(格林尼治时间),并据此可查取天体的准确位置(格林时角和赤纬),用以计算船位的工具。要求其误差小,走时准(等时性),并能基本不受温度变化的影响。

船用天文钟有机械钟和石英钟两种。机械天文钟的构造虽与一般机械钟相似,但秒针每隔 0.5 s 跳动一次,结构要精密得多,其精度要求如表 2-3 所示。

表 2-3　机械天文钟精度表

钟的等级	日差最大变化量/s	日差极值/s	温度变化 1 ℃时的日差变化值/s
1	±0.25	不大于±0.15	±0.10
2	±0.50	不大于±0.20	±0.70

机械天文钟应存放在衬以柔软绒布或有弹性衬垫的箱柜内,柜内有温度计一架,柜有玻璃顶盖。使用时可不必开启玻璃顶盖,以免因受潮、受尘埃污染和温差过大等原因而影响仪器精度。钟柜应放在船舶纵横倾、震动及温差最小,灰尘和潮气最少,无磁感,有钢板保护(但不能紧靠钢板),且使用最方便的舱室内。通常在海图室或驾驶室内的海图桌的一角,放置钟柜,用以安放天文钟。

机械天文钟应每天在固定时间上弦(开发条)一次,不论两天钟或八天钟都是如此。这样可让主发条每天工作的弹力相等,误差可保持不变。机械天文钟应尽量少搬动,若必须移动时,应采取措施使钟摆完全静止。

石英天文钟是利用石英晶体振荡器,分频后以固定的频率带动钟表内的电动机,并通过齿轮组使钟面的指针转动。石英天文钟的优点是走时准,日差不超过±0.5 s,使用方便,不必每天上弦,只需定期(约 6 个月)换一次电池;体积小,质量轻,有一定的防振性能,但亦应避免剧烈震动;不受一般磁场影响;并设有防尘、防潮和机械拨针机构以及校正对时的电气机构。

石英天文钟应尽可能放置于无腐蚀及较干燥的地方,防止潮气进入影响使用寿命,不能随便拆卸,避免剧烈震动以防止晶体元件损坏,按时更换电池,电压过小时应当立即更换电池,定期清洗加油。

2.2.3.2 六分仪

六分仪是测量天体高度或两物标之间夹角的仪器。最初的六分仪刻度约为一个圆周的 1/6,因而称为六分仪。现代六分仪的刻度已达 70°~75°。目前海船上使用的都是普通的船用六分仪(图 2-12),在测量天体高度时,经常受到水天线条件的限制。

六分仪盒(箱)应存放在干燥、通风好、震动小、不受碰撞及取用方便的处所。盒(箱)上禁止压物,搬运时切忌摇动和摔碰。

2.2.3.3 秒表和船钟

秒表配合天文钟使用可确定观察天体高度的世界时(测天世界时),船钟可用于确定测天的近似世界时。二者均用于确定船位。

2.2.3.4 星球仪或索星卡

星球仪和索星卡都是用于确定天体相对于地球的位置的仪器,用来测定船位。

2.2.4 气象仪器

船舶常用的气象仪器主要有无液气压计、自动气压记录器、温度计、干湿温度计、水温计及风向风速计或手提风速计等。

2.2.4.1 无液气压计

无液气压计又称空盒气压计,是一种无液体的气压计。图 2-13 所示为常用的空盒气压计,其主要部分是一个用皱折的金属薄片制成的真空盒(A)。当大气压力增加时,盒面受压而下凹;大气压力减小时,盒面又弹起。此种起落运动通过连着指针的杠杆机构(B、C、D、E)指示出气压的读数。空盒气压计对气压的变化非

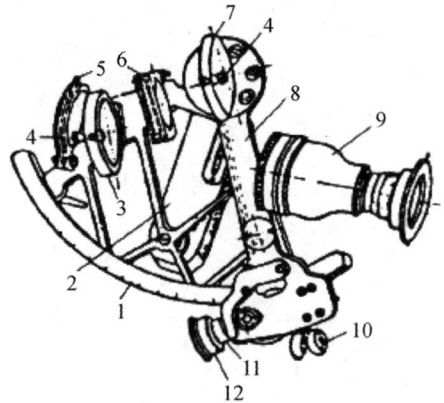

1—仪架(架身及刻度弧);2—把手;3—固定镜;4—调整螺丝;5—固定镜前滤光片组;6—动镜前滤光片组;7—动镜;8—指标杆;9—望远镜;10—松紧夹;11—游标;12—微动鼓轮。

图 2-12 船用六分仪结构示意图

常灵敏且携带方便,容易保管。

2.2.4.2 自动气压记录器

自动气压记录器又称自记气压计(图 2-14),其主要部分同空盒气压计相似,也是用轻金属制成的真空盒,但不同的是,前者的真空金是用 6～10 个独立的空盒垂叠而成。其杠杆指示器顶端带有墨水笔,可在记录纸上将气压变化的情况记录下来。

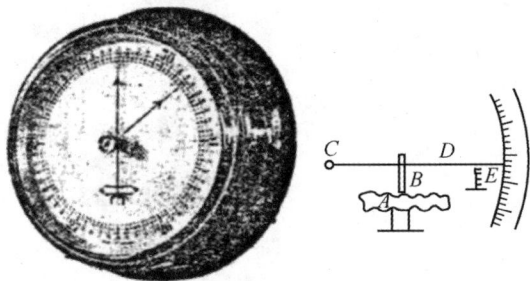

图 2-13　空盒气压计　　　　　　　　　　图 2-14　自动气压记录器

2.2.4.3 温度计

常用的温度计利用水银或酒精作介质,因此又可分为水银温度计和酒精温度计。水银的沸点很高,为 357 ℃,而凝固点较低,为－39 ℃,因此温带及热带地区可采用水银温度计。酒精的凝固点很低,可达－90 ℃,因此在寒冷地区应采用酒精温度计。温度计应放在驾驶室外百叶箱内,避免日晒雨淋,以便测出真实的气温。

2.2.4.4 干湿温度计

干湿温度计又称湿度计,它由两支相距 75 mm 的水银温度计组成。其中一支为干球温度计,它实际上与普通的水银温度计一样。另一支为湿球温度计,在它的水银球表面裹以湿纱布,布外用湿润的棉纱绳扎牢,纱绳的一端浸在下方的水盂内,利用毛细管作用将水吸至湿球上。

干球温度计显示的是气温,湿球温度计显示的是化汽温度。由于湿球纱布上的水分不断蒸发,其蒸发的速度则同空气中的水分有关。空气越干燥,蒸发越快,耗去热量越多,湿球温度计的温度降就越大,因此湿球温度计的温度总是比干球温度计的温度低。记录两温度计的温度差,然后查有关的图表,即可得出空气中的相对湿度。干湿温度计应放在室外的百叶箱内。

2.2.4.5 风向风速计与真风向计算盘

常用的手提风向风速计为二杯式,由风向仪(包括风向标与方向盘)、风速表(包括护架、旋杯及风速表主机体)及手柄组成,不用时可拆开放入专用的盒内,如图 2-15 所示。

风向风速计依靠风速表测量风速,旋杯的转速与风速有一定的关系,转得越快表示风速越大,所测得的风速为 1 min 内的平均风速。测量风向依靠风向仪,风吹来时风向标指示风的方向。方向盘的南北刻度线与经线重合。风向标带一个指针,它与方向盘所对应的方位度即所测之风向。

风向风速计既可固定安装,也可手持使用。使用时,风向风速计所在位置的周围应开阔,且无高大的障碍物。

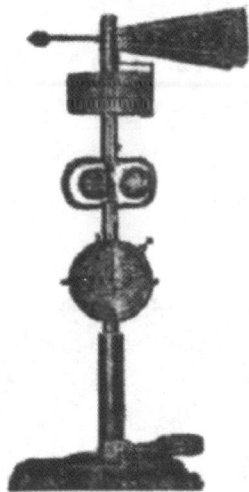

图 2-15 手持风向风速表

真风向计算盘(图 2-16)可根据测得的风向及风速求得真实的风向和风速,用于修正风压差,借以推算出船舶的航迹。

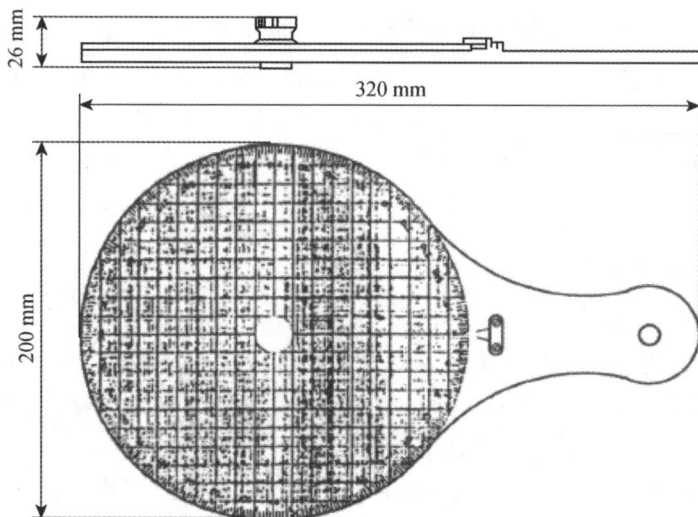

图 2-16 真风向计算盘

2.2.5　光学仪器

船舶航行设备中的光学仪器包括双筒望远镜和看图放大镜。

船用望远镜主要用于观察和寻找物标,此外还能用于估测距离。目前海船上使用的船用双筒望远镜,其规格有 6×30、7×35、7×50 等。大多数民用船舶使用的望远镜规格为 7×50、$7.5°$,即其放大率为 7 倍,物镜的直径为 50 mm,视场角为 $7.5°$ 的望远镜,这种望远镜不论白天或是夜晚都可使用。图 2-17 所示为船用双筒望远镜的构造。

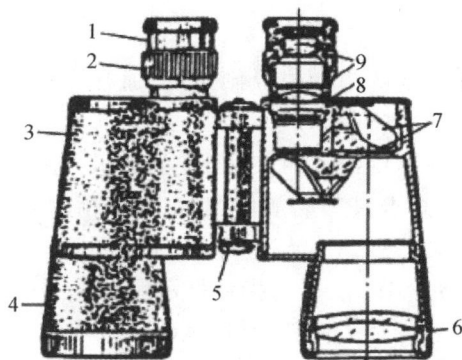

1—目镜筒;2—视度调整圈;3—棱镜室;4—物镜室;5—连接轴;
6—物镜;7—棱镜;8—分划镜;9—目镜组。

图 2-17　船用双筒望远镜

船用望远镜通常放在驾驶室内靠近前侧驾驶室窗的专用望远镜箱(盒)内,应防止受潮和温度的剧烈变化,尤其不可在日光下长时间曝晒,避免剧烈的震动和碰撞。因为,震动和碰撞会使镜面碎裂或棱镜移位。

看图放大镜用于读海图,通常使用放大倍数为 2 倍的放大镜。

2.2.6　海图作业仪器

海图作业的主要目的是选择航线、推算航迹和确定船位。每艘自航船舶,一旦驶出领航水域或港口后,就开始进行观察船位和推算航迹的作业。同时,在海图上使用海图作业仪器不断地做出标记,直到驶入新的领航水域或接近港界有物标可供导航时为止。

常用的海图作业仪器有:

(1)量角器;

（2）斜线比例尺，用于测量线段长度；

（3）平行尺，作平行线用，有时用三角板代替；

（4）三杆分度仪，即三杆定位仪，配合六分仪用三标两角法或目标方位夹角法测定船位；

（5）写字仪，可用于书写字母、数字及专用符号；

（6）分规，即两脚规，测量长度用；

（7）不锈钢直尺，绘制海图时作标准直尺用；

（8）海图压块，每块重 0.75 kg，用黄铜制作。

2.2.7 倾斜仪

船舶倾斜仪用以显示船的横倾或纵倾角度，通常设于驾驶室和机舱。常用的倾斜仪有摆锤式、泡式和三指针式等。

摆锤式倾斜仪（图 2-18）由指示摆和刻度盘组成，测量范围为 $-70°\sim+70°$。这种倾斜仪结构简单，其缺点是当船舶摇摆时，由于指示摆的惯性影响，所指示的角度总是大于实际的倾斜角度。

三指针式倾斜仪（图 2-19）的主动指针指示船舶瞬间的倾斜角度，而被动指针则能指示船舶曾经出现过的最大倾斜角度，其测量范围为 $-50°\sim+50°$。

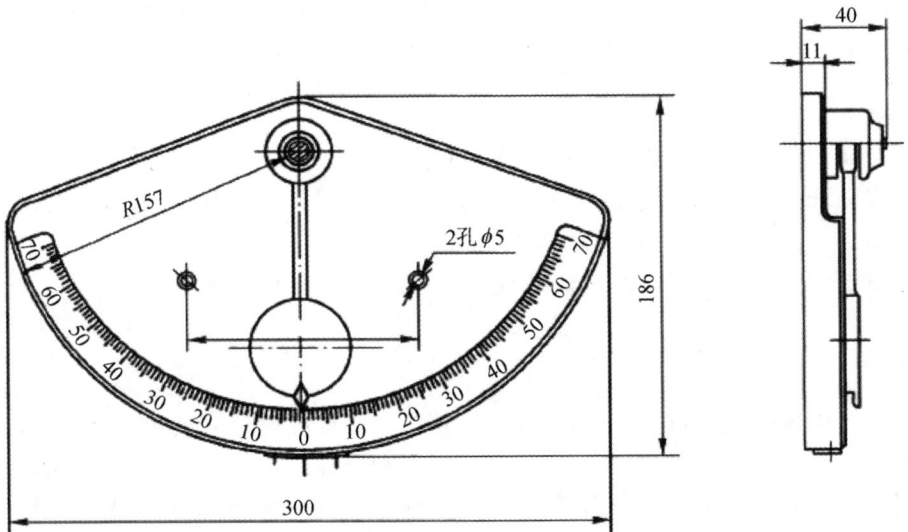

图 2-18 摆锤式倾斜仪（单位：mm）

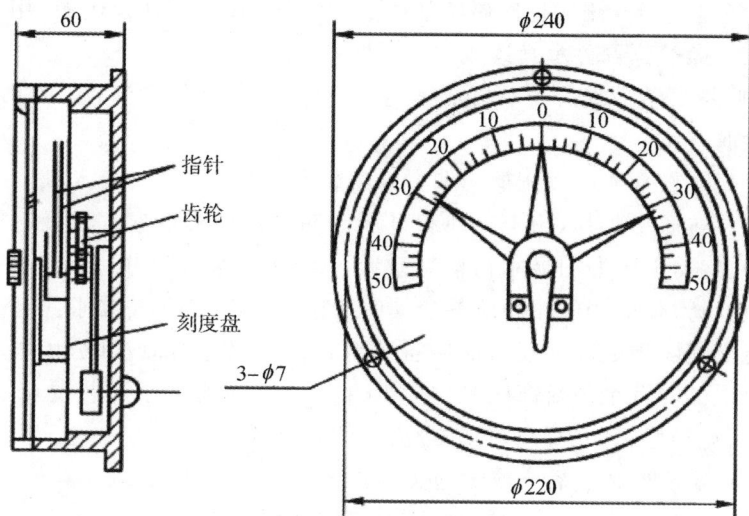

图 2-19 三指针式倾斜仪(单位:mm)

2.2.8 海图和航海出版物

海图和航海出版物是拟定航程时必须查阅和使用的资料,包括计划航线所需的海图、航路指南、航标(灯塔)表、潮汐表、航海通告以及其他必要的资料。此外,船上还应备有《国际信号规则》和《国际航空和海上搜救手册》(IAMSAR),以及记录航海活动的航海日志。

航海资料文件在船舶出厂前由船东根据需要配齐。

2.3 国际航行海船的航行设备配备

2.3.1 一般航行海船

经修正的中国海事局(MSA)《国际航行海船法定检验技术规则(2014)》第 4 篇第 5 章全文引用了经修正的《国际海上人命安全公约》(SOLAS)第 V 章,按规定适用于 2002 年 7 月 1 日及以后建造的船舶。但是对于从事任何航行的 150 总吨以下的船舶、从事非国际航行的 500 总吨以下的船舶和渔船等的"不适用范围"由各国主管机关确定。

以上标准中对船载航行系统和设备的配备要求如下:

(1)所有船舶,不论船舶尺度大小,均应设有:

①1 台经过适当校正的标准磁罗经或其他装置，独立于任何电源，用于确定船舶首向并在主操舵位置显示其读数。

②1 台哑罗经或罗经方位装置或其他装置，独立于任何电源，用于在水平 360° 的范围内量取方位。

③用于随时按真实值校正舷向和方位的装置。

④海图和航海出版物，用于计划和显示船舶预定航程的航线以及标绘和监视整个航程的船位；电子海图显示与信息系统（ECDIS）也可视为满足本款的海图配备要求；下述（10）款适用的船舶应符合其中所述 ECDIS 的配备要求。

⑤满足上述④项之功能要求的后备装置，若该功能全部或部分由电子装置来完成（注：合适的对开纸质航海图可作为 ECDIS 的备份装置。可接受 ECDIS 的其他后备装置（见经修正的 A.817（19）号决议的附录 6））。

⑥1 台全球导航卫星系统或陆地无线电导航系统的接受机或其他装置，适合于由自动设备在船舶整个预定航程内随时确定和更新船位。

⑦若船舶小于 150 总吨且实际可行，1 台雷达反射器或其他装置，使船舶能够被其他航行的船舶通过 9 GHz 和 3 GHz 雷达探测到。

⑧ 若船舶驾驶台是完全封闭的和除非主管机关另有规定，1 套声响接收系统或其他装置，使值班驾驶员能够听到声响信号并确定其方向。

⑨ 1 部电话或其他装置，用于向应急操舵装置（如设有）传递舷向信息。

（2）所有 150 总吨及以上的船舶和不论尺度大小的客船，除了满足上述（1）款的要求外，还应设有：

①1 台可与上述（1）款①项中提到的磁罗经进行互换的备用磁罗经，或其他装置，用于通过替换装置或双套设备来执行上述（1）款①项所述的功能。

②1 套白昼信号灯或其他装置，用于在白天和夜晚通过灯光进行联络，使用电源，但非唯一依靠船上电源供电。

③驾驶室航行值班报警系统（BNWAS）。

（3）所有 300 总吨及以上的船舶和不论尺度大小的客船，除了满足上述（2）款的要求外，还应设有：

①1 台回声测深仪或其他电子装置，用于测量和显示可用水深。

②1 台 9 GHz 雷达或其他装置，用于确定和显示雷达应答器、其他水上船艇、障碍物、浮标、海岸线和航标的距离及方位，借以助航和避碰。

③1 套电子标绘装置（FPA）或其他装置，用电子方式标绘目标的距离和方位，以便确定碰撞危险。

④航速和航程测量装置或其他装置，用于指示船舶相对于水的航速和航程。

⑤1 台经过适当校正的舷向传送装置或其他装置，用于传送舷向信息以输入

上述(3)款②项和③项以及(4)款所述的设备中。

(4) 所有 300 总吨及以上的国际航行船舶、500 总吨及以上的非国际航行货船以及不论尺度大小的客船,应配备 1 台自动识别系统(AIS):

①该 AIS 应:

a. 自动向配有相应设备的岸台、其他船舶和飞机提供信息,包括船舶识别码、船型、船位、航向、航速、航行状况以及其他与安全有关的信息。

b. 自动从其他装有类似设备的船舶接收这种信息。

c. 监视和跟踪其他船舶。

d. 与岸基设施交换数据。

②在有国际协议、规则或标准规定要保护航行信息的情况下,本款①项的要求不适用。

③AIS 的操作应考虑到国际海事组织通过的指南(系指 A.917(22)号决议通过并以 A.956(23)号决议修正的《船载自动识别系统(AIS)船上操作使用指南》)。配备 AIS 的船舶应使 AIS 始终保持运行状态,但国际协定、规则或标准规定要保护航行信息的情况除外。

(5) 所有 500 总吨及以上的船舶,除了满足上述(3)款(不包括(3)款③项和⑤项)以及(4)款的要求外,还应设有:

①1 台电罗经或其他装置,用于通过船载非磁性装置来确定和显示船舶艏向,操舵员能在主操舵位置清晰地读取。这些装置也应传送艏向信息以输入(3)款②项、(4)款和(5)款⑤项所述的设备中。

②1 台电罗经艏向复示器或其他装置,用于将可视艏向信息传送到应急操舵位置(如设有)。

③1 台电罗经方位复示器或其他装置,通过使用上述(5)款①项所述的电罗经或其他装置,在水平 360°弧度范围内量取方位。小于1 600总吨的船舶应尽可能配备该装置。

④舵、螺旋桨、推力、螺距和工作模式指示器或其他装置,用于确定和显示舵角、螺旋桨转速、推力大小和推力方向以及(如适用)侧推的推力大小和方向、螺距和工作模式,所有这些指示器都应在指挥驾驶位置清晰可读。

⑤1 台自动跟踪仪(ATA)或其他装置,用于自动标绘其他目标的距离和方位,以确定碰撞危险。

(6) 在所有 500 总吨及以上的船舶上,一台设备的故障不应降低船舶满足上述(1)款①项、(1)款②项和(1)款④项要求的能力。

(7) 所有3 000总吨及以上的船舶,除了满足上述(5)款的要求外,还应设有:

①1 台 3 GHz 雷达或(如果主管机关认为合适)第 2 台 9 GHz 雷达或其他装

置,用于确定和显示其他水上船艇、碍航物、浮标、海岸线、航标的距离和方位,借以助航和避碰,并在功能上独立于上述(3)款②项所述的装置。

②第2台自动跟踪仪或其他装置,用于自动标绘其他目标的距离和方位,以确定碰撞危险,并在功能上独立于上述(5)款⑤项所述的装置。

(8)所有10 000总吨及以上的船舶,除了满足上述(7)款(不包括(7)款②项)的要求外,还应设有:

①1台自动雷达标绘仪或其他装置,与1台指示船舶相对于水的航速和航程的装置相连,用于自动标绘至少20个其他目标的距离和方位,以确定碰撞危险和模拟试验性操纵。

②1套艏向或航迹控制系统或其他装置,用于自动控制和保持艏向和/或航迹。

(9)所有50 000总吨及以上的船舶,除了满足上述(8)款的要求外,还应设有:

①1台回转速率指示仪或其他装置,用于确定和显示回转速率。

②1台航速和航程测量装置或其他装置,用于指示船舶前进方向、横向的相对于地的速度和航程。

(10)从事国际航行的500总吨及以上的客船和3 000总吨及以上的货船应装设ECDIS。(按规定,从2012年7月1日起各类国际航行船舶应装设ECDIS,具体日期请查阅《国际航行海船法定检验技术规则(2014)》—编者注)。

(11)为了给事故调查提供帮助,从事国际航行的150总吨及以上的客船和3 000总吨及以上的货船应装设航行数据记录仪(VDR)。

(12)配备无线电装置的所有船舶以及主管机关认为有必要的船舶,均应备有经国际海事组织修正的《国际信号规则》。所有船舶均应备有一本最新的《国际航空和海上搜救手册》(IAMSAR)。

2.3.2　高速船

高速船的航行设备要求参考《2000年国际高速船安全规则》(简称2000 HSC规则),该规则已列入经修正的中国海事局《国际航行海船法定检验技术规则(2014)》附则2。具体内容如下:

(1)规则只涉及与船舶安全运行不同的、与船舶航行有关的航行设备,下列规定只是最低要求。

(2)罗经

①船舶应装有磁罗经,无须电源,且可用于操舵。磁罗经应置于具有所要求的校正装置的合适的罗经柜里,并与船舶的速度和运行特性相适应。

②载客等于或少于100人的客船,除了应配本款上述①项所要求的罗经外,还

应配备 1 个与船舶速度和运行特性及航行区域相适应的经校准的发送艏向装置，其航向精度的基准应优于磁罗经。

③货船和载客超过 100 人的客船，除了应配本款上述①项所要求的罗经外，还应配备 1 个与船舶速度和运行特性及航行区域相适应的电罗经。

（3）速度和航程测量

①船舶应配备测量速度和航程的装置。

②在有自动雷达标绘仪或自动跟踪仪的船舶上所装设的速度和航程测量装置应能测量船舶航行速度和航程。

（4）回声测深仪

非两栖船舶应装有回声测深仪。当船舶处于排水状态时，应能指示具有足够精度的水深值。

（5）雷达装置

①船舶至少应配 1 台在 9 GHz 波段工作的方位稳定雷达。

②大于或等于 500 总吨的船舶或经证明可以载客 450 人以上的船舶，应配 1 台 3 GHz 雷达或必要时，由主管机关决定配备另外 1 台 9 GHz 雷达以确定其他水面船只的航距和方位、障碍物、漂浮物、海岸线和航行标志以助于航行和避免碰撞，所指的雷达的作用独立于本款上述①项所指的雷达。

③至少有 1 台雷达备有自动雷达标绘或自动跟踪功能帮助测定船舶的速度和航向。

④雷达操作人员与直接管理船舶的人员之间应备有适当的通信设施。

（6）电子定位系统

船舶应配备全球航行卫星系统或全球无线电航行系统或其他自动方法不间断地记录和更新船舶的航向。

（7）回转速率指示器与舵角指示器

①对于 500 总吨及以上的船舶应配置回转速率指示器。对于 500 总吨以下的船舶，如果试验发现其回转速率超出规定的安全等级 1，则也应配备回转速率指示器。

②船舶应配备舵角指示器。如果船舶没有舵，指示器则显示操纵推进方向。

（8）航海图与航海出版物

①船舶应配备航海图和航海出版物以规划和显示船舶的航线并标绘和监视船舶的整个航行动态；ECDIS 可以认为符合本节关于海图的要求。

②如果是部分或全部利用电子海图时，则应有符合本款上述①项功能要求的备份装置。

（9）探照灯和昼信号灯

①船舶至少应配备 1 个适当的探照灯,并应便于在操纵台进行控制。

②船舶应配备 1 个能不依靠主电源而工作的手提信号灯,并应置于驾驶室内供随时使用。

（10）夜视仪

若工作状态需要提供夜视增强设备,则应配备夜视仪。

（11）操舵装置与推进指示器

①船舶应配备显示推进系统方式的指示器。

②具有应急操舵位置的船舶应配备为应急操舵位置提供可视罗经读数的装置。

（12）自动操舵仪（自动驾驶仪）

①如可能,船舶应配自动操舵仪。

②应采取措施,能通过人工越控把自动操舵方式转为手动操舵方式。

（13）性能标准

150 总吨或以下的船舶应配备 1 个雷达反射器或其他装置,以使雷达在 9 GHz 和 3 GHz 波段协助船舶航行。

（14）回声接收系统

当船舶驾驶台完全封闭以及除非主管机关另有规定,船舶应配备回声接收系统或其他装置,以使负责航海值班的高级驾驶员能听到声音信号并判断其方位。

（15）AIS

①船舶应配备 AIS。

②AIS 功能详见 2000HSC 规则原文。

③如果有国际协议、规则或标准所规定的受保护的航行信息,则本款上述②项的要求不适用。

（16）VDR

为有利于海难的调查,客船不论大小以及 3 000 总吨及以上的货船必须装备 VDR。

2.4 国内航行海船的航区划分及航行设备配备

2.4.1 航区划分

根据中国海事局《国内航行海船法定检验技术规则（2020）》的规定,国内航行海船的航区划分为四类:

（1）远海航区：系指国内航行超出近海航区的海域。

（2）近海航区：

①中国渤海、黄海及东海距岸不超过 200 n mile 的海域；

②台湾海峡；

③南海之台湾岛东海岸距岸不超过 50 n mile 的海域；

④海南岛东海岸及南海岸以如下 5 点连线范围内沿海航区除外的海域（简称"海南-西沙航区"）：

18°30′24″N/108°41′13″E

15°46′24″N/111°11′48″E

16°02′54″N/112°35′24″E

16°39′48″N/112°44′41″E

19°49′49″N/110°59′41″E

⑤南海其他海域距岸不超过 120 n mile 的海域。

（3）沿海航区：系指台湾岛东海岸、台湾海峡东西海岸、海南岛东海岸及南海岸距岸不超过 10 n mile 的海域和除上述海域外距岸不超过 20 n mile 的海域；距有避风条件且有施救能力的沿海岛屿不超过 20 n mile 的海域。但对距海岸超过 20 n mile 的上述岛屿，中国海事局将按实际情况适当缩小该岛屿周围海域的距岸范围。

（4）遮蔽航区：系指在沿海航区内，由海岸与岛屿、岛屿与岛屿围成的遮蔽条件较好、波浪较小的海域。在该海域内岛屿之间、岛屿与海岸之间的横跨距离应不超过 10 n mile（已批准为遮蔽航区的水域详见《国内航行海船法定检验技术规则（2020）》总则附录）。

2.4.2 国内航行客船等级划分

按照我国海域、航区和航程距庇护地距离，将客船（包括客滚船）划分为Ⅰ、Ⅱ和Ⅲ级，如表 2-4 所示。

表 2-4 客船等级划分

客船等级	航行限制		
	航区	海域	航程距庇护地距离
Ⅰ	远海、近海	—	
Ⅱ	沿海	黄海、东海、北部湾、渤海湾、琼州海峡、雷州半岛东海岸和西海岸	≥10 n mile
		台湾海峡、台湾岛东海岸、海南岛东海岸和南海岸、南海	≥5 n mile

表 2-4 （续）

客船等级	航行限制		
	航区	海域	航程距庇护地距离
Ⅲ	沿海	黄海、东海、北部湾、渤海湾、琼州海峡、雷州半岛东海岸和西海岸	<10 n mile
		台湾海峡、台湾岛东海岸、海南岛东海岸和南海岸、南海	<5 n mile
	遮蔽	—	—

国内航行客船等级说明如下。

（1）以航线为例

①下列航线客船为Ⅰ级：

烟台—大连航线；上海—大连（青岛）航线；上海—厦门（广州）航线；海口—广州航线等。

②下列航线客船为Ⅱ级：

上海—宁波航线；海口—湛江航线；海口—北海航线等。

③下列航线客船为Ⅲ级：

海口—海安航线；舟山海域的遮蔽航区内航线；象山湾航线；蓬莱—长岛航线等。

（2）以航区为例

①航行于近海航区和远海航区的客船为Ⅰ级客船；

②航行于沿海航区的客船根据航程距庇护地距离分别为Ⅱ级或Ⅲ级客船；

③航行于遮蔽航区的客船为Ⅲ级客船。

2.4.3　国内航行海船的航行设备配备

国内航行海船的航行设备应根据中国海事局《国内航行海船法定检验技术规则（2020）》的规定配备。

2.4.3.1　客船与货船

（1）除另有规定外，客船与货船应按表 2-5 配备航行设备。航区划分见本章 2.4.1 节。

表 2-5　国内航行客船和货船的航行设备配备定额表

设备名称	航区分类				
	远海	近海	沿海	遮蔽	配备要求
标准磁罗经	1	1	1	1	
操舵磁罗经	1	1	1	1	(1) 设有反射磁罗经的船舶可不再设置操舵磁罗经;(2)(略)
备用标准磁罗经	1	1	1	—	已设有操舵磁罗经或陀螺罗经的船舶可不再设置备用罗经,但采用反射磁罗经或电气复示罗经代替操舵磁罗经的除外
在水平面 360°范围内测得方位的器具	1	1	1	1	
陀螺罗经	1	1	—	—	≥500 总吨的船舶
陀螺罗经的方位分罗经	2	2	—	—	≥500 总吨的船舶
陀螺罗经的航向分罗经	按需要数量配置			—	至少应在主操舵位置(若此位置上能清晰地从主罗经读数则除外)和应急操舵位置(如设置)上配置
舵角指示器	1	1	1	1	对于需在翼桥操纵的船舶,还应在翼桥额外设置
推进器转速指示器	1	1	1	1	
雷达	1	1	1	—	(1) 雷达装置应能在 9 GHz 频带上工作;(2) 配有电子标绘装置,500 总吨及以上船舶应配备自动跟踪仪
	2	2	—	—	(1) ≥10 000总吨的船舶要求配备;(2) 雷达装置应至少有 1 台能在 9 GHz 频带上工作;(3) 配备 1 台自动雷达标绘仪;(4) 配备 1 台自动跟踪仪
电子定位设备	1	1	1	—	
回声测深仪	1	1	1	1	≥500 总吨的船舶要求配备
测深手锤	1	1	1	1	配有回声测深仪的船舶除外

（2）船舶应按下列要求配备 AIS。

①所有客船和 500 总吨及以上的货船应配备一台 A 级 AIS 设备；

②国内海上航行的 500 总吨以下的货船（指 200 总吨至 500 总吨的沿海航行船舶，参与沿海水上水下施工作业的自航船舶以及所有港作拖船）应配备一台 A 级或 B 级 AIS 设备。

（3）国内航行海船应按规定配备 ECS，且满足 A 级设备的要求。也可以配备 ECDIS 来满足上述船载电子海图系统的配备要求。

（4）具有滚装装货处所或装车处所的滚装客船，应配备 VDR。

（5）对航行时间不超过 2 h 的短航程船舶，可按遮蔽航区要求配备。

（6）对于内地至香港航线的船舶，按照本节要求配备航行设备。

（7）所有船舶应备有为其计划航线所必需的足够和最新的海图、航路指南、灯塔表、航行通告、潮汐表以及一切其他航海出版物。如其采用电子装置作为首要航行措施，则还应设置后备装置，后备装置可以是电子装置，也可以是纸质文件。

2.4.3.2　高速船

（1）高速船应按表 2-6 配备航行设备。配备的雷达应能在 9 GHz 频率上工作，并附有至少如光学反射标绘仪同样有效的标绘设备。雷达和定位仪的性能应能与船舶的航速相适应。

（2）近海营运限制的 A 类客船可不设陀螺罗经。

（3）所有高速船应按本章 2.4.3 节 2.4.3.1 条（2）款的要求配备 AIS。

（4）高速船应按本章 2.4.3 节 2.4.3.1 条（3）款的要求配备 ECS。

表 2-6　国内航行高速船的航行设备配备定额表

序号	设备名称	按营运限制配备的定额/台（套）		
		遮蔽与平静水域	沿海	近海
1	磁罗经	1	1	1
2	陀螺罗经			1
3	测深仪[①]	1	1	1
4	舵角指示器	1	1	1
5	雷达[②]			
6	主机或推进器的转速或可调距螺旋桨的螺距角指示器	1	1	1

表 2-6　（续）

序号	设备名称	按营运限制配备的定额/台（套）		
		遮蔽与平静水域	沿海	近海
7	夜视仪③	1	1	1
8	探照灯	1	1	1
9	全球定位系统（GPS）			1
10	白昼信号灯	1	1	1

注：①全垫升气垫船不要求配备。

　　②B 类客船应另配 1 台显示器。

　　③仅夜航船舶要求配备。

第3章 桅樯及信号设备

3.1 概述

所有的海上船舶和工程建筑物,为了避免碰撞而配备的各种信号设备有两个作用,其一显示自身当时所处的状态;其二对在其附近航行的船舶发出警告并引起注意。

船舶信号设备的主要种类如下:

(1) 视觉信号设备包括:号灯、闪光灯、号型、号旗、烟火信号等。

(2) 声响信号设备包括:号笛、号钟、号锣以及某些能发出声响的烟火信号(如声响榴弹)等。

(3) 无线电信号设备包括:供发出 SOS 信号的无线电通信设备、发出"梅代"(MAY DAY)语音的无线电话及表示遇险位置的无线电应急示位标等。

船舶桅樯是安装航行、通信及信号设备的装置,主要有雷达桅,信号桅(前桅、后桅),灯架(舷灯架、艉灯架等),各种信号灯杆及艏、艉旗杆等。

3.2 关于国际海上避碰规则和船舶信号设备法规的一般概念

3.2.1 国际海上避碰规则的主要内容

《1972 年国际海上避碰规则》是 IMO 的前身"政府间海事协商组织"(IMCO)于 1972 年 10 月 20 日在伦敦召开的第五届国际海上人命安全会议上通过的《1972年国际海上避碰规则公约》的附件,并于 1977 年 7 月 15 日正式生效。我国政府于 1980 年 1 月 5 日向政府间海事协商组织秘书长交存了认可文件,成为《1972 年国际海上避碰规则公约》的谛约国。

《1972 年国际海上避碰规则》及其历次修正案是目前在国际通航水域中的一

切船舶必须遵守的规则,可称为海上交通规则。其主要内容为如下。

（1）阐明了规则的适用范围、责任和一些专用名词及其定义。《1972 年国际海上避碰规则》规定"本规则各条适用于在公海和连接于公海而可供海船航行的一切水域中的一切船舶"。同时要求各国政府为军舰及护航下的船舶和结队从事捕鱼的渔船等特殊规定的"额外的队形灯、信号灯、号型或号笛,应尽可能不致被误认为本规则所规定的任何号灯、号型或信号"。

所谓的"一切船舶"不仅是指所有从事运输、拖带和顶推、捕捞、海上作业的自航或非自航船舶(筏),还包括非排水型船舶,如动力支承的船舶(气垫船、水翼船、地效翼船)及水上飞机等,当然也包括海上移动式平台。

在海上避碰规则中,船舶不是按用途进行分类的,而是按照推进方式、作业特点及所处的"状态"予以划分。

①按推进方式可分为机动船、非机动船、帆船和划桨船。

②按作业特点可分为拖船、顶推船、渔船(拖网或非拖网)、引航船、操纵能力受到限制的船舶及限于吃水的船舶。

③所处的"状态"可分为在航、引航、拖带或顶推、锚泊、系岸、搁浅、受到吃水限制、失去控制及遇险等。

（2）规定了船舶驾驶和航行规则,包括:船舶在任何能见度情况下的行动规则、船舶在互见中的行动规则以及船舶在能见度不良时的行动规则等。

（3）规定了各种号灯和号型的规格,以及各种船舶在各种"状态"时应显示的号灯及号型。

（4）规定了各种船舶应配备的声响信号器具,以及船舶互见时采取各种行动时应发出的操纵和警告信号(声号和灯号)、能见度不良时的行动和停泊声号等。

（5）规定了船舶遇险时可借助于无线电报、无线电话、号笛、号旗、号型及烟火信号发出遇险信号。

（6）规定了各种号灯、号型、号笛、号锣和号钟等器具的技术细节以及这些器具在船上安装或存放的具体要求。

3.2.2　船舶信号设备法规

中国海事局《国际航行海船法定检验技术规则(2014)》第 4 篇第 13 章"信号设备"规定的适用范围为国际航行的民用海船包括"排水型船舶和非排水船舶(包括地效翼船)",但同时还应满足《1972 年国际海上避碰规则》及其修正案的要求。

中国海事局《国内航行海船法定检验技术规则(2020)》第 4 篇第 8 章"信号设备"规定的适用范围为"所有国内航行的船舶,但帆船除外"。高速船的信号设备应满足《1972 年国际海上避碰规则》及其修正案的要求。

中国海事局的信号设备规则的主要内容有：

（1）规定了号灯的技术要求、配备、安装以及供电与控制。

（2）规定了号型的技术要求、配备与存放。

（3）规定了闪光灯的技术要求、配备和安装。

（4）规定了号旗的技术要求、配备、悬挂与存放。

（5）规定了声响信号器具（号笛、号锣和号钟）的技术要求、配备以及安装与存放。

中国海事局的信号设备规则除了没有对船舶驾驶和航行规则做出规定外，其余内容与《1972年国际海上避碰规则》基本一致。

3.2.3　信号设备规则专用名词定义

（1）船舶的长度和宽度：系指其总长度和最大宽度。

（2）船体以上的高度：系指最上层连续甲板以上的高度，此高度应从号灯的位置垂直向下处量起。

（3）拖带长度：系指从拖船船尾量至最后一艘被拖船或被拖物体后端的水平距离。

（4）失去控制的船舶：系指由于某种异常的情况，不能按《1972年国际海上避碰规则》各条的要求进行操纵，因而不能给他船让路的船舶。

（5）操纵能力受到限制的船舶：系指由于工作性质，使其按《1972年国际海上避碰规则》要求进行操纵的能力受到限制，因而不能给他船让路的船舶，应包括但不限于下列船舶：

①从事敷设、维修或起捞助航标志、海底电缆或管道的船舶；

②从事疏浚、测量或水下作业的船舶；

③在航行中从事补给或转运人员、食品或货物的船舶；

④从事发放或回收航空器的船舶；

⑤从事清除水雷作业的船舶；

⑥从事拖带作业的船舶，而该项拖带作业使该拖船及其被拖物偏离所驶航向的能力严重受到限制者。

（6）限于吃水的船舶：系指由于吃水和可用水深的关系，致使其偏离所驶航向的能力严重地受到限制的机动船。由于决定船舶是否限于吃水的因素不仅是水深，而且还有可航水域的宽度，并且还应适当考虑到少量富裕水深对船舶操纵性能和船舶偏离其所驶航向的能力的影响。因此，一般船舶以少量富裕水深在一个水域航行时，如果有足够的水域采取避让行动，就不能视为一艘限于吃水的船舶。

（7）船舶前部：系指该船总长中点以前的区域。

（8）非排水船舶：系指高速船，如水翼船及气垫船。

（9）地效翼船：系指一种动力气垫高速船，在主要的营运状态下其质量主要由机翼利用其与水表面或其他表面之间的气动效应所产生的空气动升力支持。（按照《1972 年国际海上避碰规则》修正案的解释：地效翼船（WIG）系指一种多航态船舶，其主要运行方式为利用地效作用贴近地面飞行。）

（10）从事捕鱼的船舶：系指使用网具、绳钓、拖网或其他使其操纵性能受到限制的渔具捕渔的任何船舶，但不包括使用曳绳钓或其他并不使其操纵性能受到限制的渔具捕鱼的船舶。

（11）航行灯：系指船舶在航行状态下使用的桅灯、舷灯、尾灯。

（12）桅灯：系指安置在船的首尾中心线上方的白灯。

（13）舷灯：系指右舷的绿灯和左舷的红灯，长度小于 20 m 的船舶，其舷灯可合并成 1 盏，装设于船的首尾中心线上。

（14）艉灯：系指安置在尽可能接近船尾的白灯，其装置要使灯光从船的正后方到每一舷的 67.5° 内显示。

（15）拖带灯：系指具有与上述艉灯相同特性的黄灯。

（16）环照灯：系指可在 360° 的水平弧内显示不间断的灯光的号灯。

（17）闪光灯：每隔一定时间以每分钟 120 闪次或 120 以上闪次的闪光号灯。

（18）号笛：系指能够发出规定的笛声的任何声响信号器具。

（19）短声：系指历时约 1 s 的笛声。

（20）长声：系指历时 4～6 s 的笛声。

3.3　号灯与号型

3.3.1　号灯的类型及其主要特性

号灯是船舶从日没到日出时间内显示其状态的信号设备，而且也应在能见度不良的情况下，从日出到日落时显示，并可在一切其他认为必要的情况下显示。"能见度不良"系指任何由于雾、霾、下雪、暴风雨、沙暴或任何其他类似原因而使能见度受到限制的情况。

号灯的技术特性包括颜色、发光强度（能见距离）、水平和垂向光弧等。

3.3.1.1　海船号灯的类型及其技术要求

表 3-1 所列的号灯适用于国际航行海船。此外，用于不易察觉的、部分淹没的被拖船舶或物体的白色环照灯，其最小能见距离为 3 n mile。表 3-1 所列的号灯也

适用于船长 20 m 及以上的国内航行海船,但帆船除外。

表 3-1 海船号灯的技术要求

| 序号 | 号灯名称 | 颜色 | 最小能见距离/n mile | | | | 水平光弧 | |
			船长≥50 m	50 m>船长≥20 m	20 m>船长≥12 m	船长<12 m	总角度/(°)	分布
1	桅灯	白	6	5	3	2	225	自船的正前方到每一舷正横后 22.5°内
2	左舷灯	红	3	2	2	1	112.5	自船的正前方到左舷正横后 22.5°内
3	右舷灯	绿	3	2	2	1	112.5	自船的正前方到右舷正横后 22.5°内
4	艉灯	白	3	2	2	2	135	自船的正后方到每一舷 67.5°内
5	拖带灯	黄	3	2	2	2	135	自船的正后方到每一舷 67.5°内
6	红环照灯	红	3	2	2	2	360	环照
7	白环照灯	白	3	2	2	2	360	环照
8	绿环照灯	绿	3	2	2	2	360	环照
9	黄环照灯	黄	3	2	2	2	360	环照

3.3.1.2 号灯的水平光弧

(1)船上所装的舷灯,在朝前的方向上,应显示最低限度的发光强度。发光强度在规定光弧外的 1°~3°之间,应减弱以达到切实断光。

(2)艉灯、桅灯以及舷灯在正横后 22.5°处,应在水平弧内保持最低要求的发光强度,直到表 3-1 规定的光弧界限内 5°。从规定的光弧内 5°起,发光强度可减弱 50%,直到规定的界限。然后,发光强度应不断减弱,以达到在规定光弧以外至多 5°处切实断光。

(3)环照灯应安置在不受桅、顶桅或上层建筑大于 6°角光弧的遮蔽位置上,但锚灯除外,锚灯不必安置在船体以上不切实际的高度处。

（4）如果仅显示一盏环照灯无法符合上述（3）款的要求，则应使用 2 盏环照灯，固定于适当位置或用挡板遮挡，使其在 1 n mile 距离上看时，尽可能像是一盏灯。

3.3.1.3　号灯的垂向光弧

所装电气号灯的垂向光弧，除帆船的号灯外，应保证：

①从水平上方 5°到水平下方 5°的所有角度内，至少保持所要求的最低的发光强度；

②从水平上方 7.5°到水平下方 7.5°，至少保持所要求的最低的发光强度的 60%。

帆船所装电气号灯的垂向光弧，应保证：

①从水平上方 5°到水平下方 5°的所有角度内，至少保持所要求的最低的发光强度；

②从水平上方 25°到水平下方 25°，至少保持所要求的最低的发光强度的 50%。

电气号灯以外的号灯应尽可能符合这些要求。

3.3.2　号型的类型及其主要特性

号型是船舶在日出时间内显示其状态的信号设备。

号型的类型及规格列于表 3-2。大号号型的形式及尺寸如图 3-1 所示，号型应根据船长及其作业要求配备。国际航行的海船，船长 20 m 及以上的船舶应采用大号号型，船长小于 20 m 的船舶可采用小号号型。

号型应采用耐久、质轻、不易退色的材料制成，上下两端应有合适长度的旗绳或系绳装置。

表 3-2　号型的规格

序号	号型名称	颜色	规定直径	建议直径/mm
1	大号球体	黑色	直径≥600 mm	610±10
2	大号圆锥形体	黑色	底部直径≥600 mm，高度＝直径	610±10
3	大号菱形体	黑色	上述两个圆锥形体合用一个底部	610±10
4	大号双圆锥形体	黑色	上述两个圆锥形体合用一个顶部	610±10
5	圆柱形体	黑色	直径≥600 mm，高度＝2 倍直径	610±10

表 3-2 （续）

序号	号型名称	颜色	规定直径	建议直径/mm
6	小号球体	黑色	直径与船的大小相称	410±10
7	小号圆锥形体	黑色	直径与船的大小相称（高度＝直径）	410±10
8	小号菱形体	黑色	上述两个圆锥形体合用一个底部	410±10
9	双箭头号型①	橘黄色	箭头主体部位：长—船长≥20 m 为1 500 mm，船长＜20 m 为1 000 mm；宽—0.2 m。箭头部位：为等边三角形，边长 0.3 m	

注：①用于客渡船，客渡船白天在桅杆横桁上悬挂橘黄色双箭头号型 1 个（首尾向）。

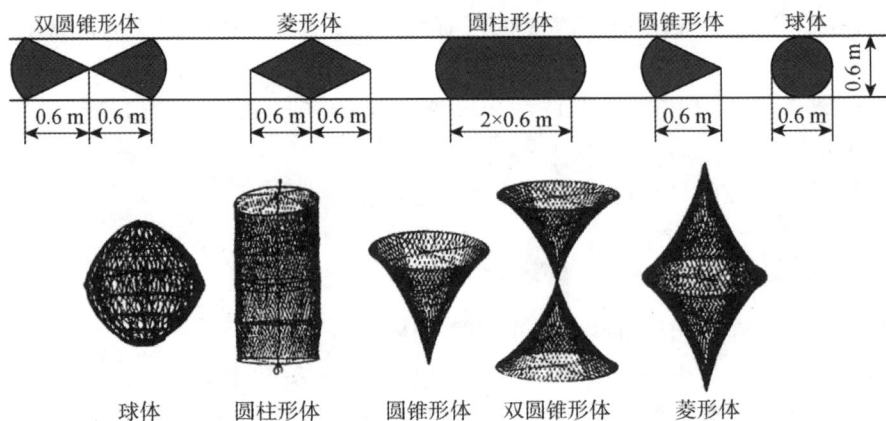

图 3-1　大号号型的形式及尺寸

3.3.3　国际航行海船号灯与号型的配备

国际航行海船号灯与号型的配备应符合经修订的《1972 年国际海上避碰规则》及中国海事局《国际航行海船法定检验技术规则（2014）》及其修改通报的规定。后者除了未将帆船、划桨船和渔船纳入规则外，其余内容与前者完全一致。现将配备的要求综合引述如下。

3.3.3.1　在航机动船

（1）在航机动船应显示：

①在前部 1 盏桅灯；

②第 2 盏桅灯，后于并高于前桅灯，长度小于 50 m 的船舶不要求显示该桅灯，

但可以设置第 2 盏桅灯；

③2 盏舷灯；

④1 盏艉灯。

（2）长度小于 12 m 的机动船，可以显示 1 盏环照白灯和舷灯以代替本条（1）款规定的号灯。

（3）长度小于 7 m 且其最高速度不超过 7 kn 的机动船，可以显示 1 盏环照白灯以代替本条（1）款规定的号灯。如可行，也应显示舷灯。

（4）长度小于 12 m 的机动船的桅灯或环照白灯，如果不可能装设在船的首尾中心线上，可以离开中心线显示，如果其舷灯合并成 1 盏，则应装设在船的首尾中心线上，或尽量装设在桅灯或环照灯所在首尾线附近。

在航机动船号灯和号型配备如图 3-2 所示。

船长 $L \geqslant 50$ m

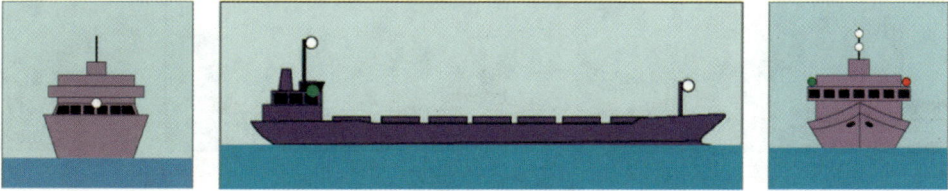

船长 $L < 50$ m

船长 $L < 12$ m　　　船长 $L < 7$ m 且航速 $v \leqslant 7$ kn　　　*船长 $L < 12$ m

图 3-2　在航机动船号灯和号型配备示意

3.3.3.2 拖带和顶推

（1）当机动船拖带时应显示：

①垂直 2 盏桅灯，以取代 3.3.3.1 条（1）款①或②规定的号灯。当从拖船尾部量到被拖物体后端的拖带长度大于 200 m 时，垂直显示 3 盏这样的号灯；

②2 盏舷灯；

③1 盏艉灯；

④1 盏拖带灯垂直显示于艉灯的上方；

⑤当拖带长度超过 200 m 时，在最易见处显示 1 个菱形体号型。

机动船拖带时号灯和号型配备如图 3-3 所示。

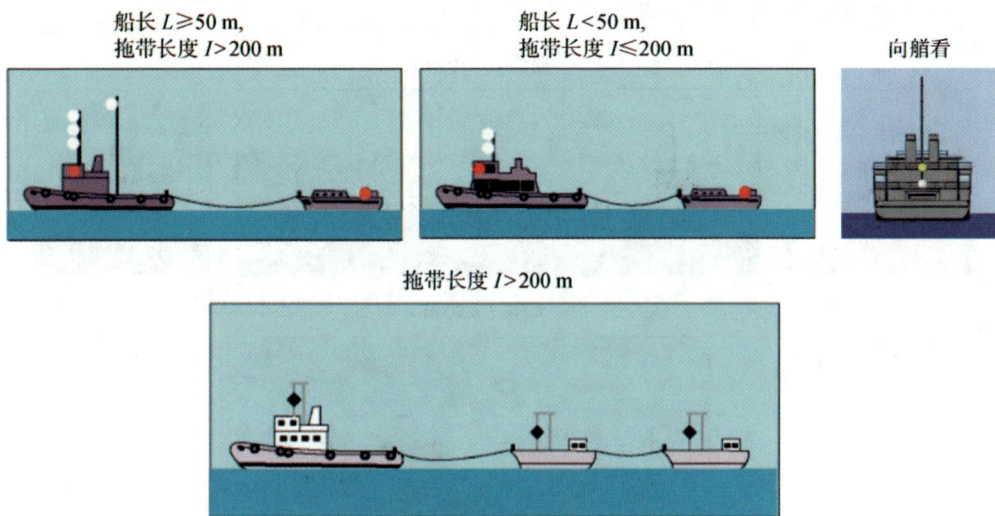

图 3-3　机动船拖带时的号灯和号型配备示意图

（2）当一艘顶推船和一艘被顶推船牢固地连接成一组合体时，则应作为一艘机动船显示 3.3.3.1 条规定的号灯。

组合体号灯和号型配备如图 3-4 所示。

（3）机动船，当它顶推或旁拖时，除组合体外，应显示：

①垂直 2 盏桅灯，以取代 3.3.3.1 条（1）款①或②规定的号灯；

②2 盏舷灯；

③1 盏艉灯。

机动船作顶推或旁拖时号灯和号型配备如图 3-5 所示。

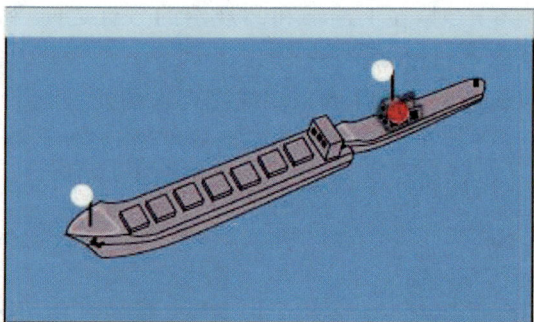

图 3-4　组合体的号灯和号型配备示意图

图 3-5　机动船作顶推或旁拖时的号灯和号型配备示意图

（4）适用本条（1）和（3）款的机动船，还应遵守 3.3.3.1 条（1）款②的规定。

（5）除本条（7）款所述外，一艘被拖船或被拖物体应显示：

①2 盏舷灯；

②1 盏尾灯；

③当拖带长度超过 200 m 时，在最易见处显示 1 个菱形体号型。

（6）任何数目的船舶如作为一组被旁拖或顶推时，应作为一艘船显示号灯：

①一艘被顶推船，但不是组合体的组成部分，应在前端显示 2 盏舷灯；

②一艘被旁拖的船应显示 1 盏尾灯，并在前端显示 2 盏舷灯。

（7）一艘不易察觉的、部分淹没的被拖船舶或物体或者这类船舶或物体的组合体应显示：

①除弹性拖曳体不需要在前端或接近前端处显示灯光外，如宽度小于 25 m，在前后两端或接近前后两端处，各显示 1 盏环照白灯；

②如宽度为 25 m 或 25 m 以上时，在两侧最宽处或接近最宽处，另加 2 盏环照白灯；

③如长度超过 100 m 时,在上述①和②规定的号灯之间,另加若干环照白灯,使得这些灯之间的距离不超过 100 m;

④在最后一艘被拖船舶或物体的末端或接近末端处,显示 1 个菱形体号型,如果拖带长度超过 200 m 时,在尽可能前部的最易见处,加 1 个菱形体号型。

不易察觉、部分淹没的船体号灯和号型配备如图 3-6 所示。

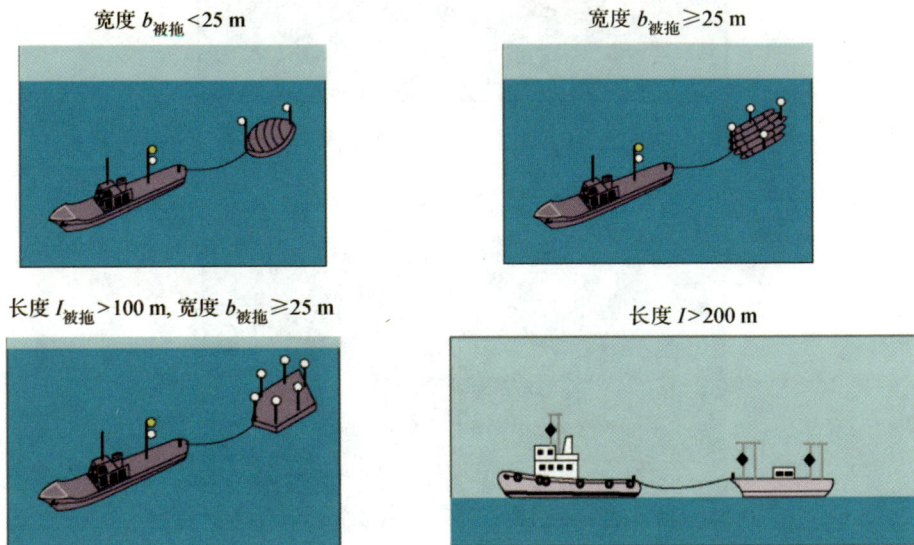

图 3-6　不易察觉、部分淹没的船体号灯和号型配备示意图

(8) 凡由于任何充分理由,一被拖船舶或物体不可能显示本条(5)或(7)款规定的号灯或号型时,应采取一切可能的措施使被拖船舶或物体上有灯光,或者至少能表明这种船舶或物体的存在。

(9) 凡由于任何充分理由,使得一艘通常不从事拖带作业的船舶不可能按本条(1)或(3)款的规定显示号灯,这种船舶在从事拖带另一艘遇险或需要救助的船舶时,就不要求显示这些号灯。但应采取如下一切可能的措施:如有必要招引他船注意任何船舶可以发出灯光或声响信号,但这种信号应不致被误认为《1972 年国际海上避碰规则》其他各条所准许的任何信号,或者可用不致妨碍任何船舶的方式,把探照灯的光束朝向危险的方向。任何招引他船注意的灯光,应不致被误认为是任何助航标志的灯光。为此目的,应避免使用诸如频闪灯这样高亮度的间隙灯或旋转灯。所准许的一切可能描施来表明拖船与被拖船之间关系的性质,尤其应将拖缆照亮。

3.3.3.3　在航帆船和划桨船

（1）在航帆船应显示：

①2 盏舷灯；

②1 盏尾灯。

（2）在长度小于 20 m 的帆船上，本条（1）款规定的号灯可合并成 1 盏，装设在桅顶或接近桅顶的最易见处。

（3）在航帆船，除本条（1）款规定的号灯外，还可在桅顶或接近桅顶的最易见处，垂直显示 2 盏环照灯，上红下绿。但这些环照灯不应和本条（2）款所允许的合色灯同时显示。

（4）长度小于 7 m 的帆船，如可行，应显示本条（1）或（2）款规定的号灯。但如果不这样做，则应在手边备妥白光的电筒 1 个或点着的白灯 1 盏，及早显示，以防碰撞。

（5）用帆行驶同时也用机器推进的船舶，应在前部最易见处显示 1 个圆锥体号型，尖端向下。

在航帆船和划桨船号灯及号型配备如图 3-7 所示。

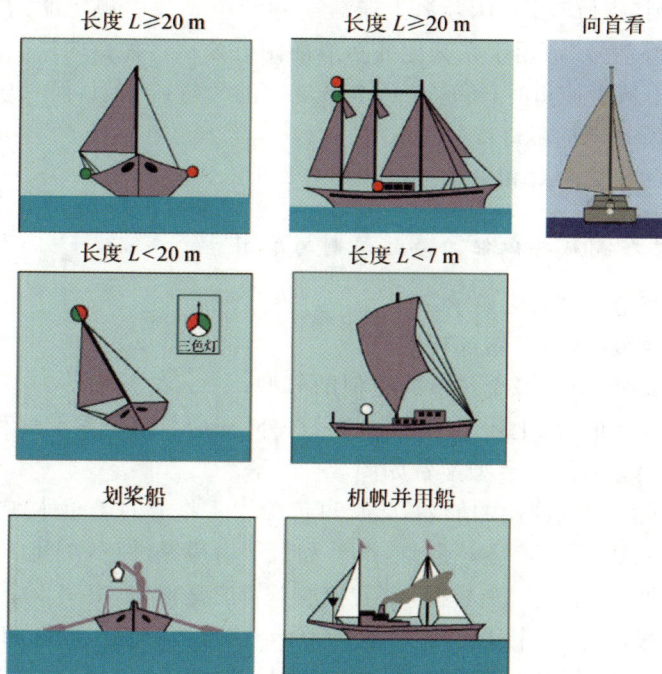

图 3-7　在航帆船和划桨船的号灯及号型配备示意图

3.3.3.4　渔船

（1）从事捕鱼的船舶，不论在航还是锚泊，只应显示本条规定的号灯和号型。

（2）船舶从事拖网作业，即在水中拖曳爬网或其他用作渔具的装置时，应显示：

①垂直 2 盏环照灯，上绿下白，或 1 个由上下垂直、尖端对接的 2 个圆锥体所组成的号型；

②1 盏桅灯，后于并高于那盏环照绿灯，长度小于 50 m 的船舶，则不要求显示该桅灯，但也可以这样做；

③当对水移动时，除本款规定的号灯外，还应显示 2 盏舷灯和 1 盏尾灯。

（3）从事捕鱼的船舶，除拖网作业者外，应显示：

①垂直 2 盏环照灯，上红下白，或 1 个由上下垂直、尖端对接的 2 个圆锥体所组成的号型；

②当有外伸渔具，其从船边伸出的水平距离大于 150 m 时，应朝着渔具的方向显示 1 盏环照白灯或 1 个尖端向上的圆锥体号型；

③当对水移动时，除本款规定的号灯外，还应显示 2 盏舷灯和 1 盏尾灯。

（4）本规则（指《1972 年国际海上避碰规则》）附录二中规定的"在相互邻近处捕鱼的渔船额外信号"适用于在其他捕鱼船舶附近处从事捕鱼的船舶。

（5）船舶不从事捕鱼时，不应显示本条规定的号灯或号型，而只应显示为其同样长度的船舶所规定的号灯或号型。

从事捕鱼的船舶号灯和号型配备如图 3-8 所示。

3.3.3.5　失去控制或操纵能力受到限制的船舶

（1）失去控制的船舶应显示：

①在最易见处，垂直 2 盏红环照灯；

②在最易见处，垂直 2 个球体或类似的号型；

③当对水移动时，除上述①项规定的号灯外，还应显示 2 盏舷灯和 1 盏尾灯。

失去控制船舶号灯和号型配备如图 3-9 所示。

（2）操纵能力受到限制的船舶，除从事清除水雷作业的船舶外，应显示：

①在最易见处，垂直 3 盏环照灯，最上和最下者应是红色，中间 1 盏应是白色；

②在最易见处，垂直 3 个号型，最上和最下者应是球体，中间 1 个应是菱形体；

③当对水移动时，除上述①规定的号灯外，还应显示桅灯、舷灯和尾灯；

④当锚泊时，除上述①和②规定的号灯或号型外，还应显示 3.3.3.8 条规定的 1 盏或 2 盏号灯或 1 个号型。

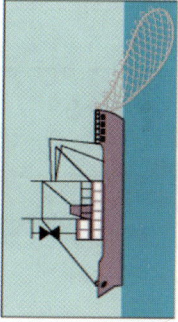

船长 *L* ≥20 m，在航、锚泊

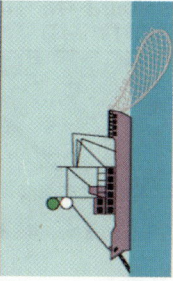

船长 *L* <50 m，不对水移动、锚泊

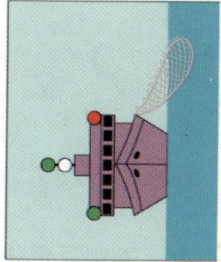

船长 *L* <50 m，对水移动

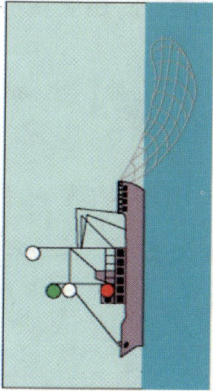

长度 *L* ≥50 m，对水移动

*l*_{渔具外伸} >150 m，不对水移动、锚泊

*l*_{渔具外伸} >150 m，对水移动

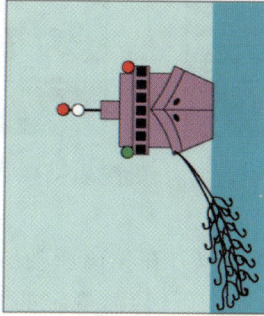

*l*_{渔具外伸} <150 m，对水移动

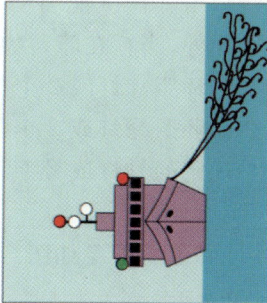

*l*_{渔具外伸} >150 m，对水移动

*l*_{渔具外伸} >150 m，在航、锚泊

图 3-8　从事捕鱼的船舶的号灯和号型配备示意图

操纵能力受到限制的船舶号灯和号型配备如图 3-10 所示。

图 3-9　失去控制船舶的号灯和号型配备示意图

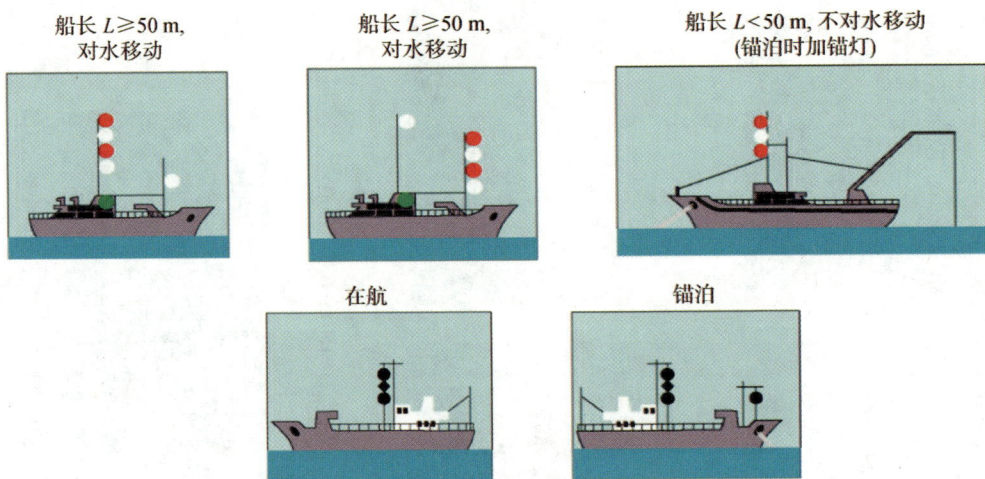

图 3-10　操纵能力受到限制的船舶号灯和号型配备示意图

（3）从事一项使拖船和被拖物体双方在偏离所驶航向的能力上受到严重限制的拖带作业的机动船，除显示 3.3.3.2 条（1）款规定的号灯或号型外，还应显示本条（2）款①和②项规定的号灯或号型。

（4）从事疏浚或水下作业的船舶，当其操纵能力受到限制时，应显示本条（2）款①、②和③项规定的号灯及号型。此外，当存在障碍物时，还应显示：

①在障碍物存在的一舷，垂直 2 盏环照红灯或 2 个球体；

②在他船可通过的一舷，垂直 2 盏环照绿灯或 2 个菱形体；

③当锚泊时，应显示上述①和②规定的号灯或号型，以取代 3.3.3.8 条规定的号灯或号型。

从事疏浚或水下作业的船舶号灯和号型配备如图 3-11 所示。

船长 L≥50 m, 对水移动　　　　12 m≤船长 L<50 m, 对水移动　　　　不对水移动、锚泊

在航、锚泊

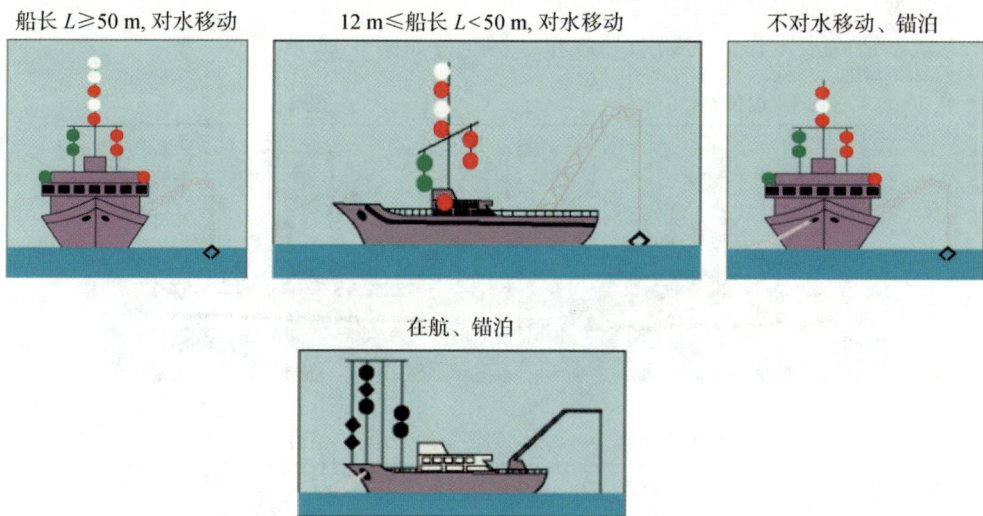

图 3-11　从事疏浚或水下作业的船舶号灯和号型配备示意图

（5）当从事潜水作业的船舶，其尺度使之不可能显示本条（4）款规定的号灯或号型时，则应显示：

①在最易见处，垂直 3 盏环照灯，最上和最下者应是红色，中间 1 盏应是白色；

②一个国际信号旗"A"的硬质复制品，其高度不小于 1 m，并应采取措施以保证周围都能见到。

从事潜水作业的船舶号灯和号旗配备如图 3-12 所示。

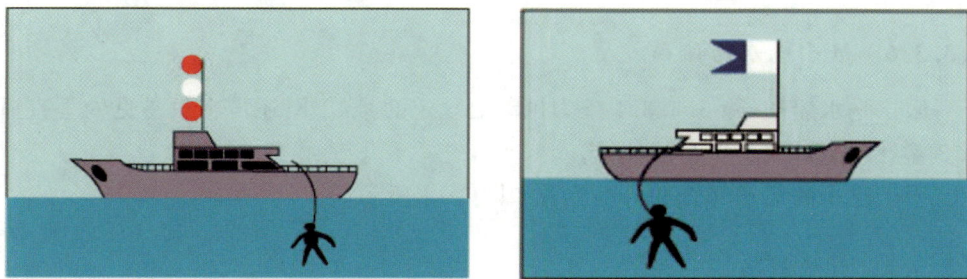

图 3-12　从事潜水作业的船舶号灯和号旗配备示意

（6）从事清除水雷作业的船舶，除 3.3.3.1 条为机动船规定的号灯或 3.3.3.8 条为锚泊船规定的号灯或号型外，还应显示 3 盏环照绿灯或 3 个球体。这些号灯或号型之一应在接近前桅桅顶处显示，其余应在前桅桁两端各显示一个。这些号

灯或号型表示他船驶近至清除水雷船1 000 m以内是危险的。

从事清除水雷作业的船舶号灯和号型配备如图 3-13 所示。

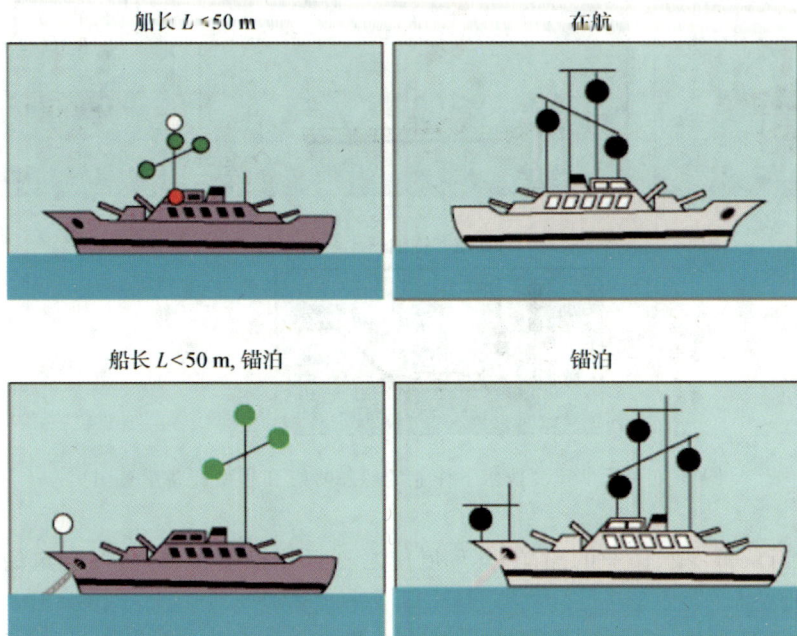

船长 L<50 m   在航

船长 L<50 m, 锚泊   锚泊

图 3-13　从事清除水雷作业的船舶号灯和号型配备示意图

（7）除从事潜水作业的船舶外，长度小于 12 m 的船舶，不要求显示本条规定的号灯和号型。

3.3.3.6　限于吃水的船舶

限于吃水船舶，除 3.3.3.1 条为机动船规定的号灯外，还可在最易见处垂直显示 3 盏红环照灯或者 1 个圆柱体。

限于吃水的船舶号灯和号型配备如图 3-14 所示。

3.3.3.7　引航船舶

（1）执行引航任务的船舶应显示：

①在桅顶或接近桅顶处，垂直 2 盏环照灯，上白下红；

②当在航时，外加舷灯和尾灯；

③当锚泊时，除上述①规定的号灯外，还应显示 3.3.3.8 条对锚泊船规定的号灯或号型。

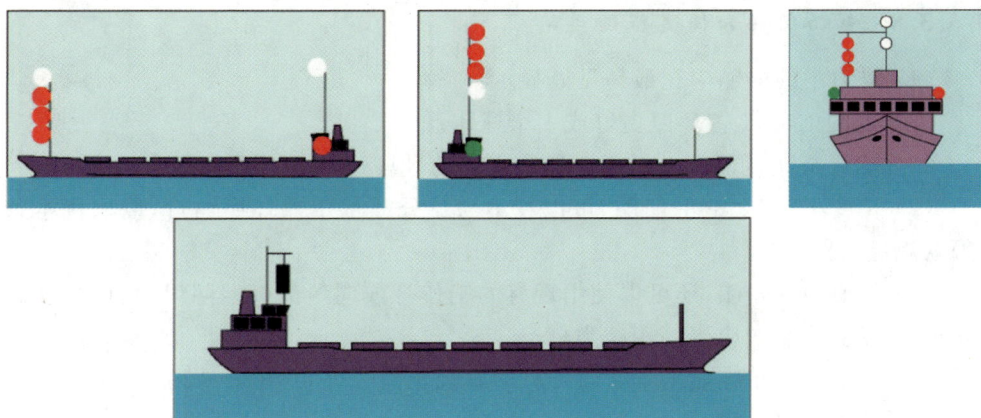

图 3-14 限于吃水的船舶号灯和号型配备示意图

（2）引航船不执行引航任务时，应显示为其同样长度的同类船舶规定的号灯或号型。

引航船舶号灯和号型配备如图 3-15 所示。

图 3-15 引航船舶的号灯和号型配备示意图

3.3.3.8 锚泊船舶和搁浅船舶

（1）锚泊中的船舶应在最易见处显示：

①在船的前部，1盏环照白灯或1个球体；

②在船尾或接近船尾并低于上述①规定的号灯处，1盏环照白灯。

（2）长度小于50 m的船舶，可以在最易见处显示1盏环照白灯，以取代本条（1）款规定的号灯。

（3）锚泊中的船舶，还可以使用现有的工作灯或同等的灯照明甲板，而长度为100 m及以上的船舶应当使用这类灯。

（4）搁浅的船舶应显示本条（1）或（2）款规定的号灯，并在最易见处外加：

①垂直2盏环照红灯；

②垂直3个球体。

（5）长度小于7 m的船舶，不是在狭水道、航道、锚地或其他船舶通常航行的水域中或其附近锚泊时，不要求显示本条（1）和（2）款规定的号灯或号型。

（6）长度小于12 m的船舶搁浅时，不要求显示本条（4）款①和②规定的号灯或号型。

锚泊船舶和搁浅船舶的号灯和号型配备如图3-16所示。

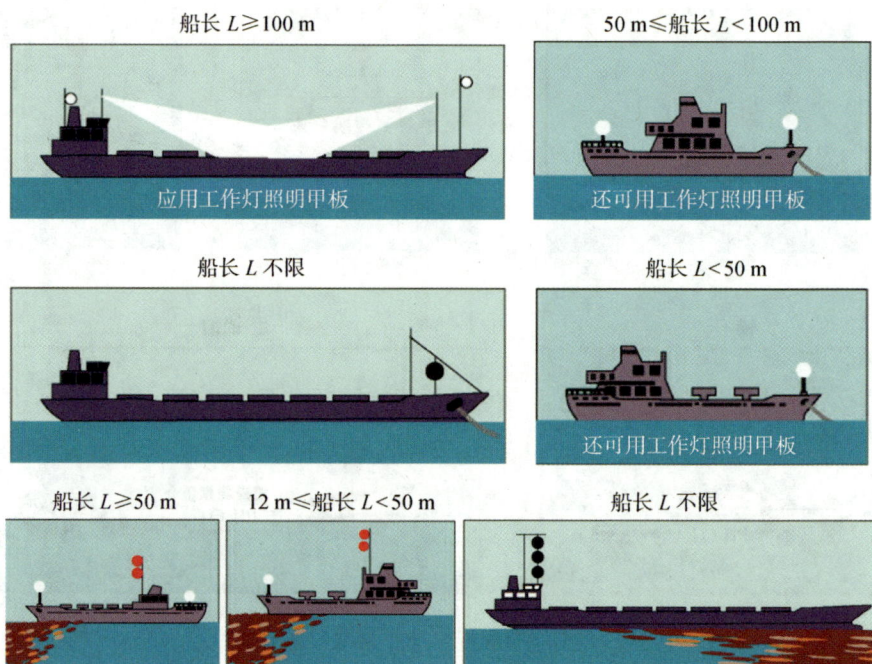

图3-16　锚泊船舶和搁浅船舶的号灯和号型配备示意图

3.3.3.9　水上飞机和地效翼船

当水上飞机或地效翼船不可能显示本节各条规定的各种特性或位置的号灯和号型时,则应显示尽可能近似于这种特性和位置的号灯和号型。

3.3.3.10　双套灯具

船长 50 m 及以上船舶的航行灯应配备双套灯具或双灯泡。

3.3.4　国际航行海船号灯与号型的安装与存放

《1972 年国际海上避碰规则》与中国海事局《国际航行海船法定检验技术规则(2014)》对于国际航行海船号灯与号型安装的规定完全一致,本节综合引述如下。

3.3.4.1　号灯的垂向位港和间距

(1) 长度为 20 m 或 20 m 以上的机动船,桅灯应安置如下:

①前桅灯,或如只装设 1 盏桅灯,则该桅灯在船体以上的高度应不小于 6 m,如船的宽度超过 6 m,则在船体以上的高度应不小于该宽度,但是该灯安置在船体以上的高度不必大于 12 m;

②当装设 2 盏桅灯时,后灯高于前灯的垂向距离应至少为 4.5 m。

(2) 机动船的 2 盏桅灯的垂向距离应是这样:即在一切正常吃水差情况下,当从距离船首 1 000 m 的海面观看时,应能看出后灯在前灯的上方并且分开。

(3) 长度为 12 m 或 12 m 以上但小于 20 m 的机动船,其桅灯安置在船体以上的高度应不小于 2.5 m。

(4) 长度小于 12 m 的机动船,可以把最上面的 1 盏号灯装在船体以上小于 2.5 m 的高度。但当在舷灯和尾灯之外设有 1 盏桅灯时,或 3.3.3.1 条(3)款规定的环照灯时,则该桅灯的设置至少应高于舷灯 1 m。

(5) 为从事拖带或顶推他船的机动船所规定的 2 盏或 3 盏桅灯中的 1 盏,应安置在前桅灯或后桅灯相同的位置。如果该灯装在后桅上,则该最低的后桅灯高于前桅灯的垂向距离应不少于 4.5 m。

(6) 3.3.3.1 条(1)款规定的桅灯,除本条(7)款所述外,应安置在高于并离开其他一切灯光和遮蔽物的位置上。

(7) 当在低于桅灯的位置上不可能装设 3.3.3.5 条(2)款①项或 3.3.3.6 条规定的环照灯时,这些环照灯可以装设在后桅灯上方或悬挂于前桅灯和后桅灯垂向之间,如属后一种情况,则应符合 3.3.3.2 条(3)款的要求。

(8) 机动船的舷灯安置在船体以上的高度,应不超过前桅灯高度的 3/4。这些舷灯不应低到受甲板灯光的干扰。

如果水平上下 5° 范围内无法完全可见,那么只要在最轻载吃水情况下,距离船首最小 1 000 m 位置外 112.5° 范围内(包括向内 1°)能够观察到舷灯,则该布置是可被接受的。

(9) 长度小于 20 m 的机动船的舷灯,如并为 1 盏,则应安置在低于桅灯不小于 1 m 处。

(10) 当本章规定的垂直装设 2 盏或 3 盏号灯时,这些号灯的间距如下:

①长度为 20 m 或 20 m 以上的船舶,这些号灯的间距应不小于 2 m,而且除需要拖带号灯的情况外,这些号灯的最低一盏,应装设在船体以上高度不小于 4 m 处;

②长度小于 20 m 的船舶,这些号灯的间距应不小于 1 m,而且除需要拖带号灯的情况外,这些号灯的最低 1 盏,应装设在船体以上高度不小于 2 m 处;

③当装设 3 盏号灯时,其间距应相等。

(11) 为从事捕鱼的船所规定的 2 盏环照灯的较低 1 盏,在舷灯以上的高度应不小于这 2 盏号灯垂向间距的 2 倍。

(12) 当装设 2 盏锚灯时,3.3.3.8 条(1)款①项规定的前锚灯应高于后锚灯不小于 4.5 m。长度为 50 m 或 50 m 以上的船舶,前锚灯应装设在船体以上高度不小于 6 m 处。

3.3.4.2　号灯的水平位置和间距

(1) 当机动船按规定有 2 盏桅灯时,两灯之间的水平距离应不小于船长的 1/2,但不必大于 100 m。前桅灯应安置在离船首不大于船长的 1/4 处。

(2) 长度为 20 m 或 20 m 以上的机动船,舷灯不应安置在前桅灯的前面。这些舷灯应安置在舷侧或接近舷侧处。

(3) 当 3.3.3.5 条(2)款①项或 3.3.3.6 条规定的号灯设置在前桅灯和后桅灯垂向之间时,这些环照灯应安置在与该船首尾中心线正交的横向水平距离不小于 2 m 处。

(4) 当机动船按规定仅有 1 盏桅灯时,该灯应在船中之前显示,长度小于 20 m 的船舶不必在船中之前显示该灯,但应在尽可能靠前的位置上显示。

3.3.4.3　渔船、疏浚船及从事水下作业船舶的示向号灯的位置细节

(1) 从事捕鱼的船舶,按照 3.3.3.4 条(3)款②项规定用以指示船边外伸渔具方向的号灯,应安置在距那 2 盏环照红灯和白灯不小于 2 m 但不大于 6 m 的水平距离处。该号灯的安置应不高于 3.3.3.4 条(3)款①项规定的环照白灯但也不低于舷灯。

(2) 从事疏浚或水下作业的船舶,按照 3.3.3.5 条(4)款①和②项规定用以指示有障碍物的一舷和(或)能安全通过的一舷的号灯和号型,应安置在距 3.3.3.5 条(2)款①和②项规定的号灯和号型实际可行的最大水平距离处,但决不能小于 2 m。这些号灯和号型的上面一个的安置高度决不应高于 3.3.3.5 条(2)款①和②项规定的 3 个号灯或号型中的下面 1 个。

3.3.4.4　舷灯遮板

长度在 20 m 或 20 m 以上的船舶的舷灯,安装有无光黑色的内侧遮板,并符合 3.3.1.2 条的要求。长度小于 20 m 的船舶的舷灯,如须符合 3.3.1.2 条的要求,则应装有无光黑色的内侧遮板。用单一直立灯丝并在绿色和红色之间有一条很窄分界线的合座灯,可不必装配外部遮板。

3.3.4.5　高速船

(1) 高速船的桅灯高度视船宽而定,可低于 3.3.4.1 条(1)款①项规定的高度,但其 2 盏舷灯和 1 盏桅灯构成的等腰三角形的底角,在侧视图上不得小于 27°。

(2) 在长度为 50 m 或以上的高速船上,3.3.4.1 条(1)款②项规定的前桅灯和后桅灯之间 4.5 m 垂向间距可以修改,但该距离不得小于由下式计算所得之值:

$$y \frac{(a + 17\psi)C}{1\ 000} + 2$$

式中　y——后桅灯高出前桅灯的高度,m;

　　　a——前桅灯在营运状况下高出水面的高度,m;

　　　ψ——在营运状况下的纵倾,(°);

　　　C——桅灯的水平距离,m。

3.3.4.6　号型的安装与存放

(1) 号型间的垂直距离应至少为 1.5 m。

(2) 长度小于 20 m 的船舶,可用与船舶尺度相称的较小尺度的号型,号型间距亦可相应减少。

(3) 号型应存放于悬挂该号型的装置附近,宜存放于驾驶室附近的箱柜内。应使锚泊、失控信号用的球体处于随时可悬升的状态。

3.3.5　国内航行海船号灯的配备

中国海事局《国内航行海船法定检验技术规则(2020)》将海船号灯分为基本号灯与作业号灯,并对于除帆船、划桨船和渔船以外的船长 20 m 及以上的船舶,以及

船长 20 m 及以上的高速船的号灯配备做了规定,具体配备如下:

(1) 海船基本号灯应按表 3-3 配备,船长 50 m 及以上的船舶的航行灯应配备双套灯具。

表 3-3   海船基本号灯配备   (盏)

序号	号灯类型	船长 L≥50 m		20 m≤船长 L<50 m	
		机动船	非机动船	机动船	非机动船
1	桅灯	2		1①	
2	左舷灯	1	1	1	1
3	右舷灯	1	1	1	1
4	尾灯	1	1	1	1
5	白环照灯(作锚灯用)	2	2	1②	1②
6	红环照灯(作失控灯用)	2	2	2	2

注:①可以配备 2 盏桅灯;

②可以配备 2 盏白环照灯作前、后锚灯用。

(2) 海船作业号灯应按表 3-4 配备。

表 3-4   海船作业号灯配备   (盏)

序号	号灯类型	拖船	引航船	操纵能力受到限制的船舶	限于吃水的船舶
1	桅灯	2①			
2	拖带灯	1			
3	白环照灯	1	1	1	
4	红环照灯	2	1	2	3
5	绿环照灯			3②	

注:①顶推船和拖带长度为 200 m 或小于 200 m 的拖船应配备 2 盏垂直桅灯。拖带长度超过 200 m 的拖船应配备 3 盏垂直号灯,以替代桅灯。

②从事清除水雷作业的船舶,还应配备 3 盏绿环照灯。

(3) 首、尾均装推进器的船舶,应额外再配备 1 套桅灯、舷灯和尾灯。多种作业船舶应配齐相应的各种作业号灯。

(4) 下列号灯如性能相同而安装又符合 3.3.6 节要求的,可免除其重复的盏数:

①失去控制的船舶、操纵能力受到限制的船舶以及限于吃水的船舶所用的号

灯中的红环照灯；

②各种作业号灯中相同的号灯。

（5）港口特殊规定或用船部门特殊需要的号灯，应予考虑配备。

（6）专门装载易燃、易爆危险货物的船舶及从事拖带、顶推此类船舶的拖船不得采用燃油号灯。

（7）从事拖带和顶推的船舶，除按本小节上述（1）～（6）的规定配备号灯外，还应按下列规定安装号灯：

①一艘顶推船和一艘被顶推船牢固地连接成为一组合体时，应作为一艘机动船配备基本航行号灯。

②机动船当顶推或旁拖时，除组合体外，应配备 2 盏舷灯、1 盏尾灯、2 盏垂直桅灯以替代 3.3.6 节（2）条和（3）款要求的前、后桅灯。

③任何数目的船舶如作为一组被旁拖或顶推，应作为一艘船来安装号灯：

a. 一艘被顶推船，但不是组合体的组成部分，应在前端安装 2 盏舷灯；

b. 一艘被旁拖船应安装 1 盏尾灯，并在前端安装 2 盏舷灯。

④一艘不易觉察的、部分淹没的被拖船舶或物体或这类船舶或物体的组合体应安装：

a. 除弹性拖曳体不需要在前端或接近前端处配备灯光外，如宽度小于 25 m，在前后两端或接近前后两端处各安装 1 盏白环照灯；

b. 如宽度为 25 m 或 25 m 以上，在两侧最宽处或接近最宽处另加 2 盏白环照灯，左、右各 1 盏；

c. 如长度超过 100 m，在上述 a 和 b 项规定的号灯之间另加若干盏白环照灯，使得这些灯之间的距离不超过 100 m；

d. 从事一项使拖船和被拖体双方在偏离所驶航向能力上受到严重限制的拖带作业的机动船，除显示规定的基本号灯与作业号灯外，还应显示操纵能力受到限制的号灯。

（8）当地效翼船不可能按本小节各条规定设置各种特性或位置的号灯时，至少应设舷灯及尾灯。

（9）高速船的号灯与号型，按国际航行船舶的要求配备（见 3.3.3 节）。

3.3.6　国内航行海船号灯的安装

除帆船、划桨船及渔船以外的船长 20 m 及以上的船舶，以及船长 20 m 及以上的高速船的号灯安装位置叙述如下。

（1）环照灯的安装

①环照灯应安装在最易见处。

②环照灯应安置在不受桅、顶桅或上层建筑大于 6°角水平光弧所遮蔽的位置上(图 3-17),但锚灯除外,锚灯不必安置在船体以上不切实际的高度。如只显示 1 盏环照灯无法符合以上要求,则应使用 2 盏环照灯,且固定于适当位置或用挡板遮挡,使其在 1 n mile 距离处看时尽可能像 1 盏灯。

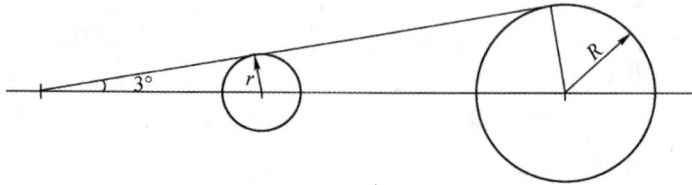

r—灯丝圈半径(取 17.5 mm);R—桅构架半径。

图 3-17　环照灯遮蔽角示意图

③当垂直装设 2 盏或 3 盏号灯时,这些号灯的间距如下:

a. 长度为 20 m 或 20 m 以上的船舶,这些号灯的间距应不小于 2 m,而且除需装拖带号灯的情况外,其中最低 1 盏号灯应装设在船体以上高度不小于 4 m 处;

b. 装设 3 盏号灯时,其间距应相等。

④当在低于桅灯的位置上,不可能装设操纵能力受到限制的与限于吃水的船舶的环照灯时(见本小节(11)款和(12)款),这些环照灯可以装设在后桅灯上方或悬挂于前桅灯和后桅灯垂向之间。如属后一种情况,则应安置在与该船首尾中心线正交的横向水平距离不小于 2 m 处。

⑤不应设置其他灯具,以致被误解为本节规定的号灯或削弱其性能。

⑥固定安装的号灯应便于拆装修理,悬挂的号灯应有合适的升降装置,其悬挂位置应符合本小节的要求。

(2) 前桅灯的安装

①垂向位置:

a. 除操纵号灯及本小节(1)款④项所述外,桅灯应高于并离开其他一切灯光和遮蔽物;

b. 前桅灯在船体以上的高度应不小于 6 m,如船宽度大于 6 m,则灯的高度应不小于船宽,但不必大于 12 m。

②水平位置:

a. 前桅灯应装在船舶纵中剖面上;

b. 前桅灯应安置在离船首不大于船长的 1/4 处。

③如只配 1 盏桅灯,应安置在船舶前部,其安装高度与前桅灯相同。

(3) 后桅灯的安装

①垂向位置:

a. 后桅灯应高于前桅灯至少 4.5 m;

b. 前、后桅灯的垂向距离应使在一切正常吃水差的情况下,当从距船首 1 000 m的海面观看时,应能看出后桅灯在前桅灯的上方,并且分开。

②水平位置:

a. 后桅灯应装在船舶纵中剖面上;

b. 前、后桅灯的水平距离应不小于 1/2 船长,但不必大于 100 m。

(4) 舷灯的安装

①垂向位置:机动船的舷灯在船体以上的高度,应不超过前桅灯高度的 3/4,但不应低到受甲板灯光的干扰。如果水平上下 5°范围内无法完全可见,那么只要在最轻载吃水情况下,距离船首最小1 000 m 位置处 112.5°范围内(包括向内 1°)能够观察到舷灯,则该布置是可被接受的。

②水平位置:

a. 长度为 20 m 或 20 m 以上的机动船的舷灯,不应安装在前桅灯的前面,并应装设在舷侧或接近舷侧处;

b. 被顶推船的舷灯应装设在船舶前端。

③舷灯的遮板(图 3-18):长度为 20 m 或 20 m 以上船舶的舷灯应装有无光黑色的内侧遮板,并符合对舷灯水平光弧的要求(见 3.3.1.2 条)。

图 3-18　舷灯遮光板示意图

(5) 尾灯的安装

尾灯应安装在尽可能接近船尾处。

(6) 锚灯的安装

①如装设 1 盏锚灯,应安装在船舶的前部。

②当装设 2 盏锚灯时,前锚灯应高于后锚灯不小于 4.5 m。长度为 50 m 或 50 m 以上的船舶,前锚灯应装设在船体以上高度不小于 6 m 处,后锚灯应安装在船尾或接近船尾处。

(7) 失控船舶号灯的安装

2 盏红环照灯应在同一垂线上,其间距和高度应符合本小节(1)款③项的要求。

(8) 拖船或顶推船号灯的安装

2 盏或 3 盏桅灯应装在同一垂线上,其安装应符合本小节(1)款③项的要求,其中 1 盏应装设在与前桅灯或后桅灯相同的位置。如装在后桅灯上,则最低 1 盏后桅灯高于前桅灯的垂直距离应不小于 4.5 m。

(9) 拖带灯的安装

拖带灯与尾灯应安装在同一垂线上,上黄下白。灯的间距应符合本小节(1)款③项的要求。

(10) 引航船号灯的安装

2 盏环照灯应装在同一垂线上,上白下红。装设在桅顶或接近桅顶处,其间距和高度应符合本小节(1)款③项的要求。

(11) 操纵能力受到限制的船舶号灯的安装

3 盏环照灯应装在同一垂线上,上红、中白、下红,其安装应符合本小节(1)款③和④项的要求。

(12) 限于吃水的船舶号灯的安装

3 盏红环照灯应装在同一垂线上,其安装应符合本小节(1)款③和④项的要求。

(13) 疏浚船及从事水下作业船舶的示向号灯的安装

在障碍物存在的一舷,应垂直装设 2 盏红环照灯。在他船可以安全通过的一舷,应垂直装设 2 盏绿环照灯。这些号灯应安装在距本小节(11)款规定的号灯实际可行的最大水平距离处,不应小于 2 m。上灯不应高于本小节(11)款规定的下灯。号灯的安装应符合本小节(1)款③和④项的要求。

(14) 从事清除水雷作业船舶的特殊号灯的安装

1 盏绿环照灯应安装在接近前桅桅顶处,其余 2 盏分别装在前桅桁的两端。

(15) 高速船号灯的安装

高速船号灯的安装国际航行海船的要求相同,见 3.3.4 节。

3.3.7　国内航行海船号型的配备与存放

(1) 国内航行海船(除帆船和渔船以外)的号型按表 3-5 配备。

(2) 限于吃水的船舶,应配 1 个圆柱体号型。

(3) 当从事潜水作业的船舶的尺度使之不可能显示与从事疏浚或水下作业的船舶相同的号型时,应配 1 个国际信号旗"A"的硬质复制品,其高度不小于 1 m。并保证周围都能看到。

(4) 号型应存放于悬挂该号型的装置附近,宜存放于驾驶室附近的箱柜内。

应使锚泊、失控信号用的球体处于随时可悬升的状态。

表 3-5　国内航行海船的号型配备　　　　　　　　　　　（个）

序号	号型名称	拖船、被拖船（或被拖物体）	操纵能力受到限制的船舶	其他机动船
		船长 $L \geqslant 20$ m	船长 $L \geqslant 20$ m	船长 $L \geqslant 20$ m
1	大号球体	3	3[②]	3
2	大号菱形体	1[①]	1[③]	—

注：①拖带长度大于 200 m 的拖船、被拖船应配此号型，不易觉察的、部分淹没的被拖船或物体或它们的组合体也应配此号型。当被带长度超过 200 m 时，应配 2 个。
　　②从事疏浚或水下作业的船舶应配 4 个。
　　③从事疏浚或水下作业的船舶应配 3 个。从事拖带作业的拖船和被拖物体双方在偏离所驶航向的能力上受到严重限制的机动船如拖带长度大于 200 m 时，应配 2 个。

3.4　闪光灯

3.4.1　闪光灯的类型及其主要性能

闪光灯是船舶在互见中进行通信或发出操纵和警告信号的设备。

闪光灯的类型及其主要特征列于表 3-6。

表 3-6　海船闪光灯的类型及其主要特征

序号	类型	用途	能见距离/n mile	灯光颜色	发射方向
1	手提式白昼通信闪光灯	通信用	2	白	定向
2	桅顶式	气垫船用	3	黄	环照
			2		
3	桅顶式	操纵用	5	白	环照

气垫船用的环照黄闪光灯应能每隔一定时间以每分钟 120 闪次或 120 以上闪次闪光。操纵号灯应能每闪历时 1 s，各闪间隔 1 s，前后信号的间隔不少于 10 s 闪光。

3.4.2　国际航行海船闪光灯的配备与安装

中国海事局《国际航行海船法定检验技术规则（2014）》对于国际航行海船闪光

灯的配备与安装的规定如下。

（1）闪光灯的配备

①150 总吨及以上的船舶应按表 3-7 配备手提式白昼通信闪光灯。

表 3-7   海船闪光灯配备表

序号	类型	能见距离/n mile	船长 L		
			$L \geqslant 20$ m	$L < 20$ m	
				各种作业船	其他船舶
1	手提式	2	1	1	1 个 3 节手电筒
2	桅顶式	5	1	—	—

②船舶可按表 3-7 配备桅顶式闪光灯，以补充号笛发出的操纵信号。每具闪光灯应有 2 个备用灯泡。

③气垫船在非排水状态下航行时，除应符合国际航行海船号灯与号型配备（见3.3.3节）的规定外，还应按表 3-8 配备闪光灯。

表 3-8   气垫船闪光灯的配备

序号	类型	能见距离/n mile	船长 L	
			$L \geqslant 50$ m	$L < 50$ m
1	桅顶式（黄环照灯）	3	1	—
2	桅顶式（黄环照灯）	2	—	1

④地效翼船应配备 1 盏桅顶式高亮度红色环照闪光灯，以供起飞、降落和近地面飞行时使用。

（2）闪光灯的安装

①手提式闪光灯应置于制造厂提供的专用小箱中，该箱应固定设置在驾驶室内易取又不妨碍操作与通行之处，一般可设在驾驶室左前角或右前角附近。电源插座应在该箱附近，为其配备的柔软电缆的长度应大于该电源插座至任何一舷边的距离，也可为此目的而设置 2 个电源插座。

②操纵号灯应安置在 1 盏或多盏桅灯的同一首尾垂直面上。如可行，操纵号灯应高于前桅灯的垂向距离至少 2 m。但该灯的装设应高于或低于后桅灯的垂向距离不小于 2 m。只装设 1 盏桅灯的船舶，如装有操纵号灯，则应装设在与桅灯的垂向距离不小于 2 m 的最易见处。

3.4.3　国内航行海船闪光灯的配备与安装

中国海事局《国内航行海船法定检验技术规则(2020)》对于国内航行海船闪光灯的配备与安装的规定如下。

(1) 闪光灯的配备

①150 总吨及以上的船舶应配 1 盏白昼通信闪光灯(表 3-6 中序号 1),并应配备备用灯泡 2 只。非机动船不需配备。

②可由符合表 3-6 中序号 3 要求的桅顶式操纵用闪光灯补充号笛发出的操纵信号。

③气垫船在非排水状态下航行时,除应符合国内航行海船号灯配备(见 3.3.5节)的规定外,还应按表 3-8 配备闪光灯。

④地效翼船仅在起飞、降落和在地面飞行时,除应显示表 3-3(见本章 3.3.5节)中序号 1~4 规定的基本号灯外,还应显示 1 盏高亮度环照红闪光灯。

(2) 闪光灯的安装

①白昼通信闪光灯应置于该灯制造厂提供的专用小箱中,该箱应固定设置在驾驶室内易取又不妨碍操作与通行之处,一般可设在驾驶台左前角或右前角附近。电源插座应在该箱附近,为其配备的柔软电缆的长度应大于该电源插座至任何一舷边的距离,也可为此目的而设置 2 个电源插座。

②地效翼船的闪光灯应安装在最易见处。

③操纵号灯应安置在 1 盏或多盏桅灯的同一首尾垂直面上。如可行,操纵号灯应高于前桅灯的垂向距离至少 2 m,但该灯的装设应高于或低于后桅灯的垂向距离不小于 2 m。只装设 1 盏桅灯的船舶,如装有操纵号灯,则应装设在与桅灯的垂向距离不小于 2 m 的最易见处。

3.5　号旗

3.5.1　号旗的类型

号旗包括国旗、国际信号旗及手旗等。国际信号旗和手旗用于通信,船舶悬挂某些规定的号旗或号旗组可以用来表示本船正在进行的某些作业或提出服务要求。号旗的规格列于表 3-9(对于国际航行海船,表中的"中国国旗"应为"本国国旗")。国际信号旗如图 3-19 所示。

表 3-9　号旗的规格

序号	名称	主要规格/mm								
1	中国国旗	色彩与图案按找国颁布规定,其尺寸如下:								

号数	长	宽
3	1 920	1 280
4	1 440	960
5	960	640

2　国际信号旗

1 套信号旗有 26 面字母旗,10 面数字旗,3 面代旗和 1 面回答旗,色彩与图案按国际信号规则所示。其尺寸如下:

号数	长方形旗		带缺口的长方形旗			三角形旗		梯形旗		
	L	B	L	B	L_1	H	B	H	B	B_1
1	2 100	1 800	2 400	1 800	800	2 700	1 800	4 500	1 300	900
2	1 350	1 200	1 600	1 200	530	1 800	1 200	2 500	900	200
小 2	1 030	900	1 200	900	400	1 350	900	1 900	600	150
3	700	600	800	600	270	900	600	1 200	380	100
4	500	350	630	350	210	700	350	750	250	60

3	手旗	每套 2 面,色彩与图案按国际信号规则中"O"或"P"字母旗所示,其尺寸约为 350×350

4　标志旗

	1 号	L	B
		700	600
	2 号	L	B
		500	350

号旗应采用耐久、质轻、不易褪色的材料制成。国际航行船舶的号旗应采用羽纱或其他同等效能的材料,特殊用途的号旗也可采用硬质材料。号旗的上下两端应有合适长度的旗绳或系绳装置。

信号旗和回答旗

数字旗

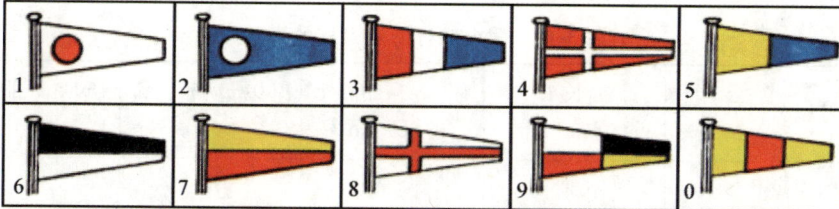

代用旗

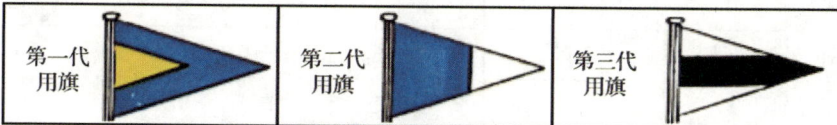

图 3-19　国际信号旗

3.5.2 号旗的配备

(1) 中国海事局《国际航行海船法定检验技术规则(2014)》规定,国际航行海船的号旗应按表 3-10 配备。

表 3-10　国际航行海船号旗的配备

号旗名称	船长 L ≥150 m	100 m≤船长 L <150 m	50 m≤船长 L <100 m	20 m≤船长 L <50 m	船长 L <20 m
本国国旗 3 号	4 面	2 面	1 面	—	—
本国国旗 4 号	—	4 面	2 面	1 面	—
本国国旗 5 号	—	—	—	2 面	1 面
国际信号旗 2 号	2 套	—	—	—	—
国际信号旗小 2 号	—	2 套	—	—	—
国际信号旗 3 号	—	—	1 套	—	—
国际信号旗 4 号	—	—	—	1 套	1 套
手旗	1 副	1 副	1 副	1 副	—

(2) 中国海事局《国内航行海船法定检验技术规则(2020)》规定,国内航行海船的号旗应按表 3-11 配备。

表 3-11　国内航行海船号旗的配备

号旗名称	船长 L ≥150 m	150 m>船长 L ≥100 m	100 m>船长 L ≥50 m	50 m>船长 L ≥20 m
中国国旗 3 号	4 面	—	—	—
中国国旗 4 号	—	4 面	4 面	—
中国国旗 5 号	—	—	—	3 面
国际信号旗 2 号	2 套	—	—	—
国际信号旗小 2 号	—	2 套	—	—
国际信号旗 3 号	—	—	1 套	—

表 3-11　（续）

号旗名称	船长 L ≥150 m	150 m＞船长 L ≥100 m	100 m＞船长 L ≥50 m	50 m＞船长 L ≥20 m
国际信号旗 4 号	—	—	· —	1 套
手旗	1 副	1 副	1 副	1 副
标志旗 1 号①	1 面	1 面	1 面	—
标志旗 2 号②	—	—	—	1 面

注：①建议配备；②用于客渡船。

　　（3）凡有船舶呼号的船舶，应配有与国际信号旗规格相同的船舶呼号旗 1 套及国际信号规则 1 本。

　　（4）非机动船可不配备国际信号旗与手旗。

3.5.3　号旗的悬挂与存放

　　（1）在桅桁、桅柱顶部或各支索上应安装足够数量的合适的滑车与旗绳，每根旗绳均应配有带转环的旗钩 1 套，宜将部分旗绳引至驾驶室附近，并应设置合适的束缚旗绳的装置。

　　（2）长度等于或大于 20 m 的船舶，应至少有 2 根旗绳，各能同时悬挂国际信号旗 4 面。

　　（3）号旗应存放于驾驶室或其附近舱室内的专用旗柜内。

3.6　号钟与号锣

3.6.1　号钟与号锣的类型及其技术要求

　　号钟、号锣及号笛均为船舶使用的声响信号器具，用于在能见度不良的水域中或是在其附近航行时相互看不见的船舶上，不论日间还是夜晚，发出声号。例如，锚泊或搁浅船舶，应按规定方式敲打号钟或号锣。

　　号钟与号锣的形式如图 3-20 所示，其技术要求如下：

　　（1）船用号钟与号锣的技术要求如表 3-12 所列，其中号锣应配有锣棒。

　　（2）号钟、号锣或其他具有类似声音特性的器具所发出的声压级，在距其 1 m 处，应不少于 110 dB。

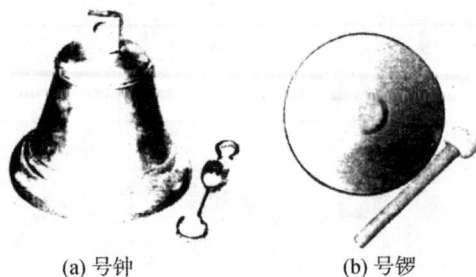

(a) 号钟   (b) 号锣

图 3-20　号钟与号锣

表 3-12　船用号钟与号锣的技术要求

名称	直径/mm	声压级/dB
大型号钟	不小于 300	
小型号钟	不小于 200	110(距离 1 m 处测量)
号锣	不小于 400	

（3）号钟与号锣应采用抗腐蚀的材料制成(通常用锡青铜)，其设计应能使之发出清晰的音调。船长 20 m 或 20 m 以上的船舶，号钟口的直径应不小于 300 mm。如可行，建议用一个动力钟锤，以保证敲力稳定，但仍应可能用手操作。钟锤的质量应不小于号钟质量的 3%。

3.6.2　号钟与号锣的配备

3.6.2.1　国际航行海船号钟与号锣的配备

《1972 年国际海上避碰规则》与中国海事局《国际航行海船法定检验技术规则(2014)》对于国际航行海船号钟与号锣配备的规定完全一致。具体规定如下：

（1）船长为 12 m 或以上的船舶，应配备 1 个号笛；船长为 20 m 或 20 m 以上的船舶除号笛以外，还应配备 1 个号钟；船长为 100 m 或以上的船舶另应配有 1 面号锣，号锣的音调和声音不可与号钟相混淆。号钟或号锣或两者均可用与其各自声音特性相同的其他设备代替，只要任何时候都能以手动鸣放规定的声号。

（2）船长为 12 m 或以上，但小于 20 m 的船舶不应强制要求配备符合 3.6.1 节规定的号钟，如不配备，则应配备能以不超过 2 min 的时间间隔鸣放某种有效声号的其他设备。

（3）船长小于 12 m 的船舶，不要求配备上述（1）款规定的声响信号器具。如不配备，则应配置能以不超过 2 min 的时间间隔鸣放某种有效声号的其他设备。

3.6.2.2　国内航行海船号钟与号锣的配备

中国海事局《国内航行海船法定检验技术规则（2020）》对于国内航行海船号钟与号锣的配备如表 3-13 所示，但是号钟或号锣均可用与其各自声音特性相同的其他设备代替，但应在任何时候都能以手动鸣放规定的声号。

表 3-13　国内航行海船号钟与号锣的配备

名称	船长 L ≥200 m	200 m＞船长 L ≥100 m	100 m＞船长 L ≥75 m	75 m＞船长 L ≥20 m
大型号钟	1个	1个	1个	1个
小型号钟	—	—	—	—
号锣	1个	1个	—	—

3.6.3　号钟与号锣的安装及存放

（1）船长等于或大于 100 m 的船舶，其号钟应安装在船的前部。船长小于 100 m 的船舶，若在起、抛锚时不需将此号钟作为联系工具，则此号钟可以安装在任何有利声响发散之处。

（2）号锣与锣棒应存放在船的后部易取之处。宜在船尾附近设置一悬挂号锣的装置。

3.7　视觉信号

视觉信号系指遇险船舶应显示的烟火信号，救生圈和救生衣均应配置灯或烟雾信号，以期得到其他船舶的救助。

3.7.1　烟火信号的类型及性能

按照《国际救生设备规则》的规定，烟火信号的类型及其主要技术要求如下：

（1）火箭降落伞火焰信号。手持火箭降落伞火焰信号应装在防水的外壳内，且具有整套装在一起的点燃装置，由人员握持外壳进行发射（图 3-21）。当垂直发射时，火箭应达到不少于 300 m 的高度。在其弹道顶点处或在接近其弹道顶点处，火箭射出降落伞火焰，该火焰应：

①发出明亮的红光；

②燃烧均匀,平均光强度不少于30 000 cd；

③具有不小于 40 s 的燃烧时间；

④具有不大于 5 m/s 的降落速度；

⑤在燃烧时不烧损降落伞或附件。

(2) 手持火焰信号。火焰信号应装在防水的外壳内,且具有整套装在一起的点燃装置,由人员握持外壳点燃信号(图 3-22)。手持火焰信号燃烧时应:

①发出明亮的红光；

②燃烧均匀,平均光强度不少于15 000 cd；

③具有不少于 1 min 的燃烧时间；

④浸入 100 m 深的水中历时 10 s 后,仍能继续燃烧。

图 3-21 火箭降落伞火焰信号

(3) 漂浮烟雾信号。漂浮烟雾信号应装在防水的外壳内(图 3-23),使用时不会爆炸般地点燃。漂浮烟雾信号应:

①在平静水面漂浮时,匀速地喷出鲜明易见颜色的烟雾(通常为橙色烟雾),持续时间不少于 3 min；

②在整个喷出烟雾期间,不喷出任何火焰；

③在海浪中不致淹没；

④在浸入 100 m 深的水中历时 10 s 后,仍能继续喷出烟雾。

图 3-22 手持火焰信号

图 3-23 漂浮烟雾信号

3.7.2 救生圈自亮灯烟雾信号和救生衣灯的类型及性能

3.7.2.1 救生圈自亮灯

救生圈自亮灯如图 3-24 所示,其电源为锂电池、干电池或海水电池。

按照《国际救生设备(LSA)规则》的规定,救生圈所配备的自亮灯应:

（1）不致被水熄灭；

（2）为白色，且能向上半球的所有方向，不论是连续发出或是发出至少相应的光强，且每分钟不少于 50 闪也不多于 70 闪的闪光（放出闪光），其发光强度不少于 2 cd；

（3）配有能满足上述发光要求并且至少使用 2 h 的能源；

（4）能经受如同救生圈所要求的投落试验。

3.7.2.2　救生圈自发烟雾信号

按照《国际救生设备（LSA）规则》的规定，救生圈所配备的烟雾信号应：

（1）在平静水面漂浮时，匀速地喷出鲜明易见颜色的烟雾（通常为橙色烟雾），持续时间不少于 15 min；

（2）在喷出烟雾信号的整个期间，不会爆炸般地点燃或喷出任何火焰；

（3）在海浪中不致淹没；

（4）当完全浸没水中时，能继续喷出烟雾至少 10 s；

（5）能经受如同救生圈所要求的投落试验。

图 3-25 所示为带有自发烟雾信号的救生圈自亮灯，释放救生圈时带动烟雾起动，发出救生信号。

图 3-24　救生圈自亮灯　　图 3-25　带有自发烟雾信号的救生圈自亮灯

3.7.2.3　救生衣灯

救生衣灯有分体式和整体式两种，其电源为锂电池、干电池或海水电池。图 3-26 所示为分体式锂电池救生衣灯，图 3-27 所示为整体式干电池救生衣灯。

按照《国际救生设备（LSA）规则》的规定，每个救生衣灯应：

（1）上半球的所有方向的光强不少于 0.75 cd；

（2）具有能提供 0.75 cd 光强，至少 8 h 的能源；

（3）当系在救生衣上时，如实际可行，要在上半球的较大部分看到亮光；

（4）为白色光。

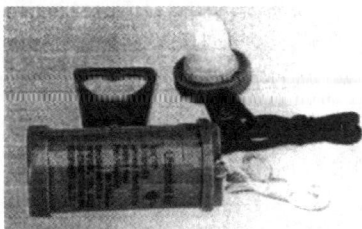

图 3-26 分体式锂电池救生衣灯　　　　图 3-27 整体式干电池救生衣灯

如果救生衣灯是闪光灯,则还应配有手动操作开关,并以每分钟不少于 50 闪也不多于 70 闪的速率闪光,其有效光强至少为 0.75 cd。

3.7.3 烟火信号的配备及存放

船舶、救生艇筏及救生圈的烟火信号的配备应符合经修订的 SOLAS 公约和《国际救生设备(LSA)规则》的规定,同时应符合船旗国法规的规定。因此,中国籍船舶应符合中国海事局《国际航行海船法定检验技术规则(2014)》《国内航行海船法定检验技术规则(2020)》及其修改通报的规定。

(1) 国际航行海船的遇险火焰信号,客船与货船应配备不少于 12 支火箭降落伞火焰信号,并应存放在驾驶室或其附近。

(2) 国内航行海船的遇险火焰信号,每艘 500 总吨以上的船舶应配备 12 枚经认可的火箭降落伞火焰信号,500 总吨及以下的船舶可减半配备,并应存放在驾驶室或其附近。

(3) 救生艇筏和救生圈的烟火信号、救生圈自亮灯及救生衣灯应按有关规则配备。

3.8 国际主要通航运河的船舶信号设备配备

3.8.1 航经苏伊士运河的船舶信号设施

根据《苏伊士运河航行规则》的规定,航经苏伊士运河的船舶,除必须遵守《1972 年国际海上避碰规则》的规定外,还应遵守运河管理局的专用信号法规的规定,后者包括声响信号和视觉信号。号灯、闪光灯、号型、号旗、号笛、号钟及号锣等船舶所使用的信号设施,若是除号灯外的其余设施均已按《1972 年国际海上避碰规则》的规定配置,则可不必另行配置。

显示苏伊士运河特殊信号的号灯可按下述方式配置:

(1) 设置专用的苏伊士运河信号灯杆,其配置方式如图 3-28 所示,灯的垂向距离不小于 1 m(约 3 ft),最下面 1 盏红灯距罗径甲板的高度不小于 3 m(约 10 ft)。

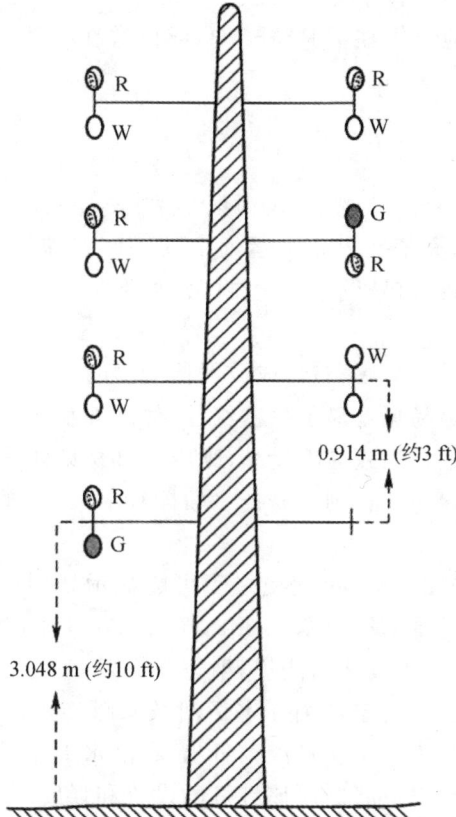

R—红环照灯;W—白环照灯;G—绿环照灯。

图 3-28　通过苏伊士运河的船舶需设置的信号灯

注意:当在运河中绑岸毕,应以 1 盏红灯代替尾灯

(2) 尾部 1 盏红灯可安装在尾灯上方。

3.8.2　航经巴拿马运河的船舶信号设施

3.8.2.1　操纵灯标

根据美国联邦政府法规中的《巴拿马运河法规》和巴拿马运河管理委员会通报的规定,除按《1972 年国际海上避碰规则》的规定豁免的军舰或军用船舶外,所有

船长超过 100 m(约 328 ft)的船舶,应在船首或其附近设置一个带有一盏固定蓝灯的操纵标,并应能从船桥沿船的中心线清晰地看见。如果这样设置的蓝灯和操纵标会部分或全部受到遮挡,则应在船桥沿船的中心线左右等距离地分设两盏蓝灯操纵标,以便能从船桥沿平行于龙骨的线清晰地看到。蓝色号灯需由一合适的控制开关启闭,控制开关应设置在驾驶桥楼中,或设置在首楼甲板上,或在该两处同时设置。

3.8.2.2 避碰规则

根据《巴拿马运河法规》的规定,运河区的避碰规则包含《1972 年国际海上避碰规则》的大部分,并补充了在巴拿马运河中的一些特殊规定。因此,同《1972 国际海上避碰规则》对照,在信号设施上主要区别如下:

(1) 增加的内容

用于运输或转运易燃、易爆、有毒或放射性货物的船舶,除应有相应的系泊、锚泊或航行号灯外,应在最易见处显示一盏红环照灯,其水平能见距离至少 2 n mile。在白天,如果货物中包括易燃或易爆货品,则应在最易见处悬挂一面红旗。如果货物中只包括有毒或放射性货品,则应悬挂一面标有字母"T"的国际信号旗。

(2) 修改的内容

从事潜水作业的船舶,当其尺度使之不可能显示如同《1972 年国际海上避碰规则》中第 27 条 4 款(见本书第 3 章 3.3.3 节 3.3.3.5 条(4)款)所规定的全部号灯和号型时,则应显示《巴拿马运河法规》第 3 分章第 111 节 § 111.38 条)规定的号灯和号型。按该条(a)款的规定:"当在本运河及其毗连水域中进行工业的或商业的潜水作业时,应在各种天气下从日没到日出,在潜水工作驳船或为潜水员提供服务的其他艇上显示一盏旋转的红灯,该红灯的设置和强度应足以使之在不小于 1 n mile 处见到,上述艇还应在日间于最易见处显示国际信号旗"A";旗的高度不得小于 457 mm(约 18 in),并符合标准的比例。也可以用该旗的某种刚性复制品来取代该旗。"

长度小于 20 m 的船舶,当其搁浅时,只需在最易见处显示一盏白环照灯。

长度小于 20 m 的船舶,当其在巴拿马运河管理委员会为这些船舶专门指定的锚地内锚泊时,不要求显示任何号灯或号型。

3.8.3 航经基尔运河的船舶信号设施

根据《基尔运河航行规则》的规定,每一艘通过基尔运河的船舶应归属于 6 组通航船舶中的某一组。所谓船组并非是指一起同行的船舶,而主要是指船舶尺度及其潜在的危险程度。基尔运河通航船组及其相应信号列于表 3-14。

表 3-14　基尔运河通航船组及其相应信号

序号	通航船舶	白天	夜间
1	船长≤50 m,船宽≤9 m,吃水≤3.1 m	H 字旗	—
2	大于通航船组 1 的船舶,船长≤75 m,船宽≤12 m,吃水≤3.7 m	H 字旗	—
3	大于通航船组 2 的船舶,船长≤135 m,船宽≤17.5 m,吃水≤6.1 m,还包括载有特别危险货物的通航船组 1 和 2 的船舶	N 字旗,下连数字旗 3	前桅灯下至少 1.5 m 垂直悬挂黄环照灯 1 盏
4	大于通航船组 3 的船舶,船长分别为 140 m、155 m、160 m,对应的船宽分别为 22 m、20.5 m、19.5 m,对应的吃水分别为 9.5 m、9.5 m、9.5 m,还包括载有特别危险货物的通航船组 3 的船舶	悬挂黑色圆柱体①1 个	绿环照灯 1 盏
5	大于通航船组 4 的船舶,船长≤160 m,船宽≤27 m,吃水限 9.5 m	悬挂黑色圆柱体 1 个,下连 1 个黑球	垂直悬挂绿环照灯 2 盏
6	大于通航船组 5 的船舶,船长≤210 m,船宽≤27 m,吃水按表 1②所示	悬挂黑色圆柱体 1 个,下连 1 个黑球	垂直悬挂绿环照灯 2 盏

注:①黑色圆柱体可于船舶抵达后租借。

②表 1 指《基尔运河航行规则》中的船舶最大吃水表。

3.8.4　航经圣劳伦斯航道的船舶信号设施

圣劳伦斯航道是流经加拿大和美国的一条水道,在加拿大航运法规中收录的《五大湖航行规则》(或《五大湖避碰规则》)中,圣劳伦斯航道被视作五大湖的一部分,航经该航道的船舶信号设施的要求详见 3.8.5 节。

根据美国联邦政府法规收录的《船舶通过圣劳伦斯航道共同规则》的规定,航经该航道的船舶应配备下列操纵灯:

(1)1 盏操纵灯应位于舵工可清晰观察到的艉柱附近的船体中心线处;

（2）2 盏操纵灯应位于从驾驶室沿龙骨的平行线可清晰观察到船前中心线处的两侧等距离处。

3.8.5　航经五大湖的船舶信号设施

"五大湖"系指加拿大南部的安大略（Ontario）湖、伊利（Erie）湖、休伦（Huron）湖［包括乔治亚（Georgian）湾］、密执安（Michigan）湖和苏必略（Superior）湖以及连接它们的水系和支流水系、渥太华（Ottawa）河和圣劳伦斯（St. Lawrence）河及其支流，直到东面的拉欣（La-chine）运河谷地和蒙特利尔（Montreal）的维多利亚（Victoria）桥。

加拿大航运法规规定的《五大湖航行规则》（或《五大湖避碰规则》）对处于各种"状态"的船舶和筏的信号设施做了规定，这些船舶和筏为在航机动船、拖带船舶的机动船、拖带筏的机动船、100 登记吨位以下的港内拖轮、渡船、无甲板船（包括划桨艇和小游艇）、机动艇（长度 20 m 以下）、帆船和被拖带船、小船、领航船、锚泊的船舶、被机动船拖带的运河船（包括驳船、平底船及其他无名船舶）、失去控制的船舶、锚泊和搁浅的船舶、某些军用船舶和没有另外规定的船、筏等，它们的信号设施要求如下。

（1）在航机动船

① 前部 1 盏桅灯或/和 2 盏桅灯（可按《1972 年国际海上避碰规则》的要求设置）。

② 超过 30 m 登记长度的在航机动船，除设置前桅灯和舷灯外，还需设置 1 盏环照白灯，其能见距离至少为 3 n mile。该灯的安装位置应在龙骨线以上至少比前桅灯高出 4.5 m，并在其后大于 15 m 处。或用 2 盏同样性能和高度的灯，两灯的水平之间距离不大于 800 mm。龙骨的每一边各 1 盏，其布置应从任何角度能看到其中 1 盏，或 2 盏都能看到。

③ 不超过 30 m 登记长度的在航机动船，除了设置前桅灯和舷灯外，还须在船尾设 1 盏环照白灯，该灯安装在龙骨以上的高度应大于前桅灯的高度。

（2）拖带船舶（不包括拖带筏）

机动船在拖带除筏以外的船舶时，除根据船长按机动船的要求设置号灯外，还应在船的前部设第 2 盏桅灯，其安装位置在第 1 盏桅灯的上方或下方的垂直距离不少于 2 m 处。这样的机动船还应在烟囱或后桅的后面设 1 盏小型白灯，以便被拖船舶操舵，但该灯在船中之前不应被看到。

（3）拖带筏

机动船在拖带一艘筏时，应在前桅上或其前面，如船舶无前桅则应在前部位于同一横剖面的水平线上，设 2 盏环照白灯，以代替机动船在拖带筏以外的船舶时所设置的前部 2 盏桅灯。两灯之间的距离不小于 2.5 m,灯的能见距离至少为 5 n mile。该机动船还应在船尾部设置 1 盏小型白色操舵灯,但该灯在船中之前不应被看到。同时,该船还应按机动船要求设置 2 盏舷灯。

（4）被拖带船舶

任何被拖带的船舶须设置 2 盏舷灯。除此之外,尚应在船尾设置 1 盏小型白灯,但该灯在船中之前不应被看到。

（5）失去控制的船舶

① 长度超过 20 m 的失去控制的船舶,在夜晚最易见处垂直设置 2 盏红环照灯,灯的间距至少为 1 m,能见距离至少为 2 n mile。对水移动时还须设置舷灯。

② 白天应垂直悬挂直径不小于 600 mm 的黑球 2 只。

（6）锚泊和搁浅的船舶

① 登记长度为 45 m 以下的船舶在锚泊时,应在最易见处,但不必高于船体以上 6 m 处,设置白环照灯 1 盏,能见距离至少为 1 n mile。

② 45 m 或 45 m 以上登记长度的船舶在锚泊时应设置:

a. 在船的前部设置 2 盏同样高度的白灯,灯在船体以上的高度不低于 6 m,也不高于 12 m。两灯横向水平布置,其水平间距不少于 3 m。如其布置得能保证在 1 n mile 以上距离从任何角度都能清晰地看到其中任何 1 盏或 2 盏灯所显示的不变化和不间断的灯光,则每盏灯不要求在水平面内环照。

b. 在船尾或近船尾处,设盏 2 盏与上项规定相同的灯,其布置要求也相同,但灯的高度须低于上述锚泊灯 4.5 m 以上。

c. 除了上述 4 盏锚泊灯外,从前锚灯起沿甲板丈量每隔 30 m 至少须设置 1 盏白色甲板灯,该灯在甲板以上的高度不小于 1 m。允许插在船体结构里面,只要从任何角度都能看到。

③ 在日出和日没之间,每艘长度超过 20 m 的船在锚泊时,应于首部最易见处,设置 1 只直径不小于 600 mm 的黑球。

④ 长度超过 20 m 的搁浅船舶,在夜晚应设置白灯或对锚泊船所规定的灯。此外,应在他船靠近时,在最易见的地方垂直设置 2 盏红环照灯,灯的间距不小于 1 m,能见距离至少为 2 n mile。在白天,这样的船应在最易见处垂直设置 3 只直径为 600 mm 的黑球,两球间距不小于 1 m。

（7）号笛和号钟

机动船应设置号笛和号钟,供能见度不良时使用。号笛应位于烟囱前面,离甲板高度不小于 2.5 m,或在声音不被任何障碍物所阻挡的位置。在通常的天气里,其声响能听见的距离至少为 2 n mile。

3.8.6 通过马六甲海峡和新加坡海峡的船舶信号设施

国际海事组织于 2010 年 11 月 24 日至 12 月 3 日召开的第 20 届会议通过的 858 号决议案中采纳了新加坡海峡分道通航的临时措施。该临时措施从 2011 年 7 月 1 日零时实施。

（1）临时措施适用情形

① 当船舶在新加坡海峡内离港或起锚进入东行通航分道或西行通航分道而穿越相应的西行通航分道或东行通航分道或警戒水域时；

② 在新加坡海峡中的分道通航内东行或西行或在警戒水域航行的船舶，需穿越通航分道驶入港口或锚地时，建议船舶在夜间同一个垂直方向上显示 3 盏环照绿灯。三盏绿灯的布置根据《1972 年国际海上避碰规则》垂向灯组的布置要求。

（2）临时措施适用船舶

① 300 总吨及以上的船舶；

② 长度 50 m 及以上的船舶；

③ 从事拖带或顶推作业 300 总吨及以上的组合船队，或长度 50 m 及以上的组合船队。

3.8.7 通过日本海域的船舶信号设施

船长 200 m 及以上的船舶，应在夜晚显示 1 盏大船灯（绿色环照闪光灯），大船灯每分钟闪光 180 闪次到 200 闪次；白天应悬挂 2 个垂向布置的圆柱号型（0.6 m×1.2 m），如图 3-29 所示。

图 3-29 大船灯及号型配置

散装易燃液体或液化气的 1 000 总吨以上的船舶和装载 80 t 及以上弹药或 200 t 以上有机过氧化合物的 300 总吨及以上船舶，应在夜晚显示 1 盏危险品灯（红色环照闪光灯），危险品灯每分钟闪光 120 闪次到 140 闪次；白天应垂向悬挂 1 面三角形旗和 1 面带缺口的长方形旗，如图 3-30 所示。

图 3-30　危险品灯及号旗配置

从事工程作业或者其他类似作业的船舶,应在夜晚显示 2 盏垂向布置的绿色环照灯,白天应垂向悬挂 1 个菱形号型和两个红色球体,如图 3-31 所示。

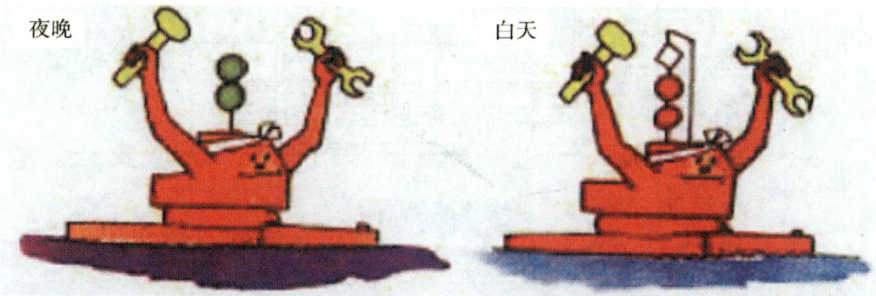

图 3-31　工程作业或其他类似作业船号灯及号型配置

3.9　桅樯信号设备的布置

现代船舶桅樯设备主要有两大用途:一是安装通信及信号设备,包括号灯、闪光灯、号型、号旗、号笛及号钟;二是安装助航仪器的某些部件,如雷达天线、无线电测向仪天线、风向风速仪的指针和旋杯以及其他通信导航仪器的天线等。

船舶桅樯设备主要由下列装置组成:前桅,后桅,雷达信号桅,信号灯杆,舷灯架,尾灯架及艏、艉旗杆等。这些装置的配置同船型及船舶尺度密切相关,且力求满足多种功能的要求从而使整个系统得以简化。例如,雷达信号桅既能安装雷达天线又能安装桅灯及其他信号灯,而且也能用于悬挂号型或号旗。艏、艉旗杆也经常用于安装艏、艉锚灯。图 3-32～图 3-35 为几种船舶的桅樯布置。

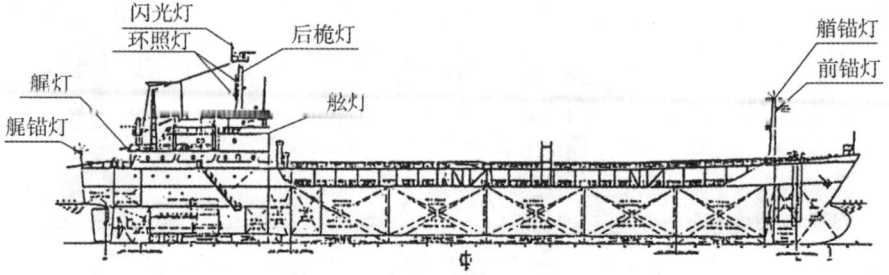

图 3-32　某油船的信号灯设置

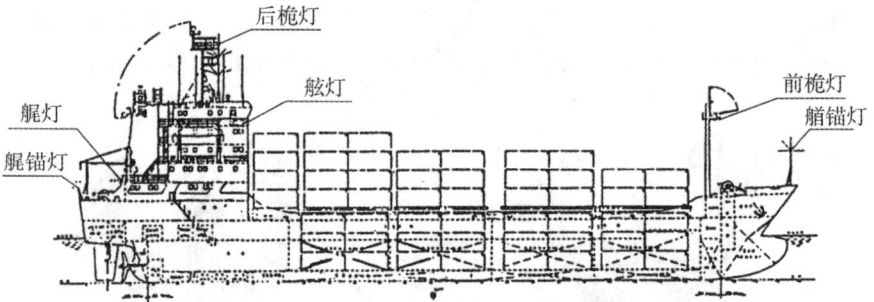

图 3-33　某集装箱船的信号灯设置

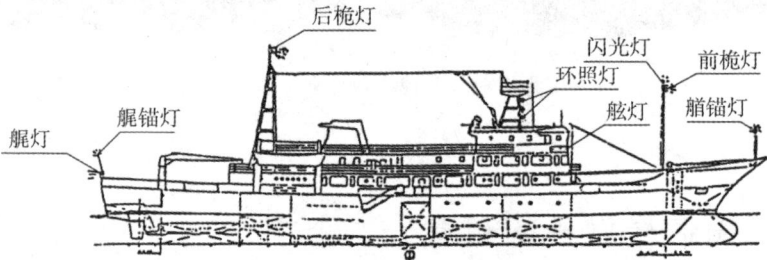

图 3-34　某客货船的信号灯设置

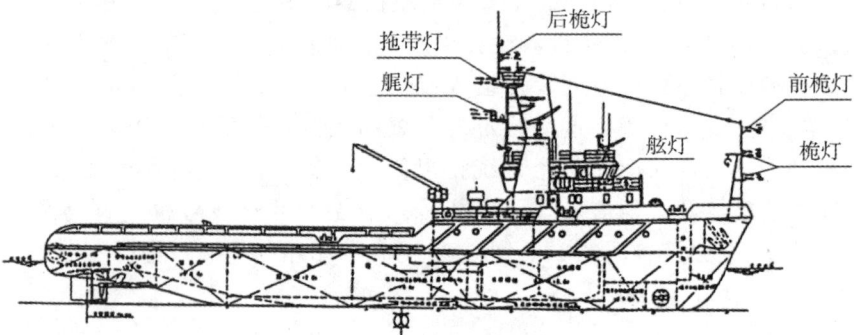

图 3-35　某拖曳/供应船的信号灯设置

3.10　桅樯装置

3.10.1　桅及信号灯杆

3.10.1.1　前桅

前桅大多采用流线型结构,也有采用三脚桅,主要用于安装桅灯。设有前桅的拖船,显示拖航作业的桅灯也装在前桅上。也有在前桅顶端安装首锚灯的。通常前桅设置横杆,且配置眼环,用于悬挂号型。系缚号型绳子的羊角设在桅的下部合适的位置。前桅配有直梯,供换装号灯使用。

3.10.1.2　后桅

上层建筑或甲板室在船舶中部时,为了保证前后桅灯之间的水平距离,可设置后桅。其形式既有流线型桅也有三脚桅等。

后桅主要用于安装后桅灯。当在前后桅之间设置水平天线或悬挂号旗的绳索时,应在后桅处设置天线绞车用于收紧悬挂的天线或绳索。后桅应设置直梯或圆钢踏步,供换装号灯使用。

3.10.1.3　雷达桅

雷达桅用于设置雷达天线,通常设在驾驶室顶部的罗经甲板上。海船雷达桅的雷达天线座架或平台应有足够的高度,以保证雷达有较大的测距范围。但是对港湾船舶来说,为了减少盲区,雷达天线的座架或平台不应太高,其测距范围也相应较小。

雷达天线平台在船舶航行方向应无任何障碍物,并有足够的面积便于检修。平台的四周设栏杆,其高度为 750～1 000 mm。当设置 1 根雷达天线时,雷达天线平台可设于雷达桅顶部。当设置 2 根雷达天线时,第 2 根雷达天线平台可设于雷达桅的前方。应设置从雷达桅所在甲板到达雷达天线平台的直梯。

上层建筑位于接近船尾的船舶,雷达桅通常兼作后桅和信号桅,除设置雷达天线外,还用于悬挂号型和号旗。非机动船舶若设有雷达桅时,通常兼作信号桅。

现代船舶的雷达桅已很少采用设置支索的单桅结构,而是采用流线型桅或三脚桅。图 3-36 所示为某工程船的雷达桅。

3.10.1.4　信号灯杆

非机动船舶通常在甲板室顶部的甲板上设置信号灯杆,供安装号灯和号笛及悬挂号型和号旗使用。

　　船宽较大的海洋工程作业船舶,有时设置多根信号灯杆,以便显示不同的作业号灯。中间灯杆用于安装基本号灯和作业号灯及悬挂号型和号旗,两侧的灯杆设于接近舷边处,用于安装示向号灯(图 3-36)。

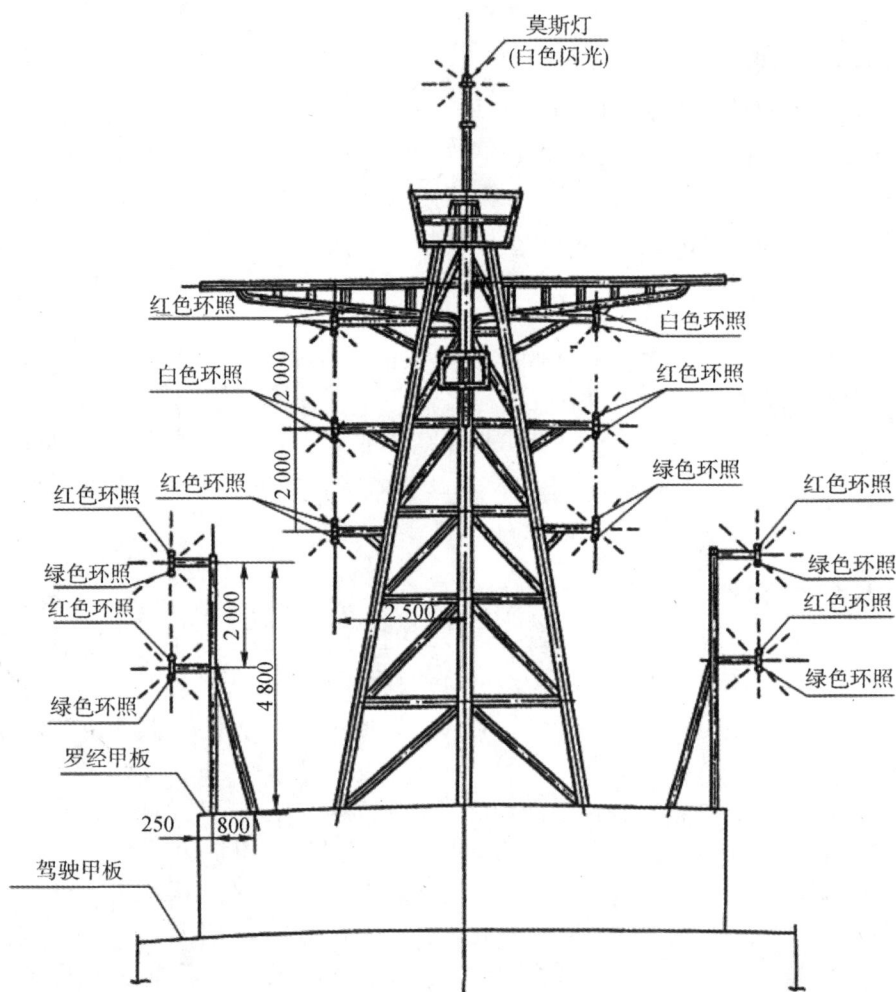

图 3-36　设置锚泊定位系统的工程船舶的雷达桅及示向号灯设置图(单位:mm)

3.10.2　舷灯架、艉灯架及旗杆

3.10.2.1　舷灯架

舷灯架应设于前桅灯后,其高度不超过前桅灯高度的 3/4,且应设在舷侧或接近舷侧处,通常设于驾驶甲板或罗经甲板两侧,依托甲板或舷墙,用钢板制作。

对于船宽较大而甲板室又不伸到两舷处的船舶,当舷灯架无法依托甲板室时,可在上甲板舷侧设置独立的舷灯架。

3.10.2.2　艉灯架

艉灯架设于船尾或接近船尾处的甲板上或栏杆上,供安装艉灯或同时安装拖带灯用,拖带灯应高于艉灯。

3.10.2.3　艏、艉旗杆

艏、艉旗杆用于悬挂国旗,但也经常在艏、艉旗杆顶部设置锚灯。

第4章 船用消防器材

4.1 概述

火的形成需要三大要素:燃烧物、热量和足够的自由状态的氧气。因此,要防止火灾的发生或扑灭火灾,必须去掉三个要素中的一个或几个。

根据可燃物质的种类,火灾可分为以下四类:

A类——系指固体有机物质燃烧的火。这类物质在燃烧后通常会形成灼热的余烬,这类物质有木材、棉花、纸张、植物纤维或合成纤维绳索、煤炭等。这类火灾不单在物体的表面燃烧,而且能深入物质的内部,故扑灭后仍会有余烬或火种。施救的方法主要是冷却,而水则是极好的能够大量吸收热能的冷却剂。

B类——系指易燃液体或可熔化的固体燃烧的火。这类燃烧物包括各种油类和脂肪(如汽油、柴油、油漆、酒精、动植物油脂等)。因此,按特性可将燃烧物分为B(a)类:不溶于水,闪点在65 ℃以下(开杯);B(b)类:溶于水,闪点在65 ℃以下;B(c)类:不溶于水,闪点高于65 ℃;以及 B(d)类:溶于水,闪点高于65 ℃。这类火灾只限于表面燃烧,但有爆炸危险。施救的方法是隔断空气,但不可用水。因为"水重油轻",油浮于水,反而会使火灾蔓延。

C类——系指易燃气体如液化石油气、天然气、氢等燃烧的火。

D类——系指轻金属燃烧的火。

在实际发生的火灾中,经常会遇到由电气设备漏电引起的火灾,或者是由上述各类火灾蔓延引起的电气设备火灾,通称电起火。这类火灾有触电的危险,在电源未切断之前不能用水浇。因此施救时,首先要切断电源。

船上发生火灾时,为防止火灾蔓延必须尽可能关闭一切通风,这必然形成不完全燃烧,因而所产生的一氧化碳和其他毒性气体的浓度往往足以造成人员的窒息或中毒。为此船上必须配备适当的保护设施,如消防员装备和紧急逃生呼吸装置等,以便船上人员在逃生和灭火过程中使用。

现代船舶的消防是防火（防止火灾的发生和蔓延）、探火和灭火的结合。本章主要介绍各种消防器材［包括手提式灭火器、灭火工具以及人员保护设施（消防员装备、紧急逃生呼吸装置）等，即通称为消防供应品］的类型、特性及船上配置的要求。

4.2　手提式灭火器

4.2.1　手提式灭火器的类型及其主要特性

手提式灭火器按其充装的灭火剂类型可分为水型（清水灭火器、酸碱灭火器）、泡沫型、干粉型、卤代烃型（1211、1301）以及二氧化碳（CO_2）型等。其中水型、泡沫型、卤代烃型和 CO_2 灭火器统称流体灭火器。

清水灭火器的灭火剂为清洁的水，水中可加一定比例的添加剂、防冻剂、浸润剂等，除此之外不得加其他物质。灭火剂贮存于钢制的筒内，筒体内装有喷射用的 CO_2 贮气瓶。使用时，操纵打击机构，戳穿 CO_2 钢瓶的密封片，使 CO_2 泄放到筒内，通过气体压力使灭火剂从喷嘴中喷出。MSQ9 型手提式清水灭火器的灭火剂量为 9 L，有效喷射时间不少于 50 s，有效喷射距离不小于 7 m。

酸碱灭火器的灭火剂由两部分组成，其一为酸液，通常使用纯度为 60%～65% 的硫酸（H_2SO_4）溶液，并将其置于玻璃瓶内；其二为碱液，通常使用纯度为 85%～92% 的碳酸氢纳（$NaHCO_4$）与水混合的溶液。两者均置于钢制的圆筒内。使用时，将筒身倒置，两种化学溶液混合后起化学反应，所生成的 CO_2 溶于水中，且将水从喷嘴中喷出，其压力甚大。常用的 MS9 型手提式酸碱灭火器的灭火剂量为 9 L，有效喷射时间不少于 50 s，有效喷射距离不小于 6 m。

清水灭火器和酸碱灭火器适用于扑灭初起的 A 类火灾，如木材、纺织品、纸张等固体物质的火灾，不适用于油脂、石油产品、电气设备等火灾。这两种灭火器由于性能较差，目前在船上已很少使用。

化学泡沫灭火器的主要结构由外部筒体、内部瓶胆、弹簧机构及喷嘴等组成。其灭火剂由两部分组成：其一为置于瓶胆内的硫酸铝和清水；其二为置于外筒体内的碳酸氢钠和清水。使用时，打开弹簧压盖，将筒体倒置，并上下摇动几次，两种化学剂混和后产生的化学反应会生成大量的泡沫，并通过喷嘴喷出。常用的手提式化学泡沫灭火器如图 4-1 所示，其规格和主要性能列于表 4-1。其中舟车型（MPZ）的内药瓶盖为密闭式，在颠簸下灭火剂不会渗出，适用于车辆和船舶。船舶常用的手提式泡沫灭火器规格为 9 L。

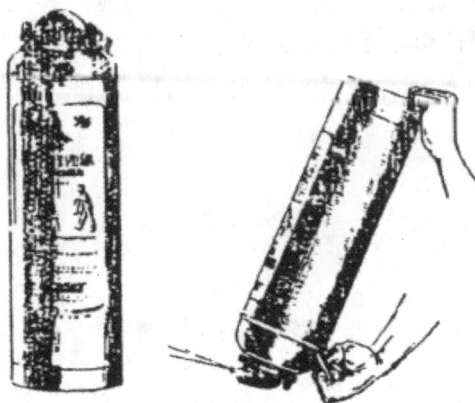

图 4-1　手提式化学泡沫灭火器

表 4-1　手提式化学泡沫灭火器的性能参数

项目			规格	
			MP6（MPZ6）	MP9（MPZ9）
灭火剂灌装量	酸性剂	硫酸铝/g	600±10	900±10
		清水/mL	1 000±50	1 000±50
	碱性剂	碳酸氢钠/g	430±10	650±10
		清水/mL	4 500±100	7 500±100
有效喷射时间/s			≥40	≥60
有效喷射距离/m			≥6	≥8
喷射滞后时间/s			≤5	≤5
喷射剩余率/%			≤10	≤10

注：MP 为普通型，MPZ 为舟车型。

　　化学泡沫灭火器适用于扑灭油脂类、石油产品类及一般的固体物质的初起火灾。喷出的泡沫流覆盖在燃烧物（或液体）的表面，使燃烧物表面与空气隔绝，并阻止液体的蒸发，从而达到灭火的效果。但对易溶解于水的易燃液体如丙酮、酒精等的灭火效果不太好，对电气火灾也不宜使用。灭火剂放置时间过长其效力会降低，因此需要备用灭火剂用于更换。

　　船舶常用的卤代烃型灭火器的灭火剂主要是 1211 和 1301。卤代烃型灭火剂不是靠窒息作用灭火，而是通过化学作用阻止燃烧。手提式 1211 灭火器如图 4-2

所示,其规格及主要性能列于表 4-2,常用的 1211 灭火器为储压式,充储的驱动氮气的压力为 1~1.5 MPa。

图 4-2　手提式 1211 灭火器

表 4-2　手提式 1211 灭火器的性能参数

灭火器规格	MY1	MY2	MY4	MY6
灭火剂量/kg	1	2	4	6
有效喷射时间/s	>6	≥8	≥9	≥9
有效喷射距离/m	≥2.5	≥3.5	≥4.5	≥5
喷射滞后时间/s	≤3			
喷射剩余率/%	≤8			
充装系数/(kg/L)	≤1.1			

　　1211 灭火器适用于扑灭油类、可燃性液体和气体、化工原料、电气设备等的初起火灾。其优点是扑灭火灾迅速,不留残余物,不污损器物;缺点是对于火会很快渗入的固体物,灭火效果不显著,冷却效果差。卤代烃型灭火剂会造成环境污染,毒性较大,目前在船舶的固定式灭火系统中已经禁止使用,手提式卤代烃型灭火器也应尽量减少使用。

　　CO_2 灭火器是在一个钢制圆筒内储存液化的 CO_2,灭火器配有把手和带有喷射喇叭的橡皮管。使用时,人站在上风处,靠近火源,将喇叭口对准火源喷射。常用的手提式 CO_2 灭火器如图 4-3 所示,其结构示意图如图 4-4 所示,其规格及主要性能列于表 4-3。

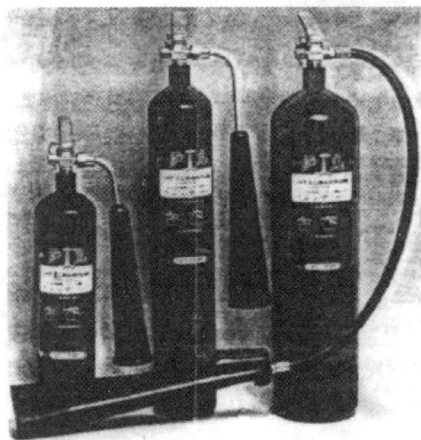

图 4-3 手提式 CO_2 灭火器

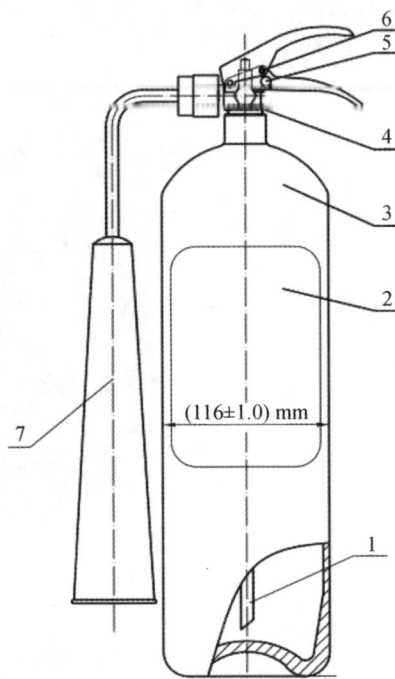

(116±1.0) mm

1—虹吸管；2—铭牌；3—筒体部件；4—瓶头阀部件；
5—铅封；6—安全销；7—CO_2 喷筒。

图 4-4 手提式 CO_2 灭火器结构示意图

表 4-3 手提式 CO_2 灭火器的性能参数

灭火器规格	MT2	MT3	MT5	MT7
灭火剂量/kg	2	3	5	7
有效喷射时间/s	≥8	≥8	≥9	≥12
有效喷射距离/m	≥1.5	≥1.5	≥2	≥2
喷射滞后时间/s	≤5			
喷射剩余率/%	10			
充装系数/(kg/L)	≤0.67			

　　CO_2 灭火器主要适用于扑灭贵重设备、档案资料、仪器仪表、600 V 以下的电器及油脂等火灾。其优点是无腐蚀，不导电，不留残余物，不含老化物；缺点是高压储存于钢瓶内，有一定的危险性，而且对于有气流的场所灭火效果大受影响。

干粉灭火器是一种有别于流体的轻便、高效的灭火器。常用的干粉有碳酸氢钠、磷酸铵盐（ABC 干粉）、全硅化钠盐、钾盐等，被置于全封闭的钢瓶内。驱动干粉的方式有两种，一种为贮气瓶式，附装一小瓶高压 CO_2，使用时将喷嘴对准火源，然后开启 CO_2 钢瓶，利用 CO_2 气体将干粉射出。另一种为贮压式，即在装干粉的钢瓶内充高压氮气，使用时将喷嘴对准火源，握紧把手，利用氮气将干粉射出。

干粉分解后产生的气体（如 CO_2）具有阻隔氧气和冷却物体的作用，适用于易燃、可燃性液体和气体、电气的火灾以及化学物品及各种可燃物质所引起的火灾的扑救。与泡沫灭火器相比，干粉灭火器具有灭火效率高、应用范围广、操作方便、无毒、无腐蚀等优点，因而部分取代 CO_2 和化学泡沫灭火器。手提式干粉灭火器如图 4-5 所示，其规格及主要性能列于表 4-4。

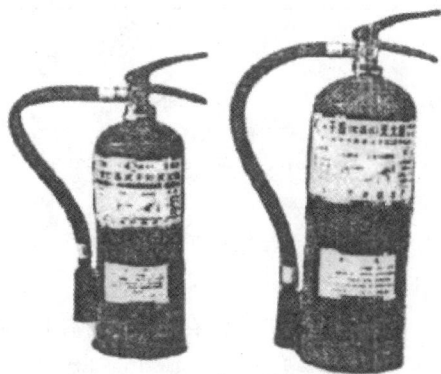

图 4-5 手提式干粉灭火器

表 4-4 手提式干粉灭火器的性能参数

灭火器规格	MF1	MF2	MF3	MF4	MF5	MF6	MF8	MF10
灭火剂量/kg	1	2	3	4	5	6	8	10
有效喷射时间/s	>6	≥8	≥8	≥9	≥9	≥9	≥12	≥15
有效喷射距离/m	≥2.5	≥2.5	≥2.5	≥4	≥4	≥4	≥5	≥5
喷射滞后时间/s	≤5							
喷射剩余率/%	≤10							
电绝缘性能/V	≥50 000							

各类手提式灭火器适用的火灾类型列于表 4-5。对于 D 类火灾需专用的干粉扑灭，上述各类灭火器用于某些金属的火灾时，会引起爆炸。

表 4-5　各类手提式灭火器适用的火灾类型

灭火器类型	适用的火灾类型	是否适用于电气设备火灾	船用型的容量	识别颜色(手柄)
水	A	否	9 L	红色
泡沫	B	否	9 L	淡奶油色
干粉	A、B、C	是	5～8 kg	蓝色
1211	B、C	是	2 kg	绿色
1301	B、C	是	2 kg	绿色
CO_2	B、C	是	5～7 kg	黑色

4.2.2　船用手提式灭火器的技术要求

国际及国内航行海船的手提式灭火器均应符合《国际消防安全系统规则》(简称《FSS 规则》)的规定：

(1) 所有灭火器应为认可型且其设计应以 IMO A.951(23)号决议《船用手提式灭火器改进指南》为依据。

(2) 每具干粉或 CO_2 灭火器应至少具有 5 kg 的容量,而每具泡沫灭火器应至少具有 9 L 的容量。所有手提灭火器的质量应不超过 23 kg,且它们的灭火性能应至少与 9 L 液体灭火器等效。

(3) 只能用经认可的用于上述灭火器的灭火剂进行重新充装。

(4) 灭火器中的灭火剂,如果其本身或在预期使用条件下,将发出一定数量的毒气足以危害人身者,不准使用。

在满足扑灭火灾的适用范围和效能等同的前提下,根据表 4-6 可折算出灭火器的等效代替量。

表 4-6　灭火器的等效替代表

手提式灭火器	灭火剂灌装量	有效喷射时间/s	射程/m
泡沫型	9～13.5 L	≥35	≥3
CO_2 型	5～9 kg	≥25	≥3
干粉型	5～9.5 kg	≥12	≥5

各类手提式灭火器在船上的适用处所列于表 4-7。

表 4-7　各类手提式灭火器的适用处所

处所	适用的灭火器类型
起居处所	水、干粉
厨房	泡沫、干粉、卤代烃、CO_2
无线电室	干粉、卤代烃、CO_2
机器处所	干粉、泡沫
锅炉处所	泡沫
电气设备处所	干粉、卤代烃、CO_2

4.2.3　国际航行海船手提式灭火器的配置与存放

中国海事局《国际航行海船法定检验技术规则》2003 年修改通报指出："自 2002 年 7 月 1 日起，原第 2-2 章全部由第 73 届海上安全委员会以 MSC.99(73)决议通过的 SOLAS 公约 2000 年 12 月修正案中的新 Ⅱ-2 章替代。"据此，按经修订的《国际航行海船法定检验技术规则(2014)》的规定，国际航行海船(包括高速船)应按下述要求配备手提式灭火器。

4.2.3.1　手提式灭火器的配置

（1）起居处所、服务处所和控制站

①应配备使主管机关满意的适用类型和足够数量的手提式灭火器。1 000 总吨及以上的船舶应至少备有 5 具手提式灭火器。

②用于任何处所的手提式灭火器，其中应有 1 具存放在该处所的入口附近。

③在起居处所内不应布置 CO_2 灭火器。在控制站和其他内设船舶安全所必需的电器或电子设备或装置的其他处所，所配备灭火器的灭火剂应既不导电也不会对设备和装置产生危害。

（2）存有易燃液体的处所

对于不通往起居处所的甲板面积小于 4 m² 的油漆间和易燃液体储藏室，可以接受用手提式 CO_2 灭火器代替固定式灭火系统，灭火器应能释放出相当于所保护处所总容积 40% 的自由气体。在储藏室上应设有喷放孔，不进入受保护处所就可以用灭火器向内喷放。所要求的手提式灭火器应存放在喷放孔附近。作为一种替代，可以布置注水或水带接头以便使用消防总管的水。

（3）深油烹饪设备

安装在围壁处所内或开敞甲板上的深油烹饪设备应装有下列装置：

①按本组织(系指 IMO)所接受的国际标准《船舶和船用技术——保护厨房烹饪设备的灭火系统》(ISO 1537：2009)试验过的自动或手动灭火系统；

②1 个丰恒温器和 1 个后备恒温器，以及 1 个在任一恒温器出现故障时引起操作人员警觉的报警装置；

③在灭火系统启动后自动关闭电源的装置；

④1 个表明厨房内安装的灭火系统操作的报警装置；

⑤灭火系统的手动操作控制器，为便于船员使用，其上应有清晰的标示。

（4）运载危险货物船舶的货物处所

应配备总容量至少为 12 kg 干粉或与其等效的手提灭火器，这些灭火器对于所有其他部分所要求的手提式灭火器来说是附加要求。

（5）车辆处所、特种处所和滚装处所

在载运车辆的每个货舱和/或舱室的每一层甲板应备有手提式灭火器，应布置在处所的两侧，间距不超过 20 m(高速船要求处所内任意一点到达 1 具灭火器的步行距离不大于 15 m)，此类货物处所的每一出入口处应至少有 1 具手提式灭火器。

4.2.3.2 备用的灭火剂或灭火器

（1）能在船上重新充装的灭火器，其备用灭火剂的数量应按前 10 个灭火器的100%和其余灭火器的 50%进行配备。备用灭火剂的总数不必超过 60 份，船上应备有充装说明。

（2）对于不能在船上重新充装的灭火器，应额外配备本条(1)款所确定的相同灭火剂量、类型、容量和数量的手提式灭火器以代替备用灭火剂。

4.2.3.3 手提式灭火器的位置

灭火器应位于易于看到的位置并随时可用。该位置应在失火时能迅速和便于到达，且灭火器所处位置应不会使其可用性受到天气、振动或其他外部因素的影响，手提式灭火器应配有表明其是否已被用过的标记。

CCS《钢质海船入级规范(2018)》对于手提式灭火器的配备要求如下：

（1）客船每一主竖区或水密舱壁范围内至少配备 2 具手提式灭火器，舱壁甲板以上每层乘客处所至少配备 2 具，每一厨房内至少配备 1 具，每一船用物料储存室内至少 1 具。

（2）货船和液货船每层甲板至少 2 具手提式灭火器，每一厨房内至少 1 具。

MSC.1/Circ.1275通函《SOLAS 公约第Ⅱ-2 章关于船上手提式灭火器的数量和布置的统一解释》提出了船上各类处所手提式灭火器的最低数量和布置，如表 4-

8 所述。表中的灭火器等级仅供参考。

表 4-8 船上各类处所手提式灭火器的最低数量和布置

处所的类型		灭火器的最低数量	配置灭火器适宜扑灭的失火类别
起居处所	公共处所	每 250 m² 甲板面积或不足,配 1 具灭火器	A
	走廊	每层甲板或每一主竖区内,灭火器间的步行距离应不超过 25 m	A
	梯道	0	
	盥洗室、居住舱室、办公室、无烹调设备的配膳室	0	
	医务室	1 具	A
其他处所	洗衣干燥间、设有烹调设备的配膳室	1 具②	A 或 B
	储藏室和物料间(甲板面积大于等于 4 m²)、邮件和行李室、贵重物品室、工作间(不是机器处所、厨房的一部分)	1 具②	B
	厨房	对设有深油炸锅的厨房,1 具能扑灭 B 级火的灭火器和 1 具附加的能扑灭 F 级或 K 级火的灭火器	B,F 或 K
	储藏室和物料间(甲板面积小于 4 m²)	0	
	存放易燃液体的其他处所	根据 SOLAS 公约第Ⅱ-2/10.6.3 条	
控制站	控制站(非驾驶室)	1 具	A 或 C
	驾驶室	2 具,如驾驶室小于 50 m²,仅要求 1 具灭火器③	A 或 C

表 4-8 （续）

处所的类型		灭火器的最低数量	配置灭火器适宜扑灭的失火类别
A类机器处所	推进装置的集中控制站	1具,当主配电板布置在集中控制站时,再布置1具适合扑灭电器火灾的附加灭火器	A 和/或 C
	主配电板附近	2具	C
	工作间	1具	A 或 B
	带有燃油惰性气体发生器、焚烧炉和废物处理装置的围壁处所	2具	B
	带有燃油净化器的单独围壁舱室	0	
	周期性无人值班的 A 类机器处所	每个入口处1具①	B
其他处所	构成机器处所一部分的工作间和其他机器处所(辅机处所、电器设备处所、自动电话交换室、空调处所和其他类似处所)	1具	B 或 C
	露天甲板	0④	B
	滚装处所和车辆处所	在每个甲板面,任何一点到达1具灭火器的步行距离不大于20 m④⑤	B
	货物处所	0④	B
	液货泵舱	2具	B
	直升机甲板	根据 SOLAS 公约第Ⅱ-2/18.5.1 条	B

注:①对于小处所,所需求的手提式灭火器可位于该处所外部且位于处所入口附近。
②对于服务处所,位于处所外部且位于处所入口附近处的对小处所要求的手提式灭火器,也可视为该服务处所所要求配置的手提式灭火器之一。

③如果驾驶室和海图室相邻并有直接通向海图室的门,不要求海图室中布置附加的灭火器。如客船的安全中心位于驾驶室限界面内时,也同样适用。

④如果在露天甲板、开式滚装处所和车辆处所以及货物处所(适用时)载运危险货物时,应布置 2 具,每具容量不少于 6 kg 干粉或等效物的手提式灭火器。在液货船的露天甲板上,应设有 2 具具有适当容量的手提式灭火器。

⑤如果开放或封闭的集装箱内装载油箱内备有自用燃料的机动车辆,集装箱船的货舱内不需设有手提式灭火器。

4.2.4　国内航行海船手提式灭火器的配置与存放

按中国海事局《国内航行海船法定检验技术规则(2020)》的规定,国内航行海船应按下述要求配备手提式灭火器。

4.2.4.1　手提式灭火器的配置

(1) 起居处所、服务处所和控制站

①起居处所、服务处所和控制站应配备类型合适和数量足够的手提式灭火器。1 000总吨及以上的船舶应至少备有 5 具手提式灭火器。

②用于任何处所的手提式灭火器,其中应有 1 具存放在该处所的入口附近。

③在起居处所内不应配置 CO_2 灭火器。在控制站和其他内设船舶安全所必需的电器或电子设备或装置的其他处所,所配备灭火器的灭火剂应既不导电也不会对设备和装置产生危害。

(2) 油漆间和易燃液体储藏室

对于甲板面积小于 4 m² 的油漆间和易燃液体储藏室,可以接受用手提式 CO_2 灭火器代替固定式 CO_2 灭火系统,但应能至少放出相当于所保护处所总容积40%的自由气体。它可以通过储藏室壁上的开口施放。所需的手提式灭火器应存放在该开口处附近。或者,可以为此提供一个开口或消防水带接头,以方便使用消防水。

(3) 其他机器处所的灭火设备

有失火危险的其他机器处所,应在该处所内或相邻处所设置足够数量的认可的手提式灭火器或其他灭火设备。

(4) 滚装处所和车辆处所

在载运车辆的每个货舱和/或舱室的每一层甲板应提供手提式灭火器,间距不超过 20 m,此类货物处所的每一出入口处应至少有 1 具手提式灭火器。

露天甲板的滚装处所应配置数量不少于 4 具的手提式干粉或其他类型的灭火器。

（5）载运危险货物船舶的特殊要求

装货处所应配备总容量至少为 12 kg 的干粉或其等效的手提式灭火器,这些灭火器对于其他部分所要求的手提式灭火器应是附加要求配备的。

（6）高速船

B 类高速客船(载客超过 450 人)及滚装高速船按《国际航行海船法定检验技术规则(2014)》附则 2 的规定,即按本章 4.2.3 节所述。

A 类高速客船(载客不超过 450 人)按下列规定配备手提式灭火器:

①每一机器处所内至少应配 2 具,其中 1 个应放置在靠近门口处;

②驾驶室至少应配 1 具;

③每一乘客起居处所至少应配 2 具,对于位于不同甲板但连通的乘客处所至少应配 4 具,每一个船员起居处所至少应配 1 具;

④所有起居处所不允许使用 CO_2 灭火器;

⑤每一个小卖部应配 1 具。

4.2.4.2 备用的灭火剂或灭火器

（1）能在船上重新充装的灭火器,其备用灭火剂的数量应按前 10 个灭火器的 100% 和其余灭火器的 50% 进行配备。备用灭火剂的总数不必超过 60 份,船上应备有充装说明。

（2）对于不能在船上重新充装的灭火器,应额外配备本条(1)款所确定的相同灭火剂量、类型、容量和数量的手提式灭火器以代替备用灭火剂。

4.2.4.3 手提式灭火器的位置

灭火器应位于易于看到的位置并随时可用。该位置应在失火时能迅速和便于到达,且灭火器所处位置应不会使其可用性受到天气、振动或其他外部因素的影响,手提式灭火器应配有表明其是否已被用过的标记。

CCS《钢质海船入级规范(2018)》对于手提式灭火器的配备要求如下:

（1）客船每一主竖区或水密舱壁范围内至少配备 2 具手提式灭火器,舱壁甲板以上每层乘客处所至少配备 2 具,每一厨房内至少配备 1 具,每一船用物料储存室内至少 1 具;

（2）货船和液货船每层甲板至少 2 具手提式灭火器,每一厨房内至少 1 具。

4.3　消防员装备

4.3.1　消防员装备的组成及其技术要求

按《国际消防安全系统规则》的规定,消防员装备是保护消防人员的用品,使消防人员能在火灾时接近火灾的位置进行灭火。消防员装备应包括 1 套个人配备和 1 具附连耐火救生绳的呼吸器,具体如下。

4.3.1.1　个人配备

个人配备应包括:

(1)防护服,其材料应能保护皮肤不受火焰的热辐射,并不受蒸汽的灼伤和烫伤,衣服的外表应是防水的。

(2)由橡胶或其他不导电材料制成的消防靴。

(3)1 顶能对撞击提供有效保护的消防头盔。

(4)1 盏认可型的电安全灯(手提灯),其照明时间至少 3 h。液货船配置的电安全灯及拟用于危险区域的电安全灯应为防爆型。

(5)太平斧的手柄应具有高电压绝缘。

4.3.1.2　呼吸器

呼吸器应为 1 具自给式压缩空气呼吸器,其筒内储气量应至少为 1 200 L,或 1 具其他类型的自给式呼吸器,其可供使用的时间至少为 30 min。呼吸器所用的空气瓶应能互换。

4.3.1.3　救生绳

每一呼吸器应配备长度至少为 30 m 的耐火救生绳 1 根,此绳应一次性通过静载荷为 3.5 kN、时间为 5 min 的认可试验。此绳应能用弹簧卡钩系在呼吸器的背带上,或系在一条分开的腰带上,使在拉曳救生绳时能防止呼吸器脱开。

典型的消防员防护服包括上衣、裤子、头罩、手套及护脚,均采用复合铝箔阻燃织物制成,不含石棉,具有隔热、防火、耐磨等优点。消防靴则是特制的胶底皮靴,具有防滑、抗穿刺、耐酸碱以及良好的电绝缘和热稳定等性能。安全头盔(即消防头盔)用来保护头部,也具有防穿透、耐热及电绝缘等性能。图 4-6 所示为穿戴全套防护服且手持手提灯和太平斧的消防员。

在船上发生危险化学品和腐蚀性物质的火灾和事故时,现场进行灭火和抢险的消防人员应穿着抗化学侵蚀全面防护服(或称消防防化服)。这种防护服应能罩没全部皮肤,使身体的所有部位得到保护。在运载危险货物的船舶上,消防防化服通常作为上述消防员装备之外的附加防护服予以配置,图 4-7 所示为穿戴消防防化服的消防员。

图 4-6 穿戴全套防护服的消防员

图 4-7 穿戴消防防化服的消防员

图 4-8 所示是一根长度为 40 m 的耐火救生绳,其本体为钢丝绳,外包麻线,绳端配有安全钩。消防员佩带耐火救生绳在灭火时可自救或救人,也可用来运送消防、救生等器材。

防爆手提灯如图 4-9 所示,其结构应坚固,能防水、防潮、隔爆及耐热。其使用干电池,可连续照明 3 h。

图 4-8 耐火救生绳

图 4-9 防爆手提灯

太平斧如图 4-10 所示,主要用于在火场中破拆障碍物,斧柄上有胶套,既防滑又绝缘。

　　火灾现场空气中常常混杂粉尘和各种有害气体,因而消防员必须佩戴正压式压缩空气呼吸器(图 4-11),呼吸器的气瓶应能互换。

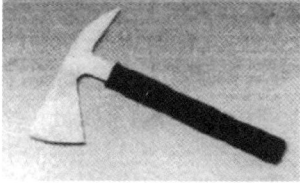

图 4-10　太平斧

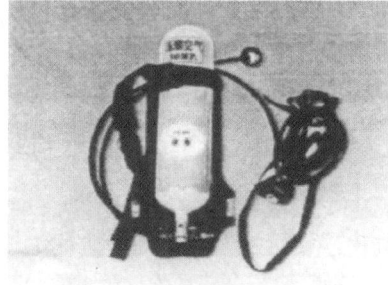

图 4-11　正压式压缩空气呼吸器

　　通常,成套的消防员装备(包括备用气瓶)存放在一个专用的箱子内,箱体上标明"消防员装备"字样(图 4-12),并将其设置在船舶防火控制图标明的位置上。

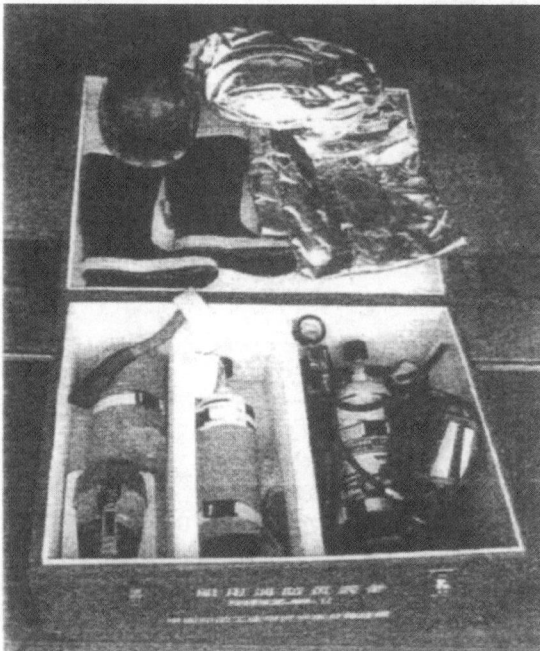

图 4-12　消防员装备箱

4.3.2　国际航行海船消防员装备的配置与存放

按经修订的中国海事局《国际航行海船法定检验技术规则(2014)》的规定,国际航行海船应按下述要求配备消防员装备。

4.3.2.1　客船与货船消防员装备的数量

(1) 船舶应携带至少 2 套消防员装备。

(2) 此外,对于客船:

①对设有乘客处所和服务处所的甲板,按其乘客处所和服务处所的合计长度,或如这种甲板多于一层,按其一层甲板乘客处所和服务处所的最大长度,每 80 m(不足 80 m 以 80 m 计)应备有 2 套消防员装备以及 2 套个人配备,每套配备包括《FSS 规则》中所规定的项目。对载客超过 36 人的客船,每一主竖区内应增配 2 套消防员装备。但对于构成独立主竖区的梯道环围和分布在船首端或尾端且未设有 SOLAS 公约第 II－2 章第 9.2.2.3 条所定义的(6)(7)(8)或(12)类处所的主竖区,则无须增配消防员装备。

②对载客超过 36 人的客船,应为每副呼吸器配备 1 具水雾枪,水雾枪应邻近于该呼吸器存放。

(3) 此外,液货船上应配备 2 套消防员装备。

(4) 主管机关在充分考虑船舶大小和类型的情况下,可以要求增加个人配备和呼吸器的数量。

(5) 应为每副所要求的呼吸器配备 2 个备用充气瓶。对载客不超过 36 人的客船以及货船,其在适当的位置配有无污染充装全部气瓶的设备时,只需为每副所要求的呼吸器配备 1 个备用充气瓶。对载客超过 36 人的客船,则应为每副所要求的呼吸器至少配备 2 个备用充气瓶。

(6) 对于载运危险货物的船舶:

①除按上述(1)至(5)款的要求配备消防员装备外,还应配备 4 套抗化学侵蚀的全面防护服。防护服应罩没全部皮肤,使身体的所有部分都得到保护。

②除按上述(1)至(5)款的要求配备呼吸器外,还应配备至少 2 套自给式呼吸器。对所要求的每个呼吸器应配备 2 个适合于其使用的备用充气瓶。载客不超过 36 人的客船和货船,如在适当位置装有为所有气瓶重新充满洁净空气的设备,则所要求的每套呼吸器只需配备 1 个备用充气瓶。

(7) 高速船:

①除了 A 类客船以外的所有船舶应携带至少 2 套消防员装备。

②对于 B 类客船,设有乘客处所和服务处所的甲板,按其乘客处所和服务处所的总长度,或这种甲板如多于一层,按其最大的乘客处所和服务处所的总长度,每80 m 或其零数应配备 2 套消防员装备和 2 套个人配备,每套个人配备包括防护服、消防靴和手套以及 1 顶消防头盔。每副呼吸器应设有 1 具水雾枪,并存放于呼吸器相邻处。

③主管机关可根据船舶大小和类型额外增加个人配备和呼吸器数量。

4.3.2.2　消防员装备的存放

(1)消防员装备和个人配备应存放在易于到达的位置并随时可用。该位置应有永久性的清晰标志。如所配备的消防员装备和个人配备不止 1 套时,其存放位置应彼此远离。

(2)在客船上,应在任一位置可获得至少 2 套消防员装备外加 1 套个人配备。在每一主竖区内应至少存放 2 套消防员装备。

4.3.3　国内航行海船消防员装备的配置与存放

按照中国海事局《国内航行海船法定检验技术规则(2020)》的规定,国内航行海船应按下述要求配备消防员装备。

4.3.3.1　消防员装备的数量

每艘船舶配备的消防员装备数量,应至少符合以下要求:

(1)对于客船

Ⅱ级客船消防员装备 2 套;载客 100 人及以上但少于 500 人的Ⅲ级客船消防员装备 2 套及个人配备 1 套;载客 100 人以下的Ⅲ级客船消防员装备 1 套。

此外,对于Ⅱ级客船,对设有乘客处所和服务处所的甲板,按其乘客处所和服务处所的合计长度,或如果这种甲板多于一层,按其甲板上乘客处所和服务处所合计长度最大的一层长度,当超过 80 m 时应再增配 2 套消防员装备以及 2 套个人配备。同时,每一主竖区应增配 2 套消防员装备。但对于构成独立主竖区的梯道环围和分布在首端或尾端且未设有起居处所、A 类机器处所和厨房的主竖区,则无须增配消防员装备。

(2)客船等级的提升

Ⅰ级客船应按国际航行客船的要求(见 4.3.2 节 4.3.2.1 条(1)(2)(4)和(5)款)。

Ⅱ级和Ⅲ级客船载客人数达到下列条件时,则应满足高一级别的相应技术要

求,但不改变其客船等级:

①载客 500 人及以上的Ⅱ级客船应满足Ⅰ级客船的相应要求。

②载客 500 人及以上的Ⅲ级客船应满足Ⅱ级客船的相应要求。

③载客 1 000 人及以上的Ⅲ级客船应满足Ⅰ级客船的相应要求。

(注:客船的等级划分见第 2 章 2.4 节)。

(3)对于货船

2 000 总吨及以上的货船配备消防员装备 2 套;500 总吨及以上但小于 2 000 总吨的货船配备消防员装备 1 套;小于 500 总吨的货船无须配备。

(4)对于载运闪点不超过 60 ℃(闭杯试验)液体货物的液货船

500 总吨及以上的配备消防员装备 4 套;小于 500 总吨的配备消防员装备 2 套。

(5)对于载运危险货物船舶的特殊要求

①除按上述(1)至(4)款的要求配备消防员装备外,还应配备 4 套抗化学侵蚀的全面防护服。防护服应罩没全部皮肤,使身体的所有部分都得到保护。

②除按上述(1)至(4)款的要求配备呼吸器外,还应至少配备 2 套自给式呼吸器。对所要求的每个呼吸器应配备 2 个适合于其使用的备用充气瓶。如在适当位置设有为所有气瓶充洁净空气的设备,则所要求的每套呼吸器只需配备 1 个备用充气瓶。

(6)高速船

①B 类高速客船(载客超过 450 人)及滚装高速船(客船和货船)应按《国际高速船安全规则(2000)》的要求配备消防员装备,见 4.3.2 节。

②A 类高速客船(载客不超过 450 人),不要求配置消防员装备。

4.3.3.2　消防员装备的存放

(1)消防员装备或个人配备应储存在易于到达之处,并应即刻可用。当所备消防员装备或个人配备多于 1 套时,其储存的位置应尽可能远离。

(2)载客 100 人以上的客船,每具呼吸器应配备一支水雾枪,且存放在呼吸器附近。

4.4　紧急逃生呼吸装置

4.4.1　紧急逃生呼吸装置的类型及功能

船上发生火灾时,为防止火灾蔓延必须尽可能关闭一切通风,这必然形成不完全燃烧,因而所产生的一氧化碳和其他毒性气体的浓度往往足以造成人员的窒息或中毒。为此 SOLAS 公约规定,船上必须配备适当的保护设施,诸如消防员装备和紧急逃生呼吸装置等。

根据《FSS 规则》的规定,紧急逃生呼吸装置(emergency escape breathing device,EEBD)是提供空气或氧气的装置,仅用于从有危险气体的舱室逃生,并且应为认可型的装置。紧急逃生呼吸装置不得用于救火和进入缺氧空舱或液货舱,也不得供消防员穿着使用,在这些场合,应采用特别适合这种应用目的的自给式呼吸器。

EEBD 应至少能提供 10 min 的持续使用时间。EEBD 应包括 1 具合适的头罩(系指其能全部覆盖头部、颈部并且能覆盖肩膀部位的头套)或全面罩(系指设计成能通过适当方式使之固定就位并把眼睛、鼻和嘴全部罩住的面套)用于在逃生期间为眼睛、鼻和嘴提供保护。头罩和面罩应用防火材料制成并应包括一扇清洁明亮的观察窗。EEBD 暂时不使用时,应能佩戴在身上使双手保持自由。在存放 EEBD 时应对其做适当保护,以免受环境的影响。应在 EEBD 上清晰地打印出简要的使用说明和示意图。佩戴的程序应既快又简单以便能在最短的时间内从危险气体环境中获得安全保护。

图 4-13 所示为典型的紧急逃生呼吸装置,它由气瓶、减压器、压力表、输气管、头罩、背包等组成。图 4-14 所示为穿戴紧急逃生呼吸装置的人员。

图 4-13 紧急逃生呼吸装置

图 4-14 穿戴紧急逃生呼吸装置的人员

4.4.2 国际航行海船紧急逃生呼吸装置的配置

按经修订的中国海事局《国际航行海船法定检验技术规则(2014)》的规定,国际航行海船应按下述要求配备紧急逃生呼吸装置。

4.4.2.1 紧急逃生呼吸装置的数量

(1) 船上应配有备用紧急逃生呼吸装置。

(2) 所有船舶应在起居处所内配备至少2套紧急逃生呼吸装置。

(3) 在所有客船上的每一主竖区,应配备至少2套紧急逃生呼吸装置。

(4) 载客超过36人的所有客船,除应配备上述本条(2)款要求的紧急逃生呼吸装置外,还应在每一主竖区配备2套紧急逃生呼吸装置。

(5) 但是,上述本条(3)和(4)款不适用于形成各个主竖区的梯道环围和不含SOLAS公约第Ⅱ-2章第9.2.2.3条所定义的(6)(7)(8)或(12)类处所的船舶首端或尾端的主竖区。

4.4.2.2 机器处所内的紧急逃生呼吸装置

(1) 在所有船上的机器处所内,紧急逃生呼吸装置应位于易于看到的位置,随时可用。在发生火灾时,这些位置应能随时迅速和容易地到达。紧急逃生呼吸装置位置的确定应考虑到机器处所的布置和通常在该处所工作的人员数量。

(2) 紧急逃生呼吸装置的数量和位置应在防火控制图中标出。

4.4.3 国内航行海船紧急逃生呼吸装置的配置

按中国海事局《国内航行海船法定检验技术规则(2020)》的规定,国内航行海船应按下述要求配备紧急逃生呼吸装置。

4.4.3.1 客船的紧急逃生呼吸装置

(1) 所有客船应在起居处所和机器处所内配备符合《FSS规则》要求的紧急逃生呼吸装置,其数量和布置位置应符合表4-9的要求。

(2) 客船等级的提升

Ⅰ级客船应满足国际航行客船的要求配置紧急逃生呼吸装置(见4.4.2节)。

Ⅱ级和Ⅲ级客船载客人数分别达到下列条件时,应满足高一级别的相应技术要求,但不改变其客船等级:

载客500人及以上的Ⅱ级客船应满足Ⅰ级客船的相应要求;

载客500人及以上的Ⅲ级客船应满足Ⅱ级客船的相应要求;

载客 1 000 人及以上的Ⅲ级客船应满足Ⅰ级客船的相应要求。

（注：客船的等级划分见第 2 章 2.4 节）。

表 4-9　国内航行客船紧急逃生呼吸装置配备数量和布置位置的要求

客船级别	A 类机器处所（有人值班）		其他机器处所（有人值班）	起居处所	备件总数	训练用
	设有用于主推进的内燃机	设有用于非主推进的内燃机				
Ⅱ级	（1）位于机器处所内的机器控制室，1 具；工作间，1 具（但若有通向脱险通道的直接通道则不需要）；每一甲板或平台靠近脱险梯道处（此脱险梯道构成除在机舱底部的环围脱险通道或水密门之外的另一脱险通道），1 具。（2）EEBD 的数量和位置也可以根据机舱的布局、人员情况配备确定，但至少应有 2 具	每一甲板或平台靠近脱险梯道处（此脱险梯道构成除在机舱底部的环围脱险通道或水密门之外的另一脱险通道），1 具	至少 1 具	至少 2 具，每一主竖区内增配 4 具	2 具	1 具
Ⅲ级				至少 2 具		

4.4.3.2　货船的紧急逃生呼吸装置

1 000 总吨及以上的货船以及 500 总吨及以上的液货船，应在起居处所和机器处所内配备符合《FSS 规则》要求的紧急逃生呼吸装置，其数量和布置位置应符合表 4-10 的要求。

4.4.3.3　20 m 及以上配员非机动船的紧急逃生呼吸装置

应在 A 类机器处所和起居处所内的厨房至少各配备 2 具紧急逃生呼吸装置。

表 4-10　国内航行货船紧急逃生呼吸装置配备数量和布置位置要求

船舶类型	A 类机器处所(有人值班)		其他机器处所(有人值班)	起居处所	备件总数	训练用
	设有用于主推进的内燃机	设有用于非主推进的内燃机				
货船	(1) 位于机器处所内的机器控制室,1 具;工作间,1 具(但若有通向脱险通道的直接通道则不需要);每一甲板或平台靠近脱险梯道处(此脱险梯道构成除在机舱底部的环围脱险通道或水密门之外的另一脱险通道),1 具。(2) EEBD 的数量和位置也可以根据机舱的布局、人员情况配备确定,但至少应有 2 具	每一甲板或平台靠近脱险梯道处(此脱险梯道构成除在机舱底部的环围脱险通道或水密门之外的另一脱险通道),1 具	至少1 具	2 具	2 具	1 具

4.5　其他消防工具

传统的消防工具除了手提式灭火器外还有砂箱、消防水桶以及破拆工具。砂箱在一些处所已由手提式灭火器代替;消防水桶目前在海船上已不使用;破拆工具包括消防斧、铁钎和铁钩等,用于火灾时拆卸和清除障碍物以及把燃烧物和有着火危险的物品移走,其中除了消防斧作为消防员装备品之外,其他工具一般场合已经不再使用。目前仍然在使用的主要有砂箱。

砂箱内装有砂子或是浸透碳酸钠的锯木屑(其比例为碳酸钠 1 kg,木屑 7.8 kg)或其他经认可的干燥物,可用于扑灭小面积的易燃液体的燃烧。砂箱应附有盖子和铁锹(油船上应为木铲)。砂箱外壳为红色,并用油漆写上"砂箱"二字。

砂箱在船上的配置要求如下:

(1) 对于国际航行海船,在设有燃油锅炉或燃油装置的机器处所内,作为附加的灭火设备,每一生火处所应设有容器 1 具(即砂箱),内装有至少 0.1 m³ 的砂、浸透碳酸钠的锯木屑或其他认可的干燥物,并配有 1 把合适的铲子用于扬撒这些干燥物。此项设备也可用 1 具经认可的手提式灭火器代替。

（2）对于国内航行海船，设有燃油锅炉或燃油装置的机器处所内，每一生火处所应设有 1 只容器（即砂箱），容器的容量应不小于 0.28 m³，内装砂子、浸透碳酸钠的锯木屑或其他认可的干燥物。此项设备也可由 1 具经认可的手提式灭火器代替。

第 5 章　失事堵漏器材

5.1　概述

　　船舶在海上航行时，会由于碰撞、搁浅、触礁、风暴或战争等原因造成船壳破损。当船舶的水下部分遭受破损后，海水将灌入船体内部。如果不能阻止进水的范围，海水就会随意流动和增加，使船舶倾斜，同时使船舶浮力减小，严重时会导致船舶沉没。为了防止这种情况发生，设计及建造船舶时，除了甲板及船壳应保持水密外，还用水密舱壁将船舶内部分隔成许多独立的舱室，以防止某一舱室遭受破损后，海水流向其他处所甚至全船。此外，船内还应设置各种排水系统，并配有堵塞破损用的器材和支撑器材，以便船舶万一遇到危险时，能进行及时有效的抢救，以保证船舶的安全。

　　船舶配置堵漏和支撑器材的用途是针对各种破损，堵塞漏洞，加固危险舱壁或开口上的门。而且往往只有在进行有效的堵漏之后，排水设备才能真正发挥作用。

5.2　堵漏器材的类型和用途

　　堵漏器材和支撑器材的类型和规格众多，有的甚至是根据实际情况临时制作的。目前船上常用的堵漏器材主要有堵漏毯、各种形状的螺丝钩、可拆 T 形堵漏器、金属堵漏箱、活页堵漏板、木塞等，这里简要介绍。

5.2.1　堵漏毯

　　堵漏毯或称堵漏垫，用于从船壳外将较大的破洞覆盖住，从而限制水通过破洞进入船内。常用的堵漏毯（图 5-1）是将两层或三层帆布重叠缝在一起，呈四方形。毯的一面缝有密布的绳索，称作麻面，毯的四周镶绳网，四角配以支索，依次为前张索、底索、后张索和管制索（图 5-2）。底索附有链条，同底索相对的是管制索，其上嵌有深度标记,用以测量自堵漏毯中心至甲板的距离。

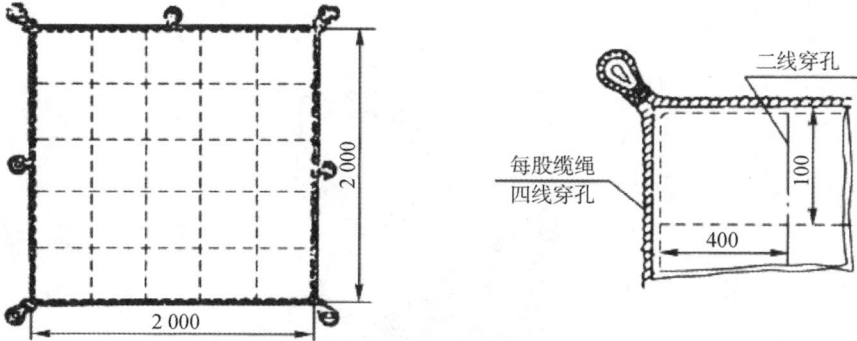

图 5-1　堵漏毯(单位:mm)

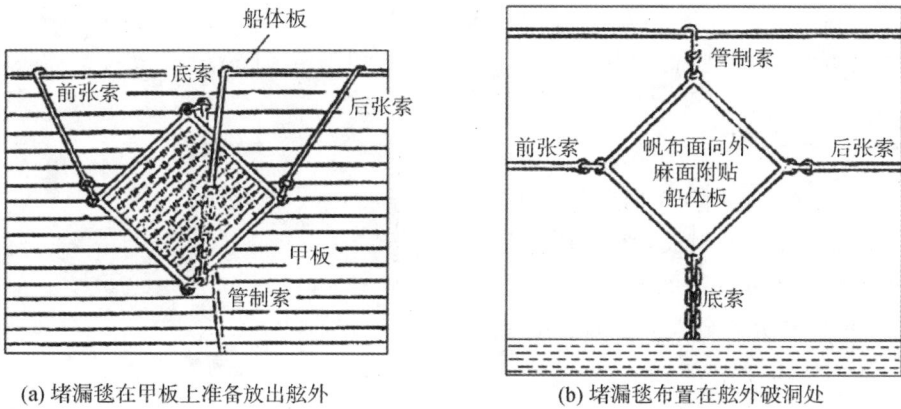

(a) 堵漏毯在甲板上准备放出舷外　　(b) 堵漏毯布置在舷外破洞处

图 5-2　堵漏毯的操作

　　堵漏毯使用时应先将其放在破洞位置一侧的甲板上,麻面朝上,底索在毯的面上,并自船端部绕过船底到达另一舷的甲板上。管制索在毯的下面,使得堵漏毯入水后正好使麻面朝向船壳板。前、后张索则由舷侧绕到船的首、尾端,并在该处甲板上予以固定。当收紧底索时,毯被拉入水中,并由管制索控制深度,将毯移到所需的破洞处,毯的麻面向里覆盖在破洞上,然后固定管制索,收紧底索和前、后张索。此时,破洞处进入的水量已大大减少,舱内即可开始抽水,直到破洞露出。最后在舱内采取措施将破洞堵塞。由于堵漏毯强度较低,承受不住船舶航行时产生的水压力,故使用时应减速或停车,否则堵漏毯会破裂。

大型的堵漏毯用钢丝编织成方形网,四周镶一条粗的油麻绳,并用较细的麻绳将它缠绕在钢丝绳上。方形网的两面贴厚帆布,四个角嵌入金属套环,用于连接各根支索(图5 3)。

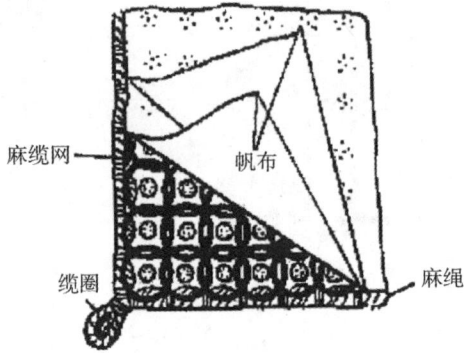

图 5-3　钢丝编织的堵漏毯

常用堵漏毯的规格为 3 m×3 m、2 m×2 m 和 1 m×1 m。

5.2.2　螺丝钩

常用的螺丝钩有 T 形、L 形和 J 形(图 5-4),用圆钢制成,直杆端制有螺纹,并配以螺母及垫圈(图 5-5)。使用时配上厚木板和软垫,可用于堵塞较大的破洞(图 5-6)。

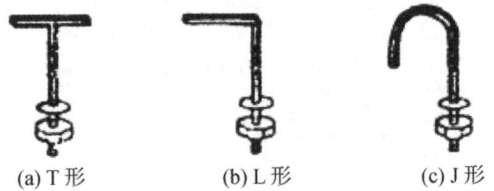

(a) T 形　　(b) L 形　　(c) J 形

图 5-4　螺丝钩的形式

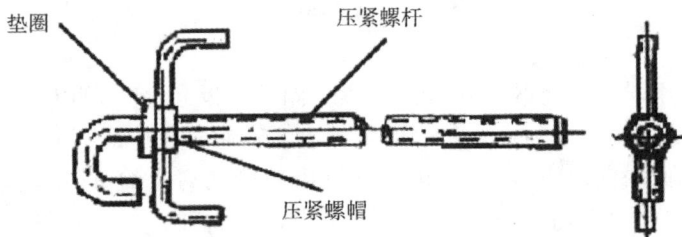

图 5-5　螺丝钩的组成

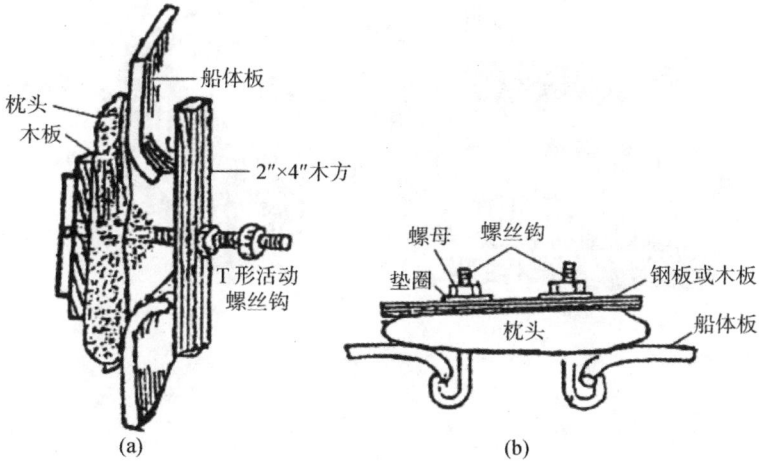

图 5-6　使用螺丝钩堵塞破洞的方法

5.2.3　可折 T 形堵漏器

可折 T 形堵漏器(图5-7)同上述 T 形螺丝钩相似,但其横杆可活动且能穿过较小的破洞,使用时配上木板和软垫(如枕头之类的物品),可用于堵塞较小的破洞。

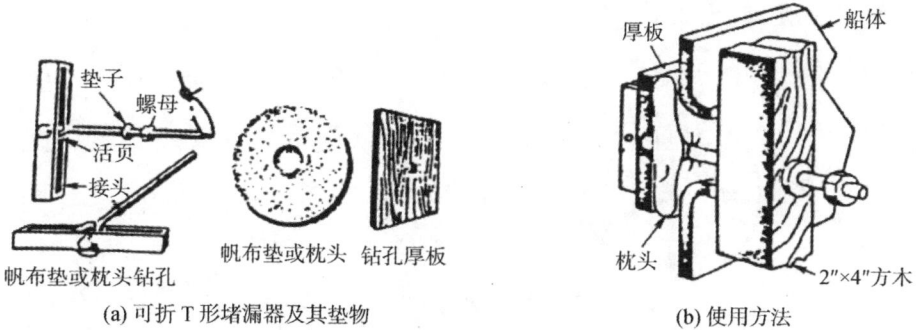

(a) 可折 T 形堵漏器及其垫物　　　　(b) 使用方法

图 5-7　可折 T 形堵漏器及其使用方法

5.2.4　金属堵漏箱

金属堵漏箱是用钢板制作的方形钢盒(图 5-8),它同船壳板接触处的四周镶有橡皮或帆布软垫,一般用于堵塞内翻边的破口。使用时将堵漏箱对准破洞盖上,再用支柱固定,必要时可用角铁焊于船壳板上固定(图 5-9)。

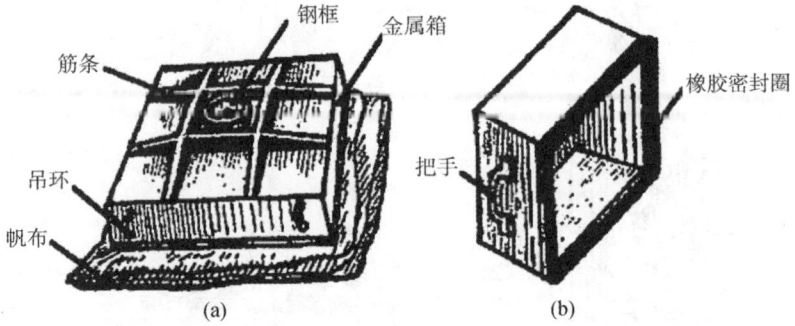

图 5-8　金属堵漏箱

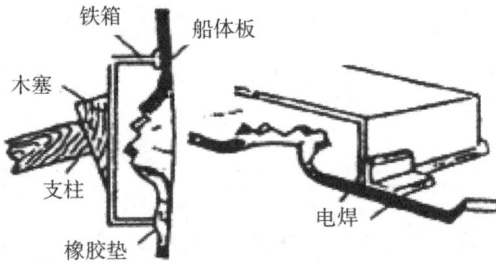

图 5-9　堵漏箱使用方法

5.2.5　活页堵漏板

活页堵漏板用于堵塞不大且较平整的破洞,有多种形式。图 5-10 所示的拉绳

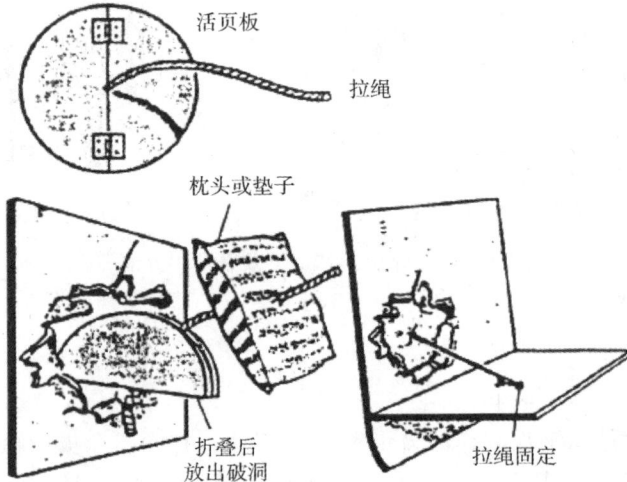

图 5-10　拉绳活页堵漏板

活页堵漏板由两块半圆形的钢板配以铰链制成,中间穿有收紧用的绳索。使用时,将活页板折拢后伸出破洞外,再予以张开,并在活页板与破洞之间垫入橡皮或软垫,然后拉紧绳索,把破洞堵住。

图 5-11 所示的螺丝杆活页堵漏板由 3 块钢板和铰链组成,构成圆盘形可折叠的结构,周边处配以密封橡胶条,伸出破洞外张开活页板后,再用螺丝杆及锁紧螺母收紧活页板堵塞破洞。螺丝杆活页堵漏板的规格及主要尺寸列于表 5-1。

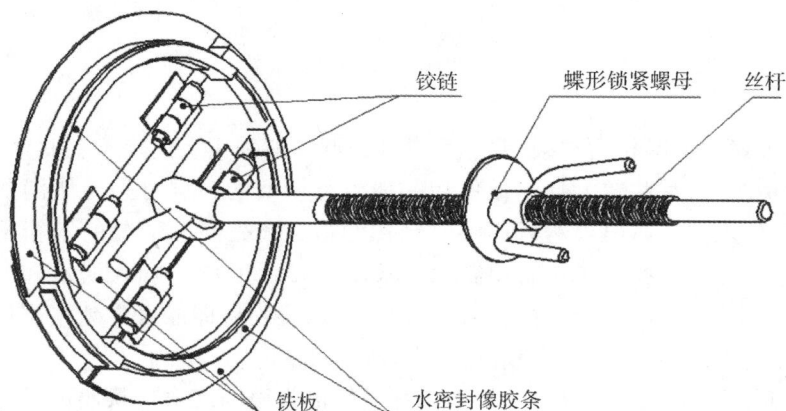

图 5-11　螺丝杆活页堵漏板

表 5-1　螺丝杆活页堵漏板尺寸

型号	钢板厚/mm	活页直径/mm	螺杆直径/mm	螺杆长/mm	水密胶条/mm
大号		400±5	22±1	600±10	10×12
中号	3	350±5	22±1	600±10	10×12
小号		300±5	22±1	600±10	10×12

5.2.6　木塞

木塞采用干燥(木材含水率在 5% 左右)、无腐朽、无裂纹、无翘曲、无虫蛀、木节少的木材制成。木塞一般选用白松、椴木、橡木或不易劈裂的杉木制作,使用时容易打紧,被水浸泡膨胀后卡得紧不易脱落。图 5-12 为尖头木塞和平头木塞外形图。

木塞用于堵塞船壳上小的圆形或近似圆形的破洞、铆钉孔或破损的管路。船壳上较小的破洞可使用圆锥形、方形或楔形木塞直接或包布后打入破洞。有时一个破洞可打入几个不同形状的木塞（图 5-13），然后在孔隙处嵌入破布、麻絮、棉花等物。

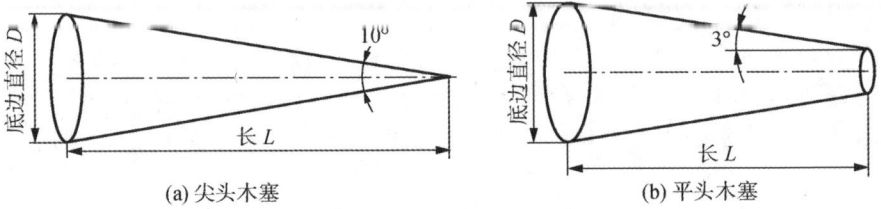

(a) 尖头木塞   (b) 平头木塞

图 5-12　尖头木塞和平头木塞

　　船舶破损的情况相当复杂，并非所有的破洞均能采用上述定型器材予以堵塞。遇到这种情况时，某些较大且不便使用一般器材堵塞的破洞可先用堵漏毯临时封住破洞，再抽水使其露出。然后用临时制作的适合该处破洞情况的木箱覆盖在破洞上，并予以加固支撑。紧接着用高标号水泥（400～500 号）加入淡水和一定量的碳酸钠或水玻璃作为促凝剂，搅拌后倒入木箱内，凝固后即能可靠地堵塞破洞。因此，船上还备有适当数量的木板和支撑器材。

　　有的破洞在水下，为了堵住它，需由穿戴轻潜水服的潜水员从船内下潜到舱内破洞处，进行堵漏作业（图 5-14）。

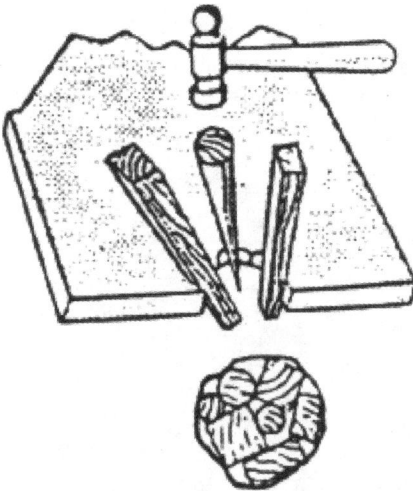

图 5-13　使用多种形式的木塞堵漏

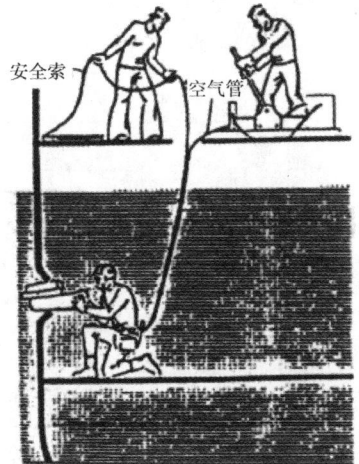

图 5-14　潜水堵漏作业

5.3　支撑器材的类型和用途

当船舶的某个舱室进水后,分隔该舱的水密舱壁在水压力作用下会产生变形,严重时会导致损坏。同时,设在舱壁上的铰链门也有可能在水压力的作用下渗漏或遭到破坏。两种情况都将使水蔓延到其他舱室。为此需要用支撑器材对已受损的或可能受损的舱壁或门进行加强,图 5-15 所示为舱壁的加强方式。此外,一些大型的堵漏设施(如堵漏箱)也需要支撑。

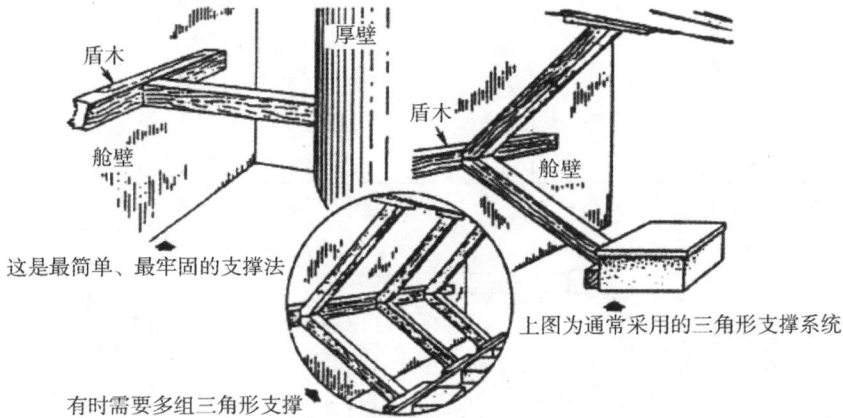

图 5-15　用支柱和盾木支撑的舱壁

船舶损管作业中常用的支撑器材主要有木支柱、可伸缩金属撑杆、木楔、垫板或盾木、肋骨撑架、工具箱等,这里摘要介绍。

5.3.1　木支柱

用作支柱的木材应为直纹,且无节疤,应采用良好的纵木或松木制作,最好经防火化学品处理或涂刷防火涂料,绝不可涂刷普通油漆。

支柱的长度不得大于木材最小厚度的 30 倍。因此,截面尺寸为 100 mm×100 mm 的支柱,其长度可达 3 m;150 mm×150 mm 的支柱,其长度可达 4.5 m;而 100 mm×150 mm 的支柱,其长度也只能达到 3 m。为了便于存放,推荐的长度为 4.8~5.5 m,以便切割及减少切割损耗。

5.3.2　可伸缩金属撑杆

可伸缩金属撑杆用于水密门的封堵、舱壁的加固或配合堵漏箱、软边板等堵漏器材一起使用。可伸缩金属撑杆类型和基本参数见表 5-2。手柄式金属撑杆和手动棘轮式金属撑杆基本组成分别如图 5-16 和图 5-17 所示。

表 5-2　可伸缩金属撑杆类型和基本参数

类型	名称	长度/mm	允许负荷/kg	质量/kg
A	手柄式金属撑杆	最短1 500	3 000	19.0
		最长2 500	1 500	
B	手动棘轮式金属撑杆	最短 400	5 000	6.8
		最长 600	3 000	

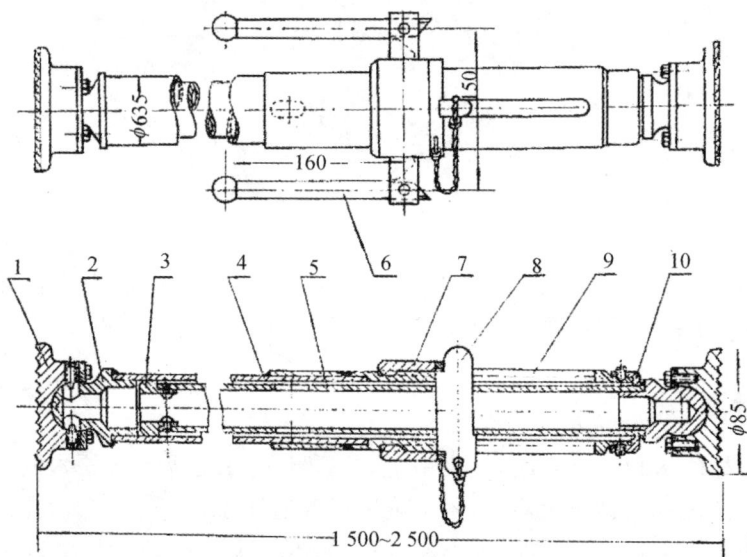

1—撑杆头；2—左球形枢轴；3—内导向衬套；4—外管；5—内管；6—手柄；
7—圆螺母；8—插销；9—带螺纹衬套；10—外导向衬套。

图 5-16　手柄式金属撑杆(单位：mm)

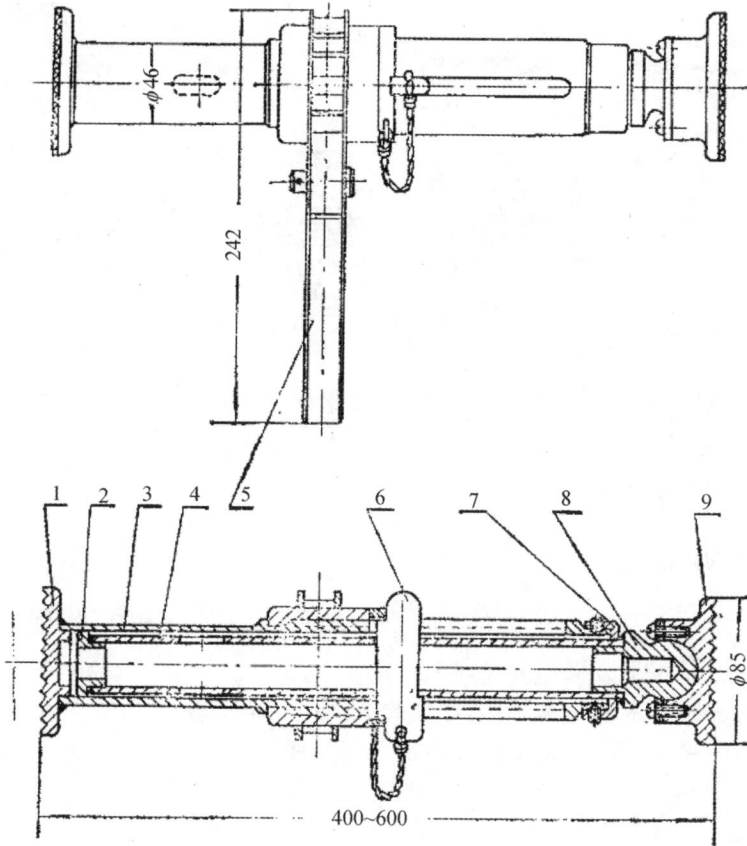

1—左撑杆头;2—内导向衬套;3—外螺纹管;4—内管;5—手动棘轮扳手;
6—插销;7—外导向衬套;8—球形枢轴;9—右撑杆头。

图 5-17　手动棘轮式金属撑杆(单位:mm)

5.3.3　木楔

　　木楔由柞木、桦木、色木、槐木、榆木、水曲柳或硬木制作,直角三角形柱体木楔的顶角一般为 4°～7°(直角三角形柱体的锁紧角为 5°左右)。

　　木楔由干燥(木材含水率 15％左右)、无腐朽、无虫蛀、无裂纹、无翘曲、木节少的木材制成。表面粗刨但要平直,大头的四周边要倒角 3 mm×45°,支撑面不得涂油漆。这样的木楔有吸水性,摩擦力大,垫在支柱端部不易脱落。图 5-18 所示为木楔的形式及使用方法。

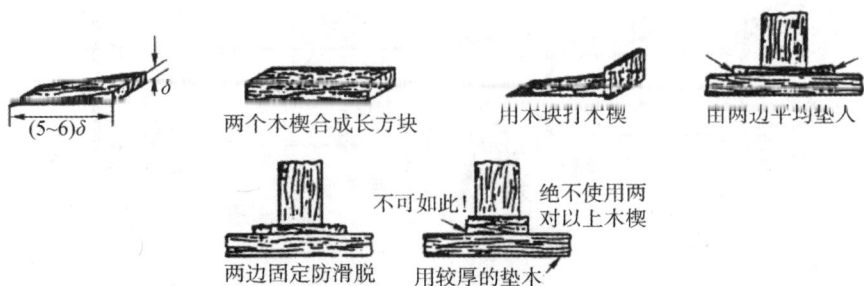

图 5-18　木楔的形式及使用方法

由于木楔使用时垫在支柱下方,因而其宽度与支柱相同。木楔长度约为其厚度的 6 倍,因此对于 100 mm×100 mm 的支柱,所配的木楔宽为 100 mm,厚度为 50 mm,长度为 300 mm。

5.3.4　垫板或盾木

垫板或盾木设于支柱的顶端(图 5-15)。如果不加垫板或盾木,则支柱施加的力将无法均匀分布于所支撑的平面上、

垫板通常用纵木或松木制作,厚度约为 25 mm,长 200～300 mm,宽与支柱相等。支柱锯下来的部分或是整根支柱都可用作盾木。

5.3.5　肋骨撑架

肋骨撑架可利用本身的两爪抓在肋骨或加强支架上,再用压紧螺栓将堵漏板、堵漏垫、木塞等固定在破洞上。它分为万能型和普通型两种,前者两爪距离可以改变,适用于不同肋骨间距的船舶;后者两爪距离固定不变,用于肋骨间距相同的船舶上。

万能肋骨撑架根据使用场合不同,又分为双爪单钩撑架和双爪双钩撑架两种。

双爪单钩撑架用于槽型钢、工型钢、T 型钢或角钢的肋骨之间,爪钩能在横梁内移动,可根据肋骨间距进行调整;双爪双钩撑架用于两根球尾形肋骨或底纵梁上。

普通肋骨撑架由一根一头带爪的扁钢和压紧螺栓构成,为了加强支撑力量,可在扁钢上装设两个压紧螺栓。图 5-19 所示为肋骨撑架和堵漏板配合使用。

图 5-19　肋骨撑架的使用

5.3.6　工具箱

　　支撑器材用的工具应存放在一个专用的钢质工具箱内。箱内分成 3 格(图 5-20),存放各种物品,其中 A 格内存放木楔;B 格内存放工具,包括钉锤 2 把、斧头 2 把、棉絮 2～3 kg、测深用具 1 套、折尺 1 把、钢卷尺(30 m)1 把、钉子约 7 kg、手提照明灯 1 盏;C 格内存放有 50 mm×100 mm×300 mm 的木块若干。木锯放在箱盖上,另有 10 lb① 的钢锤放在搁架上,袋装砂 2～3 kg,等等。

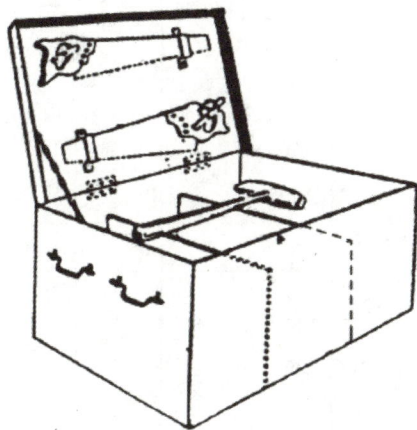

图 5-20　存放支撑用具的工具箱

---

　　①　1 lb＝0.454 kg。

5.4 失事堵漏器材的配置

民用船舶失事堵漏器材根据船舶的载重量参照表 5-3 配置,表中的各型船舶划分如下:

大型船——5 000～35 000 吨级;

中型船——1 000～5 000 吨级;

小型船——1 000吨级以下。

表 5-3　海洋货船堵漏用具配备定额

名称	大型船		中型船		小型船		备注
	规格	数量	规格	数量	规格	数量	
堵漏垫	带钢管 3 m× 3 m	1 块	带钢管 2.5 m× 2.5 m	1 块	轻型 2 m× 2 m	1 块	所有绳索两端均配置套环,顶索上做标记
底索	6×24 钢丝绳 φ12,长＝(船深＋船宽)× 2+5 m	2 根	6×24 钢丝绳 φ12,长＝(船深＋船宽)× 2+5 m	2 根	6×24 钢丝绳 φ12,长＝(船深＋船宽)× 2+5 m	2 根	
顶索	6×24φ16,长 20 m	2 根	6×24φ16,长 15 m	2 根	6×24φ16,长 10 m	2 根	
张索	白棕绳周长 50 mm,长 15 m	2 根	白棕绳周长 50 mm,长 10 m	2 根	白棕绳周长 50 mm,长 10 m	2 根	
卸扣	φ20	12 只	φ20	8 只	φ20	8 只	—
导向滑车	开口	4 只	开口	4 只	开口	4 只	—
软边堵漏板	500×700	1 块	500×700	1 块	—	—	中央开孔 φ25
软边堵漏板	φ450	1 块	φ450	1 块	—	—	
金属堵漏板	600×800×6	1 块	600×800×6	1 块	500×600×6	1 块	—

表 5-3　（续 1）

名称	大型船		中型船		小型船		备注
	规格	数量	规格	数量	规格	数量	
活页堵漏板	$\phi400\times6$	1 块	$\phi400\times6$	1 块	$\phi400\times6$	1 块	带螺栓
金属堵漏箱	$500\times500\times200\times5$	1 个	$500\times500\times200\times5$	1 个	$500\times500\times200\times5$	1 个	中央开孔 $\phi25$
T 形堵漏螺丝杆	$\phi22$,长 600	2 个	$\phi22$,长 600	2 个	—	—	末端 $\phi20$
钩头型堵漏螺丝杆	$\phi22$,长 600	2 个	$\phi22$,长 600	2 个	—	—	末端 $\phi20$
T 形固定螺杆	$\phi22$,长 600	2 个	$\phi22$,长 600	2 个	—	—	末端 $\phi20$
可伸缩金属撑杆	A 型、B 型	各 1 个	B 型	2 个	—	—	GB 844—1976
弓型堵漏器	伸缩宽度 500~800,横臂 $\phi25$,中央螺栓 $\phi30$	2 个	伸缩宽度 500~800,横臂 $\phi25$,中央螺栓 $\phi30$	1 个	—	—	—
软垫	$450\times700\times120$,中央开孔 100×150	4 块	$450\times700\times120$,中央开孔 100×150	2 块	$450\times700\times120$,中央开孔 100×150	2 块	—
麻袋装油麻絮	—	2 袋	—	2 袋	—	1 袋	
堵漏木塞	$\phi300/400\times500$	4 只	$\phi300/400\times500$	2 只	$\phi300/400\times500$	2 只	—
堵漏木塞	$\phi100/200\times400$	6 只	$\phi100/200\times400$	4 只	$\phi100/200\times400$	4 只	—

表 5-3 （续 2）

名称	大型船		中型船		小型船		备注
	规格	数量	规格	数量	规格	数量	
堵漏木塞	φ80/150×300	6 只	φ80/150×300	6 只	φ80/150×300	4 只	—
堵漏楔	400×200×60×5	8 只	400×200×60×5	8 只	400×200×60×5	6 只	—
堵漏楔	300×150×50×5	8 只	300×150×50×5	8 只	300×150×50×5	6 只	—
堵漏楔	200×100×30×5	8 只	200×100×30×5	8 只	200×100×30×5	6 只	—
圆木	φ170×4 000	4 根	φ150×3 500	4 根	φ150×3 500	4 根	—
方木	方形 150×150×4 000	4 根	方形 150×150×3 500	4 根	方形 150×150×3 500	4 根	—
方木	方形 100×100×4 000	4 根	方形 100×100×3 500	4 根	方形 100×100×3 500	4 根	—
麻袋装木屑	—	2 袋	—	2 袋	—	1 袋	—
松木板	4 000×200×40	6 块	4 000×200×40	4 块	4 000×200×40	4 块	—
夹布橡胶板	厚 6～8	约 1.5 m²	厚 6～8	约 1.0 m²	厚 6～8	约 1.0 m²	—
水泥	♯400～♯500 水泥	250 kg	♯400～♯500 水泥	250 kg	♯400～♯500 水泥	200 kg	另配快干剂 20～25 kg
双爪钉	φ12×200×60	20 只	φ12×200×60	20 只	φ12×200×60	15 只	
元钉	80	2 kg	80	2 kg	80	2 kg	
元钉	100	2 kg	100	1 kg	100	1 kg	

表 5-3　（续 3）

名称	大型船		中型船		小型船		备注
	规格	数量	规格	数量	规格	数量	
元钉	150	2 kg	150	1 kg	150	1 kg	
粗制螺栓	M16×150	8 只	M16×150	8 只	M16×150	4 只	—
粗制螺栓	M16×250	12 只	M16×250	10 只	M16×250	6 只	—
粗制螺母	M16	24 只	M16	20 只	M16	15 只	—
垫圈	M16	48 只	M16	40 只	M16	30 只	—
带翼形螺母的钩形螺栓	—	10 只	—	8 只		6 只	
镀锌铁丝	φ3	100 m	φ3	80 m	φ3	40 m	—
木锤	大	1 把	大	1 把	—	—	
方头锹	2 号	2 把	2 号	2 把	—	—	
八角锤	4.5 kg	1 把	4.5 kg	1 把	—	—	
木工锤	0.75 kg	1 把	—	—	—	—	
平板锯	400	1 把	—	—	—	—	
木工斧	1.25 kg	1 把	1.25 kg	1 把	—	—	
活络扳手	300	2 把	300	2 把	—	—	
钳工锤	2.5 kg、1 kg	各 1 把	—	—	—	—	
沥青	—	1 kg	—	1 kg	—	1 kg	
罐装水玻璃	—	2 kg	—	2 kg	—	2 kg	—
牛油	—	1 kg	—	1 kg	—	1 kg	

注：表中规格一栏省略的单位为 mm。

第6章 船舶外部和内部标志

6.1 概述

出于安全和使用的原因,船舶应设置各种标志。其中,设置于船壳板、露天甲板或上层建筑外部等处所的主要用于向外显示船舶特征的标志,称为外部标志;设置在船舶舱室内部用于向船上人员显示的标志,称为内部标志。

常用的船舶外部标志主要有载重线标志、水线和吃水标尺、船体结构标志(球鼻艏标志、分舱标志等)、设备标志(侧推器标志、螺旋桨标志、引航船标志、引航员梯标志、直升机甲板标志等)、吨位标志、船名标志、船籍港标志、公司标志等。此外,还有供潜水员水下检查用的显示放水塞、测深仪、计程仪探头等位置及舵承间隙检验的水下检验标志。

常用的船舶内部标志主要有显示舱室用途的舱室铭牌,显示设备用途的使用标志(船舶管系识别符号等),船舶安全设施标志(消防设备标志、救生设备标志、脱险通道标志等)以及通用安全标志等。

船舶标志是现代船舶不可或缺的部分,通常它们在船舶设计时已经被提出,并在船舶完工时或交付使用前设置于船上的各个部位。

6.2 船体标志

6.2.1 船体设备标志

6.2.1.1 侧推器标志

设有侧推装置的船舶应设置侧推器标志,其位置在船体左右两舷最大吃水线以上,并尽可能位于侧推器位置的垂线上。图 6-1 所示为典型的侧推器标志符号的形式及其最小尺寸。若使用较大尺寸的符号,可据此按比例放大。图 6-2 所示为另一种常见的侧推器标志符号。

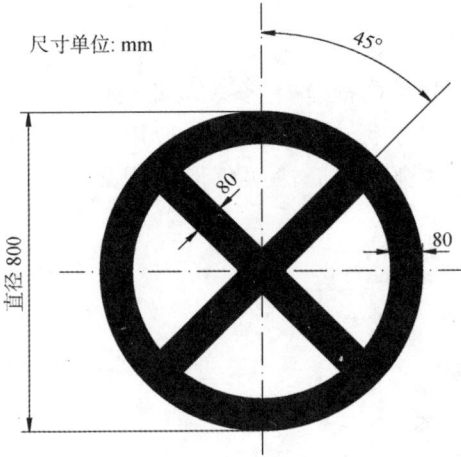

尺寸单位: mm

图 6-1　侧推器标志图形

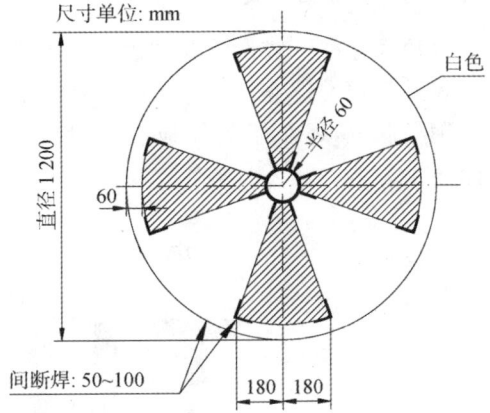

尺寸单位: mm

白色

半径 60

间断焊: 50~100

图 6-2　侧推器标志图形及焊道

侧推器标志的轮廓线应是焊道,并涂刷与船壳漆颜色形成明显反差的涂料。

6.2.1.2　螺旋桨警告标志

螺旋桨警告标志的数量按桨叶数确定,其位置在船体左右两舷最大吃水线以上,并尽可能位于螺旋桨位置之上。图 6-3 所示为常见的螺旋桨警告标志的形式及其最小尺寸,若使用较大尺寸的符号,可据此按比例放大。螺旋桨警告标志的轮廓线可采用焊道勾划,并涂刷与船壳漆颜色形成明显反差的涂料。

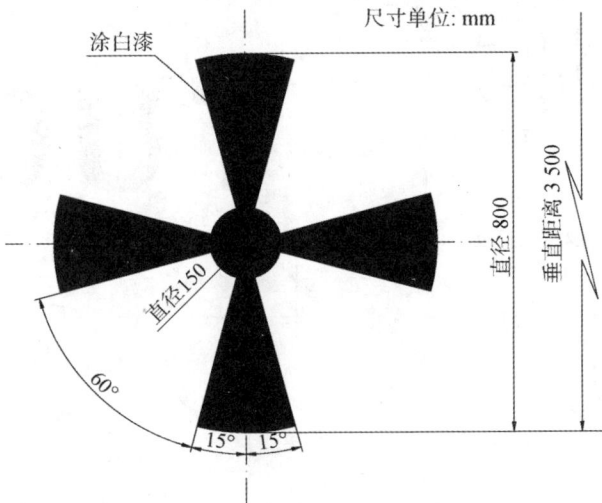

尺寸单位: mm

涂白漆

图 6-3　螺旋桨警告标志

6.2.1.3 顶推标志

顶推标志一般设置在被顶推船舶接近首、尾端的横舱壁上,表示此处可供顶推装置进行顶推作业,图 6-4 所示为常见的几种顶推标志。该标志一般用 6～8 mm 的钢板制成,焊在船舶外板上,打磨光洁,并涂刷与船壳漆颜色形成明显反差的涂料。

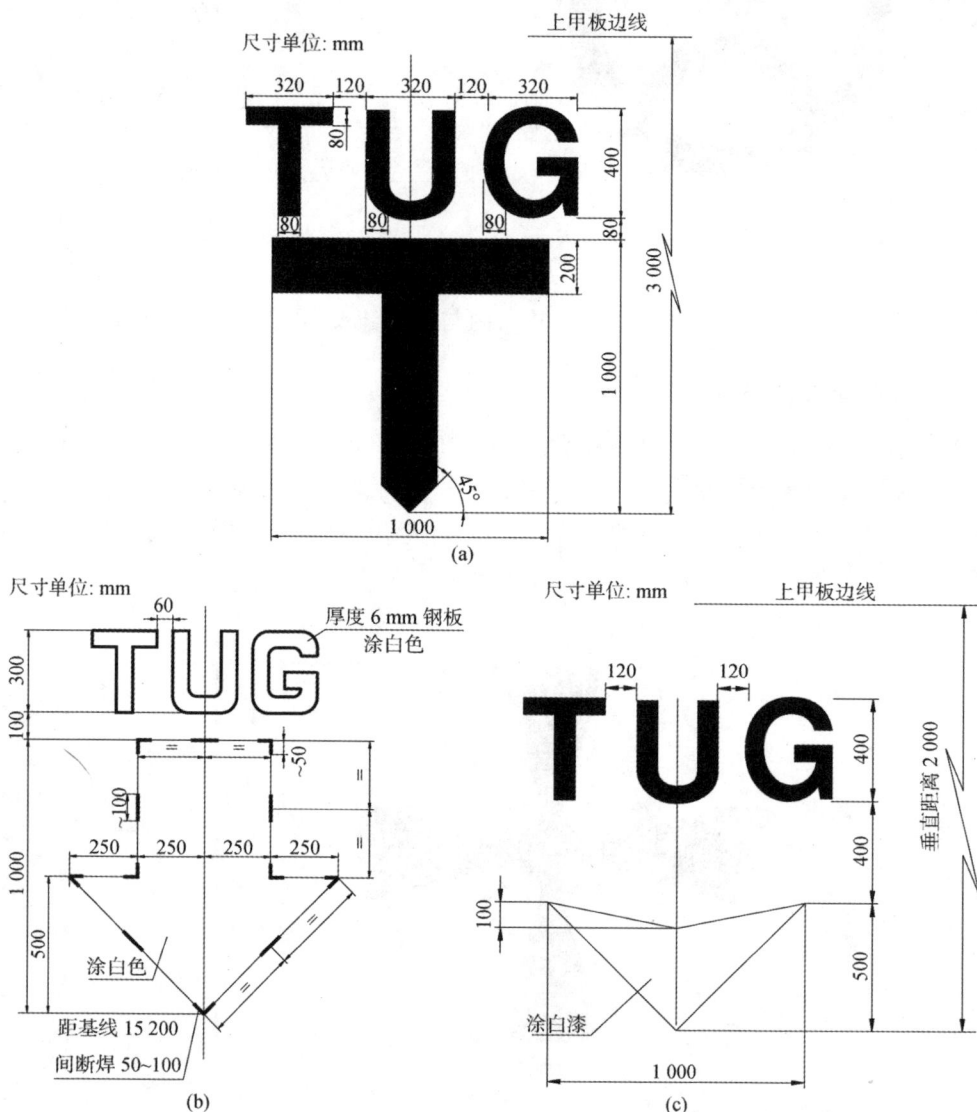

图 6-4 顶推标志

6.2.1.4 引航员软梯标志

当引航员从海面到登船口处的高度超过 9 m 时,应在两舷靠近引航员软梯附近的船体上,设置专用的引航员软梯标志。该标志的形式及尺寸如图 6-5 所示,标志的轮廓线可采用焊道勾划,并按图中要求涂刷涂料。

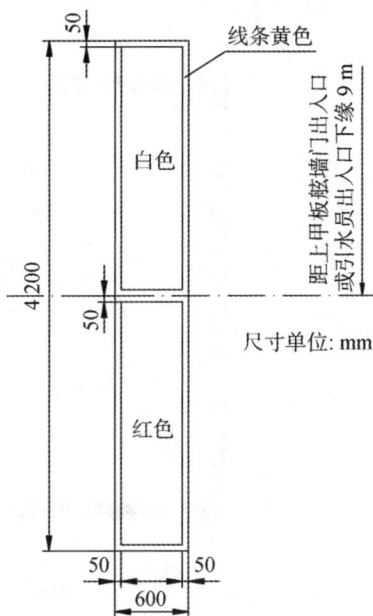

6.2.2 船体结构标志

6.2.2.1 球鼻艏标志

具有球鼻艏线型的船舶均应设置球鼻艏标志,该标志设在船体左右两舷的前端最大吃水线以上清晰可见的部位,并指向船首方向。图 6-6 所示为球鼻艏标志符号的形式及其最小尺寸,若使用较大尺寸的符号,可据此按比例放大。

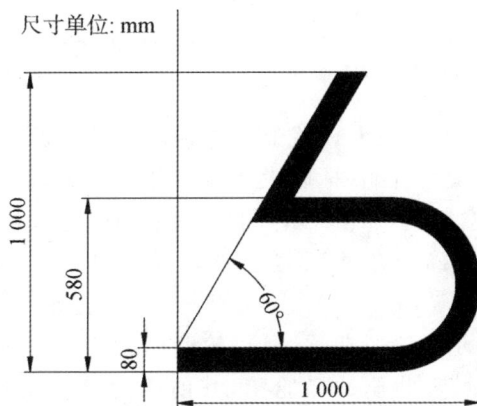

图 6-5 引航员软梯标志

图 6-6 球鼻艏标志图形

航经圣劳伦斯航道的船舶,应在球鼻艏标志上注明球鼻艏最前端距首垂线的距离(图 6-7),距离的单位为 m,且保留小数点后三位有效数字。

球鼻艏标志的轮廓线应是焊道,并涂刷与船壳漆颜色形成明显反差的涂料。

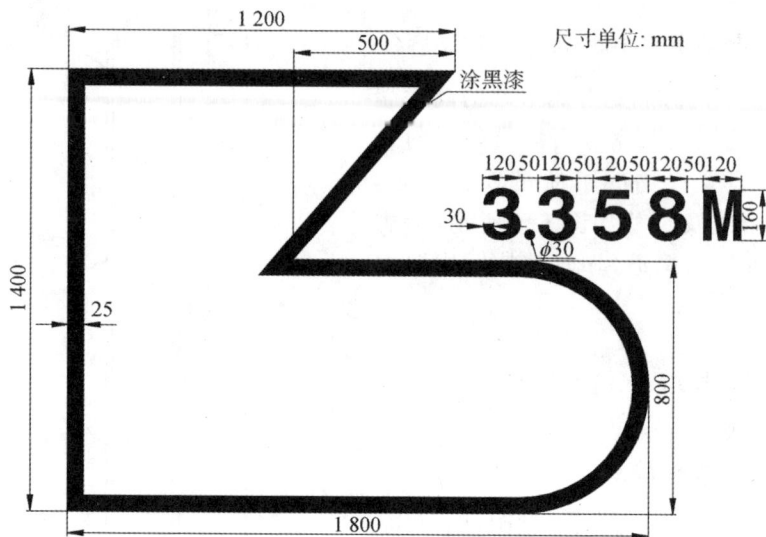

图 6-7　通过圣劳伦斯航道的船舶球鼻艏标志图

6.2.2.2　肋骨号标志

　　船体的肋骨号标志设置于主甲板两舷靠近甲板边线的甲板或舷墙上,一般从 0 号开始,每隔 5 档肋骨用焊道标出肋骨号(图 6-8),其尺寸大小如图 6-9 所示。肋骨号标志一般不涂色。

6.2.2.3　水密舱壁标志

　　各类船舶均需要在船壳板上设置显示主横舱壁位置的横舱壁标志,用以表示水密分舱的位置,对于大型货船,标志大小可以相应放大,以凸显货舱区的分舱划分。典型的横舱壁标志如图 6-10 所示,图(a)表示右舷第 2 压载舱(WB2S)和右舷第 1 污水舱(SLP1S)分隔于在♯57 肋位的横舱壁处(T57),T 为 Transverse 的缩写。

　　有时,为了突出显示货舱所在的区域,舱壁标志两侧为该处货舱的舱名标志。图 6-10(b)表示位于♯57 肋位的横舱壁,其前后为第 3 货舱(CH3)和第 4 货舱(CH4)。

　　舱名一般为英文缩写,字母尽量要少,可根据设计单位或者船舶营运方的标准命名。

　　舱壁标志一般采用 6～8 mm 的钢板制成,焊在外板上,并涂刷与船壳漆颜色形成明显反差的涂料。

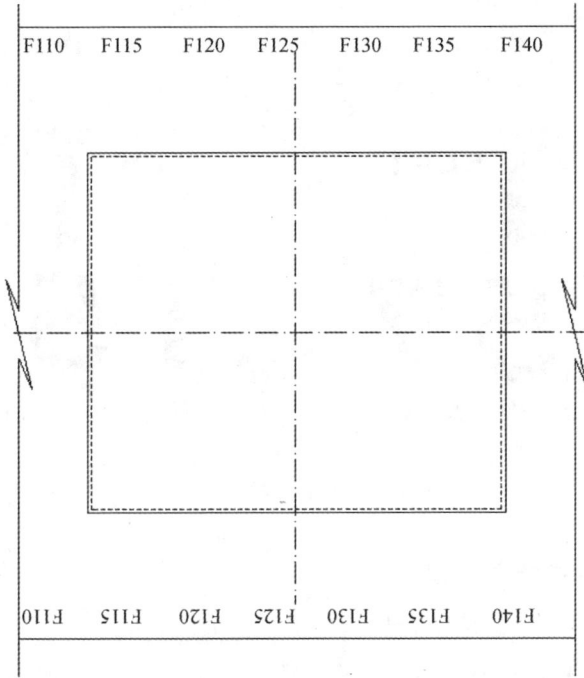

图 6-8　甲板肋骨号标志图

尺寸单位：mm

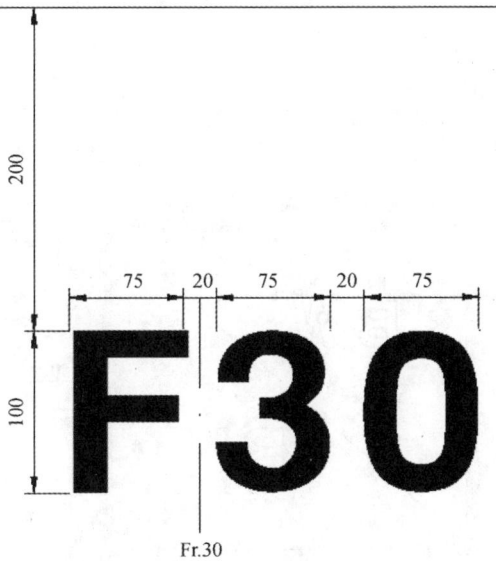

图 6-9　肋骨号尺寸图

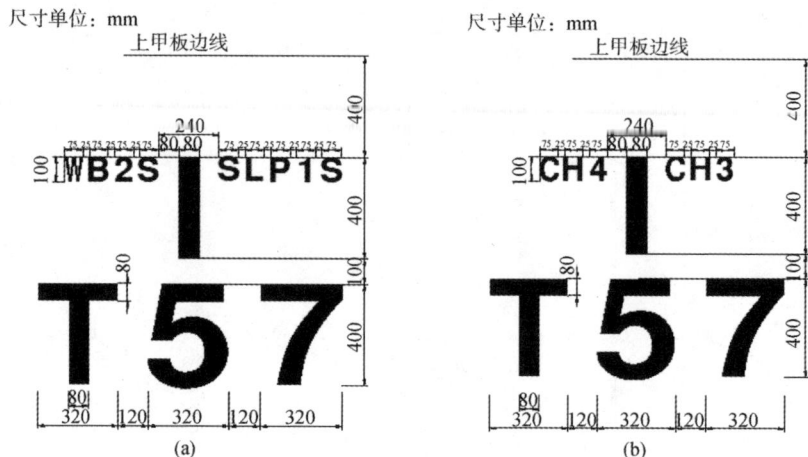

图 6-10　舱壁标志图

6.2.2.4　液舱及污水井标志

　　为在船壳表面显示紧贴船壳板处的液舱、污水井、海底门的位置，应在船壳表面设置分隔标志，如图 6-11 所示。该标志设在液舱、污水井、海底门在船壳上的四个角处，从而显示出它们的轮廓，并注明该舱(井、门)的名称，如 BW(bigle well，污水井)、SWB6S(No.6 side water ballast tank，starboard，右舷第 6 边压载舱)。图 6-12 所示为标有液舱和污水井位置的船壳板。如设在船舶底部的液舱有放水塞，该液舱名称标志应避开放水塞。

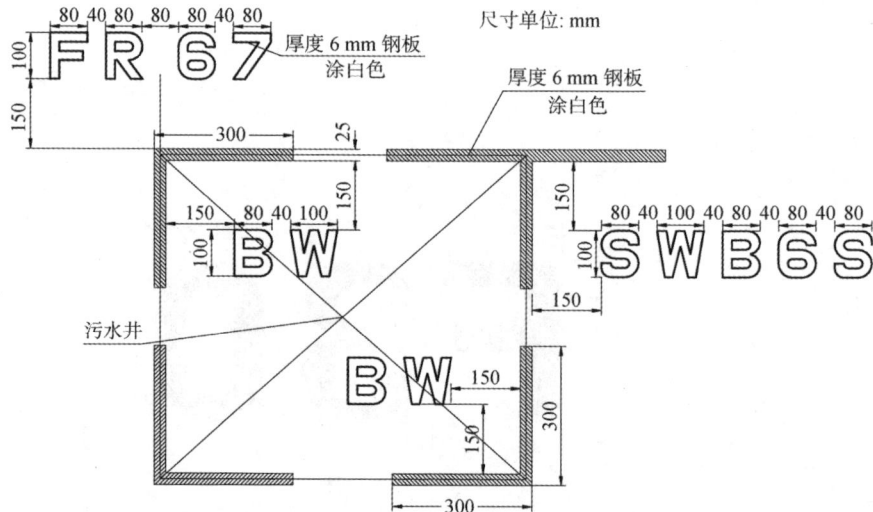

图 6-11　液舱及污水井标志

图 6-12　液舱及污水井标志照片

　　标志采用 6 mm 厚的钢板制作,焊接固定,并涂刷与船壳漆颜色形成明显反差的涂料。

6.2.3　水下检验标志

6.2.3.1　船体方向标记

　　根据船东要求,船舶可设置船体方向标记如图 6-13 所示,用于为潜水员在水中指示船的首(F)尾(A)和左(P)右(S)方向。该标记设置在船底平板龙骨中心线处,每隔一定距离设置一个标记,一般布置在每个水密舱区长度的中点处,具体数量根据船的大小和使用要求确定。

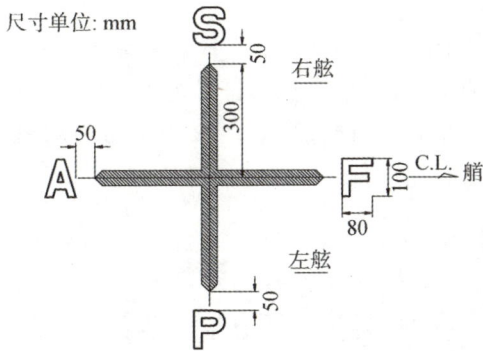

图 6-13　船体方向标记

　　船体方向标记用 6 mm 厚的钢板制作,焊接固定,并涂刷与船壳漆颜色形成明显反差的涂料(如白色)。

6.2.3.2 放水塞标志

放水塞标志设置于放水塞附近的外板上,如图 6-14 所示,符号 SWB6S 表示右舷第 6 边压载舱的放水塞。

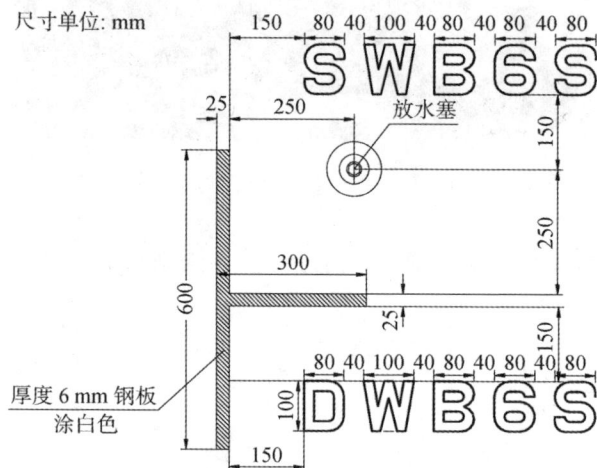

图 6-14 放水塞标志

放水塞标志采用 6 mm 厚的钢板制成,焊接固定,并涂刷与船壳漆颜色形成明显反差的涂料。

6.2.3.3 测深仪与计程仪探头标志

测深仪探头标志如图 6-15 所示,符号 ES(echo sounder)表示测深仪的位置。计程仪的探头标志与测深仪标志相似,其符号为 LS(log sounder)。计程仪与测深仪探头标志采用 6 mm 厚的钢板制成,围住该探头,焊在外板上,并涂刷与船壳漆颜色形成明显反差的涂料。

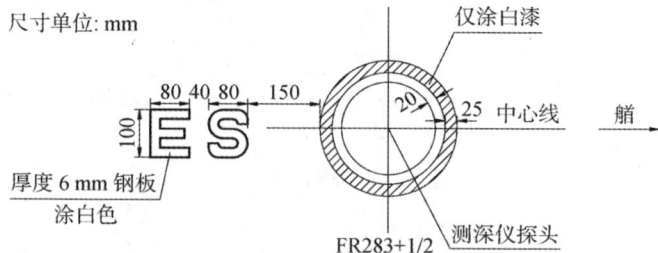

图 6-15 测深仪探头标志

6.2.3.4　舵承间隙检验标志

在舵杆的下舵承处和舵销上应设置舵承间隙检验标志,以图 6-16 所示的半悬挂图为例,该标志分别设置在舵杆与舵叶的连接处(见剖面 A—A)以及舵销与挂舵臂的连接处(见剖面 B—B)。分别用于检验舵杆与下舵承衬套和舵销与舵销轴承之间的间隙。这些标志应涂以和底色形成明显反差的涂料。图 6-17 所示为实船舵承间隙检验标志实例。

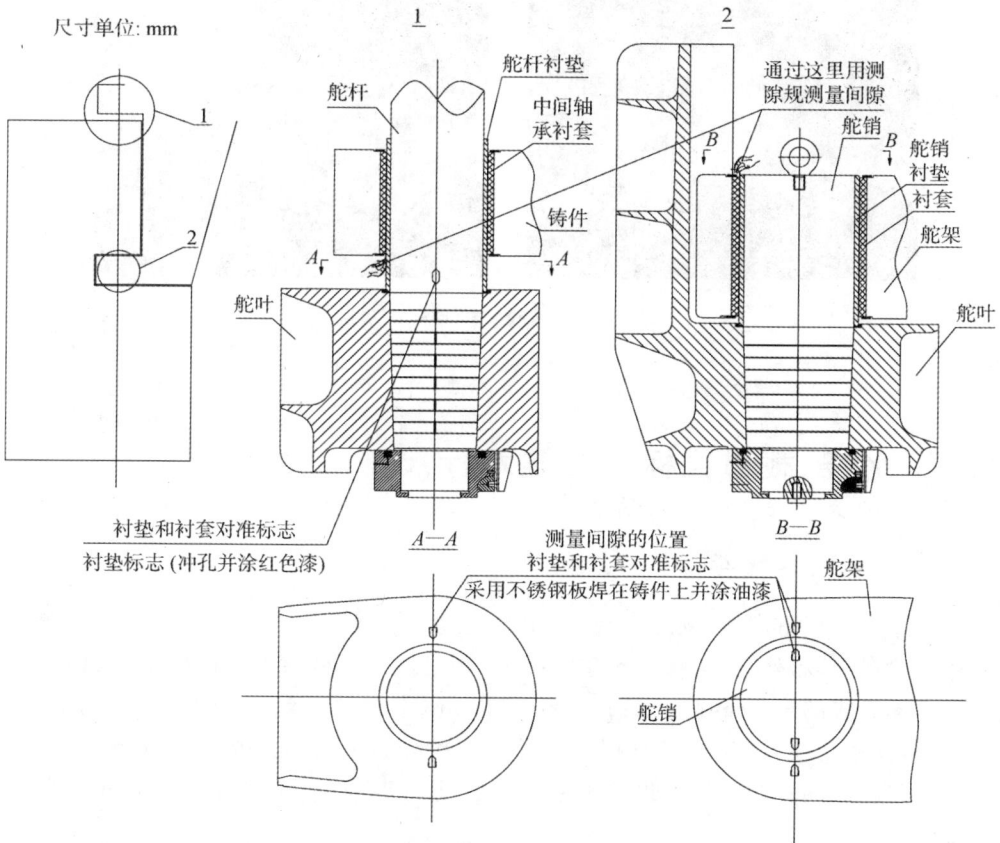

图 6-16　舵承间隙检验标志

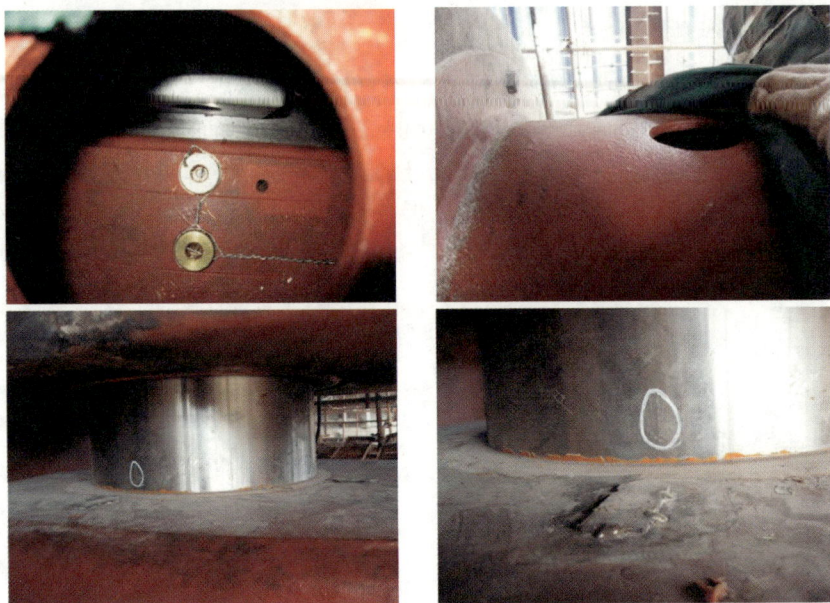

图 6-17　舵承间隙检验标志实例

6.3　水线、载重线标志及吃水标尺

6.3.1　满载水线标志

　　船舶夏季载重水线(满载水线)通常是通过对该线上下的船壳板采用不同颜色的面层涂料予以显示。为保存这条水线,一般沿该水线做出永久性标记,该标记一般为电焊堆成的长 75 mm、宽 5 mm 和厚 2 mm(不超过 3 mm,以免增加船的阻力)的焊痕,在距两端 0.25L 范围内其间距为 2 500 mm,中间部分则为 3 000 mm。

　　有些船舶的轻载水线也设置上述水线标志,以显示船舶航行时的最低吃水所在位置。

6.3.2　甲板线和载重线标志

　　甲板线和载重线标志的式样及其尺寸如图 6-18 所示。

　　甲板线系指长 300 mm、宽 25 mm 的水平线,该线勘划于船长中点处的左、右舷。该线上边缘一般应经过干舷甲板的上表面向外延伸至与船壳板外表面的交点。如按此勘划有困难,甲板线也可勘划在船中每舷的某一适当位置,但应对干舷做相应的修正。

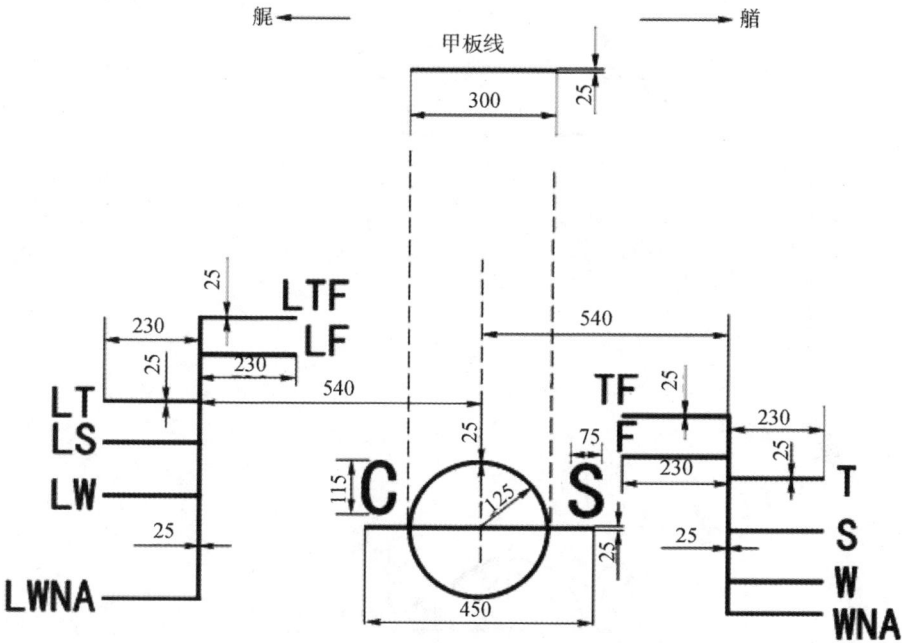

图 6-18　国际航行海船的载重线标志(单位:mm)

　　载重线标志系由外径 300 mm、线宽 25 mm 的圆圈与长 450 mm、宽 25 mm 的水平线相交组成。水平线的上边缘通过圆圈中心。圆圈中心应位于船舶两舷的船长中点处,从甲板线上边缘垂直向下量至圆圈中心的距离等于所核定的夏季干舷。CS 符号代表中国船级社。

　　图 6-18 所示的载重线标志两侧的锯齿形标记为按不同海域和季节核定的干舷标志。对于不装载木材甲板货的船舶仅需设置圆圈右侧的干舷标志,对于装载木材甲板货的船舶则应在圆圈两侧设置干舷标志。

　　图 6-19 所示为客船的分舱载重线标志。该标志去除符号 P1 及其载重线仅剩 F 及其载重线时,则适用于仅需勘划淡水载重线标志的船舶。

　　图 6-18 和图 6-19 中的符号意义如下:

CS——中国船级社;　　　　　　　　TF——热带淡水载重线;

F——夏季淡水载重线;　　　　　　　T——热带载重线;

S——夏季载重线;　　　　　　　　　W——冬季载重线;

WNA——北大西洋冬季载重线;　　　　LTF——热带淡水木材载重线;

LF——夏季淡水木材载重线；　　　　LT——热带木材载重线；

LS——夏季木材载重线；　　　　　　LW——冬季木材载重线；

ⅠWNA——北大西洋冬季木材载重线；　　P1——客船分舱载重线。

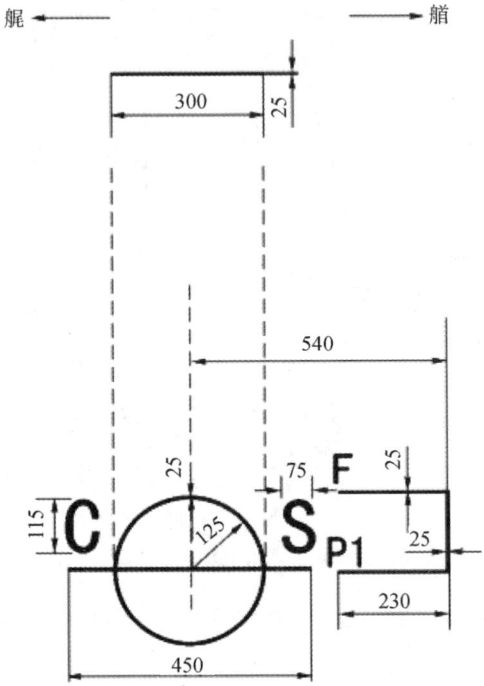

图 6-19　客船分舱载重线标志(单位:mm)

　　载重线标志应永久性地勘划在船舷两侧,并应能清晰可见。当船舷为暗色底时,圆圈、线段和字母应漆成白色或黄色;当船舷为浅色底时,应漆成黑色。

6.3.3　吃水标尺

6.3.3.1　民用船舶吃水标尺

　　民用船舶的吃水标尺乃是显示船舶装载情况的标志,大、中型船舶应在船体的首、尾及中部船壳板上设置吃水标尺(图 6-20),小型船舶可仅设置艏、艉吃水标尺。

　　艏部吃水标尺的设置同首部的线型有关,尤其是斜艏柱通常沿其形状设置吃水标尺(图 6-20)。然而,具有球鼻艏结构的船舶,其艏部吃水标尺通常垂直于基线设置在球鼻艏后部的船壳板上(图 6-21)。

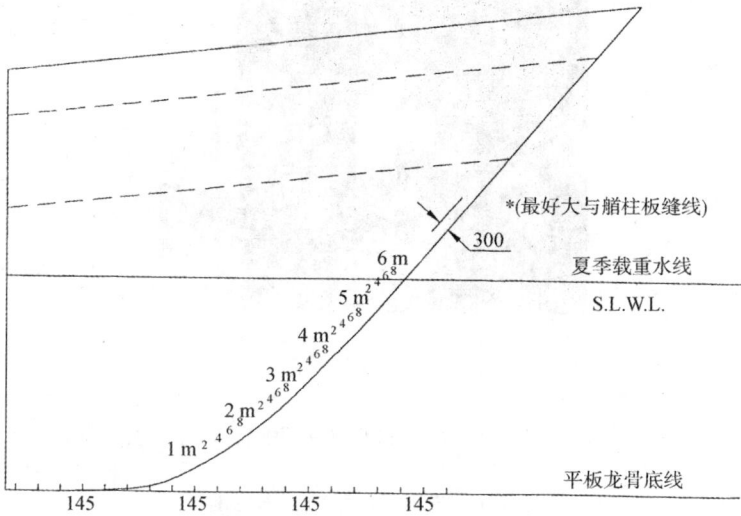

艏吃水标尺为曲线的情况,适用于倾斜船首的船舶

图 6-20　斜艏柱船的艏部吃水标尺

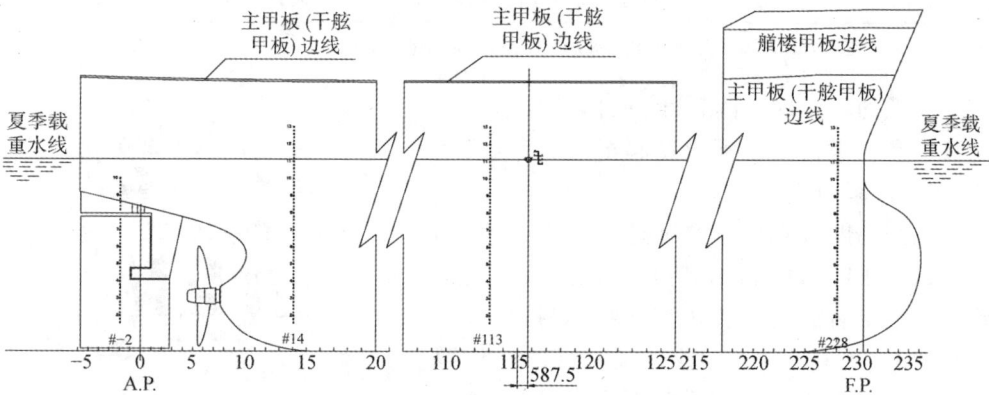

图 6-21　球鼻艏船的吃水标尺

舯部吃水标尺垂直于基线设置,且应尽量靠近船中(量自艏、艉柱之间的船长中点处),但也应避开载重线标志(图 6-21)。

艉部吃水标尺通常垂直于基线设置,但由于接近水线处船体线型过于平坦(其切线与水平面的夹角小于 30°)而导致设置困难,对此可根据实际情况调整位置或上下分段交叉设置。后一种情况下,艉部水尺标志分段设置在桨前较为平坦的船壳板上和桨后的舵叶上(图 6-21)或挂舵臂上(图 6-22),两者至少交叉两个间距。

图 6-22 艉部吃水标尺实例

船舶尾部、中部和球鼻艏结构艏部的吃水标尺范围列于表 6-1。

表 6-1 吃水标尺垂向标志范围

终点/起点	艏 部	舯 部	艉 部
终点在夏季载重水线以上	标高约 $1.1T$	标高约 $1.1T$	标高约 $1.2T$,但不大于 $T+0.8T$
起始点在基线以上	标高约 $0.15T$	标高约 $0.7T_0$	标高约 $0.7T_0$ 或 T_{0A} 取小者

注:T——夏季吃水,m;T_0——空船平均吃水,m;T_{0A}——空船尾吃水,m。

船舶的吃水标尺读数以 m 计,所显示的吃水数值是从平板龙骨下缘量起至该数字(或线条)下缘的垂直高度。

大型船舶可直接用数字显示吃水数值,如图 6-23 和图 6-24 所示,其显示方法为:凡遇整数则在数字后加大写字母 M(便于焊接),若是带有小数,则由整数、小数点及其后的一位数字表示。吃水值应自平板龙骨下缘量起,垂直向上量至读数的下缘。首、尾处若是没有平板龙骨,则应自平板龙骨的延长线量起。水尺间距,即从一个读数的下缘量至上一个读数或下一个读数的下缘之间的距离为 0.2 m。在图 6-23 中,吃水值 12 m 包含了平板龙骨厚度 16 mm。

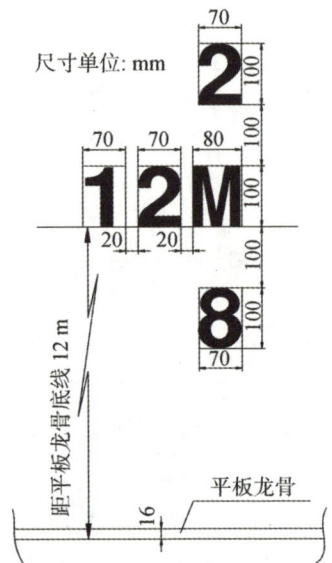

图 6-23 数字显示的吃水标尺

中、小型船舶为了较精确地显示出吃水数值,常采用锯齿形符号同数字结合的吃水标尺,如图 6-25 所示,其中数字间距为 0.2 m,锯齿形符号可根据需要划分,该图中所示的间距为 0.1 m。

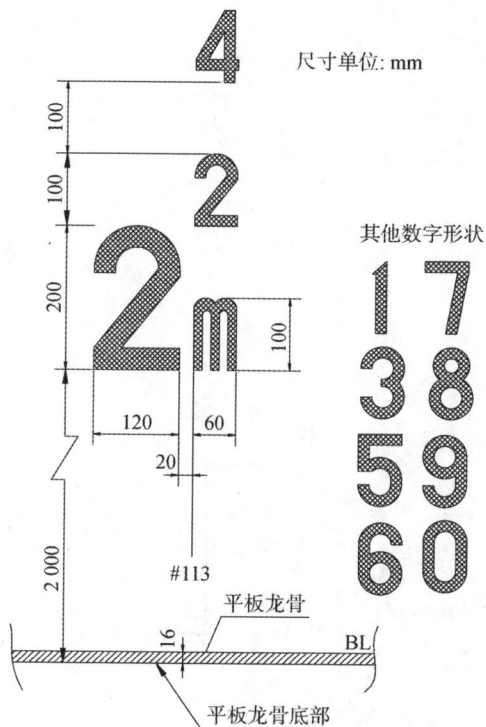

图 6-24　另一种数字显示的吃水标尺

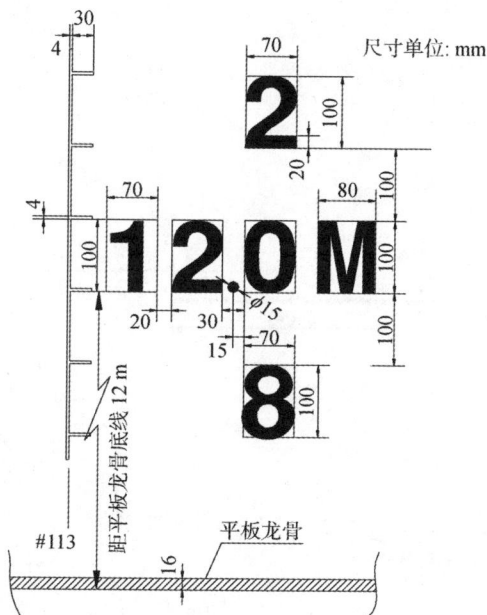

图 6-25　锯齿形符号同数字结合的吃水标尺

吃水标尺数字的大小一般为字宽 35～70 mm,字高 50～100 mm,字线宽 20 mm,小数点直径为 15 mm,两字母横向间距为 20 mm。

吃水标尺通常由 6～8 mm 厚的钢板制成并焊在外板上,或采用电焊堆成字样,打磨光洁后涂刷与船壳漆颜色形成明显反差的涂料。例如,当底色为暗色时,吃水标尺通常漆成白色;当底色为浅色时,则应漆成黑色或其他反差强烈的颜色。

6.3.3.2　工程船最大作业吃水标志

本条所述"工程船"系指起重船及设有开敞泥舱和舱底泥门的挖泥船和泥驳。按 CCS《钢质海船入级规范》的规定,这类工程船可在按限制作业海域的海况核定的最大作业吃水进行工程作业,并为此勘划相应的作业吃水标志。

应在船舷两侧航行载重线圆环标志中心线后方 540 mm 处勘划工程船作业所允许的最大作业吃水线标志。最大作业吃水线标志为长 450 mm 和宽 25 mm 的水平线段。线段上缘与最大作业吃水线相齐,并在该线段上方两端以高 115 mm 和宽 75 mm 的字母 WD 表示作业吃水,如图 6-26 所示。

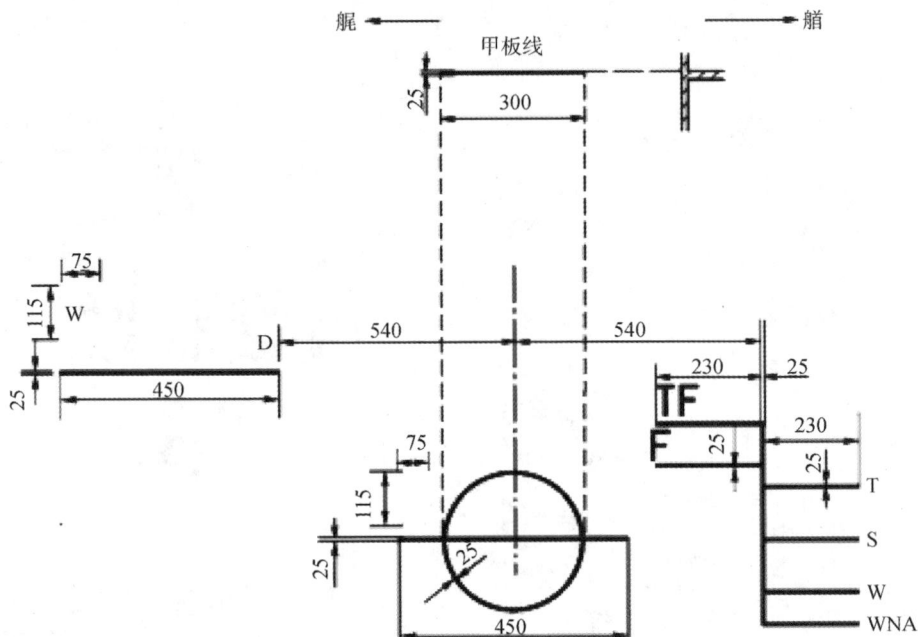

图 6-26 作业吃水线标志图(右舷,单位:mm)

勘划工程船最大作业吃水标志前,应确认其满足了 CCS《钢质海船入级规范》有关工程船作业的稳性和其他特殊要求,并在作业吃水标志勘划说明书中注明。

应在作业吃水标志勘划说明书中明确规定工程船作业海况的限制,简述工程船作业中满足稳性和其他特殊要求的情况,并附有注明最大作业吃水线标志的勘划简图。

6.3.3.3 半潜船最大沉深水线标志

对于半潜船,应在艏、艉部的上层建筑或甲板室或浮箱沿船侧的侧壁(左、右舷)上勘划半潜作业所允许的最大沉深水线标志,如图 6-26 所示。最大沉深水线标志为长 450 mm 和宽 25 mm 的水平线段。线段上缘与最大沉深水线相齐,并在该线段上方两端以高 115 mm 和宽 75 mm 的字母 WD 表示作业吃水(WD 表示working draft)。勘划半潜船的半潜作业最大沉深水线标志前,应确认其满足了有关半潜作业的强度、相关规则(系指中国海事局《国内航行海船法定检验技术规则(2020)》)有关半潜作业的稳性、载重线及其他要求,并在作业载重线说明书中予以注明。

作业载重线说明书应简述半潜船半潜作业中满足强度、稳性的情况并附有注明最大沉深水线标志的勘划简图。图 6-27 所示的半潜船尾部浮箱上设有吃水标尺及最大沉深水线标志,该标志在最深吃水线 21 m 处,用不同于船壳底色的油漆区分。

图 6-27　最大沉深水线标志

6.4　船舶吨位、船名和船籍港标志

6.4.1　船舶吨位及 IMO 号标志

国际航行的船舶均应设置吨位标志及 IMO 号标志。

吨位标志包括船舶的总吨位(G. T.)、净吨位(N. T.)以及正式(OFF.)的登记号。该标志一般设在上层建筑前端壁处,如图 6-28 所示。货船吨位标志及登记号标志一般设置在货舱舱口前部舱口围板中心线处,如图 6-29 所示。

IMO 号标志可设置于上层建筑前端壁处,如图 6-28 所示,同时设置于船舶尾部船名标志下方,如图 6-30 所示。

吨位标志和 IMO 号标志均采用焊珠围成,并涂刷与背景漆颜色形成明显反差的涂料。

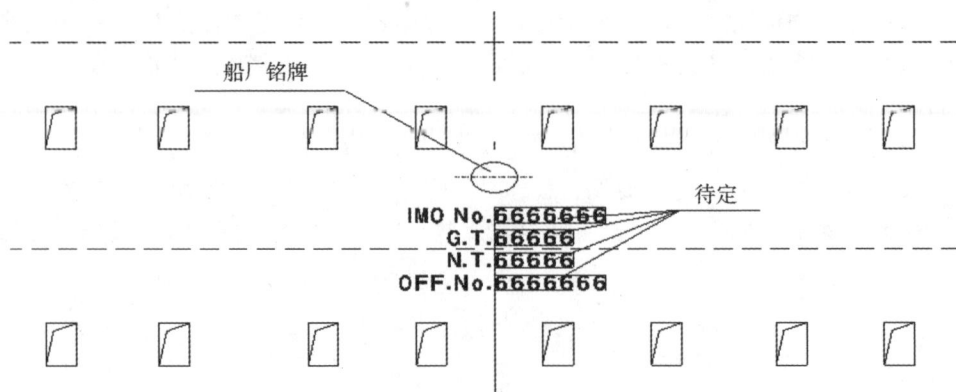

图 6-28　船舶吨位标志

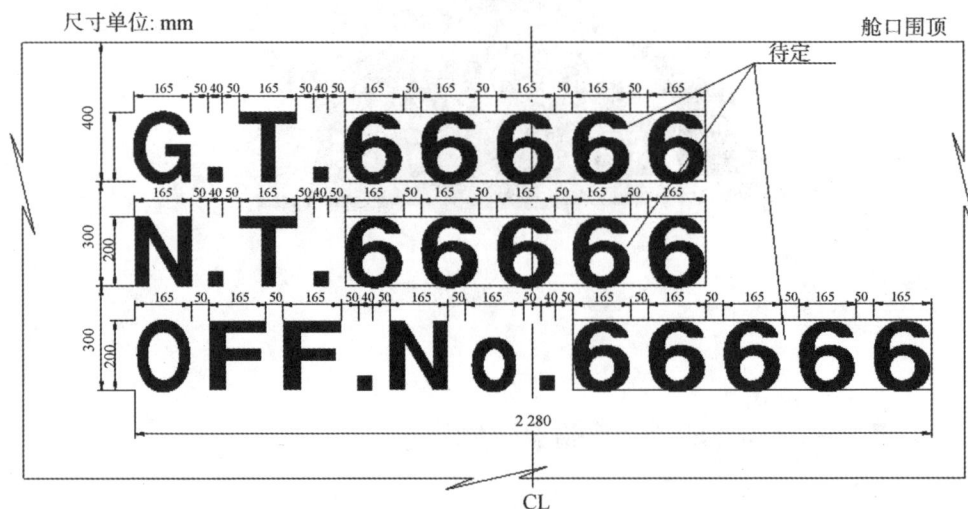

图 6-29　货船吨位及登记号标志

6.4.2　船名和船籍港标志

　　一般船舶的船名标志设置在两个部位,一处为船舶首部两舷最大吃水线以上,上甲板或首楼甲板以下的船壳板上(图 6-31),另一处为船舶尾端中部最大吃水线以上,上甲板以下的船壳板上(图 6-30)。艏部船名标志的字体比艉部的大,但大小均应适当。

　　船名标志通常采用 4 mm 或 5 mm 厚的钢板制作,焊接固定或用焊道勾划出标志字符。船名标志采用的涂料颜色应与船体采用的涂料颜色形成明显的反差。

　　船籍港标志用于显示船舶归属的港口名称,船籍港名及 IMO 号通常设于艉部船名标志下方,如图 6-30 所示。船籍港标志除字体较小外,其余要求与艉部船名标志相同。

尺寸单位: mm

艉部船名、港籍名和IMO号标志

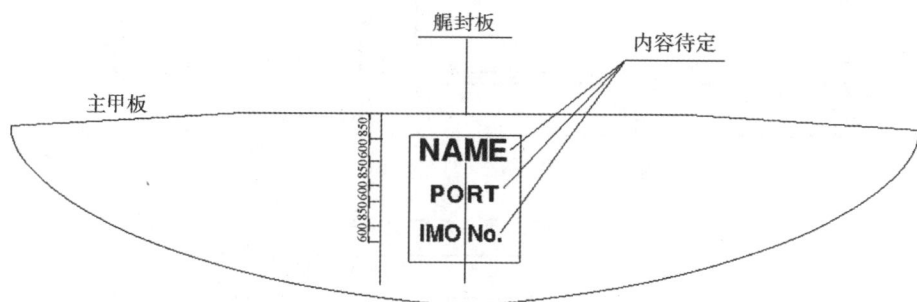

主甲板

艉封板

内容待定

NAME
PORT
IMO No.

图 6-30　艉部船名、船籍港名及 IMO 号标志

图 6-31　船首部船名照片

6.4.3　船名灯箱

一些中小型船舶常在中部上层建筑(或甲板室)的适当高度处设置船名灯牌,为夜间航行或作业时提供识别。常用形式如下。

6.4.3.1　船名灯箱

船名灯箱用钢材制作,灯箱内有灯光照明,朝向船外的一侧配有玻璃,用于显示船名,如图 6-32 所示。通常,船名字符涂白色,字符周围涂黑色,形成明显的反差。表 6-2 为常用的船名灯箱的规格。

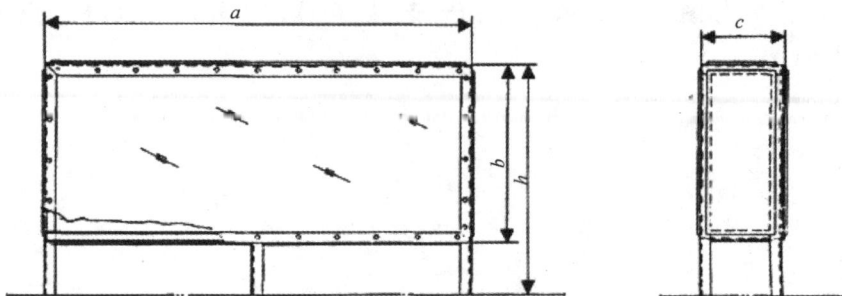

图 6-32　船名灯箱

表 6-2　船名灯箱规格表　　　　　　　　　　　　　　　　　　（mm）

名称	a	b	c	h
800×300 船名灯箱	800	300	300	450
1 200×450 船名灯箱	1 200	450	300	650
1 600×650 船名灯箱	1 600	650	300	850
2 000×850 船名灯箱	2 000	850	300	1 050
2 400×1 000船名灯箱	2 400	1 000	300	1 200

6.4.3.2　船名牌

　　船名牌用 3 mm 或 4 mm 厚的矩形钢板制作,并将其焊在栏杆上或配置撑架,朝向船外的一侧表面显示船名。船名字符的颜色与钢板的底色应有明显的反差。船名牌旁设置投光灯,供夜间显示船名使用,如图 6-33 所示。

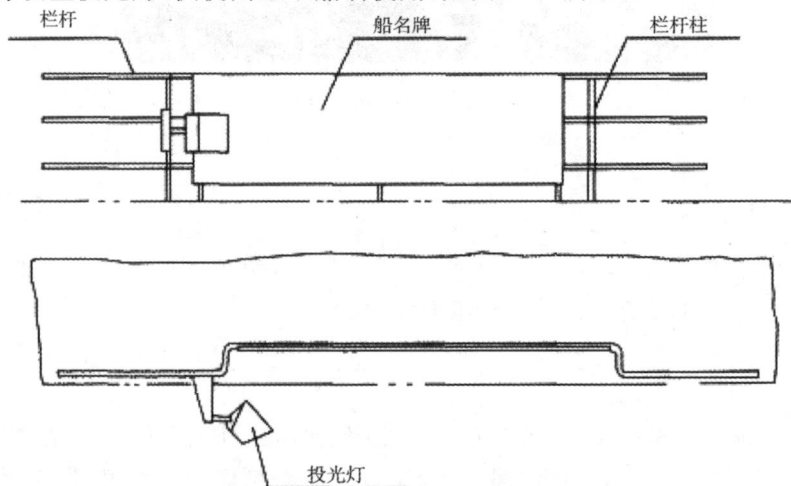

图 6-33　配有投光灯的船名牌

6.5　舱室标志

6.5.1　货舱及其深度标志

6.5.1.1　货舱标志

在每个货舱的舱口围板外侧（面向露天处）沿舱口中心线处应设置 CC(cargo hold center)标志,如图 6-34 所示,用以表示该舱为装货处所。该标志一般采用焊珠围成,不必涂色。

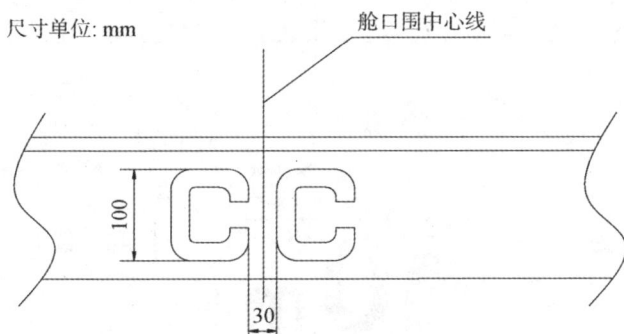

图 6-34　舱口围板处的货舱标志

6.5.1.2　货舱深度标志

货船应在每个货舱的横向或纵向舱壁中心线处设置货舱深度标志,用以显示该货舱所装载货物的深度,如图 6-35 所示,并用长短不一的线条表示计量单位,其中①为间隔 5 m 的标志线,③为间隔 1 m 的标志线,④为间隔 0.5 m 的标志线,②为每隔 5 m 显示的高度数值,高度从内底板上缘量起至标志线的下缘为准。其字样的大小可以根据船的大小作适当的调整。标志线若与结构相碰,可适当减少。

货舱及其深度标志一般采用焊珠围成,并涂刷与底色形成明显反差的涂料。

6.5.1.3　危险品货船禁烟标志

对于运载危险品的货船,应在船上容易看到的位置,如货舱舱口围板侧面中心线附近,设置禁烟标志,如图 6-36 所示,该标志用焊珠围成,并涂刷与背景漆颜色形成明显反差的涂料。

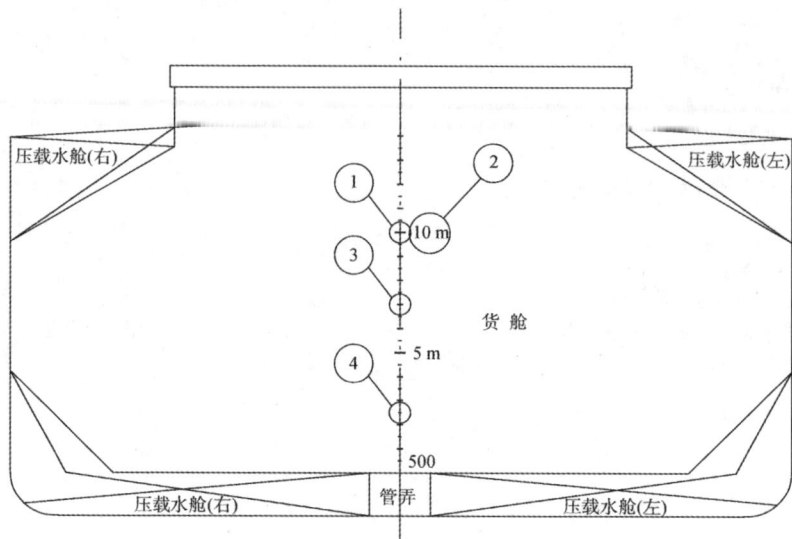

尺寸单位: mm

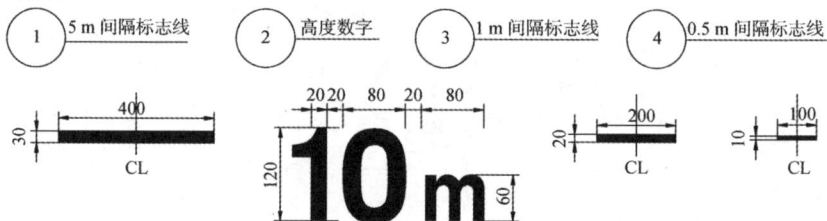

① 5 m 间隔标志线 ② 高度数字 ③ 1 m 间隔标志线 ④ 0.5 m 间隔标志线

①—5 m 间隔标志线；②—高度数字；③—1 m 间隔标志线；④—0.5 m 间隔标志线。

图 6-35 货舱深度标志

尺寸单位：mm

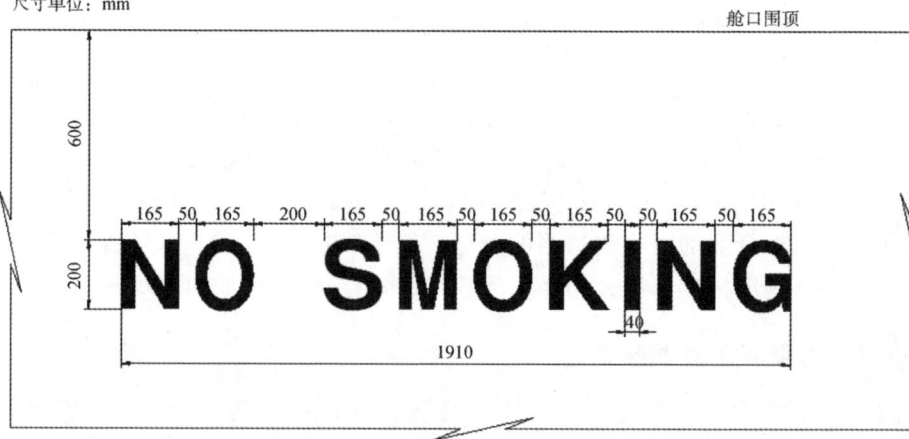

图 6-36 危险品货船禁烟标志

6.5.2　车辆舱标志

在滚装运输船上,为了便于车辆的停靠作业和安全,在车辆舱内设有各种标志,如图 6-37 所示。

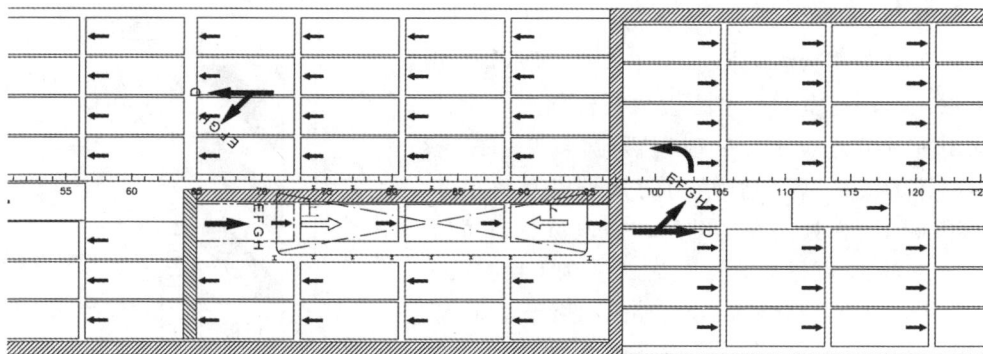

图 6-37　车辆舱标志

6.5.2.1　车辆导向标志

车辆导向标志如图 6-38 及图 6-39 所示,表示车辆上船的行车路线。车辆导向标志涂白色油漆。在坡道处标有字母,表示通过该坡道所能到达的甲板。

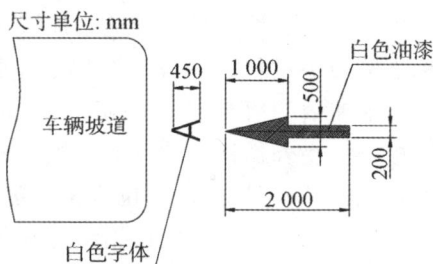

图 6-38　车辆导向标志(坡道处)

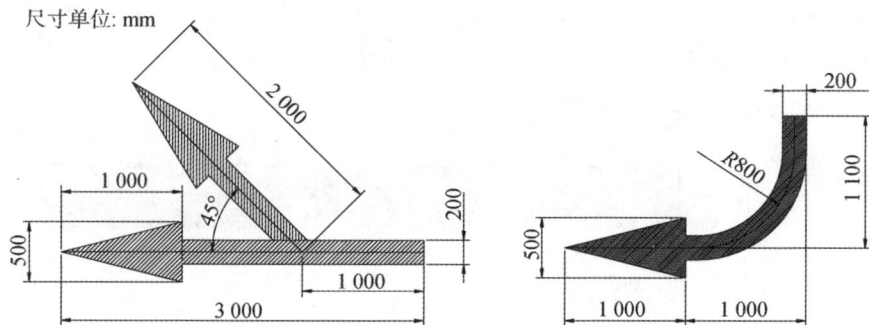

图 6-39　车辆导向标志

6.5.2.2 车辆舱限高标志

限高标志一般位于车辆舱室出入口处的强横梁表面(醒目处),用"限高 XXX mm"标识。

6.5.2.3 车辆舱警示防护标志

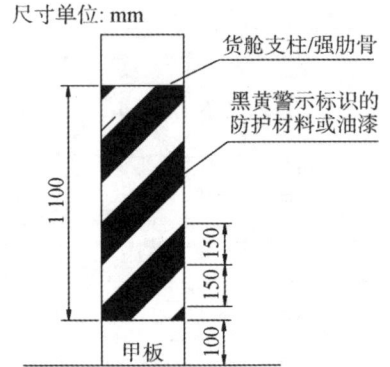

图 6-40 车辆舱警示防护标志

车辆舱警示防护标志如图 6-40 所示,为黑黄色。车辆舱室的舱室标志及警告标志的字体均用醒目字体表示。一般车辆舱内的支柱、高出船体的支柱、强肋骨结构的管子以及每层车辆甲板的跳板处的突出结构均需包覆有黑黄警示标志的防护材料,包扎总高度为 1 100 mm(上缘离甲板高度 1 200 mm,下缘离甲板100 mm)、厚度为 20 mm,外表为黑黄色的警示标志。支柱等防护绑扎件安装前需装焊碰钉,保证绑扎件贴合紧密,不松散。

甲板中间的坡道纵向舱壁用油漆做黑黄警示标志,舱壁两端包覆有黑黄色警示标志的防护材料。在所有车辆舱室两舷侧强肋骨表面用油漆做黑黄色警示标志。车辆舱内的所有带缆桩端面和周边甲板需用油漆做黑黄色警示标志。所有车辆甲板上的室外梯栏杆和坡道处挡车杆用油漆做警示标志。对于船上车辆装载有碰擦可能的其他局部区域,也应包扎黑黄色警示标志或用油漆做黑黄色警示标志。

封闭车辆甲板四周舱壁需用油漆做黑黄色(或橘红色)警示标志,标志的上缘距甲板高 1 200 mm,下缘距甲板留 100 mm。

6.5.2.4 安全通道标志

安全通道标志设置在车辆舱的甲板上,宽 600 mm,底色为黄色,如图 6-41 所示。安全通道一般根据船东要求或车辆停靠的方向进行设置。

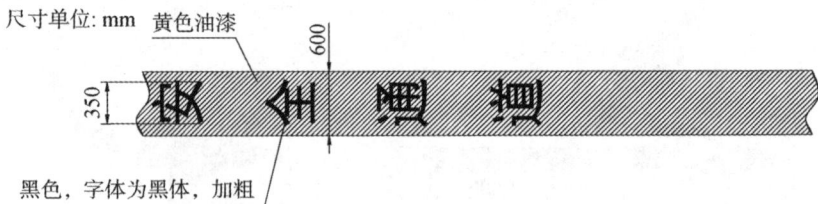

图 6-41 安全通道标志

6.5.3 舱室铭牌

根据中国海事局法规关于船员舱室及乘客舱室设备等篇章的规定,所有船员舱室的门上应用字迹清楚的铭牌标明舱室名称,所有乘客铺位和座位上应有编号,其他处所亦应设置铭牌以示明其用途。铭牌用中、英文书写。

实际上,不论是客船、货船还是其他船舶,船上所有的舱室(包括出入口)均应在门的上方设置铭牌以示明其用途。图 6-42 所示为典型的舱室铭牌的式样。

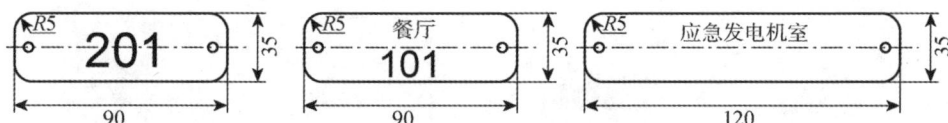

图 6-42 典型的舱室铭牌式样(单位:mm)

铭牌采用有机玻璃、铜或其他合适的材料制作。铭牌上的舱室(或处所)名称可根据船东要求用中文、英文或中英文对照书写,字迹应清楚,且与铭牌底色反差明显,以利于识别。

为了便于铭牌的制作,在船舶设计时通常编制《舱室铭牌表册》,将该船所有应制作的舱室铭牌的式样、材料及每块铭牌的名称均列入表册内。

6.6 消防设备标志

6.6.1 船舶防火控制图标志符号

船舶消防设备标志应采用 IMO A.952(23)号决议《船舶防火控制图识别符号》中规定的符号。这些符号不仅用于绘制防火控制图,其中表示消防设备(如灭火器)、探火警报设施(如探头、火警按钮)和人员保护设施(如消防员装备贮存箱)等设备也可制成单独的标志张贴在该符号所示设备的安装和存放处所。

(1)结构防火识别符号(graphical symbol for structural fire protection)如图 6-43 所示。

(2)消防设备识别符号(graphical symbol for fire protection appliances)如图 6-44 所示。

(3)脱险通道和脱险相关装置识别符号(graphical symbol for means of escape and escape-related devices)如图 6-45 所示。

A级分隔 A–Class Division	B级分隔 B–Class Division	主竖区 Main Vertieal Zone	A级防火铰链门 A–Class Hinged Fire Door
A级防火铰链门（水密） A–Class Hinged Fire Door (Watertight)	A级防火铰链门（半水密） A–ClASS Hinged Fire Door (Semi–Watertight)	B级防火铰链门 B–Class Hinged Fire Door	B级防火铰链门（水密） B–Class Hinged Fire Door (Watertight)
B级防火铰链门（半水密） B–Class Hinged Fire Door (Smei–Watertight)	A级自闭式防火铰链门 A–Class Hinged Self–closing Fire Door	A级自闭式防火铰链门(水密) A–Class Hinged Self–closing Fire Door(Watertight)	A级自闭式防火铰链门(半水密) A–Class Hinged Self–closing Fire Door(Semi–Watertight)
B级自闭式防火铰链门 B–Class Hinged Self–closing Fire Door	B级自闭式防火铰链门(水密) B–Class Hinged Self–closing Fire Door(Watertight)	B级自闭式防火铰链门(半水密) B–Class Hinged Self–closing Fire Door(Semi–Watertight)	A级防火移门 A–Class Sliding Fire Door

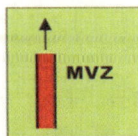

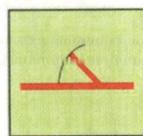

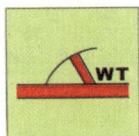

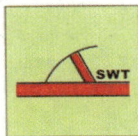

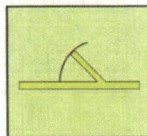

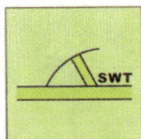

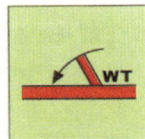

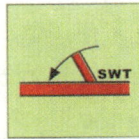

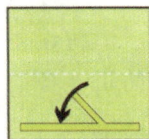

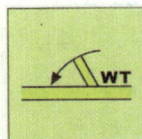

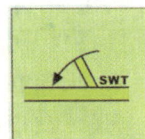

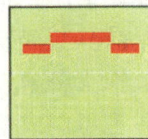

图 6-43　结构防火识别符号

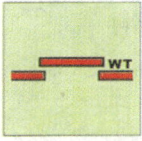

A级防火移门(水密)
A−Class Sliding Fire Door
(Watertight)

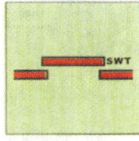

A级防火移门(半水密)
A−Class Sliding Fire Door
(Semi−Watertight)

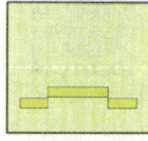

B级防火移门
B−Class Sliding Fire Door

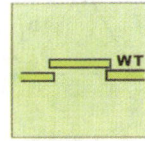

B级防火移门(水密)
B−Class Sliding Fire Door
(Watertight)

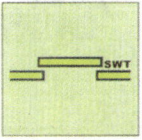

B级防火移门(半水密)
B−Class Sliding Fire Door
(Semi−Watertight)

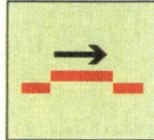

A级自闭式防火移门
A−Class Self−closing
Sliding Fire Door

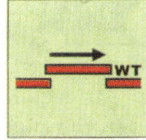

A级自闭式防火移门(水密)
A−Class Self−closing Sliding
Fire Door(Watertight)

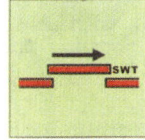

A级自闭式防火移门(半水密)
A−Class Self−closing Sliding
Fire Door(Semi−Watertight)

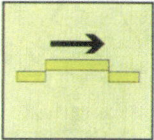

B级自闭式防火移门
B−Class Self−closing
Sliding Fire Door

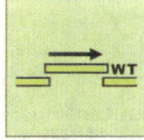

B级自闭式防火移门(水密)
B−Class Self−closing Sliding
Fire Door(Watertight)

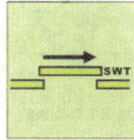

B级自闭式防火移门(半水密)
B−Class Self−closing Sliding
Fire Door(Semi−Watertight)

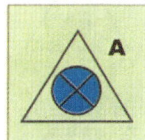

通风遥控开关或关闭装
置(起居和服务处所)
Ventilation Remote Control or
Shut−off for Accommodation
and Service Spaces

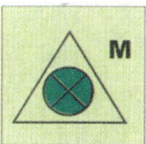

通风遥控开关或关闭装
置(机器处所)
Ventilation Remote Control or
Shut−off for machinery Spaces

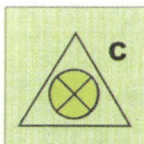

通风遥控开关或关闭装
置(货物处所)
Ventilation Remote Control or
shut−of−for Cargo Spaces

天窗遥控装置
Remote Control
for Skylight

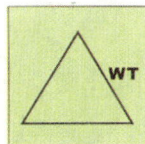

水密门遥控装置
Remote Control for
Watertight Doors

图 6-43　（续 1）

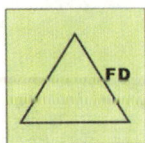

防火门遥控装置
Remote Control for Fire Doors

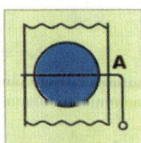

通风导管内的防火风闸
(起居和服务处所)
Fire Damper for Accommodation
and Service Spaces

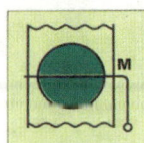

通风导管内的防火风闸
(机器处所)
Fire Damper for
machinery Spaces

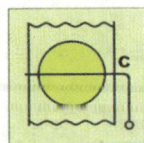

通风导管内的防火风闸
(货物处所)
Fire Damper for Cargo Spaces

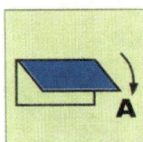

外部通风进口或出口
的关闭装置(起居和
服务处所)
Closing Device for Ventilation
Inletor Outlet for Accommodation
and Service Spaces

外部通风进口或出口的
关闭装置(机器处所)
Closing Device for
Ventilation Inlet
or Outlet for
machinery Spaces

外部通风进口或出口的
关闭装置(货物处所)
Closing Device for Ventilation
Inlet or Outlet for Cargo Spaces

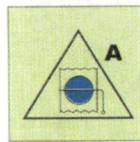

防火风闸遥控机构
(起居和服务处所)
Remote Control for Fire
Dampers for Accommodation
and Service Spaces

防火风闸遥控机构
(机器处所)
Remote Control for
Fire Dampers
formachinery Spaces

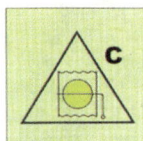

防火风闸遥控机
构(货物处所)
Remote Control for Fire
Dampers for Cargo Spaces

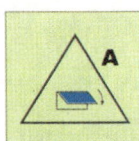

外部通风进口和出口关
闭装置的遥控机构(起
居和服务处所)
Remote Control for Closing
Devices for Ventilation Inlet
and Outlet for Accommodation
and Service Spaces

外部通风进口和出
口关闭装置的遥控
机构(机器处所)
Remote Control for Closing
Devices for Ventilation Inlet
and Outlet for machinery Spaces

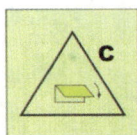

外部通风进口和出口
关闭装置的遥控机构
(货物处所)
Remote Control for Closing
Devices for Ventilation Inlet
and Outlet for Cargo Spaces

图 6-43 (续 2)

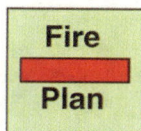

消防设备或结构防
火图(防火控制图)
**Fire Protection Appliances or
Structural Fire Protection Plan
(Fire Control Plan)**

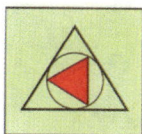

消防泵遥控开关
**Remote Control for
Fire Pump(s)**

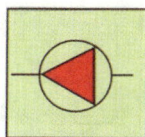

消防泵
Fire Pump(s)

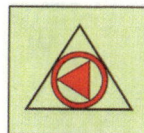

由应急电源供电的
应急消防泵或消防
泵的遥控开关
**Remote Control for Emergency
Fire Pump or Fire Pump Supplied
by the Emergency Source of Power**

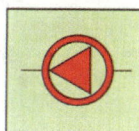

应急消防泵
Emergency Fire Pump

燃油泵遥控关闭
**Fuel Pump(s) Remote
Shut−off**

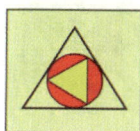

滑油泵遥控关闭
**Lube Oil Pump(s)
Remote Shut−off**

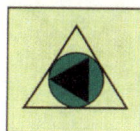

舱底泵遥控开关
**Remote Control for
Bilge Pump(s)**

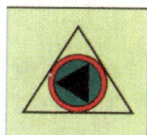

应急舱底泵遥控开关
**Remote Control for
Emergency Bilge Pump**

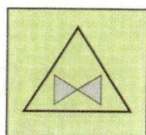

燃油阀遥控开关
**Remote Control for
Fuel Oil Valves**

滑油阀遥控开关
**Remote Control for
Lube Oil Valves**

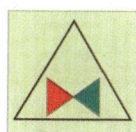

消防(泵)阀遥控开关
**Remote Control for
Fire Pump Valve(s)**

CO_2 施放站
Remote Release Station

氮气(N_2)施放站
**Nitrogen Remote
Release Station**

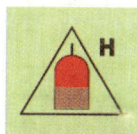

除CO_2或氮气之外
的气体(H_2)施放站
**Gas other then CO_2 or Nitrogen
Remote Release Station**

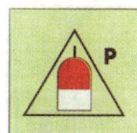

干粉(P)施放站
**Powder Remote
Release Station**

图 6-44　消防设备识别符号

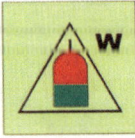

清水(w)施放站
Water Remote Release Station

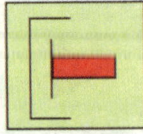

国际通岸接头
International Shore Connection

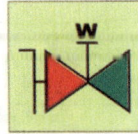

消防栓
Fire Hydrant

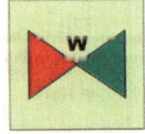

消防总阀
Fire Main Section Valve

喷淋阀
Sprinkler Section Valve

干粉阀
Powder Section Valve

泡沫阀
Foam Section Valve

固定式灭火装置(CO₂)
Fixed Fire Extinguishing
Installation (CO₂)

固定式灭火装置(氮气)
Fixed Fire Extinguishing
Installation (Nitrogen)

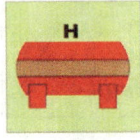

固定式灭火装置(除
CO₂或氮气之外的气体)
Fixed Fire Extinguishing Installation
(Gas other then CO₂ or Nitrogen)

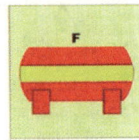

固定式灭火装置(泡沫)
Fixed Fire Extinguishing
Installation (Foam)

固定式灭火装置(干粉)
Fixed Fire Extinguishing
Installation (Powder)

固定式灭火装置(清水)
Fixed Fire Extinguishing
Installation (Water)

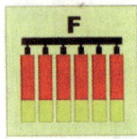

泡沫钢瓶组
Foam Fixed Fire
Extinguishing Battery

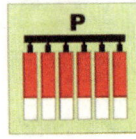

干粉钢瓶组
Powder Fixed Fire
Extinguishing Battery

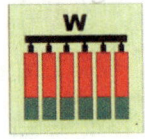

清水钢瓶组
Water Fixed Fire
Extinguishing Battery

图 6-44 （续 1）

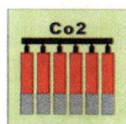

CO₂ 钢瓶组
CO₂ Fixed Fire
Extinguishing Battery

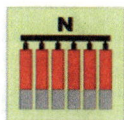

氮气钢瓶组
Nitrogen Fixed Fire
Extinguishing Battery

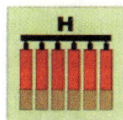

除 CO₂ 或氮气
之外的气体钢瓶组
Gas other than CO₂ or Nitrogen
Fixed Fire Extinguishing Battery

设置于被保护处
所内的泡沫灭火罐
Foam Fixed Fire Extinguishing
Bottle，placed in protected area

设置于被保护处
所内的干粉灭火罐
Powder Fixed Fire
Extinguishing Bottle，
placed in protected area

设置于被保护处
所内的清水灭火罐
Water Fixed Fire
Extinguishing Bottle，
placed in protected area

设置于被保护处
所内的 CO₂ 灭火罐
CO₂ Fixed Fire
Extinguishing Bottle，
placed in protected area

设置于被保护处所
内的氮气灭火罐
Nitrogen Fixed Fire
Extinguishing Bottle，
placed in protected area

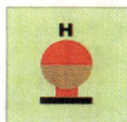

设置于被保护处所
内的除 CO₂ 或氮气
之外的气体灭火罐
Gas other than CO₂ or Nitrogen
Fixed Fire Extinguishing Bottle，
placed in protected area

高膨胀泡沫供应导管(出口)
High Expansion Foam
Supply Trunk (Outlet)

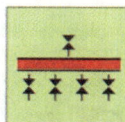

水喷淋系统阀
Water Spray System Valves

惰性气体装置
Inert Gas Installation

泡沫炮
Foam Monitor

干粉炮
Powder Monitor

水炮
Water Monitor

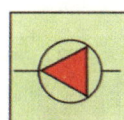

消防软管和喷嘴(泡沫)
Fire Hose and Nozzle (Foam)

图 6-44 （续 2）

消防软管和喷嘴(干粉)
Fire Hose and Nozzle(Powder)

消防软管和喷嘴(水)
Fire Hose and Nozzle(Water)

泡沫灭火器
Foam Fire Extinguisher

干粉灭火器
Powder Fire Extinguisher

CO₂ 灭火器
CO₂ Fire Extinguisher

清水灭火器
Water Fire Extinguisher

除 CO₂ 之外的气体灭火器
Fire Extinguisher for
Gas other than CO₂

干粉推车式灭火器
Powder Wheeled
Fire Extinguisher

推车式泡沫灭火器
Foam Wheeled Fire Extinguisher

推车式 CO₂ 灭火器
CO₂ Wheeled Fire
Extinguisher

推车式清水灭火器
Water Wheeled
Fire Extinguisher

除 CO₂ 之外的推车式气体灭火器
Wheeled Fire Extinguisher for
Gas other than CO₂

手提式泡沫喷枪
Foam Portable Applicator Unit

消防员装备箱
Fire Locker

由泡沫灭火系统保护的处所
Space Protected by Foam
Fire Extinguishing System

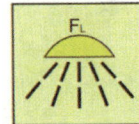

固定式深煎锅灭火系统
Fixed Fire Extinguishing System
for Deep Fat Cooking Equipment

图 6-44　（续 3）

由干粉灭火系统保护的处所
Space Protected by Powder
Fire Extinguishing System

由Halon灭火系统保护的处所
Space Protected by Halon Fire
Extinguishing System

由水灭火系统保护的处所
Space Protected by Water
Fire Extinguishing System

由 CO_2 灭火系统保护的处所
Space Protected by CO_2 Fire
Extinguishing System

由喷淋系统保护的处所
Space Protected by Sprinkler
Fire Extinguishing System

水雾喷枪
Water Fog Applicator

应急电源(发电机)
Emergency Source of
Electrical Power (Generator)

应急电源(蓄电池)
Emergency Source of
Electrical Power (Battery)

应急配电板
Emergency Switchboard

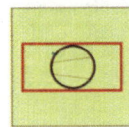

呼吸器空气压缩机
Air Compressor for
Breathing Devices

探火报警系统控制屏
Control Panel for Detection
and Alarm System

火警按钮 / 开关
Push Button / Switch
for General Alarm

手操呼叫点
Manually Operated Call Point

由感烟探测器监测的处所
Space Monitored by
Smoke Detector(s)

由感温探测器监测的处所
Space Monitored by
Heat Detector(s)

由火焰探测器监测的处所
Space Monitored by
Flame Detector(s)

由可燃气体探测器监测的处所
Space Monitored by
Gas Detector(s)

图 6-44 （续 4）

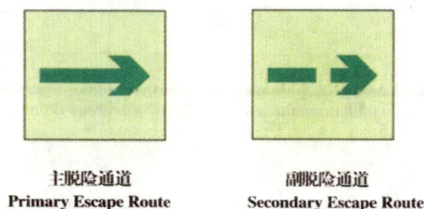

主脱险通道
Primary Escape Route

副脱险通道
Secondary Escape Route

图 6-45　脱险通道和脱险相关装置识别符号

6.6.2　防火控制图的存放及消防设备标志

经修正的 1974 年 SOLAS 公约及中国海事局《国际航行海船法定检验技术规则（2014）》规定：

（1）应在甲板室外面有明显标志的风雨密盒中永久存放 1 套防火控制图的副本或 1 本含有防火控制图的小册子，用以为岸上消防人员提供帮助。

（2）为便于船员使用深油烹饪设备灭火系统，在该系统的手动操纵控制器的位置处应有清晰的标志。

图 6-46　紧急逃生呼吸装置
（EEBD）图形符号

（3）消防员装备和个人配备存放的位置应有永久性的清晰标志。

（4）客船上，穿过主竖区分隔的通风导管的自动挡火闸，其手动关闭操作位置应使用红的反光颜色标出。

（5）存放紧急逃生呼吸装置的箱、柜、房间应贴有如图 6-46 所示的紧急逃生呼吸装置图形符号，且能在黑暗中予以识别。

6.7　救生设备标志

经修正的 1974 年 SOLAS 公约和中国海事局《国际航行海船法定检验技术规则（2014）》规定：

（1）所有船舶均应在救生艇筏及其降落操纵器上或附近，设置告示或标志，并应：

①有示意图说明此操纵器的用途及此项设备的操作程序，并提出有关的须知或注意事项；

②这些告示或标志在应急照明情况下容易看清；

③应使用符合国际海事组织建议案的符号。

（2）救生设备的容器、支架、搁架及其他类似存放装置的位置，应按国际海事组织的建议案用符号加以标记，表明该位置存放的设备及其用途。如果这个位置存放有一个以上的设备，则应标明其数量。

（3）救生衣应存放在容易到达之处，其位置应予明确显示。

（4）作为脱险通道标志的一部分，通往集合站的路线应按国际海事组织为此用途提出的建议案用集合站的符号标明（详见 6.8 节）。

IMO A.760(18)号决议通过的《与救生设备和布置有关的符号》（即《救生设备及装置的相关符号》）包括"救生设备操作的符号"以及经 MSC.82(70)号决议修正的"表示应急设备、集合和登乘站位置的建议符号"。其中，救生设备操作的符号应为蓝底白色，如表 6-3 所示；表示应急设备、集合和登乘站位置的建议符号应为绿底白色，如图 6-47 所示。显示这些符号的标志通常采用合成材料制作，表面涂荧光材料。

表 6-3　A.760(18)号决议规定的救生设备操作的符号

编号	项目	图形符号
1	系紧座位安全带 Fasten seat belts	
2	关紧舱门 Secure hatches	
3	启动发动机 Start engine	

表 6-3 （续 1）

编号	项目	图形符号
4.1	将救生艇降至水面 Lower lifeboat to water	 LOWER LIFEBOAT
4.2	将救生筏降至水面 Lower liferaft to water	 LOWER LIFERAFT
4.3	将救助艇降至水面 Lower rescure boat to water	 LOWER RESCUE BOAT
5	打开脱钩装置 Release falls	 RELEASE FALLS
6	开始喷水 Start water spary	 START WATER SPRAY
7	开始供气 Start air supply	 START AIR SUPPLY

表 6-3　（续 2）

编号	项目	图形符号
8	解开固艇索 Release gripes	

救生艇
Lifeboat

救助艇
Rescue Boat

救生筏
Liferaft

吊架降落救生筏
Davit-launched Liferaft

登乘梯
Embarkation Ladder

撤离滑梯
Evacuation Slide

撤离滑道
Evacuation Chute

救生圈
Lifebuoy

带索救生圈
Lifebuoy with Line

带灯救生圈
Lifebuoy with Light

带灯和烟雾信号的救生圈
Lifebuoy with Light and Smoke

救生衣
Lifejacket

图 6-47　A. 760(18)号决议表示应急设备、集合和登乘站位置的建议符号

儿童救生衣
Child'S Lifejacket

救生服
Immersion Suit

救生艇(筏)手提无线电话机
Survival Craft Portable Radio

应急无线电示位标
EPIRB

雷达应答器
Radio Transponder

救生艇(筏)遇险火焰信号
Survival Craft Pyrotechnic
Distress Signal

火箭降落伞信号
Rocket Parachute Flares

抛绳设备
Line-throwing Appliance

集合点
Muster Station

登乘站
Embarkation Station

方向指示(可与任何符号同使用)
Direction Indicator(for
use with any symbol)

紧急出口指示符

出口
Exit

EMERGENCY
EXIT
应急出口

紧急出口
Emergency Exit

图 6-47 （续）

6.8　脱险通道标志及安全逃生标志

6.8.1　标志的设置

脱险通道是使船上人员能安全迅速地撤向救生艇和救生筏登乘甲板的通道。通常对于客船和客滚船,要求乘客及船员处所和除机器处所外通常有船员的处所均应有到达救生艇和救生筏登乘甲板的脱险通道,机器处所则应设有通往登乘甲板或开敞甲板的安全脱险通道,并应按规定设置脱险通道标志和安全逃生指示。

6.8.1.1　国际航行海船的脱险通道标志

经修正的 1974 年 SOLAS 公约和中国海事局《国际航行海船法定检验技术规则(2014)》对于国际航行的客(滚)船脱险通道标志和安全逃生指示设置的规定如下:

(1) 客船的脱险通道包括梯道和出口在内应布置灯光或荧光条形显示标志。这些显示标志应设在甲板以上不超过 300 mm 的高度,遍布脱险通道各点,包括拐弯和岔路口处。显示标志应使乘客能辨认出整个脱险通道并迅速断定通道出口。如果使用电力照明设备,应由应急电源供电,其布置应使在任一单个显示灯的故障或有一个照明条被切断时,不会导致显示标志失效。此外,脱险通道的标志和消防设备的位置标识应采用荧光材料制成或用照明标示。对于载客超过 36 人的客船,上述要求还适用于船员起居处所。

(2) 客滚船的脱险通道除应按照上述(1)款的要求做出标志外,其脱险通道还包括通往集合站的直接通道,应根据国际海事组织制定的指南用符号标出(图 6-47)。

(3) 客滚船应设置安全逃生指示,即对各层甲板应编有序号,由内底板或最下层甲板起为“1”。序号应显著地显示在楼梯平台和升降机门廊处。也可给甲板命名,但甲板序号仍应与甲板名称一起显示。用“你在这”标出当前位置,并用箭头标出脱险通道的简明“模拟”平面图应明显地张贴在每一居住舱室门的内侧和公共处所内。该图应显示脱险通道的方向,并正确地注明其在船上的方位。

6.8.1.2　国内航行海船的脱险通道标志

中国海事局《国内航行海船法定检验技术规则(2020)》对于国内航行客船的脱险通道标志设置的规定如下:

在包括梯道和出口在内的脱险通道全线(包括拐弯和叉路口处)距甲板高度不

超过 0.3 m 处,应布置灯光或荧光条形显示标志。该显示标志应使乘客能辨认出整个脱险通道并迅速识别出脱险通道出口。如果使用电力照明设备,它应由应急电源供电,且其布置应使在任一单独灯光出现故障或有一条照明带被切断时,将不导致显示标志失效。此外,所有脱险通道的标志和消防设备的位置标志牌应采用荧光材料制成。

6.8.2 脱险通道标志的形式及安装

完整的船舶脱险通道标志包括低位照明系统、紧急疏散方向指示标志以及本章第 6.7 节所述的表示应急设备、集合地点和登乘站位置的救生设备标志。

6.8.2.1 低位照明系统

在船上失火的情况下,烟雾会使通常的应急照明效果降低。为使旅客立即认出脱险通道,安装低位(舱壁下端接近甲板部位)照明系统能够极大地增加旅客的安全。

低位照明系统有两种形式,即电力照明系统和光致发光系统。前者采用灯光显示标志并由应急电源供电,后者则采用荧光条形显示标志。无论采用何种形式的低位照明系统,在所有通道,除被走廊和舱门隔断的部分外,低位照明应是连续的,以便沿脱险路线提供一条可见的轮廓。对于已按国际标准验证其在不连续的情况下能够提供可见轮廓的系统也可被接受。

低位照明系统至少安装在走廊的一侧,或装在距甲板 300 mm 范围内的舱壁上,或装在距舱壁 150 mm 范围内的甲板上,如图 6-48 所示。对于宽度超过 2 m 的走廊,低位照明应装在两侧。

对于一端不通的走廊,低位照明应有箭头,箭头的间隔不应超过 1 m,并指向不通一端的反方向,如图 6-49 所示。

在所有的楼道内,低位照明应至少装在一侧,距梯阶的高度不超过 300 mm,使站在每一梯阶之上或之下的任何人易于识别出该梯阶的位置,如图 6-50 所示。如果梯道的宽度等于或大于 2 m,则应在两侧都安装低位照明。在每段楼梯的顶部和底部应有标志表明梯阶到此为止。

用以指引旅客前往集合地点和登乘站位置的低位照明应使用国际海事组织通过的表示应急设备、集合和登乘站位置的建议符号(图 6-47)。

所有的脱险路线(指示)符号(图 6-45)和消防设备标志(图 6-44)应是光致发光材料的或有照明的,装在舱壁下端 300 mm 以内处。此种符号和标志尺寸应与低位照明系统的其他部分相称。

低位照明应通到出口的门把手。低位照明的出口符号应配备于所有出口,该符号应在出口的门有把手的一侧下端 300 mm 之内，如图 6-51 所示。滑动的防火门和水密门应有表示如何开门的低位照明符号。

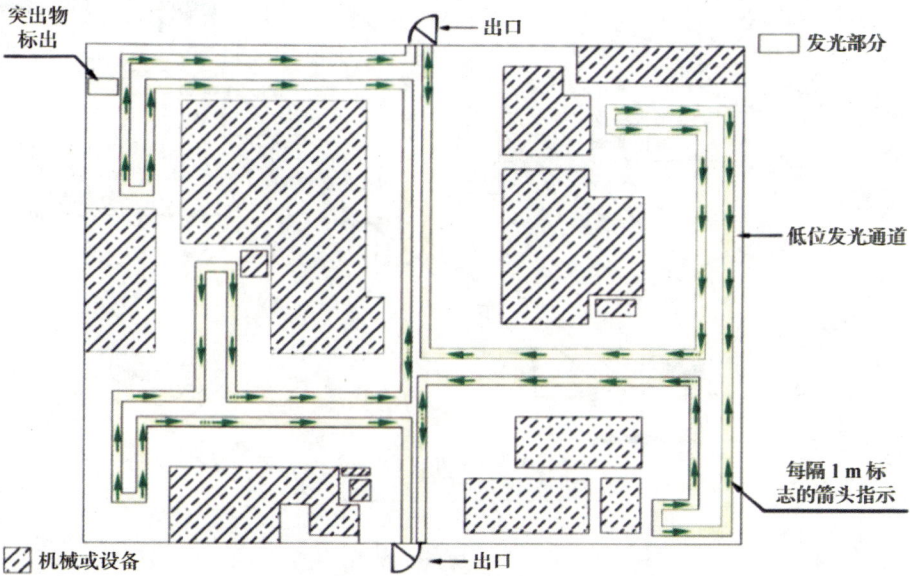

图 6-48　服务处所和特种处所通道的低位照明图例

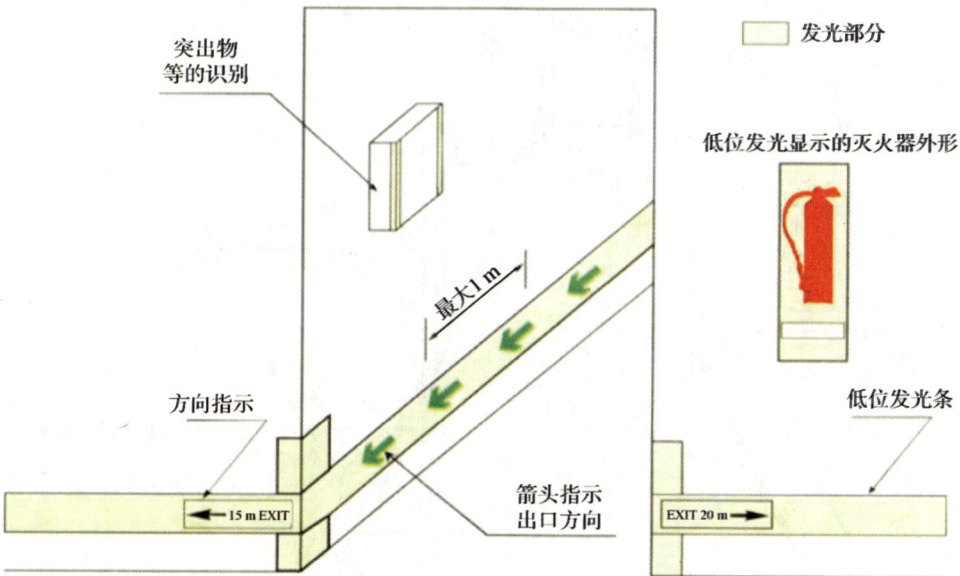

图 6-49　一端不通的走道出口布置图

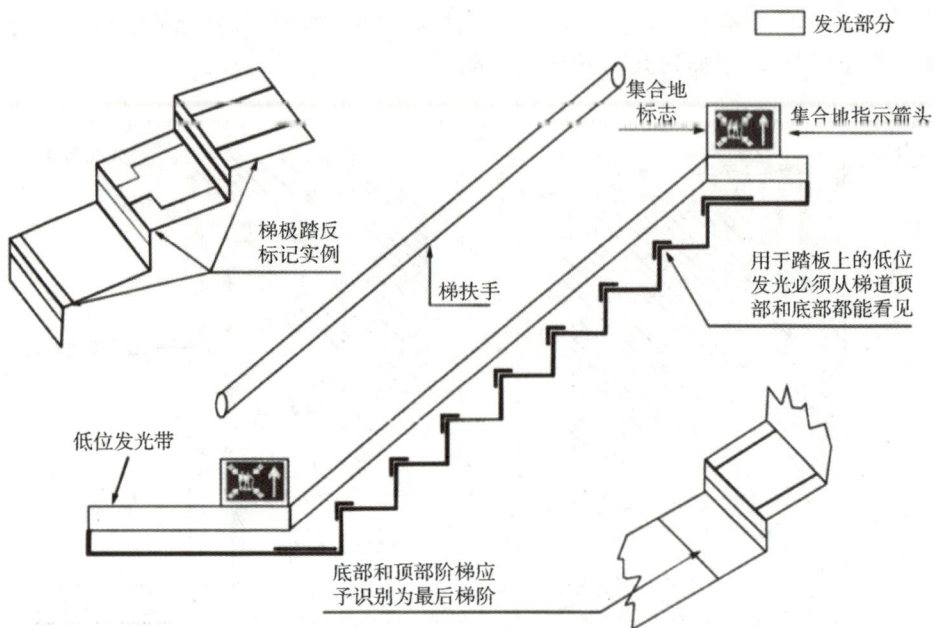

图 6-50　梯道布置图

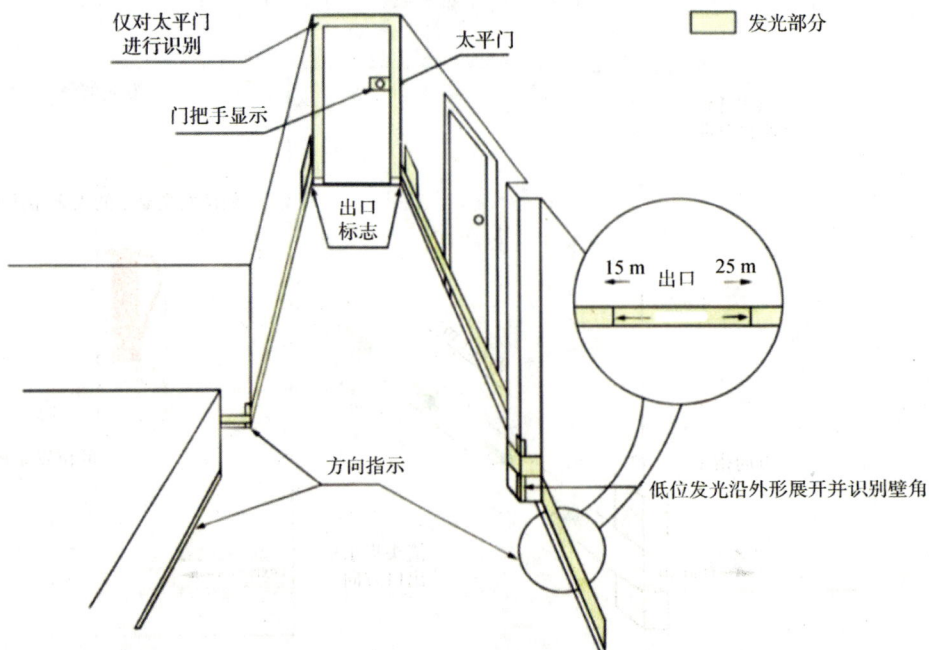

图 6-51　三通交叉图

目前,低位照明系统广泛采用荧光条形显示标志,其宽度应不小于 25 mm,具有蓄光功能,在移去外部照明源后的 10 min 内至少提供 15 毫坎(mcd)/m^2 的亮度,在 80 min 内连续提供大于 2 mcd/m^2 的亮度。表 6-4 列出了几种常用的荧光条形显示标志(发光指示路线标志)。

表 6-4　常用的发光指示路线标志

名称	类型	规格
发光带		4 cm×10 m, 8 cm×10 m
带有箭头的发光带		4 cm×10 m, 8 cm×10 m
指示出口的发光带		4 cm×10 m, 8 cm×10 m
指示逃生方向的发光带		4 cm×10 m, 8 cm×10 m

6.8.2.2　紧急疏散指示标志

船舶脱险通道紧急疏散指示标志包括显示通道方向、出口、门的开启方向等符号以及文字辅助的标志,其主要形式列于表 6-5。

表 6-5　船舶脱险通道紧急疏散指示标志

名　称	标　志	说　明
紧急出口 EXIT		指示在发生火灾等紧急情况下可使用的一切出口
滑动开门 SLIDE		指示装有滑动门的紧急出口,箭头指示该门的开启方向
推开 PUSH		本标志置于门上,指示门的开启方向
拉开 PULL		本标志置于门上,指示门的开启方向
击碎面板 BREAK TO OBTAIN ACCESS		指示:(1)必须击碎玻璃板才能拿到钥匙或开门工具;(2)必须击开板面才能制造一个出口
疏散通道方向		与紧急出口标志联用,指示到紧急出口的方向。该标志可制成长方形。
紧急出口（文字标志）		用文字表示的紧急出口

在远离紧急出口的地方,为了指示紧急出口的方向,常常采用紧急出口与疏散通道方向联用并加上文字辅助的组合标志,如图 6-52 所示。

图 6-52　各种紧急出口组合标志

6.8.2.3　救生设备、集合和登乘站位置指向标志

指示救生艇、救助艇、集合和登乘站位置的标志,通常为救生设备和指向符号组合的标志,如图 6-53 所示。

图 6-53　救生设备位置标志

虽然 SOLAS 公约和有关法规没有对除客船以外的船舶提出设置脱险通道标

志的要求,实际上许多大、中型海洋调查船舶和工程船舶,特别是载有大量施工人员的工程作业船上,也经常参照有关法规的要求设置脱险通道标志。

6.9 通用安全标志

船上应在公共处所、与安全有关的处所和标志所涉及的相应危险地点或设备附近的醒目处所张贴安全标志,以引起船上人员的注意。

船舶安全标志采用《船用安全标志》(GB 3838－1998)规定的图形符号,可采用荧光材料制成。船用安全标志根据其对人行为的限止程度可分为五大类型,具体如下所述。

6.9.1 禁止标志及其文字辅助标志

禁止标志的含义是禁止人们不安全行为的图形标志。该标志的基本形式为带有斜杠的白底、红色圆形边框加上相应的图示。禁止标志的文字辅助标志的基本形式为矩形边框,文字为白色,衬底为红色。常用的禁止标志如图 6-54 所示。

图 6-54　船用禁止标志

6.9.2　警告标志及其文字辅助标志

　　警告标志的基本含义是提醒人们对周围环境引起注意,以避免可能发生的危险的图形标志。该标志的基本形式是黄底、黑色正三角形边框加上相应的图示。警告标志的文字辅助标志的基本形式为矩形边框,文字为黑色,衬底为白色。常用的警告标志如图 6-55 所示。

图 6-55　船用警告标志

6.9.3　指令标志及其文字辅助标志

　　指令标志的含义是强制人们必须做出某种动作或采取防范措施的图形标志。该标志的基本形式为蓝底、圆形边框加上相应的图示。指令标志的文字辅助标志的基本形式为矩形边框,文字为白色,衬底为蓝色。

　　本章 6.7 节所述的救生设备操作符号标志属于指令标志,此外常用的指令标志如图 6-56 所示。

6.9.4　提示标志

　　提示标志的含义是向人们提供某种信息(如表明安全设施或场所等)的图形标志。该标志的形式为绿或蓝(红)底正方形或长方形边框加上相应的图示。其中绿底标志为表示应急设备、集合和登乘站位置的标志,与本章 6.7 节中的图 6-47 所示相同。红底标志为消防设备标志,详见本章 6.6 节。蓝底标志则为提供公共信息的标志,诸如不同性别的场所、废物箱、问讯、饮用水等。

图 6-56　船用指令标志

6.9.5　警报标志

警报标志的含义是向人们表明警报设施及场所或配合可视信号发出警报的图形标志。该标志的基本形式为红(白)底正方形边框加上相应的图示。常用的警报标志如紧急呼救电话、机器警报、操舵装置警报、舱底水警报等。

第7章　直升机甲板设施

7.1　概述

直升机为海洋船舶提供的服务主要有人员运送、后勤支援、伤病员救护和紧急撤离等，由于直升机所特有的安全性和实用性，目前在海上各类船舶中得到广泛使用。

经修正的 SOLAS 公约第Ⅲ章以及中国海事局《国际航行海船法定检验技术规则（2014）》均规定："所有客滚船应设有一个直升机搭乘区域，并应经主管机关在考虑了国际海事组织通过的建议案后认可。1999 年 7 月 1 日或以后建造的船长为 130 m 及以上的客滚船，应设有一个直升机降落区域，并应经主管机关在考虑了国际海事组织通过的建议案后认可。"上述建议案均指《国际航空和航海搜救手册》。

在大型远洋运输船上，直升机的使用逐渐增多，为此国际航运公会（ICS）制订了"直升机/船间作业指南"，对于各类货船包括干货船、液货船、散货船、液化气体船和集装箱船的直升机作业方式及作业设施提出了具体要求。

一些大型的海洋调查船诸如极地考察船、地球物理勘探船等和大型的海洋工程作业船舶诸如起重/打捞/救助船、浮式生产储油船、海洋平台等一般设有专用的直升机平台，供直升机降落和系留使用。

7.2　海上作业使用的直升机类型

直升机的类型按发动机数量可分为单引擎和双引擎，按旋翼数量可分为单旋翼和双旋翼，按降落装置类型可分为轮式和滑橇式。表 7-1 列出了目前国际海上作业使用的部分商用直升机的型号和主要参数。适合海上使用的国产直升机有直八（图 7-1）和直九（图 7-2）两种型式，均为双引擎、单旋翼、轮式，且带有尾部垂直桨叶的直升机，其主要参数列于表 7-2。两个表中直升机的总长（OL）均为旋翼转动时的最大长度。

表 7-1　海上作业使用的部分商业直升机

制造商	型号	名称	总长(OL)/m	主旋翼数量×直径/m	降落装置形式	最大质量/kg	引擎数	驾驶员+乘员数
Bell	206	Jet Ranger	11.9	1×10.1	滑橇式	1 452	1	1+4
Bolkow	105D		11.9	1×9.9	滑橇式	2 400	2	
	EC135		12.0	1×10.2	滑橇式	2 720	2	
Bolkow	117		13.0	1×11.0	滑橇式	3 200	2	
Aerospatiale	SA316/319	Alouette3	12.8	1×11.0	轮式	2 252	1	1+6
Aerospatiale	AS350	Squirrel	13.0	1×10.69	滑橇式		1	1+6
Aerospatiale	AS355	Twin Squrrel	13.0	1×10.69	滑橇式		2	1+6
MBB-Kawasaki	BK 117		13.0	1×11.0	滑橇式		2	1+7
Bell	206L	Long Ranger	13.0	1×11.3	滑橇式	1 814	1	1+6
Agusta	A109	Hirando	13.1	1×11.0	轮式	2 600	2	1+7
Aerospatiale	SA 365C	Dauphin 2	13.3	1×11.93	轮式		2	1+10~14
Aerospatiale	SA 365N	Dauphin 2	13.68	1×11.93	轮式	4 250	2	1+10~14
	EC155B1		14.3	1×12.6	轮式	4 850	2	
Bell	222A		14.7	1×11.89	轮式		2	1+8
Bell	222UT		15.3	1×11.89	轮式		2	1+8
Wastland	W30-100		15.9	1×13.31	轮式		2	1+17
Sikorsky	S-76		16.0	1×13.4	轮式	5 307	2	2+12
Agusta/Wastland	AW139		16.56	1×13.8	轮式	6 300	2	
Bell	412		17.13	1×14.02	滑橇式	5 397	2	
Bell	212	Twin	17.46	1×14.63	滑橇式	5 080	2	1+14
Bell	204/208		17.5	1×14.7	滑橇式	4 309	1	1+14

·276·

表 7-1　（续）

制造商	型号	名称	总长(OL)/m	主旋翼数量×直径/m	降落装置形式	最大质量/kg	引擎数	驾驶员+乘员数
Aerospatiale	AS330j	Puma	18.2	1×15.0	轮式	6 700	2	2+18
Aerospatiale	AS332L	Super Puma	18.7	1×15.0	轮式	8 599	2	
Bell	214ST		18.95	1×15.85	轮式	7 936	2	
	AS332L2	Super Puma	19.5	1×16.20	轮式	9 300	2	
	EC225		19.5	1×16.20	轮式	11 000	2	
Sikorsky	S58T		20.1	1×17.1	轮式	5 897	2	2+16
Sikorsky	S92		20.88	1×17.17	轮式	12 020	2	
Sikorsky	S61N		22.20	1×18.9	轮式	9 298	2	3+28
	EH101		22.80	1×18.6	轮式	14 600	2	
	M18-T		25.33	1×21.29	轮式	12 000	2	3+22

注:配置滑橇式降落装置的直升机一般不需要设置防滑网。

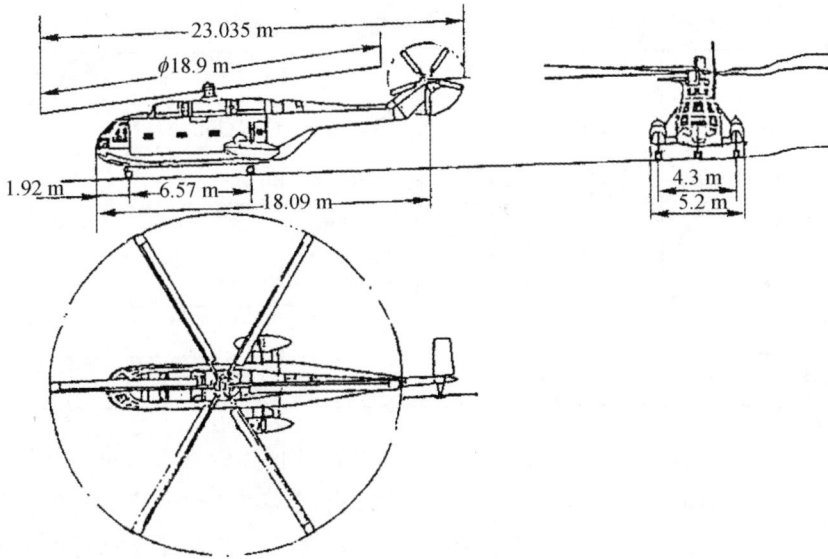

图 7-1　直八型直升机

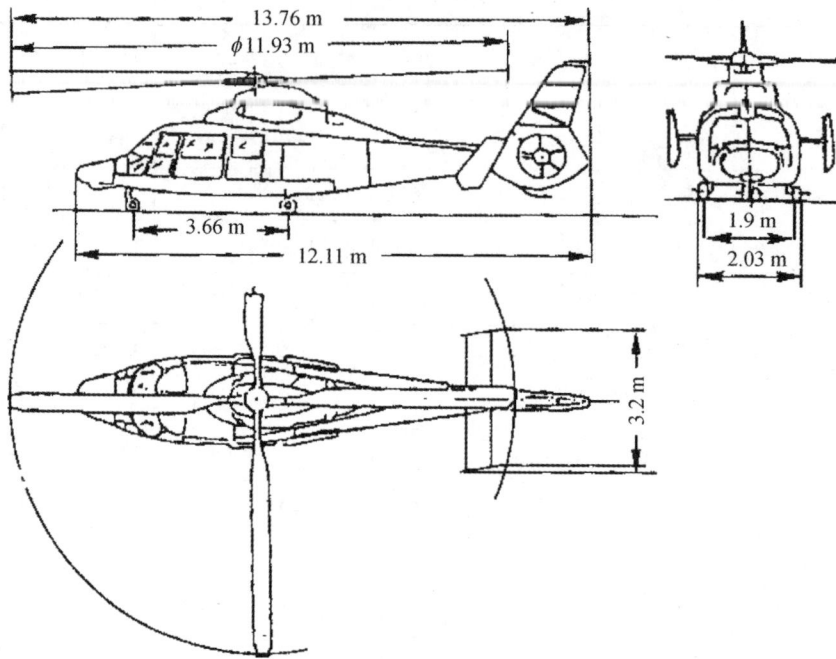

图 7-2　直九型直升机

表 7-2　直八及直九型直升机主要参数

项目	直八	直九	项目	直八	直九
总长(OL)/m	23.04	13.74	最大巡航速度/(km/h)	266	280
旋翼直径(RD)/m	18.90	11.93	最大航程/km	820	860
空机质量/kg	6 626	1 987	最大爬升率/(m/s)	11.5	4.2
有效载荷/kg	3 000	2 013	最大使用升限/m	6 000	2 000
最大起飞质量/kg	13 000	4 000	乘客座位/个	27	12
极限航速/(km/h)	315	324			

　　海上作业最好使用双引擎直升机。单引擎直升机应在规定条件下使用,只允许降落在甲板上,而不得在作为上层建筑一部分的生活处所上部降落,且在任何情况下,不得用于悬停作业。在天气恶劣的区域(如北海),必要时应限制单引擎直升机飞越海面的飞行距离。表 7-3 指出了单引擎和双引擎直升机作业的一般条件。

表 7-3　直升机作业条件

类型	人员				物资			
	降落		悬停(吊放)		降落		悬停(吊放)	
	白天	夜间[1]	白天	夜间[1]	白天	夜间[1]	白天	夜间[1]
双引擎	可	可	可[2]	可[2]	可	可	可	可
单引擎	可[3]	可[3]	否	否	可[3]	可[3]	否	否

注：①夜间作业使用的直升机必须有供这些作业使用的全部证书、装备和人员。

　　②只有当降落区不适用或不能用时，才采用悬停方式作业。

　　③单引擎直升机不可在作为船舶上层建筑一部分的生活处所上方使用。

　　海上作业的直升机通常采用垂直起降。单旋翼直升机，质量轻，外形尺寸较小。所需要的降落区面积也较小，适合船上使用。双旋翼直升机尤其是前后设置主旋翼的直升机，质量大，外形尺寸较大。所需要的降落区面积也较大，因此在船上较少使用。轮式直升机较适宜于在船上使用。滑橇式直升机虽然安全性好，但由于船上降落区域甲板可能有折角或小的障碍物，会造成降落的困难。

　　直升机降落时，船舶的运动（纵摇、横摇及升沉）越小越好，通常在横摇不超过±5°、纵摇不超过±2°时，可自由降落。

7.3　客滚船和货船的直升机作业设施

7.3.1　客滚船和货船的直升机作业方式

　　客滚船和货船一般不设置专用的直升机平台，但是为了进行直升机作业，在船上划出合适的区域供直升机作业使用，也即为直升机作业区。

　　直升机的作业方式有两种，一种为直升机降落作业，相应的作业区为具有足够大小的可供直升机降落的区域；另一种为直升机在悬停状态下进行的人员和物资的吊放作业，相应的作业区为吊放区，但不能供降落使用。然而，直升机降落区可供吊放作业使用。

　　按规定 130 m 及以上的客滚船应设有一个直升机降落区域。货船包括液货船（油船及化学品船）、散货船及干液多用途液货船、集装箱船、液化气体船以及其他干货船等，各种类型的货船应根据其船型、布置及装载货物的性质设置直升机作业区。当然，对于任何形式的船舶来说，若条件许可，应尽可能设置降落区，这是直升机作业的最佳选择。

　　直升机作业区（降落区和吊放区）应尽可能设在船舶的上层连续甲板靠近舯部

处,一般不推荐设在艉部。因为艏部受空气湍流的影响较大,艏部的运动(垂向和水平方向)也较大。当艏部露天甲板上没有足够的场地用作降落区时,艉楼甲板常常是可能选择的处所。但是选择艉楼甲板作降落区有若干不利因素,主要是离上层建筑较近,由此而引起的湍流会影响直升机的操纵,烟囱的排气会影响直升机驾驶员的操纵以及直升机发动机的性能。而且当船舶纵摇时,艉部处垂向运动也较大。

7.3.2 客滚船和货船的直升机降落区

本节所叙述的直升机降落区的要求适用于客滚船和货船。

7.3.2.1 直升机降落区的位置

直升机降落区应位于上层连续甲板。该区域应包括一个外部机动区和一个无障碍区,重要的是无障碍区应尽可能接近船侧。因此,在船上定位时,首先要求确定这样一个区域,它具有进入作业区的无障碍通道,并能使直升机从船侧退出。一旦区域确定以后,第二项要求则是在区域内确定一个最佳位置,作为机动区并使无障碍区达到最大。

7.3.2.2 直升机降落区的形式

直升机降落区的形式有以下两种:

(1)船侧降落区

船侧降落区设在船长中部区域上层连续甲板的两舷处,如图 7-3 所示。降落区应尽可能地大,并能为直升机提供从舷外进入的安全入口。如无障碍区边界接近船侧或同船侧成一直线,且允许一定高度的障碍物,则通过对称地向船侧扩大无障碍区和机动区因而扩大降落区的入口,将改善直升机的安全。船侧这一扩大了的降落区将成为首选的作业区。

(2)不能从船侧无障碍进入的降落区

如不可能提供从船侧处无障碍进入的作业区时,在实际可行的情况下,直升机降落区应位于上甲板船体中心线处,如图 7-4 所示。

7.3.2.3 直升机降落区的尺寸

确立降落区时,应保证下述两者之间的安全关系:

(1)目标圈(环)、无障碍区、机动区尺寸及在这些区域内的障碍物最大允许高度;

(2)预见利用这些设施的直升机的尺寸。

　　特别是降落区的无障碍区应尽可能地大,其直径 D 应不小于可能使用该降落区的最大的直升机的总长(OL)。降落区域的其他尺寸应与无障碍区直径成比例,如图 7-3 及图 7-4 所示。

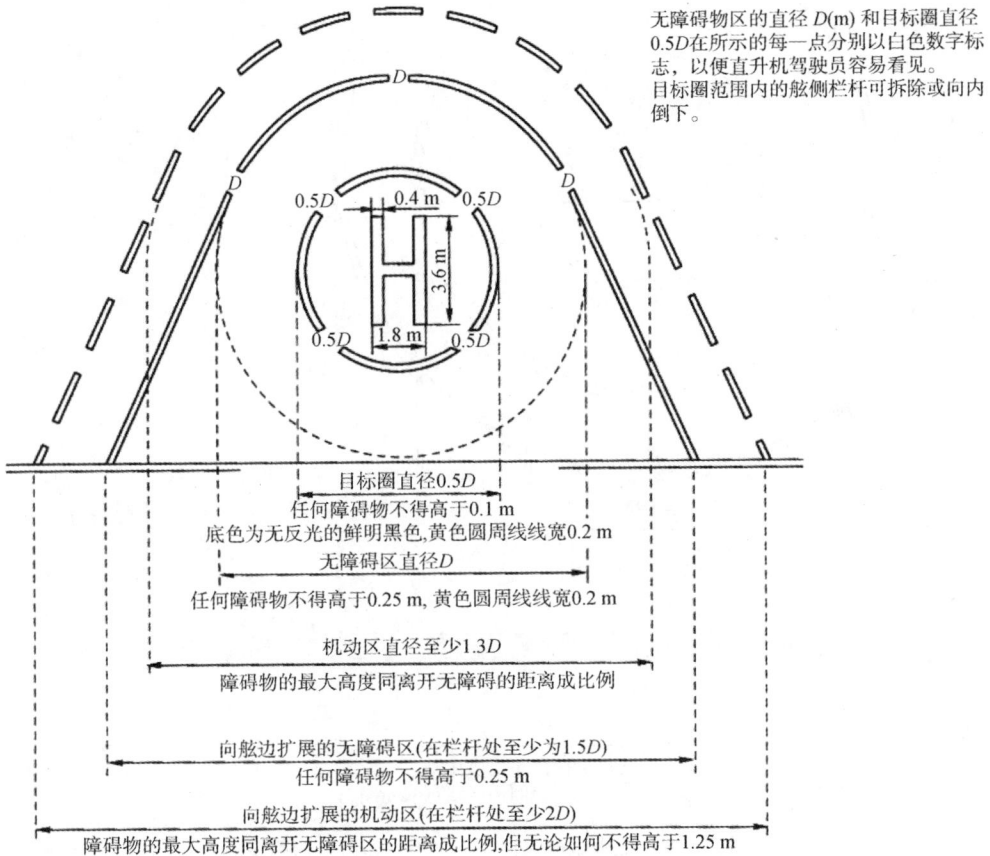

无障碍物区的直径 D(m) 和目标圈直径 $0.5D$ 在所示的每一点分别以白色数字标志,以便直升机驾驶员容易看见。
目标圈范围内的舷侧栏杆可拆除或向内倒下。

目标圈直径$0.5D$
任何障碍物不得高于0.1 m
底色为无反光的鲜明黑色,黄色圆周线线宽0.2 m
无障碍区直径D
任何障碍物不得高于0.25 m, 黄色圆周线线宽0.2 m
机动区直径至少1.3D
障碍物的最大高度同离开无障碍的距离成比例
向舷边扩展的无障碍区(在栏杆处至少为1.5D)
任何障碍物不得高于0.25 m
向舷边扩展的机动区(在栏杆处至少2D)
障碍物的最大高度同离开无障碍区的距离成比例,但无论如何不得高于1.25 m

图 7-3　直升机船侧降落区

7.3.2.4　目标圈

　　目标圈即着陆区是与无障碍区同心的供直升机降落装置着降的区域,其直径为无障碍区直径 D 的一半,即 $D/2$。如果目标环的直径为 10 m,将适用于目前海上作业使用的较大的直升机。目标圈应适合于直升机起落架安全降落,如可能应是完全无障碍的区域。如果有不可避免的障碍物,则这些障碍物必须是有圆滑过渡的边缘,以便能越过而不损伤直升机起落架,且障碍物不得高于 0.1 m(图 7-5)。

无障碍区的直径 D(m) 和目标圈直径 $0.5D$ 在所示的每一点分别以白色数字标志，以便直升机驾驶员容易看见。

D

$0.5D$

3.6 m

0.4 m   1.8 m

$0.5D$ $0.5D$

D D

$0.5D$

D

目标圈直径 $0.5D$
任何障碍物不得高于0.1 m
底色为无反光的鲜明黑色、
黄色圆周线线宽0.2 m
无障碍区直径 D
任何障碍物不得高于0.25 m, 黄色圆周线，线宽0.2 m
机动区直径至少 $1.3D$
障碍物的最大高度同离开无障碍区的距离成比例，
但无论如何不得高于1.25 m, 间断的黄色圆周线线宽0.2 m

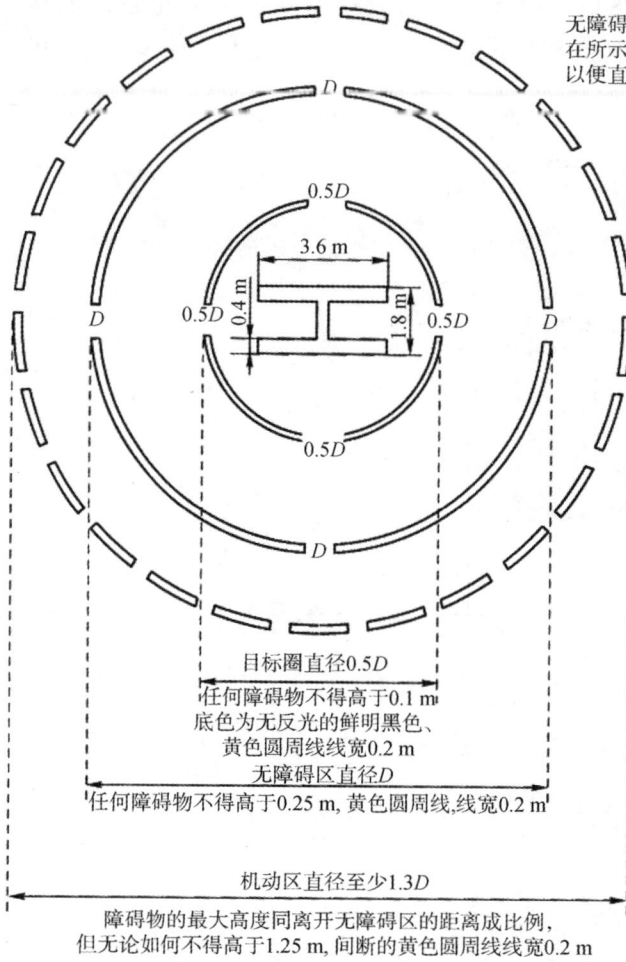

图 7-4 不能从船侧无障碍进入的直升机降落区

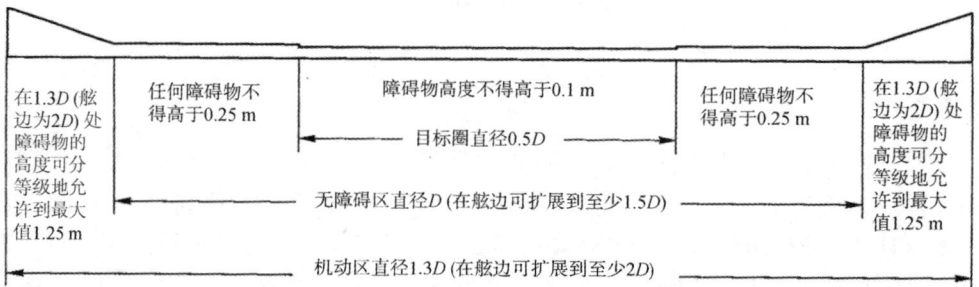

在1.3D (舷边为2D) 处障碍物的高度可分等级地允许到最大值1.25 m	任何障碍物不得高于0.25 m	障碍物高度不得高于0.1 m	任何障碍物不得高于0.25 m	在1.3D (舷边为2D) 处障碍物的高度可分等级地允许到最大值1.25 m
		目标圈直径0.5D		
		无障碍区直径D (在舷边可扩展到至少1.5D)		
	机动区直径1.3D (在舷边可扩展到至少2D)			

图 7-5 降落区障碍物的允许高度

目标圈应完全由防滑表面所覆盖,并漆成与其他表面有反差的黑色,但不反光。目标圈边界用 0.2 m 宽的黄线做出标志,并在圆周的 4 个点上用白色字母清晰地标志出目标圈的直径(单位 m),如图 7-3 及图 7-4 所示。

目标圈中央标有字母"H",字高 3.6 m,字宽 1.8 m,线条宽 0.4 m,字母涂以白色。船侧降落区字母"H"的开口应朝向直升机进入方向。降落区设在船体中心线处时,字母"H"的开口应朝向直升机优先的进入方向,即其水平线与船体中心线重合。

7.3.2.5　无障碍区

无障碍区的直径取决于可供使用的降落区域,但无障碍区应尽可能地大,其直径 D 必须大于能使用该降落区起降的最大的直升机旋翼转动时的总长(OL)。当降落区设在船侧时,无障碍区边界向舷边延伸而扩大,在舷边处加宽至 1.5D(图 7-3)。由此,将使直升机安全进入的程度得以提高。无障碍区的边界应采用 0.2 m 宽的黄线做出标志,且在边界线的圆周部分用白色字母清晰地标志出直径 D(单位 m),如图 7-3 及图 7-4 所示。

无障碍区内不得有高于 0.25 m 的固定障碍物(图 7-5)。

7.3.2.6　机动(飞行)区

机动区扩大了可使直升机安全机动的区域,机动区的直径应至少为 1.3D(D 为无障碍区直径)。在这一区域的上空,直升机的旋翼可避开高障碍物造成的危险。如果降落区设在船侧时,若有可能,机动飞行区应与无障碍区同时向舷边延伸而扩大。在舷边处,机动飞行区的宽度至少为 2D(图 7-3),从而将使直升机安全进入的程度得以提高。机动区的边界应采用 0.2 m 宽的黄色间断线做出标志。

在降落区的机动区范围内,当障碍物不可能全部除去时,可允许自无障碍区边界处,障碍物的允许高度为 0.25 m 分级过渡到机动区边界处障碍物的允许最大高度为 1.25 m。但在两边界之间,任何障碍物的垂直高度减去高度 0.25 m 以后的数值与该障碍物离开无障碍区边界的水平距离之比不应大于 1∶2(图 7-5)。例如,机动区内一个高度为 1 m 的障碍物,它超过无障碍区内允许的障碍物高度 0.75 m,则该障碍物离开无障碍区边界的距离至少为 1.5 m。机动区的所有障碍物都应用鲜明的颜色清晰地标志。

7.3.2.7　直升机降落区的表面及障碍物标志

直升机降落区的表面,除目标圈为黑色外,无障碍区和机动区应涂刷深灰色或深绿色的无反射涂料,它应同降落区以外的船舶结构的涂色有明显的区别。直升机降落装置及人员使用的区域(如目标圈)应涂刷无光泽的且在潮湿情况下也能防滑的涂料。

降落区(包括无障碍区和机动区)内所有的障碍物应清楚地做出标志,应涂刷白天发光的高能见度的与底色有明显区别的涂料。通常使用红、白交替的带状标志,以使其容易引起直升机驾驶员的注意。

7.3.2.8 直升机降落区的照明

直升机降落区在夜间使用时,必须设置照明灯,其具体要求如下:

(1) 照明设施应能照亮整个作业区,且不应直接指向直升机;

(2) 风向袋(或旗)应被照亮。

7.3.2.9 直升机降落区的消防设备

直升机在降落区降落或在偶然、紧急的情况下在降落区进行吊放作业时,可使用符合 SOLAS 公约第Ⅱ-2 章要求的设备。这些设备在直升机降落或进行吊放作业期间应存放在接近降落区且容易取得的地方,这些设备包括:

(1) 至少 2 具干粉灭火器,总容量不少于 45 kg。

(2) 总容量不少于 18 kg 的 CO_2 灭火器或等效设备。

(3) 一个由泡沫炮或泡沫发生支管组成的合适的泡沫灭火系统,能在直升机作业的所有气候条件下将泡沫喷射至直升机甲板的所有部分。该系统应能按表 7-4 所要求的喷射率,至少工作 5 min。

表 7-4　直升机作业区泡沫液喷射率

类别	直升机总长	泡沫液喷射率/(L/min)
H1	15 m 以下(不含 15 m)	250
H2	15 m 至 24 m 以下(不含 24 m)	500
H3	24 m 至 35 m 以下(不含 35 m)	800

(4) 主要灭火剂应适于与盐水一起使用,其所符合的性能标准应不低于本组织接受的性能标准。

(5) 至少有 2 具经认可的两用型(水柱/水雾)水枪和足以到达直升机甲板任何部位的水带。

(6) 两套消防员装备。

(7) 还应至少存有下列属具,存放方式应使其可立即使用,且有风雨防护:

① 活络扳手;

② 耐火毯；

③ 60 cm 螺栓刀具；

④ 抓钩或捞钩；

⑤ 高负荷钢锯，配有 6 根备用锯条；

⑥ 梯子；

⑦ 直径 5 mm，长 15 m 起重绳；

⑧ 侧剪钳子；

⑨ 全套分类螺丝刀；

⑩ 带有可配挂刀鞘的工具刀。

7.3.3　货船直升机吊放区

目前，在船舶日常作业中直升机的使用逐渐扩大。当船舶不可能设置直升机降落区时，可提供一个无障碍的吊放区，直升机可以安全地悬停于该区域上方，给船舶或从船舶上进行人员和物资的吊放作业。

7.3.3.1　货船直升机吊放区的形式和位置

直升机悬停作业时的吊放区由两个同心的区域组成，中间目标圆为无障碍区，其外部为机动区，如图 7-6 所示。

直升机吊放区尽可能设置在上甲板船舷处或靠近船舷处。如同直升机降落区一样，设在船舷处的吊放区，其机动区可向舷边延伸扩大，且可超出舷边形成一个无障碍的通道。

某些船舶由于条件限制只能将吊放区设在生活区上方。在这种情况下，只允许使用双引擎直升机，并应能从至少两个远离的不同方向进入吊放区。在吊放区及其邻近处所以及该处所下面的甲板上，所有的门、舷窗和天窗均应关闭。

吊放区的位置应使直升机能在无障碍区上方悬停，并有一个无障碍的视野；所在位置受空气湍流的影响最小，远离烟囱排气的影响；若有可能应远离生活区。但在靠近机动区附近应提供一个足够大的人员集合处所，并设有进入该集合处所的安全通道。在选择吊放区时应注意直升机的最小吊放高度，但通常应避免超过 12 m。

7.3.3.2　货船直升机吊放区的大小、允许的障碍物高度及标志

直升机吊放区的无障碍区是一个清除了所有障碍物的区域，其最小直径为 5 m。该区域应涂以黄色无光泽的即使在潮湿情况下也能防滑的涂料，且同其周围区域的涂色有明显的区别。

WINCH

ONLY

目标圆
直径 5 m

黄色

内部机动区直径1.5D

外部机动区直径2D

任何障碍物不得高于6 m	任何障碍物不得高于3 m	无障碍物	任何障碍物不得高于3 m	任何障碍物不得高于6 m

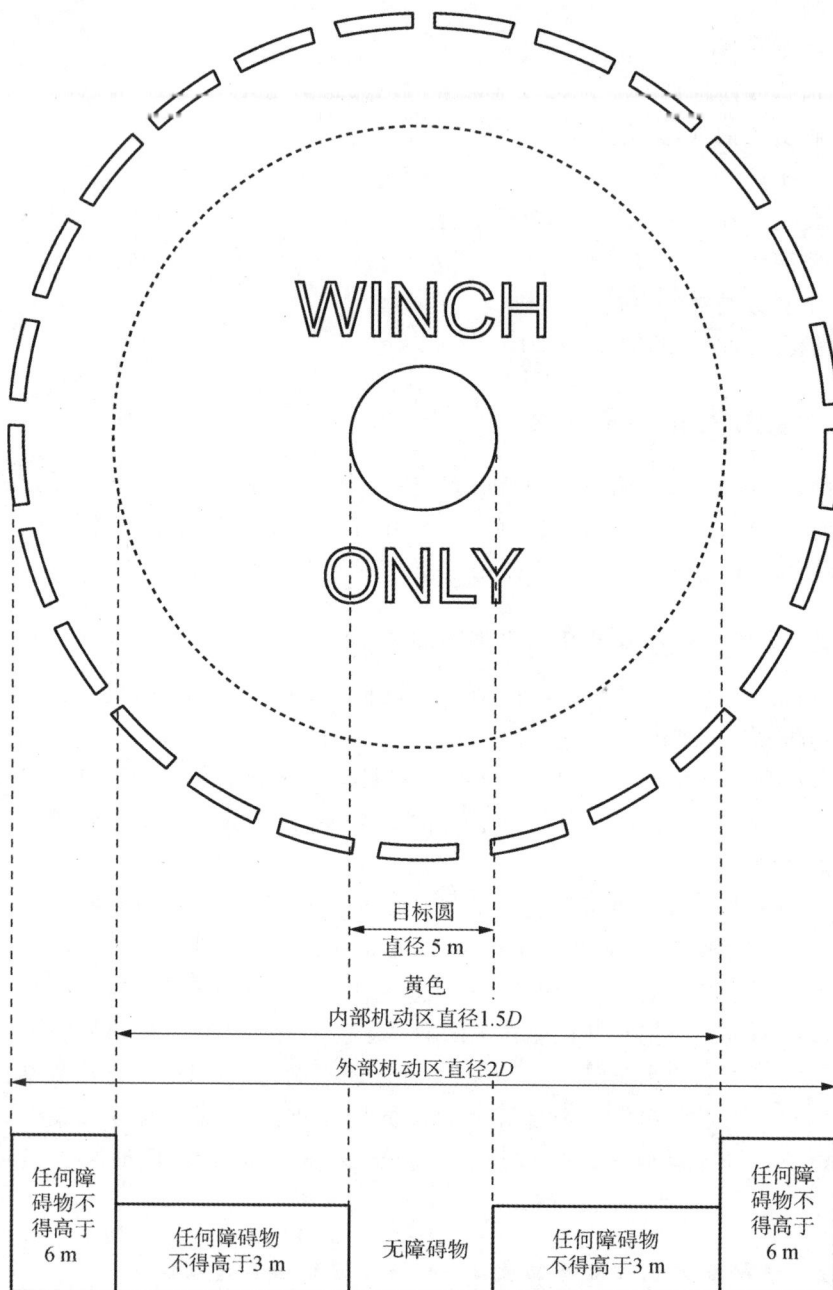

图 7-6　直升机吊放区

机动区的直径为 2D,其边界用 0.2 m 宽的间断的黄线标志清楚。为了避免直升机驾驶员可能把吊放区误认为降落区,应在机动区内以适当大的字母注出 WINCH ONLY 的字样(图 7-6)。机动区应使用同船舶颜色明显不同的防滑涂料,尽可能同航空驾驶员的习惯相适应。

在 1.5D 的机动区内,障碍物的高度不应超过 3 m,在 1.5D～2D 的范围内,障碍物高度允许不超过 6 m。在机动区内的所有障碍物应涂刷白天发光的高能见度的涂料,通常使用红、白交替的带状标志,以使其容易引起直升机驾驶员的注意。

为了减少吊放作业时吊钩和缆索发生缠结的危险性,所有在机动飞行区附近的防护栏杆、天幕支柱、天线及其他障碍物应尽可能地移去或可倒。

7.3.3.3　货船直升机吊放区的其他设施和要求

直升机吊放区夜间作业的照明要求以及消防设施配备的要求与降落区的要求相同。

7.3.4　货船直升机应急吊放区

船舶由于其尺度、设计情况或货物的性质等原因,不可能为直升机提供降落区或是吊放区时,应考虑提供一个应急吊放区,在应急情况下用于直升机携走或降落人员和/或设备(物资),如运走伤病员、把医生或修理人员送到船上、运送船舶急需的设备等。

应急吊放区应避开障碍物选择在船舶最高处,尽量靠近船舷。在其上方,直升机可安全地做机动飞行及安全地悬停。如果船舶没有机动能力,则在可能的情况下,应选择两个位置,即船舶两舷各一个,以便根据风向的不同使用其中之一。

在应急吊放区的机动区内,不应有超过 3 m 高的障碍物,不允许天线、支索等障碍物的存在。在应急吊放区附近的所有高的障碍物应涂以颜色明显的白天发光的高能见度的涂料,可使用红、白交替的带状标志。

应急吊放区不必做永久性的标志,以免同常规作业区混淆。但被选作应急吊放区的处所应在船舶布置图上标明,该布置图在驾驶室内突出的位置予以显示。

当上述要求也不能实现时,船舶只能借助于救助艇或救生艇来使用直升机。但是全封闭救生艇用于直升机作业并不合适,只是在没有可代替的手段时才使用。

7.4　各类货船直升机作业区的设置

各种类型的货船应根据船型、布置及装载货物的性质设置直升机作业区。

7.4.1 液货船

7.4.1.1 油船

油船不论其货物的危险程度如何,由于其生活区位于艉部,甲板面积和空间较大,且很少有障碍物。因此,油船是商船中最适宜于进行直升机作业的船舶,可以为直升机提供良好的作业区。这类船舶的安全防护设施可控制蒸发气体的释放。在直升机作业时,旋翼产生的强大气流将会驱散积聚在甲板上的有害蒸气。

大型油船是少数商船中能为海上服务提供最大的直升机降落区的船舶。除提供降落区外,还可在相对的另一侧提供一个吊放区。后者可以更迅速而安全地进行作业,从而减少时间因素造成的风险。

较小的油船,其甲板空间通常有诸多的障碍物如吊杆柱、起重机、桅、空气管等,但若有合适的处所,应提供一定的甲板面积用作降落区或吊放区。

7.4.1.2 零担舱室化学品船

这类船舶由于构造特殊,众多的水平和垂直管系、通风筒和甲板舱柜等,以至没有多余的场地可用于设置直升机降落区或吊放区。因此,只有在特殊的情况下,才进行直升机作业。

7.4.2 散货船和干液货交替装载的货船

在这类船上,大的货舱盖占据了甲板的大部分面积,因此空余的甲板面积很小,通常只能将直升机作业区定位于货舱盖上。因此,即使是大型船舶也未必能提供很大的降落区。某些散货船可能为较小的直升机提供降落区,但多数船舶只能提供吊放区。

类似的船舶如 O/B/O 船(矿砂-散货-石油运输船)及 O/O 船(矿砂-石油运输船),也有上述同样的情况。

当直升机作业定位于货舱盖上时,应使货舱盖有足够的强度,并得到船级社的认可,以适应其上降落的最大的直升机。

7.4.2.1 有货物装卸设备的散货船

这类船舶尺度较小,正常情况下能够提供一个吊放区。多数这类船舶的装卸设备构成一定数量的障碍物,使得确定合适的作业区变得复杂。虽然可以在货舱盖上确定一个作业区,但是与这些障碍物靠得很近。在这种情况下,可将作业区定位于主甲板,而将其机动区的有效部分延伸到舷外,重要的是确定一个无障碍的通道。但作业区不要太靠近艉部,因为船艉部分空气湍流影响大,垂向运动幅度大,船舶载货时干舷较小,浪可能打到甲板上。

7.4.2.2　无货物装卸设备的散货船

这类船舶在甲板上没有高的障碍物,通常可提供一对无障碍的入口。确定作业区的位置也比较灵活,但通常设在货舱盖上。然而,一些较小的障碍物如通风筒的筒体会影响无障碍区的位置。作业区不应太靠近艏部,因为船首部分空气湍流影响大,船体运动幅度大,船舶载货时干舷较小,浪可能打到甲板上。直升机作业区定位于货舱盖上时,需注意以下问题:

(1) 艏、艉开启的货舱盖。若表面是平的货舱盖,对于降落或吊放作业均很合适。若是横向波纹状货舱盖,则不适用于直升机作业,这时应将作业区设在主甲板上。

(2) 侧向开启的货舱盖。这类货舱盖适用于直升机降落或吊放作业。由于这类货舱盖有时不完全是平的,有可能朝一端倾斜至 5°,且由于船舶的摇摆而使倾斜度加大,因此在直升机降落时,应对货舱盖的实际倾斜度进行测定。

7.4.2.3　干液多用散货船

在这类船舶上,通常将作业区定位于货舱盖上。由于干液散货船的货舱盖总是为侧向开启的形式,因此 7.4.2.2 节(2)款对于设置在侧向开启的货舱盖上的直升机作业区的要求同样适用。但在较大的 O/O 船上,也有可能把作业区确定在有较大的无障碍区的甲板上。

7.4.3　集装箱船

当集装箱船在露天甲板上最大限度地运载集装箱时,不适合进行直升机常规作业。大多数情况下,集装箱妨碍直升机吊放或降落作业,除非在没有集装箱的货舱盖上,或是在堆放的集装箱顶部。

如果利用货舱盖进行直升机降落或吊放作业,除了应满足作业所需要的空间外,货舱盖应有足够的强度,并得到船级社的认可。

如果打算利用集装箱堆的顶部进行直升机作业,则应该考虑以下因素:集装箱的堆放高度、集装箱堆的形状、集装箱顶部的强度、登上集装箱顶部的梯子及必要的安全措施(如扶手和救生索等)、集装箱交叉排列所造成的间隙以及潮湿的油污物造成的危险等。因此建议,若确实需要在集装箱顶部进行直升机作业时,应设有专用的安全通道,以保证安全作业。

要实施直升机常规作业的集装箱船,建议设置专用的直升机平台。

7.4.4　液化气体运输船

液化石油气体(LPG)船和液化天然气(LNG)船进行直升机作业的主要困难在于这些船上缺乏能用于作业区的无障碍处所,且很容易损坏甲板设备以及由此造成火灾等原因。

大多数液化气体船不可能在货物区或前甲板上找到一个合适的无障碍处所作为直升机作业区,因此仅有的可实施直升机作业的合适的安全处所是艉楼甲板。这个区域的优点是远离装货区;不足之处是系泊设备集中,离生活区近,必须对生活区实施保护以防止直升机事故造成危害,且该处所由纵摇、横摇及升沉引起的运动幅度大,空气湍流和烟囱排气影响直升机的操纵。因此,对于液化气体船强烈建议除非设置专用的直升机平台,否则不应进行直升机作业。

7.4.5　干货船

大多数干货船(包括尺度较大的现代干货船)不可能设置一个能满足实施直升机常规作业所必需的全部要求的作业区。这些船舶的甲板室和货物装卸设备限制了有用的甲板处所,仅仅只有很小的场地可用作直升机进入降落区或吊放区的无障碍入口。

当船舶在海上航行时,货物操纵设备放倒时,通常是前后方向跨越货舱盖,因此不可能将吊放区定位在货舱盖上。但是,设置起重机的船舶可使其臂杆回转并在同船体中心线垂直的位置上放倒,从而有可能在货舱盖上或在靠近货舱盖的主甲板上设置一个吊放区,其机动区延伸到舷外。但是这种方法不适用于装备起货吊杆的船舶,因为垂直安放的吊杆很难保证安全。

7.5　专用的海船直升机平台

7.5.1　专用的海船直升机降落区的位置

海船直升机降落区的位置应根据船舶的用途及布置情况确定,可设于艏部、舯部或艉部,如图7-7、图7-8及图7-9所示。降落区的设置通常有两种情况,一种是利用上层建筑或甲板室的顶部甲板作为降落区,故而此甲板又称为直升机甲板;另一种是独立的平台,称为直升机平台。但在很多情况下两种称谓并没有严格的区别。降落区周围应无高出直升机平台(甲板)从而妨碍直升机降落的结构物。

图 7-7　直升机降落区设于艏部的船舶

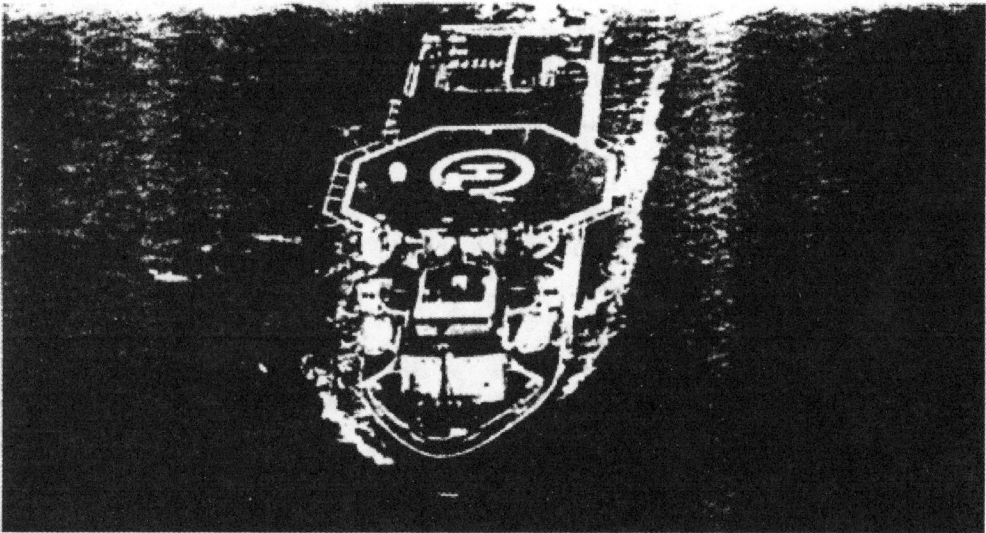

图 7-8　直升机降落区设于艉部的船舶

图 7-9　直升机降落区设于艉部的船舶

直升机降落区设于船舶中部是一个比较理想的选择,因为该位置受空气湍流的影响较小,由船舶纵摇所引起的垂向运动最小。但是,许多船舶由于布置和作业的原因,舯部区域不可能设置直升机平台。因此,常常将直升机平台设置于船舶的尾部或首部。降落区设在艉部的不足之处是受船舶纵摇的影响垂向运动较大,而且烟囱的排烟会影响直升机驾驶员操作。艏部区域由于受到空气湍流的影响最大,而且由纵摇和摇艏引起的船舶运动幅度最大,因此通常不推荐将直升机平台设在艏部区域。

大型的非自航工程船舶(如起重船等)和海洋平台可供选择为直升机降落区的场所较多,而且与货船直升机降落区远离生活区的要求不同,或是靠近生活区设置独立的直升机平台,或是利用上层建筑或甲板室顶部的甲板结构扩展而构成直升机甲板。

7.5.2　专用的直升机平台的无障碍区和限制障碍区

中国民用航空总局令第 151 号颁布的《小型号航空器商业运输运营人运行合格审定规则》(CCAR-135)对于直升机平台及其设施做了明确规定,本节将综合引用这些规则的规定。

专用的直升机平台(甲板)可以是任意形状,通常为方形、矩形或是多边形(六边形、八边形),但应有足够的尺度,能保证使用该平台(甲板)的最大型号直升机能在预期的最恶劣的条件下不受阻碍地进行起降作业。

专用的直升机平台(甲板)应至少设有一个进场和飞离区,通常称该区为抵离区。该区域为从直升机平台(甲板)边缘的基准点开始所作的一个同某个规定角度相对应的圆弧,在直升机甲板高程的水平面向外延伸形成的扇形区,通常称为无障碍区。以上述同一个基准点为中心的 360°圆弧减去无障碍部分所构成的向外延伸形成的扇形区域,由于在该区域内的障碍物高度被限制在一定的高度范围内,因此该区被称为限制障碍区。

专用的直升机平台(甲板)障碍物限制的规定如下:

(1) 旋翼(直升)机甲板应设置 210°抵/离扇形区(无障碍区),如图 7-10 所示。图中所示的直升机平台(甲板)为方形,也可采用其他形状的平台。直径 D 应不小于拟使用该区域的直升机旋翼转动时的最大全长(OL)。150°扇形区为限制障碍物区。

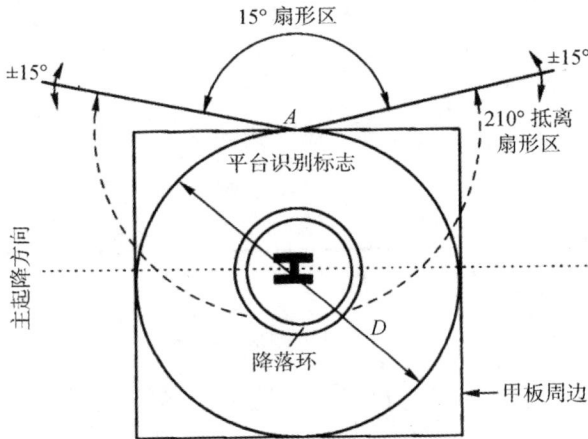

图 7-10　直升机甲板示意图

(2) 旋翼(直升)机甲板 210°扇形区的 180°范围内,甲板边缘至水面 5：1 的斜坡以外,不允许有固定障碍物,如图 7-11 所示。

(3) 单旋翼(或共轴双旋翼)和横列式双旋翼直升机平台(甲板)的尺度应能包含一个不小于所用直升机旋翼转动时的最大全长为直径的圆形区域(降落和起飞区),在该区域内应无高出甲板表面的突出物。

CCAR-135 规定,在主起降方面一侧圆周点 A 为圆心的 150°扇形区内,障碍物高度的限制如图 7-12 所示。在距离直升机甲板中心 $0.5D$ 到 $0.62D$ 的范围内,障碍物不得高于甲板以上 $0.05D$;在 $0.62D$ 到 $0.83D$ 的范围内,障碍物应不高于以 $0.62D$ 处甲板以上 $0.05D$ 为起点的以水平距离与高度之比为 2：1 的比率上升的斜面。

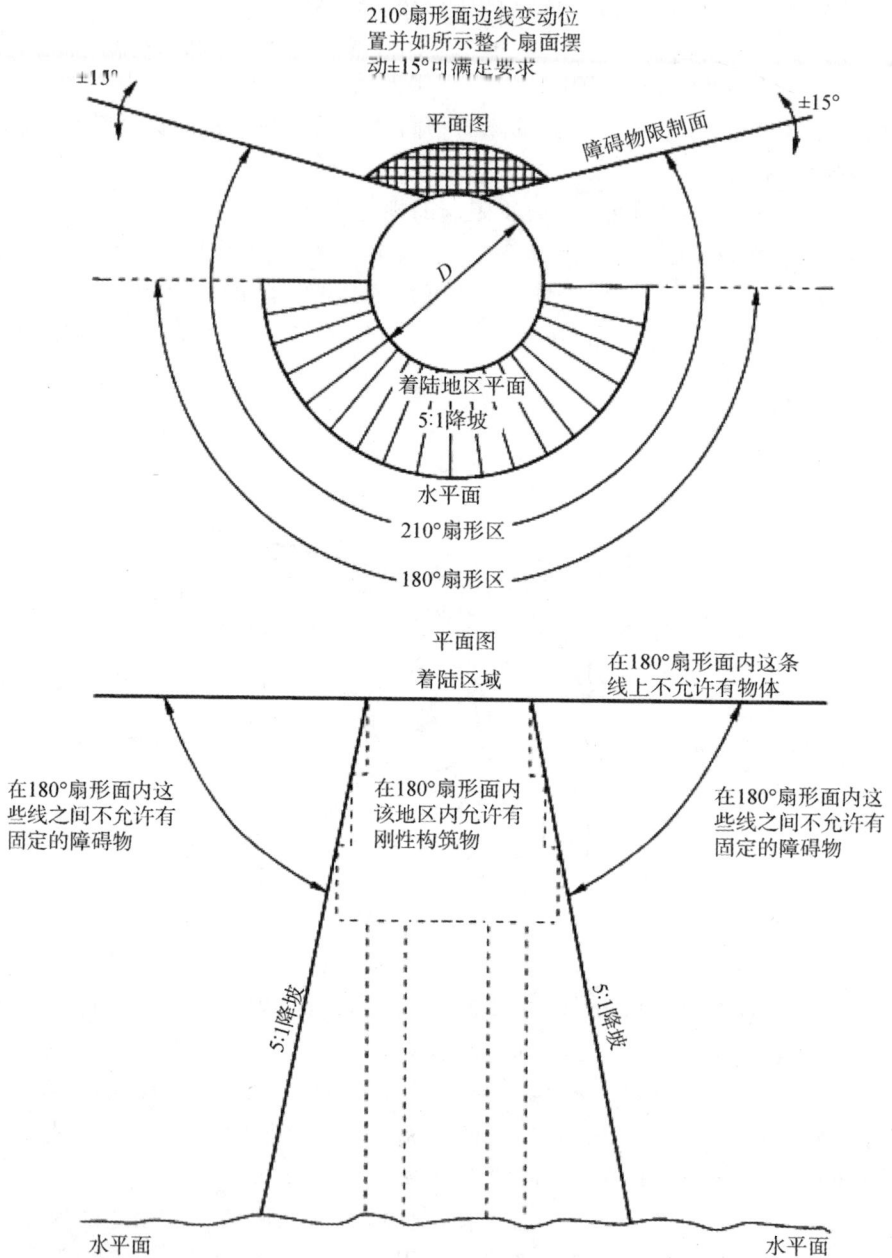

210°扇形面边线变动位
置并如所示整个扇面摆
动±15°叫满足要求

±15°

平面图

障碍物限制面

±15°

D

着陆地区平面
5:1降坡

水平面

210°扇形区

180°扇形区

平面图
着陆区域

在180°扇形面内这条
线上不允许有物体

在180°扇形面内这
些线之间不允许有
固定的障碍物

在180°扇形面内
该地区内允许有
刚性构筑物

在180°扇形面内这
些线之间不允许有
固定的障碍物

5:1降坡

5:1降坡

水平面

水平面

图 7-11　直升机甲板无障碍物扇形面

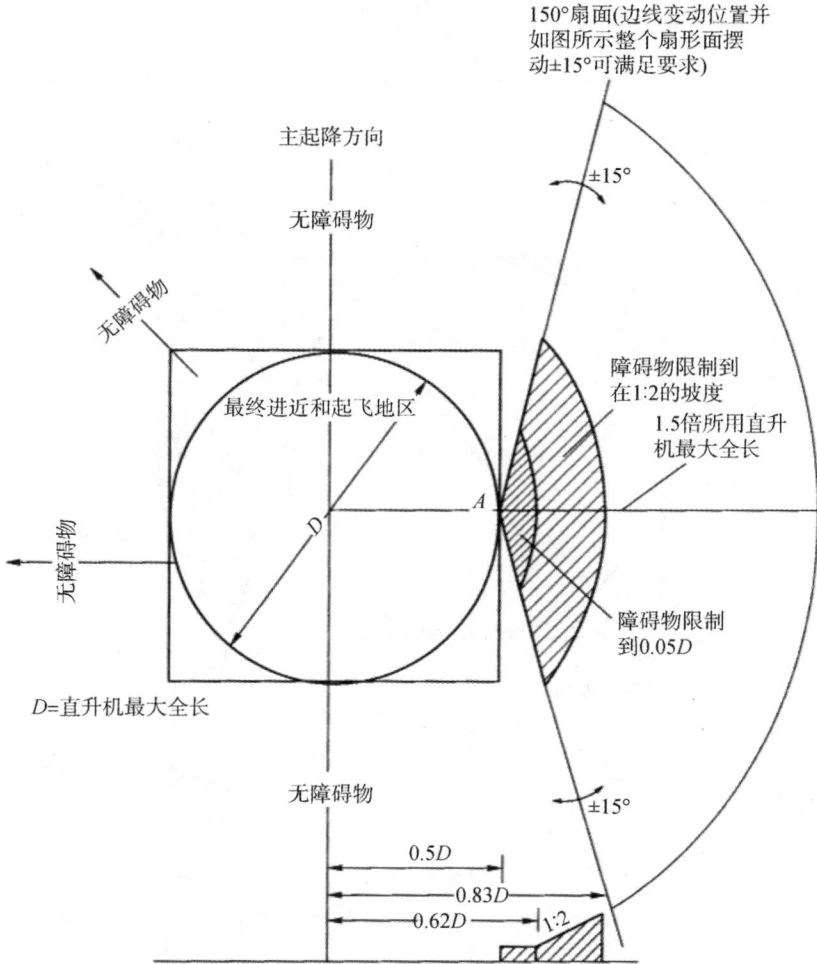

图 7-12　CCAR-135 规定的单旋翼和横列式双旋翼直升机平台 150°扇形区障碍物限制示意图

（4）CCAR-135 规定,纵列式双旋翼直升机平台（甲板）的尺度应不小于以所用直升机 $0.9D$ 为直径的圆形区域,150°扇形区障碍物限制如图 7-13 所示。在距离直升机甲板中心 $0.5D$ 到 $0.62D$ 的范围内,不得有高于甲板以上的障碍物;在 $0.62D$ 到 $0.83D$ 的范围内,障碍物应不高于甲板以上 $0.05D$。

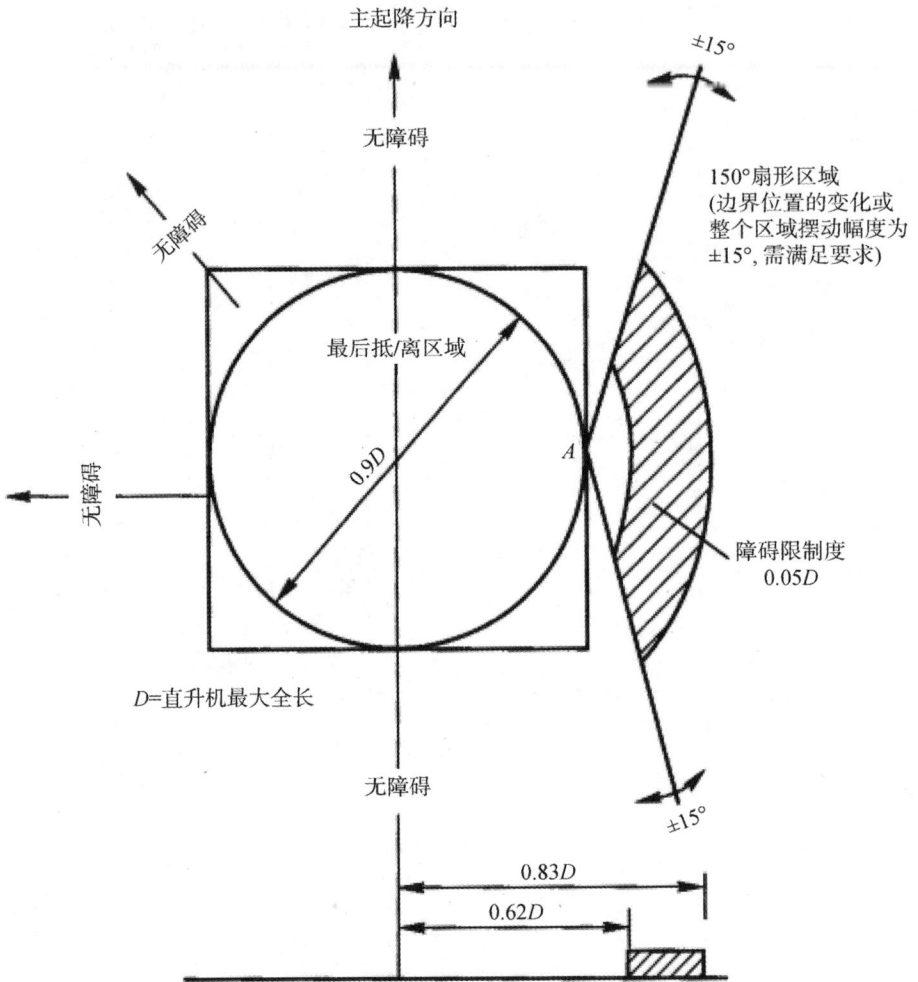

图 7-13　纵列双旋翼直升机平台 150°扇形区障碍物限制示意图

（5）CCAR-135 规定,纵列双旋翼直升机可以在矩形直升机甲板上平行于长边的方向进行双向降落和起飞,但其长边应不小于 0.9D,短边应不小于 0.75D,150°扇形障碍限制区应在长边一侧,直升机甲板及 150°扇形区障碍物限制如图 7-14 所示。

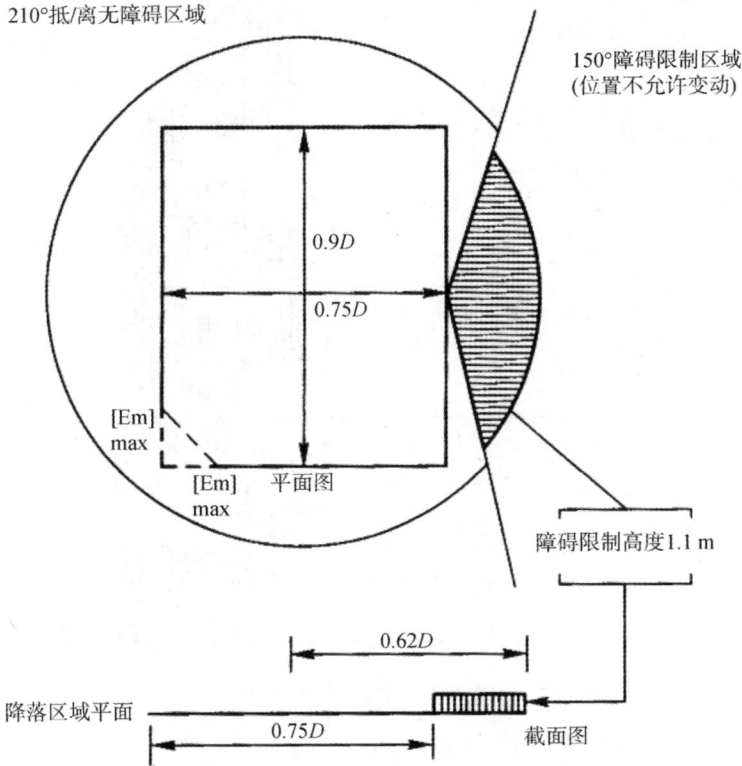

图 7-14 纵列式双旋翼直升机矩形甲板及其 150°扇形区障碍物限制示意图

（6）CCAR-135 规定,如果直升机甲板严格限制在白昼使用,并在风速不大于所用直升机"飞行手册"规定的最大风速的 0.5 倍,气流平稳,云高 300 m 以上,能见度大于 5 km 的条件下,则:

①单旋翼直升机可以在以所用的直升机旋翼直径(RD)为直径的直升机甲板上起飞或降落,对其 180°区域障碍物限制如图 7-15 所示。

②纵列式双旋翼直升机可以在不小于所用的直升机的 0.75D 为直径的直升机甲板上降落和起飞,对其 180°区域障碍物限制如图 7-15 所示。

（7）海上船舶直升机甲板的规格及障碍物限制,应符合图 7-16 或图 7-17 所示条件,方可用于旋翼直升机的降落和起飞。图 7-16 中的 LD 为直升机总长,FATO 为降落和起飞区。

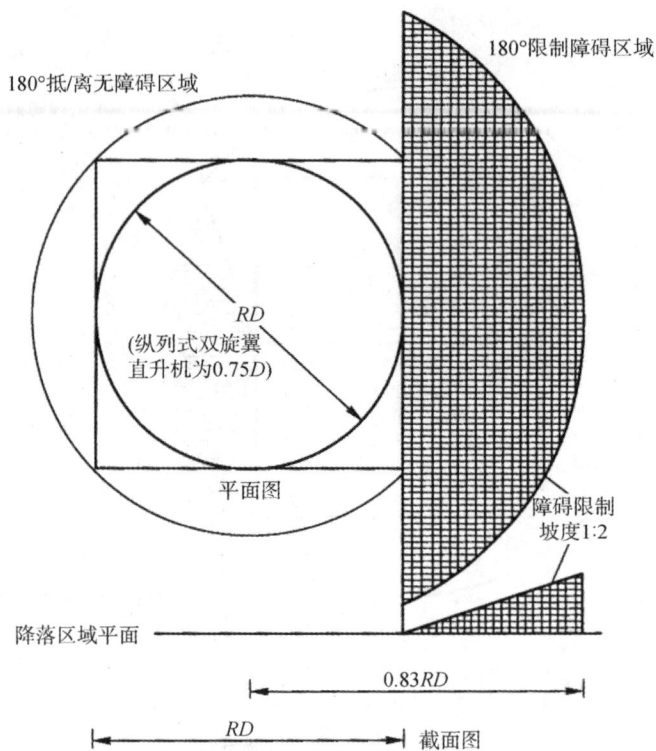

图 7-15 温和气候条件下的直升机甲板及 180°障碍物限制区域

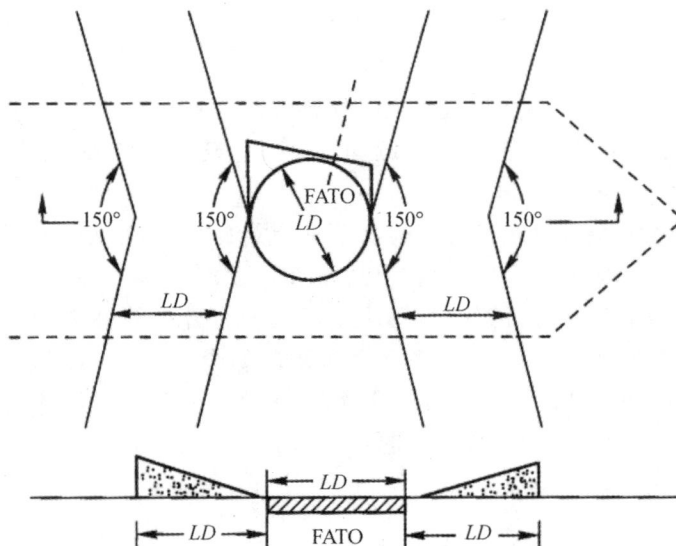

图 7-16 位于船长中间的直升机甲板及障碍物限制示意图

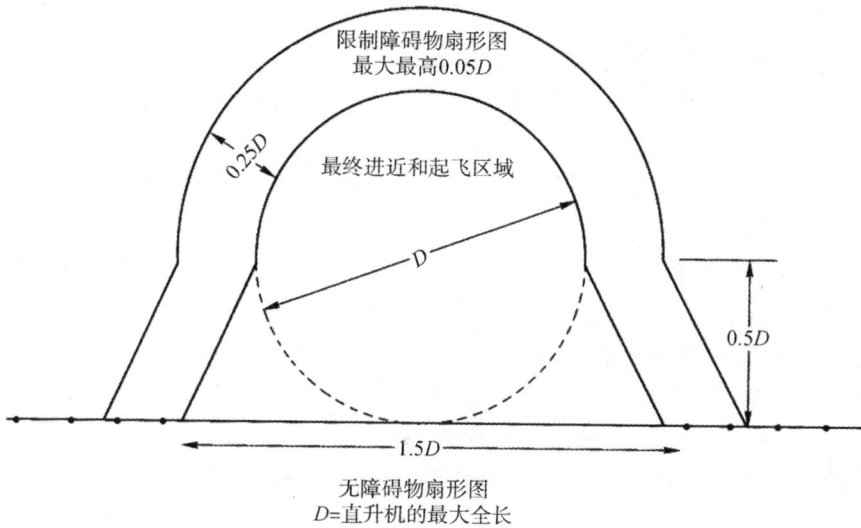

图 7-17　舷边位置直升机甲板及障碍物限制示意图

7.5.3　专用的直升机平台的基本要求和辅助设施

直升机平台(甲板)应采用钢或其他等效材料建造。

如果直升机甲板构成甲板室或上层建筑的顶部甲板,则应隔热至 A-60 级标准。

直升机平台采用铝或其他低熔点金属结构时,如果平台位于船舶甲板室或类似结构物之上,则甲板室的顶部和平台下的舱壁应没有开口;平台下的窗应装有钢质遮板。

为防止液体积聚,直升机甲板可有梁拱或斜度,但其拱形高度与甲板宽度之比为 $1/100 \sim 1/80$,坡度太大会影响直升机的降落和系留。直升机平台的甲板表面应平整,降落和起飞区范围内无突出物,设置于降落和起飞区四周的边界灯的高度不得超过甲板面 0.25 m 以上。

直升机平台应设置一条主脱险通道和一条应急脱险通道,供逃生、消防及救助人员进出。两条通道彼此应尽可能远离,且位于直升机平台上相对的两侧为宜。作为通道的梯子应是斜梯,其扶手不应高出甲板表面。

直升机平台应设置下述辅助设施。

(1) 集水槽

直升机甲板四周应有集水槽,以使直升机甲板上的油污水通过集水槽汇集到油污水舱,经处理后排放。图 7-18 所示为直升机甲板边界处集水槽的形式。

（2）埋头栓系点

直升机平台的甲板应有供直升机系留用的埋头栓系点（图 7-19），栓系点的数量和位置可根据所使用的直升机的系留索布置确定。

（3）安全网

直升机平台（甲板）的边缘处，除有结构防护的处所外，应设置人员保护的安全网。它从直升机甲板边缘处向外向上倾斜，其水平距离为 1.5 m，其外缘不得高出甲板边缘以上 0.15 m。安全网用型钢或钢管制成构架，

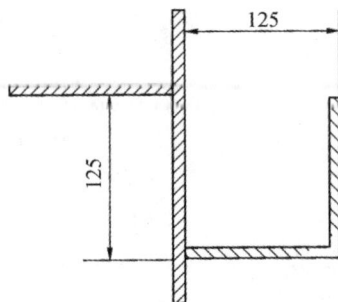

图 7-18　直升机甲板边界处的集水槽（单位：mm）

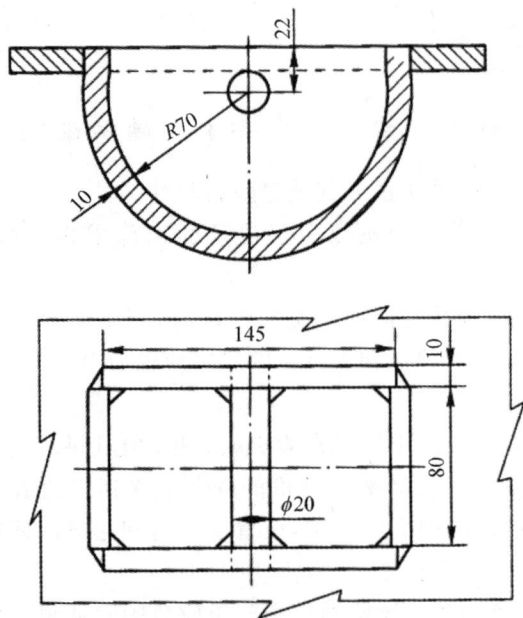

铺设刚性的格栅或尼龙绳网。刚性的格栅可采用金属格栅或阻燃型的非金属格栅，如塑钢格栅。

图 7-19　直升机甲板栓系点（单位：mm）

安全网一般不应超出船舶的宽度，如设置固定的安全网不能满足这一要求时，可采用活动安全网，平时竖起作为栏杆，直升机起降时，放倒作为安全网使用。图 7-20 所示为设置固定安全网的直升机甲板，图 7-21 所示为设置活动安全网的直升机甲板。

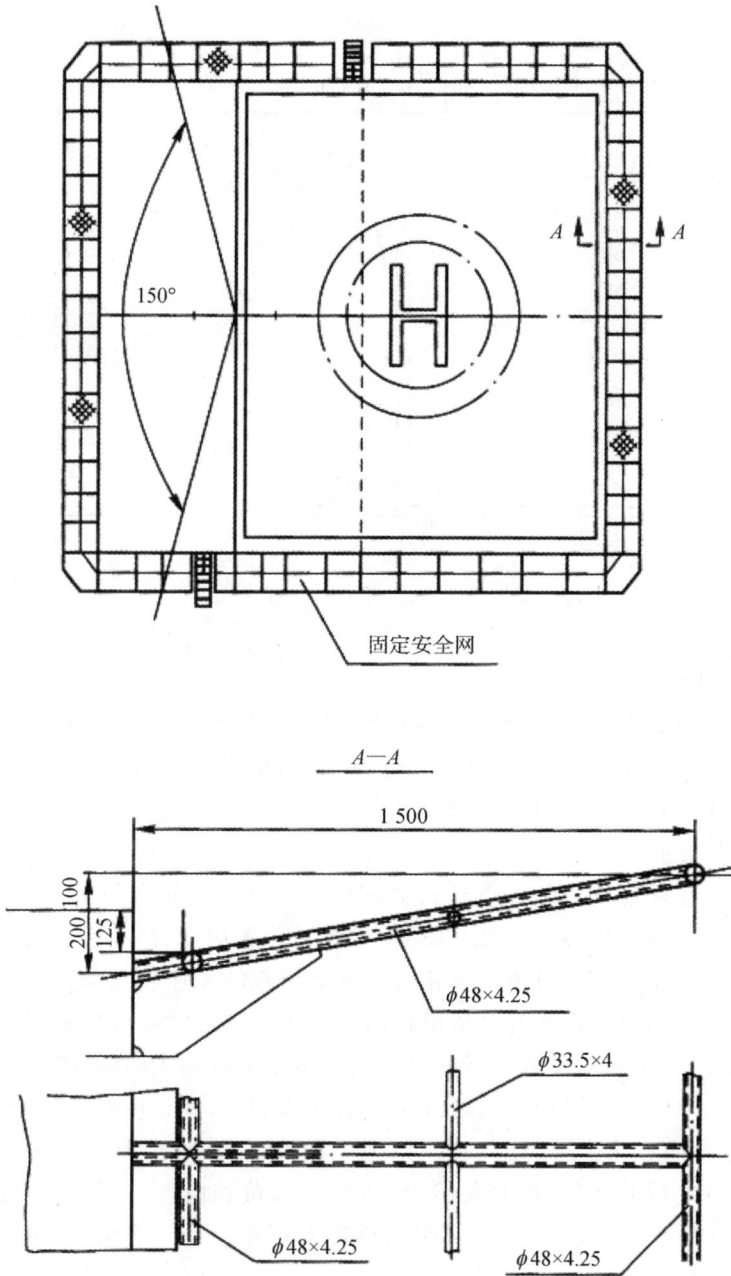

固定安全网

A—A

图 7-20　设置固定安全网的直升机甲板(单位:mm)

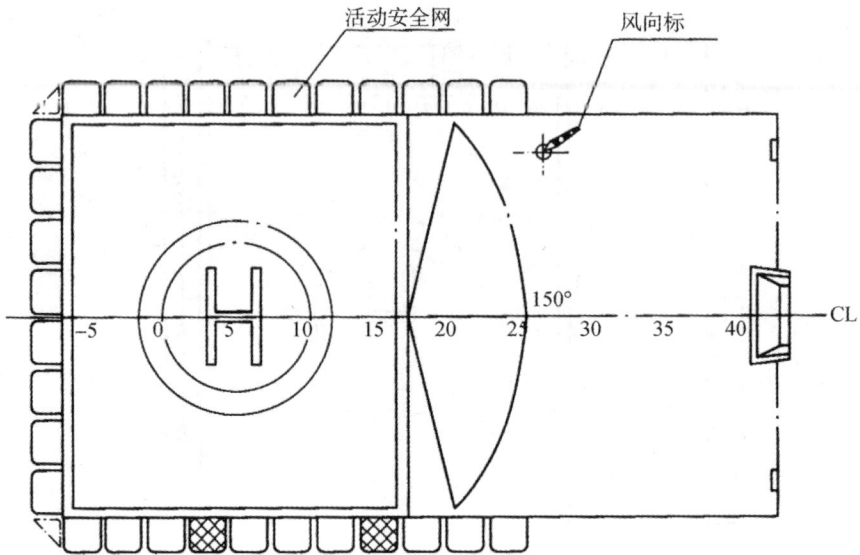

图 7-21　设置活动安全网的直升机甲板

（4）防滑网

直升机甲板表面应防滑，除涂刷防滑涂料外，还应配置一个用直径 20 mm 的麻绳编织网格尺寸为 200 mm×200 mm 的防滑网，使用时铺设在抵离区，沿防滑网边缘每隔 1.5 m 用系索予以牵紧。

（5）风向指示器

直升机可在风速 50 kn 以下进行常规作业。在应急情况下，某些直升机可在风速 70 kn 以下进行作业。因此，在船上的合适位置应设置一个三角旗或风袋（风向标），用以向直升机驾驶员指示出相对于船舶甲板的风速和风向。

风向标或三角旗应设在直升机甲板附近且不受邻近物体或旋翼引起的气流干扰影响的地方，应能从悬停或飞行的直升机上清楚地看到风向标（图 7-21）。

风向标的风袋为一采用轻质纤维制成的截头圆锥，其长度约 1.2 m，大头直径为 0.3 m，小头直径为 0.15 m。其颜色为全白或橘黄单色，但是为了对应于变化的背景有足够的反差，可采用双色组合，色彩为橘黄和白色、红色和白色或黑色和白色，并应为 5 条色带交替设置，两端的色带为深色。夜间使用时，风向标应有照明或采用发光的风袋。

（6）直升机平台标志牌

在直升机平台的通道上应设置一块有下列内容的标志牌：

①直升机起飞和降落期间，除必要人员外，在直升机甲板上禁止其他人员

逗留；

②直升机起飞、降落、加油及停留期间,不得在直升机甲板上吸烟;

③上、下直升机时,人员不得接近该机的尾部;

④直升机旋翼转动时,来往人员应注意随身衣帽,防止被气流吹掉。

7.5.4　专用的直升机平台的识别标志、灯光及助航设备

直升机平台的甲板应设有各种供直升机白昼或夜间降落使用的识别标志、边界灯、甲板照明灯、障碍物标志及助航仪器。

7.5.4.1　直升机甲板识别标志

直升机甲板应涂刷灰色或深绿色的防滑涂料,并在其上用色笔勾画出下列各种识别标志。

① 直升机甲板周界线及无障碍扇形区标志。直升机平台的甲板应采用 0.3～0.4 m 宽的白线勾画出周界,并在此周界上勾画出无障碍区标志,该标志为一黑色"V"形符号(图 7-22),表示无障碍扇形区的起始点、扇形区的限制方向和直升机甲板的尺寸值(字高 60 cm)。

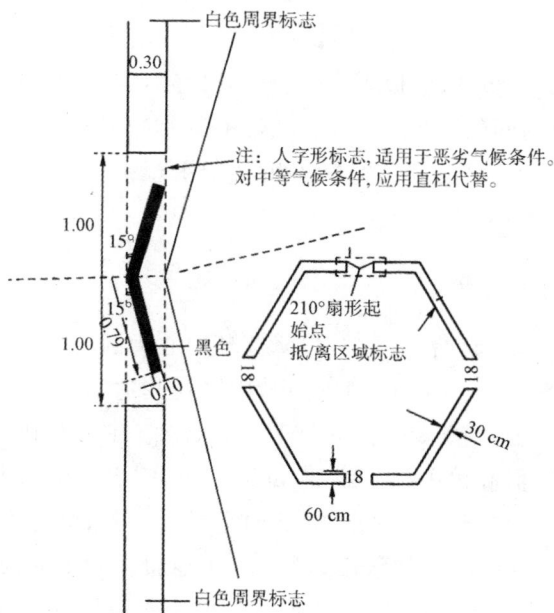

图 7-22　无障碍区域标志(单位:m)

② 降落环与直升机港名标志(图 7-10)。降落环或称目标环,用于使直升机降落在规定的位置。当直升机的主降落架位于标志内,而飞行员在标志上方时,直升机的所有部位离任何障碍物均有安全的裕厚。

通常降落环位于抵离区中心,为一黄色圆环,其内径等于 0.5D,环的宽度为 1 m。降落环中心处用白漆画出字母"H",其尺寸为 4 m×2.4 m,笔画宽度为 0.4 m。水平画位于无障碍区的中线上。港名标志或该船名称位于降落环与无障碍区标志之间,字的尺寸为 1.2 m×1.2 m,用白漆画出。

③ 最大允许质量标志。在必要的情况下,直升机甲板上可显示允许降落的直升机质量吨数。它由两个高 1.5 m 的数字和其后一个字母"t"(字高 1.3 m,字宽 0.45 m)组成。质量标志位于周界线内,应布置得便于从优先选用的进场方向看清楚。

7.5.4.2 直升机甲板照明

直升机甲板在夜间使用时,降落区应设置供直升机夜间降落和起飞的强力照明灯(探照灯),其安装位置和角度应当能保证灯光光束照射在降落环中心,并不得妨碍驾驶员的视线和操作。

7.5.4.3 边界灯

CCAR-135 规定,直升机甲板周边应装设波长为 570~590 nm 的黄色或者黄、蓝交替的边界灯,灯的间隔不大于 3 m。在灯上装有必要的滤光器或灯罩时,发光强度应不小于 15.2 cd。灯的安装高度不得低于甲板平面,且不高于甲板平面 0.25 m。

7.5.4.4 障碍物灯及标志

在 150°扇形区内,从起始点(A)到以降落环中心为圆心的 0.83D 范围内(图 7-12),如有高于甲板平面 3~15 m 的障碍物,应当在其适当位置装设发光强度不少于 10.2 cd 的全方向红灯,或者用泛光灯照射;从降落环中心到 0.83D 范围以外,如障碍物或者障碍物群高出甲板平面 15 m 以上时,应当在该障碍物或障碍物群的最高点安装发光强度为 25.48~203.8 cd 的全方向红灯;如障碍物高出甲板平面 45 m 以上时,应当在其中间层加设障碍物灯,这些加设的中间层障碍物灯应当在顶部灯与平台之间,以相同的间距设置,并且灯间距不得超过 45 m。

在 150°扇形区内,从降落环中心到 1.5 倍所用旋翼(直升)机最大全长的范围内(图 7-12),如有高于 3 m 以上的障碍物,应当用宽度为 0.5~0.6 m 的橘红-白色交替,或红-白交替,或黑-白交替的条纹箍做出标志。

7.5.4.5　助航仪器

配备直升机服务的平台和船舶,应设置性能可以满足飞行任务需要的收发信机[高频(HF)和甚高频(VHF)]、无方向性无线电信标发射机(NDB)及气象保证设施(风速仪、场压计、温度计等)。

7.5.5　专用的直升机平台的消防设施

专用的直升机平台的消防设施应符合经修正的 SOLAS 公约第Ⅱ-2 章要求的设备。这些设备应设置在紧靠直升机平台的附近区域,且在进入直升机平台的通道旁。具体设备要求与直升机降落区消防设备要求相同,见 7.3.2 节(9)款的内容。

7.5.6　直升机加油设施

设有专用的直升机平台(甲板)的船舶,根据需要设置直升机加油设施。该项设施应符合经修正的 SOLAS 公约第Ⅱ-2 章的要求。本书对于常见的配置移动式油罐的直升机加油设施做一般性介绍。

直升机加油设施主要由三部分装置组成,即油罐、泵组及分配器。油罐中的燃料通过泵组输入分配器,然后用分配器的软管为直升机油箱加油。图 7-23 所示为典型的加油设施系统图。

民用船舶一般不设置直升机燃油贮存舱,通常使用可移式油罐。此种油罐在陆上基地加油,然后运送到船上安装。因此,一般需要配置两个以上油罐,供轮换使用。油罐设在远离生活区的处所,且安装在一个随时可将其抛落到船外去的座架上。为防止产生静电火花,油罐安装时应接地,图 7-24 所示为带有吊装用框架的油罐。为了替换方便,油罐的位置最好是在船上起重机吊臂的工作范围内。

油罐与油泵之间除了固定的输油管外,还应设有带快速脱开接头的连接软管。该接头可人工解脱,也可依靠油罐抛落时的重力脱开,如图 7-25 所示。

泵组用于将油罐内的燃油输送到分配器,泵组一般靠近油罐设置,并设有储存漏油的底盘,底盘与污油柜连接。泵组大多采用气动马达驱动,也可采用电动机驱动,如图 7-26 所示。

分配器(图 7-27)用于直接向直升机油箱加油,配有加油软管,其长度足以向停留在直升机甲板上任意位置的直升机加油。分配器安装在直升机甲板附近,配有底盘,供储存漏油,并同污油柜连接。

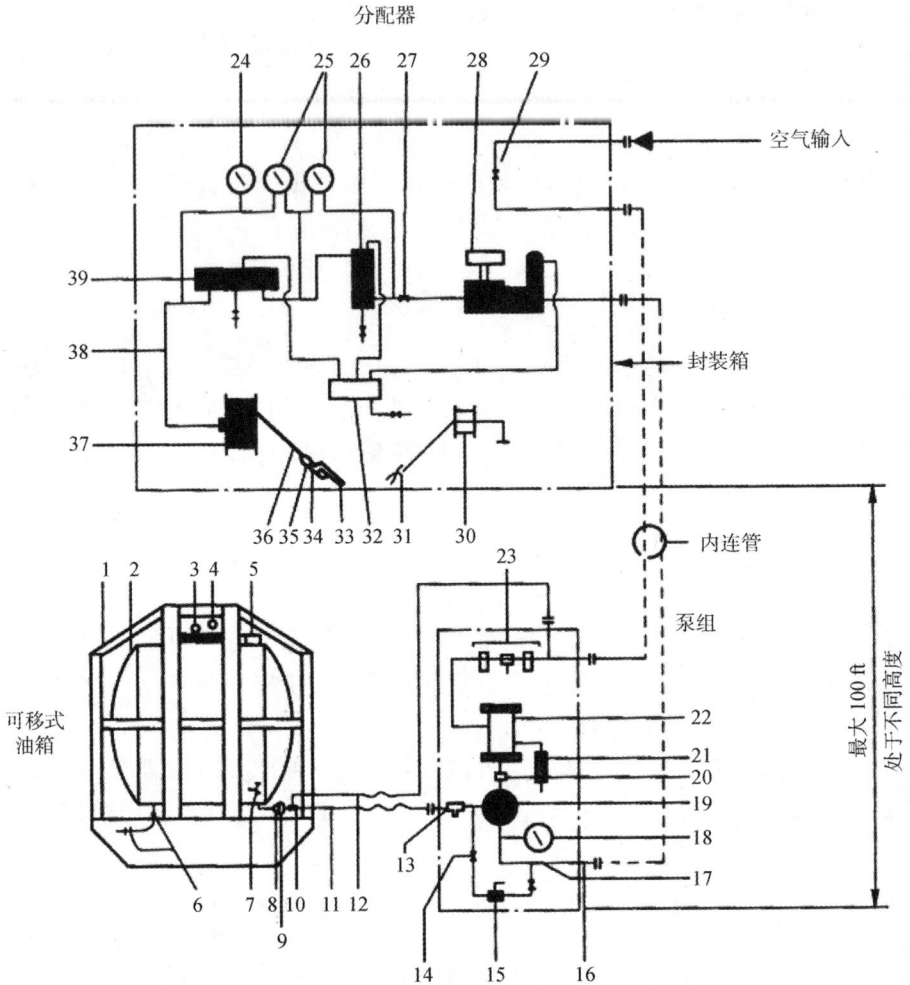

1—钢框;2—压力容器;3—不锈钢压力/真空安全阀;4—不锈钢量杆组合;5—观察孔;6—不锈钢放泄/取样阀;7—不锈钢加油/放油阀;8—自封连接器;9—自封连接器;10—不锈钢紧急断流阀;11—软性吸管(20 ft);12—软性气管(20 ft);13—不锈钢 Y 型过滤器;14—不锈钢隔离阀;15—手摇泵;16—不锈钢管;17—不锈钢止回阀;＋18—油压计;19—泵(叶状);20—连接器;21—消声器;22—空气发动机(叶状);23—空气润滑器/调节器/滤器;24—燃料压力计;25—差压计;26—API1581 过滤器/分水器;27—不锈钢燃料阀(球状);28—流量计/过滤器/减气器;29—空气控制阀;30—重绕轴;31—附夹地线(100 ft);32—油箱通风孔;33—外喷油嘴;＊34—接合器;＊35—内喷油嘴;36—添油管(100 ft);37—重绕筒;38—不锈钢管;39—过滤器/水量检查器。

图 7-23　直升机加油设施系统图

注:可移式油箱(720/1 200 美制加仑)＋不包括在整体设备内,＊必要时可附加输送泵

图 7-24　船用直升机可移式油罐

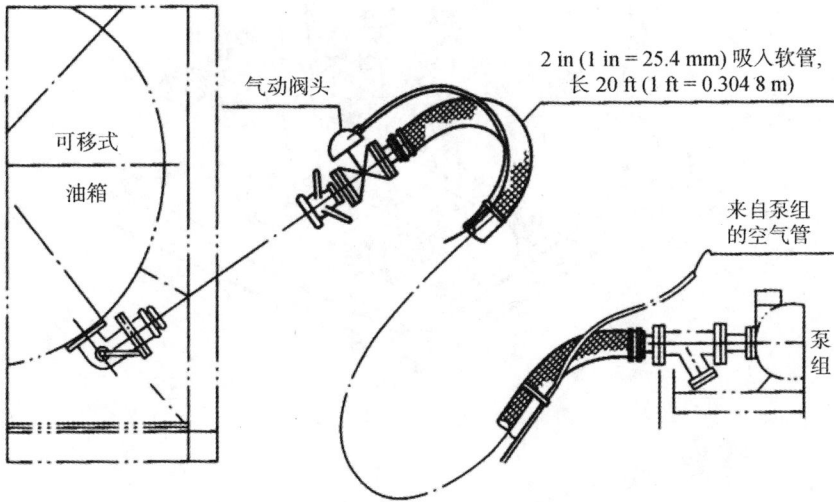

图 7-25　油罐-油泵输油管装置

　　安装直升机油罐、泵组及分配器等设备的处所,应配有"禁止吸烟""禁止明火作业"等标志。

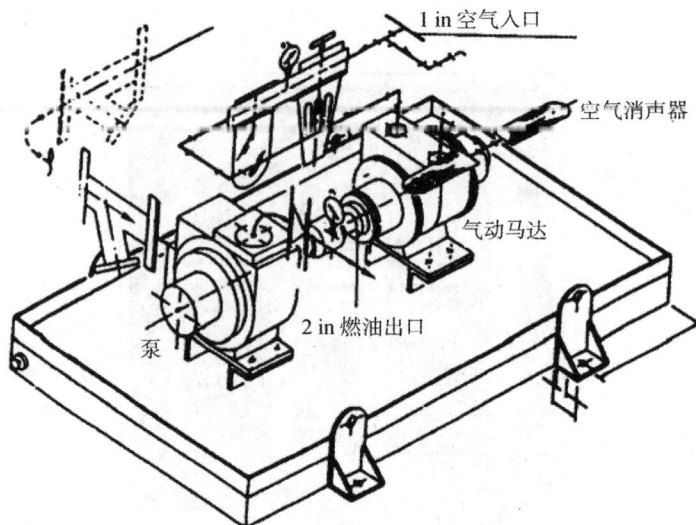

图 7-26　直升机加油设施泵组

标注：1 in空气入口、空气消声器、气动马达、泵、2 in燃油出口

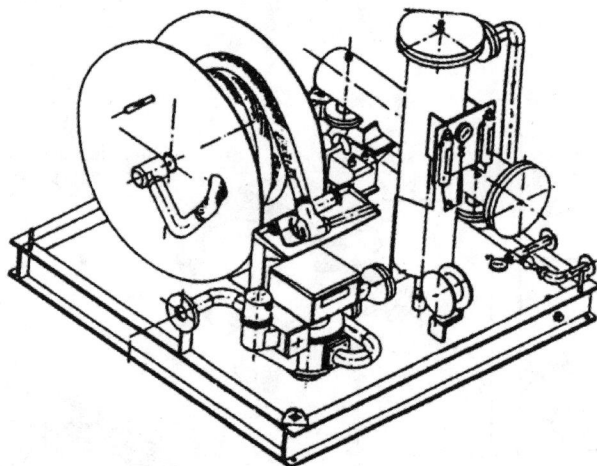

图 7-27　直升机加油设施分配器

7.6　CAP437 对于直升机作业区的要求

7.6.1　简介

英国民用航空局（UK Civil Aviation Authority,CAA）2018 年 9 月发布了最

新修订版 CAP437《海洋工程装置直升机降落区标准》(*Standards for Offshore Helicopter Landing Areas*)。该标准就海洋工程装置使用的直升机类型及其作业方式,全面论述了直升机降落区甲板的构造和布置,以及包括安全、标志、照明、加油、消防等在内的各种设施的特性及其设计标准。该标准适用于位于固定式或移动式海洋工程装置、海洋矿物资源勘探支持船舶、海洋风场以及其他船舶诸如集装箱船、货船、客船等船舶上的直升机作业区。

本书引述的主要内容为直升机作业区的设施。

7.6.2 海洋工程装置专用的直升机降落区设施

本节所述的 CAP437 关于海洋工程装置专用的直升机降落设施的内容,主要为无障碍区及限制障碍区的要求、直升机平台标识及其他辅助设施,内容摘自 CAP437 第 1～8 章。

7.6.2.1 直升机甲板的尺寸与空间

(1) 直升机甲板的尺寸

对于任何类型的单主旋翼直升机来说,直升机甲板应足够大,能容纳一个直径为 D 的圆(以下称"D 圆"),D 应等于直升机在旋翼转动时的最大尺寸。D 圆范围内应是完全无障碍的。

(2) 210°无障碍扇形区

从上述 D 圆边界上的任一点应可提供一个无障碍的抵离扇形区(OFS)。该抵离区完全地包含了降落区和 D 圆,且至少延伸 210°,如图 7-28 所示。一根等分 210°无障碍扇形区的直线应通过 D 圆的中心。

在这个扇形区内,应考虑障碍物到降落区边界(D 圆)的距离,使直升机甲板所要服务的直升机能够有一个无障碍的飞离通道。

在这种情况下,只有直升机甲板安全操作所必需的设施可以高出着陆区的表面,但不应超过 25 cm。对于 2018 年 11 月 10 日或之后完工的新建和翻新的直升机甲板,当 D 值大于 16.01 m 时,直升机甲板周边的必需项目的高度不应超过 15 cm;当 D 值为 16.00 m 或以下时,该高度不应超过 5 cm。

必需的设施包括排水沟、标志灯、泡沫炮、降落区的栏杆扶手和其他同直升机降落区有关的设施(降落区"出口"(EXIT)标志)。对于直升机作业来说,这些设施不可能完全收回或降低高度。

某些因功能需要放在直升机甲板上的物品诸如防滑网、系留点、着陆(目标)圈和"H"标志的灯光系统等的高度均不应超过 25 mm。

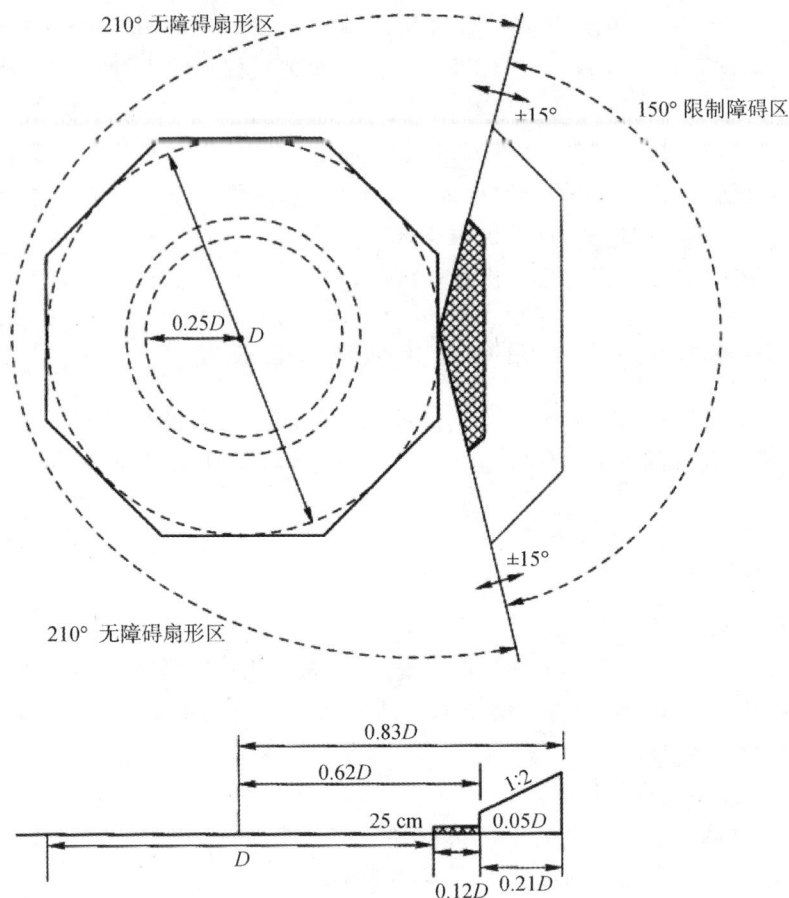

图 7-28　CAP437 规定的单旋翼和横列式双旋翼直升机平台的 150°障碍物限制扇形区示意图

（3）限制障碍物扇形区

150°限制障碍物扇形区（LOS）分为两个区域。第 1 区域（图 7-28 中的网格部分）自 D 圆中心至 $0.62D$ 或自降落区边界量起至 $0.12D$ 之处。当直升机甲板的 D 圆的 D 值大于 16.00 m 时，不允许有高出 25 cm 的障碍物。当 D 值等于或小于 16.00 m 时，障碍物高度不得大于 5 cm。第 2 区域的障碍物高度不得高出一个斜面，该斜面起自距 D 圆中心 $0.62D$、高度为甲板表面以上 $0.05D$ 处，以 1：2 的坡度升高，向外延伸至离 D 圆中心 $0.83D$ 处，即离开第 1 区域边缘 $0.021D$ 处。

（4）直升机甲板平面以下的障碍物限制区

根据本条上述（2）款，构成直升机降落区平面以上水平延伸 210°的无障碍扇形区范围以内，不存在不可接受的障碍物。考虑到直升机在抵达或飞离时的动力装置失效可能引起的"高度"损失,所有的固定式和移动式装置,在直升机降落区平面以下,直升机甲板与海面之间,应提供一个空间。这个空间以 D 圆中心为原点,在 210°无障碍扇形区范围内不少于 180°的区域之内形成 5∶1 向下的坡度。该坡度向外延伸,离开障碍物的距离可在甲板下形成一个安全空间(图 7-29),以便供引擎万一失效的直升机使用。

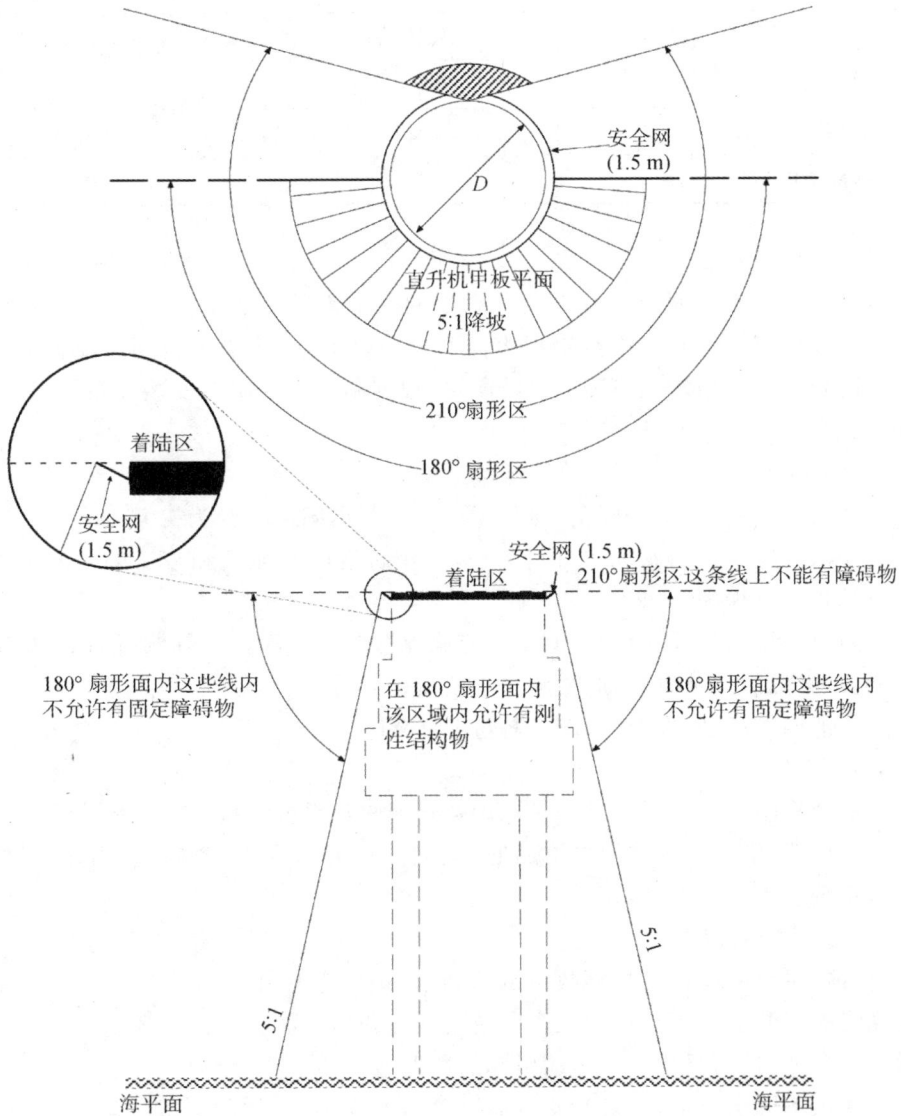

图 7-29　CAP437 规定的直升机降落区甲板面以下的无障碍区示意图

7.6.2.2　直升机甲板的辅助设施

(1) 直升机甲板的表面

直升机甲板降落区应具有防滑功能，表面摩擦系数应达到表 7-5 所示的要求。

表 7-5　直升机甲板表面摩擦系数

直升机甲板位置	固定式装置	移动式装置
着陆圈以内	0.6	0.65
着陆圈和 H 标志	0.6	0.65
着陆圈以外和停机区	0.5	0.5

(2) 直升机甲板网

直升机甲板着陆圈内外及涂漆标志处的摩擦系数至少应达到 0.5，可使用直升机甲板网(即防滑网)以缓解甲板表面摩擦力之不足，但是不适用于配置滑橇式起落架的直升机。防滑网应覆盖着陆圈，并根据制造厂说明书安装和系紧，达到如下要求：

①网眼尺寸所显示的面积应在 400～900 cm^2；

②防滑网应栓牢，围绕降落区边界设置系固点，间距大约为 1.5 m；

③防滑网应采用耐腐蚀的材料制造，制作防滑网的绳索和带子的破断强度和系固点的负荷至少为 10 kN；

④防滑网可以是任何形状，其尺寸应确保覆盖着陆圈，但不应遮住直升机甲板其他必要的标志，如装置名称、最大允许质量标志等；

⑤防滑网的高度(即厚度)应不超过 25 mm。

(3) 排水沟

每一个降落区应配置足够的排水沟及自流收集系统。排水沟应围绕直升机甲板的边界设置，引导雨水、溢出的燃油和消防液体等离开直升机甲板面，通过合适的排水系统流到安全处所。

(4) 直升机系留点

直升机甲板上应提供足够数量的系留点，用于系住在该直升机甲板上停留的最大规格的直升机。系留点的位置应使其强度和构造能经受设计环境条件下直升机承受的负荷，包括浮式装置运动引起的惯性力。

系留点不应高出甲板，且其布置应以着陆圈为中心，如图 7-30 所示，需要时可增设附加的系留点。当 D 圆的 D 值等于或小于 22.2 m 时，外圈的系留点可取消。

系留点与直升机系索的钩子相互适应，系留点圆钢的最大直径为 22 mm。

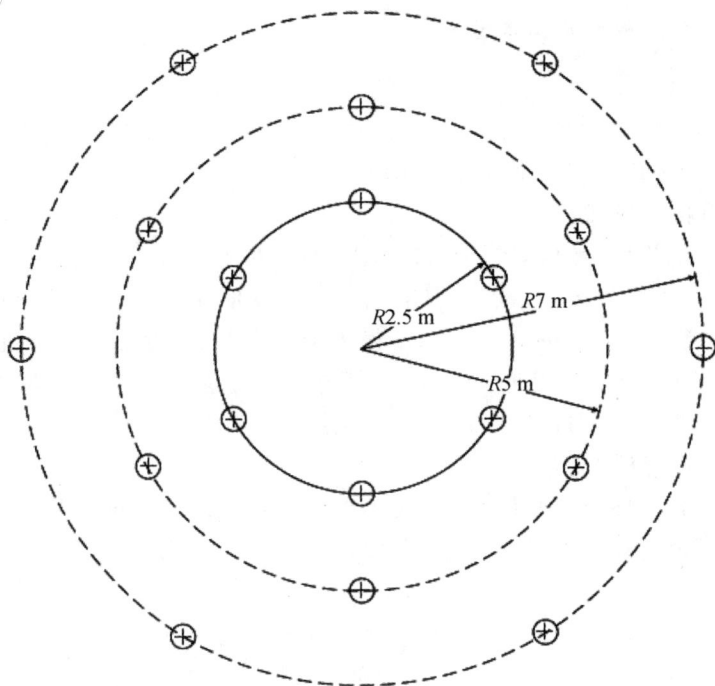

图 7-30　CAP437 规定的直升机平台系留点布置图

（5）直升机甲板边界安全网

用于保护人员的安全网应围绕直升机降落区甲板边缘的下方设置,其水平方向伸出至少 1.5 m,但不超过 2 m,形成一个向上倾斜的约 10°的斜面,外边缘不得超出降落区平面。

安全网应是柔软的,其设计应能容纳落入网中之人,但不会形成如同绷床的作用。支撑安全网的结构应布置得能防止对落入其中的人造成严重的伤害。

（6）直升机甲板通道

应至少设置 2 条到达直升机甲板的通道,其布置应能确保万一在直升机甲板上出现险情时,人员能逃离降落区,必要时可设置第 3 条通道。

（7）风向指示器

风向指示器(或称风袋)应安装在装置(或船舶)上能指示自由空气流动方向的位置上,安装在靠近直升机甲板之处是不恰当的,因为有可能导致其自身成为障碍物或受到由结构物引起的强劲风力的影响。风袋应配有供夜间作业用的照明装置。

7.6.2.3 直升机降落区的基本标记

（1）舷侧识别牌

装置应清晰地显示其名称，其位置应能从空中和海上，以正常的角度和方向接近时被看到，可采用舷侧识别牌（船名牌）。

（2）直升机甲板标志

作为装置的识别标志，即装置名称，是供直升机着陆时驾驶员确认装置的识别符号，应设置于无障碍区起始点与着陆圈之间。D 值在 16.0 m 以下的直升机甲板，其标志的字符高度不小于 1.2 m；D 值等于或大于 16.0 m 的直升机甲板，其字符高度不小于 1.5 m。字符应为白色，与甲板表面颜色形成明显的反差。对于不涂漆的铝质甲板表面，白色的标志字符应显示在黑色的背景上。

（3）直升机甲板表面

直升机甲板表面应是暗绿色，并使用防滑涂料。降落区的边界应采用 30 cm 宽的白色线条清楚地显示出来，如图 7-31 所示。

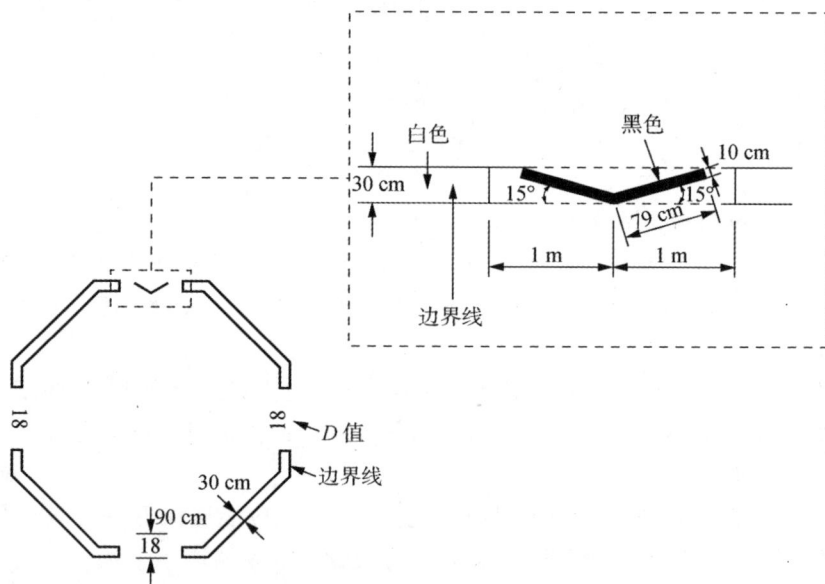

图 7-31 CAP437 规定的直升机甲板边界线、D 值及 V 形标志图

广泛使用于海洋工程装置的铝质直升机甲板，在正面自然光线照射下，有时会发出灰色，导致涂漆困难。在这种情况下，直升机甲板需要增强其标志的明显性。具体地说可在黑色背景上用白色标志，黄色的着陆圆则可用 10 cm 宽的黑线勾勒出轮廓。

（4）V 形标志

应在直升机甲板上，210°无障碍区的原点处，用黑色的 V 形符号作标志（图 7-31）。V 形符号在白色边界线上，腿长 79 cm，宽 10 cm，形成一个夹角，角端指向 D 圆的中心。

（5）D 圆值标志

直升机甲板的 D 圆的 D 值应围绕甲板连线做标记，字符高度应不小于 90 cm（图 7-31）。D 值为舍弃小数点后的数值 0.5 的整数值。

（6）最大允许质量标志

该标志由 2 或 3 个数字组成，小数点后的数值四舍五入到最接近的 100 kg，用字母"t"指明直升机质量单位为"吨"。数字的高度为 90 cm，宽 12 cm，用白色即与直升机甲板表面形成对比的颜色。对于不涂漆的铝质表面，最大允许质量标志用白色字符，应与背景形成明显的反差。质量标志应同装置识别标志分开，以避免造成识别混淆。

（7）着陆标志

着陆（touch down，TD）标志为黄色圆环（图 7-32），其内径为认可的直升机甲板 D 圆的 D 值的 0.5 倍，线宽 1 m，标志中心与 D 圆中心重合。新建的 D 值小于 16 m 的直升机甲板的圆环线宽可减小到 0.5 m。

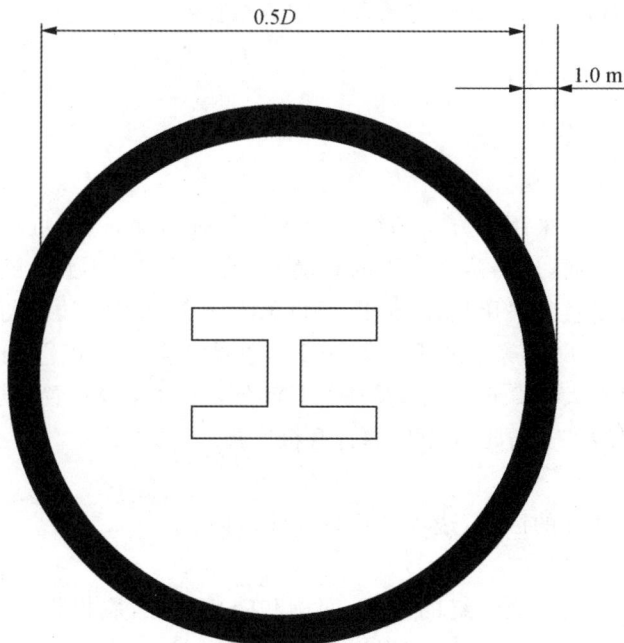

图 7-32　CAP437 规定的直升机甲板着陆（TD）标志图

（8）直升机港识别标志

该标志符号为"H"，同着陆标志放在一起。H 的一横应设在无障碍区的等分线上，其尺寸如图 7-33 所示。新建的 D 值小于 16 m 的直升机甲板，其 H 标志的尺寸可减小至 3 m × 2 m × 0.5 m。

0.75 m
宽
4 m
3 m

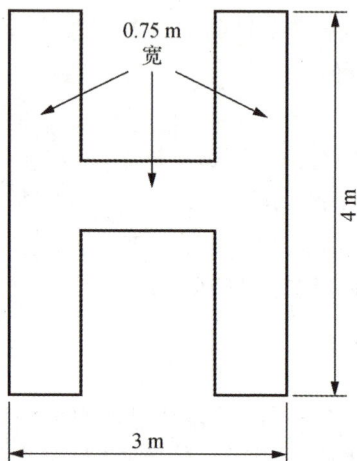

图 7-33　CAP437 规定的直升机甲板
识别标志"H"（白色）

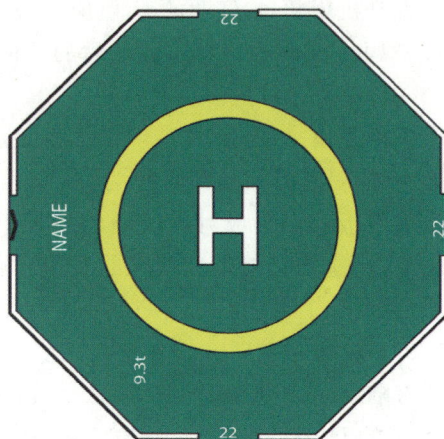

图 7-34　CAP437 规定的单旋翼直升机甲板
综合标志图

7.6.2.4　灯

（1）边界灯

降落区的边界应采用全方位的绿色边界灯勾画出来，这些灯在降落区及其上方应能被看到。然而，从降落区以下的高度处，飞行员应看不到这些灯。

边界灯可高出直升机甲板面，但是当 D 值大于 16 m 时，边界灯应不高出甲板面以上 25 cm；当 D 值等于或小于 16 m 时，边界灯应不高出甲板面 5 cm。

边界灯应以不大于 3 m 的相等间距围绕降落区边界线设置，其位置可在白色边界线上或边界线旁。方形或矩形的直升机甲板，每边至少设置 4 盏灯，包括降落区角上的灯。

在有直升机移动的区域，边界灯可设在凹槽内。

（2）泛光灯

为了帮助直升机完成最终的接近、回旋和降落任务，应提供足够的视觉指示。以前，直升机甲板在夜间作业时使用泛光灯。然而，这些照明灯具也有可能造成有害的影响，如降低了甲板边界灯的可见度，并在直升机悬停和降落过程中产生眩光导致驾驶员夜视能力的丧失。

虽然 CAA 已不再将泛光灯作为主要的视觉提示设施,但是也不反对将其用于甲板作业,如中途加油和乘客服务的照明。但是,在直升机做甲板移动时应关闭泛光灯。在用于甲板辅助作业时,应特别注意泛光灯的照射方向,以确保不会造成驾驶员眩目。所有的泛光灯都应能在驾驶员要求下开启和关闭。

泛光灯还可用于直升机甲板上的装置名称标志和禁止降落首向标志的照明。

一般的无人装置上的直升机甲板可设置泛光灯,确保平台的主结构或桩腿有足够的照明。但应注意消除结构照明引起的任何潜在的眩光源。

（3）状态灯

如果装置存在对直升机及其乘员有危险的情况,应安装视觉警告系统即状态灯。该系统由一个或多个红色闪光灯组成,安装在直升机甲板上或其相邻处所,安装的位置应使飞行员从任何方向和任何着陆后的首向都可以看到。闪烁的红灯的含义为"不着陆,机场不能着陆""远离着陆区"。

7.6.2.5　障碍物的标志和灯

（1）障碍物标志

对于直升机有危险的固定障碍物应能容易地从空中看到,并涂油漆以提高白天的识别能力。推荐采用交替的黑和白、黑和黄或红和白的带状条纹,宽度不小于 0.5 m,但不应超过 6 m。采用橘红色也可接受。油漆颜色应同其背景有明显的反差。

除了障碍物外,靠近直升机甲板或限制障碍物区边界的桁架式和塔式结构,以及起重机臂架也应采用有明显差别的涂料做标记。同样,与降落区相邻的处于降落区延伸部分上方的自升式装置的桩腿部分,也应以相同的方式做标记。

（2）障碍物灯

最低照度为 10 cd 的全方位低照度稳态的红色障碍灯应安装在适当的位置上,且具有 10°至 30°的仰角,以便向直升机驾驶员提供关于高于降落区和接近降落区或接近 LOS 边界的物体的接近程度和高度的视觉信息。这应特别适用于安装在装置或船舶上的所有起重机吊杆上。

高于降落区 15 m 以上的物体应安装中间的低照度稳定的红色障碍物灯,间隔 10 m 直至降落区平面(除非这些灯会被其他物体遮挡)。

一些结构,如火炬臂,通常最好用泛光灯照明,以替代安装中间的红灯,这些灯的设置应使它们能够照亮整个结构,而不是使直升机飞行员眼花缭乱。

一个全方位低照度稳态的红色障碍灯应安装在装置的最高点,在不可行的情况下可将灯安装在火炬臂的顶部,并尽可能靠近端部处。

对于自升式装置这种特殊的情况,当桩腿顶部是装置的最高点时,推荐设置全方位低照度稳定的红色障碍灯。

与直升机甲板相邻的桩腿应设置中间的红色障碍灯,并以 10 m 的间隔下降至降落区平面,也可选择提供泛光灯照明。

7.6.3 船上的直升机降落区

CAP437 规定,用于近海石油和天然气工业的支持船舶上的直升机甲板的设计,应符合该标准 1~8 章的要求(见 7.6.1 节)。

对于商船的直升机降落区,CAP437 推荐国际航运公会(ICS)颁布的《直升机/船舶作业指南》(2008 年升级版),该指南全面描述了船上直升机降落区和悬停作业区的标准及程序。

经评估符合标准的船上直升机降落区应列入"直升机甲板限制使用表"(HLL),该表将详细地录入直升机降落区的 D 值,以及包括纵摇和横摇、升沉和直升机甲板倾斜程度,连同对直升机驾驶员的降落限制的信息,列出任何与 CAP437 的要求不符合的区域,详细说明降落区的限制以及对于专用的或非专用的降落区设在舷边或舯部的船舶可能受到的限制。

对于不能提供完整的 210°无障碍的扇形区的直升机降落区,需进行评估及施加适当的限制。

应该指出,某些视觉指示很少的小型船舶的直升机降落区,往往位于艄部甲板或高出桥楼的上层建筑以上的甲板,前者的降落方向为头朝前,后者则为横向。在允许直升机夜间进行甲板降落作业时,对于船舶的运动诸如纵摇和横摇,升沉和甲板倾斜应有严格的限制。

船上直升机降落区的内容取自 CAP437 第 9 章。但是,除了阐明与船上直升机降落区布置有关的基本设计标准以及标志和照明的要求外,并不打算重复引用 CAP437 中的 ICS 资料的细节。

7.6.3.1 设置在船舶舯部的直升机降落区

以下内容适用于只能在有障碍物的船舶中部设置直升机降落区的船舶。通常,降落区中心线与船体中心线重合,但也可能有所偏离。但是,不管是向左或向右偏离,降落区边缘均应延伸到船舶的两舷舷边。

(1)船上的直升机降落区应具有一个经认可的 D 值,该值应等于或大于预期使用该降落区的直升机的 D 值。但应注意,舯部降落区只适用于单主旋翼直升机。

(2)最小为 D 的降落区的前后是两个对称的 150°限制障碍物区,其顶点在 D

圆的圆周上。在包围这两个扇形区的区域内,形成覆盖整个 D 圆的"漏斗通道"。在降落区平面以上,除了某些障碍物(如降落区禁止标志、照明灯具等)外,不应有高出降落区平面 25 cm 的障碍物。对于 2018 年 11 月 10 日或之后建成或改装的船舶直升机降落区,当 D 值大于 16 m 时,围绕直升机甲板的基本物品的高度不应超过降落区平面以上 15 cm。当 D 值为 16 m 或以下时,围绕直升机甲板的基本物品的高度不应超过降落区平面以上 5 cm。

（3）设置在直升机降落区甲板上的照明系统和防滑网的高度应不超过 2.5 cm。

（4）为了对邻近的降落区提供保护,障碍物的保护面应向前和向后,以 1∶5 的坡度延伸 1 个 D 圆的距离,如图 7-35 所示。

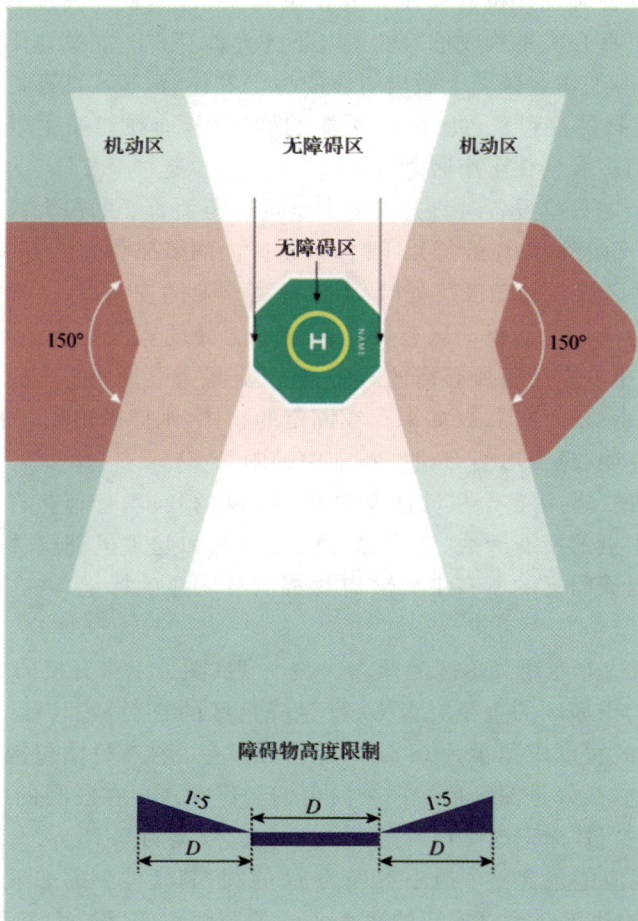

图 7-35　CAP437 规定的位于船长中间的直升机甲板及障碍物限制示意图

(5) 本章 7.6.2 节 7.6.2.3 条和 7.6.2.4 条所述的基本标记和照明要求也适用于船上的直升机降落区。对于位于船中的直升机降落区,应确保 TD 圈(降落圈)始终位于降落区的中心。应采用黑色 V 形标志表示限制障碍物区的前、后两个"起始点"(图 7-36)。此外,在作业需要时,船东应考虑提供直升机名称标志和最大允许质量"t"标志,设在涂漆的直升机甲板识别标志"H"和 TD 圈的前面及后面。

7.6.3.2 船舶舷边非专用的直升机降落区

(1) 位于船舶舷边的非专用的降陆区应包括一个干净区和一个机动区,如图7-37 所示。干净区应能包含一个最小直径为 D 的圆,干净区内不应有任何物体,除非这些辅助设备对直升机的安全作业至关重要,且其最大高度只有 2.5 cm,这些物体只有在对直升机不构成危险的情况下才允许存在。如果在干净区内有固定的物体,则应在船舶作业区图上做出明显的标记和注释(ICS 直升机船舶指南附录 F 详细描述了这样的注释)。此外,在可能的情况下,应在船舶主甲板上设立一个机动区。考虑到旋翼悬在干净区之外,该机动区至少延伸 0.25D,为直升机提供额外的保护。机动区只应设置对直升机的安全运行至关重要的最大高度为 25 cm 的障碍物。当 D 圆直径为 16 m 或以下时,机动区内的障碍物高度不应超过 5 cm。

(2) 当机动区设在船舶舷边处时,为了提高作业的安全性,干净区延伸至船舶舷边处的宽度为 1.5D,而机动区延伸至船舶舷边处的宽度则为 2D。在这个区域内,只应有直升机安全运行所必需的障碍物,且其最大高度为 25 cm(或 5 cm,当 D 圆的直径为 16 m 或以下时)。如果存在固定的物体,则应做出显著的标记,并在船舶作业区图上注明(见 ICS 直升机船指南中的附录 F)。

(3) 在船舶舷侧,沿整个机动区至少超过 2D 的长度,任何栏杆应予拆除或放倒。在机动区附近的所有天线、遮阳篷、支柱、井架和起重机都应放倒或安全地存放。在机动区内或附近的所有主要障碍物都应有明显的标记,并在夜间作业时被照亮(见 7.6.2 节 7.6.2.5 条)。

(4) 船舶舷边非专用降落区的标志。一个 TD 圈表示直升机的着陆点,应位于干净区的中心。干净区的直径应为 D(D 是降落区的直径),而 TD 圈的内径应为0.5D,TD 圈线的宽度应至少为 0.5 m,并涂成黄色。被 TD 圈包围的区域应涂上对比明显的颜色,最好是深绿色。一个白色的"H"应该画在圆圈的中心,"H"的横杆平行于舷侧。"H"标记高 4 m×宽 3 m,标记的线宽为 0.75 m。

(5) 干净区应能包含一个最小直径为 D 的圆,其延伸到船舶舷边处的宽度为1.5D。干净区的边界应涂以连续的宽 0.3 m 的黄线。实际的 D 值,以 m 为单位,四舍五入到最近的整数(0.5 m 向下四舍五入),并在围绕干净区边界的三个位置,以对比明显的颜色(最好是白色)做出标记,标注数字的高度应为 0.9 m。

0.5D

4 m×3 m (0.75 m 宽)

1 m 宽黄
线目标环

NAME

船体中心线

0.9 m 高平
台直径标识

0.3 m 宽白
色边界线

61

19

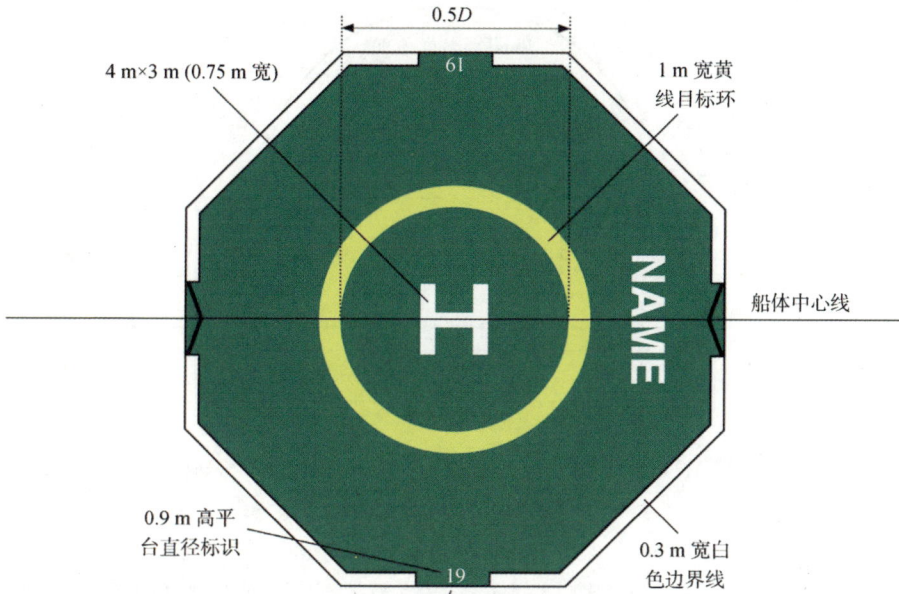

图 7-36　CAP437 规定的船中部直升机平台标识

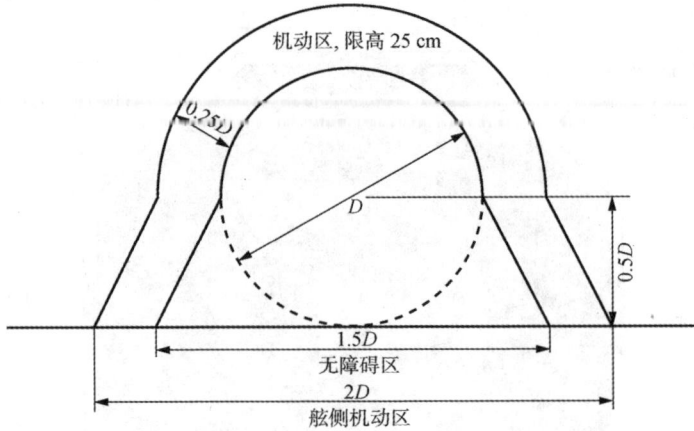

图 7-37　CAP437 规定的舷边非专用直升机降落区示意图

（6）机动区位于干净区之外，延伸到船舶舷边处的宽度为 2D。机动区的边界应标有 0.3 m 宽的不连续的黄色线（实空比约为 4∶1）。实际上，船舶名称应以对比明显的颜色（最好是白色）写在机动区的内侧，字高（最小）1.2 m（图 7-38）。

7.6.4　船舶和风机平台的直升机悬停作业区

对于某些不设置直升机降落区的船舶，以及海洋风机平台，可设置吊放作业区，供直升机悬停于该区域上方，进行人员和物资的吊放作业。

ICS 出版了《直升机/船舶操作指南》（2008 年升级版），全面描述了船上直升机悬停作业的标准和程序。CAP437 不打算详细复制 ICS 文件中的程序，因此，除第 10 章第 10.1 节所述外，还需要参考 ICS 指南。

本节所述船舶和风机平台直升机悬停作业区设施的内容取自 CAP437 第 10 章。

7.6.4.1　船舶直升机悬停作业区设施

直升机悬停作业区由无障碍区和机动区组成。

（1）设计和障碍物限制

①悬停区应位于直升机能够安全地停留并对船舶进行吊放作业的区域的上方，其位置应能让驾驶员无阻碍地看到整个无障碍区和船舶。悬停区应尽量避免受到空气扰动和波浪运动的影响。该区域最好避开生活区（见本条（4）款①项），并在邻近机动区域附近提供足够的甲板面积，以便形成从不同方向安全进入悬停区的通道。在选择悬停区时，还应尽量选择吊放作业高度较低的区域。

机动区延伸至船舷侧

舷侧长度至少为 2D，范围内障碍物高度不高于 25 cm，范围内栏杆应为可拆或可倒式

无障碍区延伸至船舷侧

舷侧长度为 1.5D，范围内障碍物高度不高于 25 cm，范围内栏杆应为可拆或可倒式

无障碍区 (直径 D)

障碍物不高于 2.5 cm，
用 0.3 m 宽白色或黄色线条标识

目标圆 (直径 0.5D)

背景应为无反光的深色
(推荐采用深绿色)
"H" 标志应为白色
4 m×3 m (0.75 m 宽)

NAME

19

0.3 m 宽白
色或黄色

障碍物不高于 2.5 cm

19

H

19

障碍物不高于 25 cm

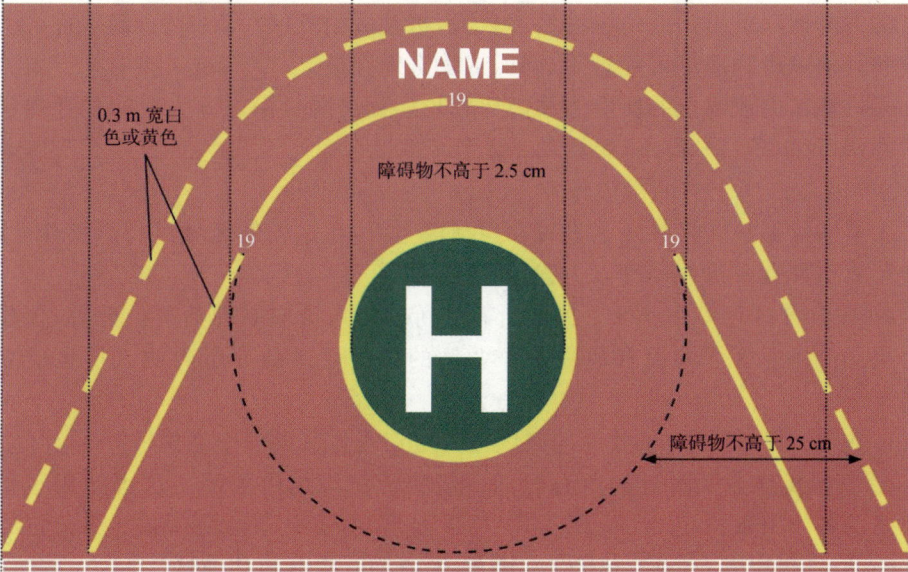

图 7-38　CAP437 规定的舷侧直升机降落区标志

②悬停区应提供最小直径为 2D(该区域允许使用的最大直升机总长的 2 倍)的机动区。机动区中心应有一个无障碍区,该无障碍区的直径应至少为 5 m,且能够在吊放作业期间容纳人员和货物。机动区的一部分可以在船舷之外,但仍应符合图 7-39 所示的对障碍物的要求。在机动区内部,任何障碍物不得高于 3 m。在机动区的外径内,任何障碍物不得高于 6 m。

(2) 视觉辅助

①悬停区标志应定位于使其中心与无障碍区中心重合的位置(图 7-39)。

②最小直径 5 m 的无障碍区应涂刷显眼的涂料,最好是黄色。

③悬停区的机动区外部标记应由最小线宽为 30 cm、实空比大约为 4∶1 的虚线构成,该标记应涂刷显眼的涂料,最好是黄色。机动区内部的大小通常由一条宽 10 cm 的白色细实线来表示。

④在机动区内,邻近无障碍区的位置,应显示飞行员易于看见的"WINCH ONLY"字样,字符不小于 2 m,并采用颜色明显的涂料。

⑤如果需要在夜间对船舶进行悬停吊放作业,则应在悬停区提供泛光灯照明。泛光灯应当被合理布置并且进行适当遮挡,避免悬停作业时飞行员受到眩光的影响。

⑥悬停区泛光灯的光谱分布应使表面标记和障碍物标记清晰可见。泛光灯的布置应确保尽量消除阴影。

(3) 障碍物

①为降低起重吊钩或缆绳缠绕的风险,机动区附近的所有护栏、遮阳篷、支柱、天线和其他障碍物应尽可能拆除、降低或安全地存放。

②机动区内或附近的所有主要障碍物均应做出醒目标志。为夜间作业提供充分的照明(见本条(7) 和(8)款及 7.6.2 节 7.6.2.5 条)。

(4) 在生活区上方的吊放作业

①某些船舶只能将悬停区设置在生活区上方,在这样的区域进行悬停作业,只能使用双引擎直升机并遵循以下程序:

a. 在直升机悬停作业区下方的所有处所内的人员应立即清离。此外,仅仅在直升机悬停作业区下方设有通过该作业区的脱险通道的处所内的人员也应立即清离。

b. 应该至少提供两条独立的路线作为进出操作区的安全通道。

c. 直升机作业区附近的所有舱门、舷窗、天窗等均应关闭。这也适用于作业区以下的各层甲板。

d. 消防和救援人员应处于待命状态,但应避开直升机作业区。

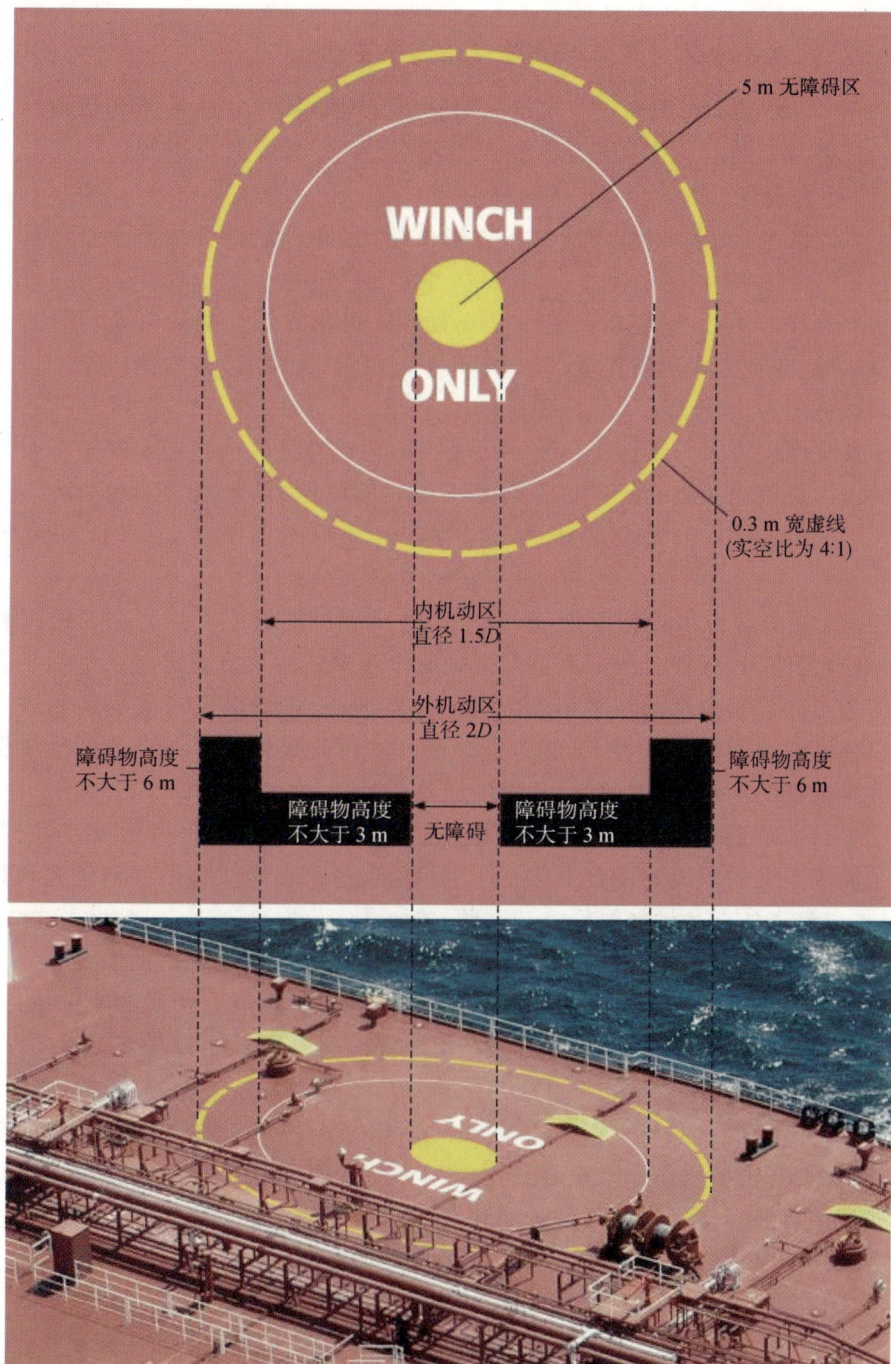

图 7-39 CAP437 规定的船上直升机悬停区布置

7.6.4.2 风机平台上的直升机悬停作业区设施

CAP437 提供了有关风机平台的民用航空管理局(CAA)的政策和指南。直升机在风机平台上的吊放作业只能在白天看得清楚的气象条件下进行。

(1) 平台设计

①悬停区平台(无障碍区)应为正方形或矩形,并且能够容纳最小直径为 4 m 的圆。

②除悬停区平台外,还需准备一个安置直升机吊放作业乘员(HHOP)的安全区。该区域,在直升机吊放作业期间,离开悬停平台(无障碍)区内侧边缘的最小安全距离被认定为不少于 1.5 m。

③安全区应通过一个能进出悬停区平台的通道与悬停区相连。安全区及与之相连的进出通道应具有和悬停区平台相同的表面属性(见本款⑤⑥和⑦项),只是整体尺寸可以减小,但安全区和进出通道的尺寸应不小于 2.5 m(长)×0.9 m(宽)。

注意:在直升机吊放作业期间,安全区的尺寸可能需要增加。这要根据需要远离悬停(无障碍)区安置的最大直升机吊放作业乘员的数量决定。

④为了区分安全区及与之相连的进出悬停区的通道,建议对安全区和进出通道涂以色彩对比明显的涂料,以便向直升机吊放作业乘员指示在直升机吊放作业期间安全聚集的区域(见本条(3)款①项和图 7-40)。

⑤平台应建造成使其产生的湍流尽可能少的形式。整个平台的设计,应考虑到从主旋翼下沉的气流到平台上散开。应确保通过平台能够将吊放钢丝绳和直升机接地,以解决从直升机释放静电的问题。

⑥平台甲板应能承受大约直升机吊放作业乘员平均质量 5 倍的质量。

⑦平台(包括安全区及与之相连的进出通道)的表面,应有合适的摩擦系数,以确保直升机吊放作业乘员在所有情况下均能安全行动。最小摩擦系数为 0.5,应在安装之前予以验证。

⑧悬停区平台以及与之相连的进出通道和安全区应由 1.5 m 高的栏杆完全围住,以确保直升机吊放作业乘员在任何时候都处于安全状态。栏杆的设计应确保不会妨碍或者破坏空气在结构间的自由流动,同时还应确保吊钩不会缠绕在栏杆或平台结构的其他任何部分上。在规定的无障碍区范围内,允许沿着悬停区平台以及与之相连的进出通道和安全区的边缘设置 1.5 m 高的栏杆。

⑨就直升机的吊放作业而言,平台的表面应平整。但是,地面应朝着平台的外边缘向下倾斜,以防止在平台表面积水。建议斜率不超过 2%(1:50)。

⑩直升机在悬停区平台上空时,其旋翼尖端到处于相同高度的风机叶片背面

之间的最小间隙为 5.0 m(图 7-41)。为确定此间距,应将直升机的中心轴置于距风机叶片最远的悬停区栏杆的正上方。

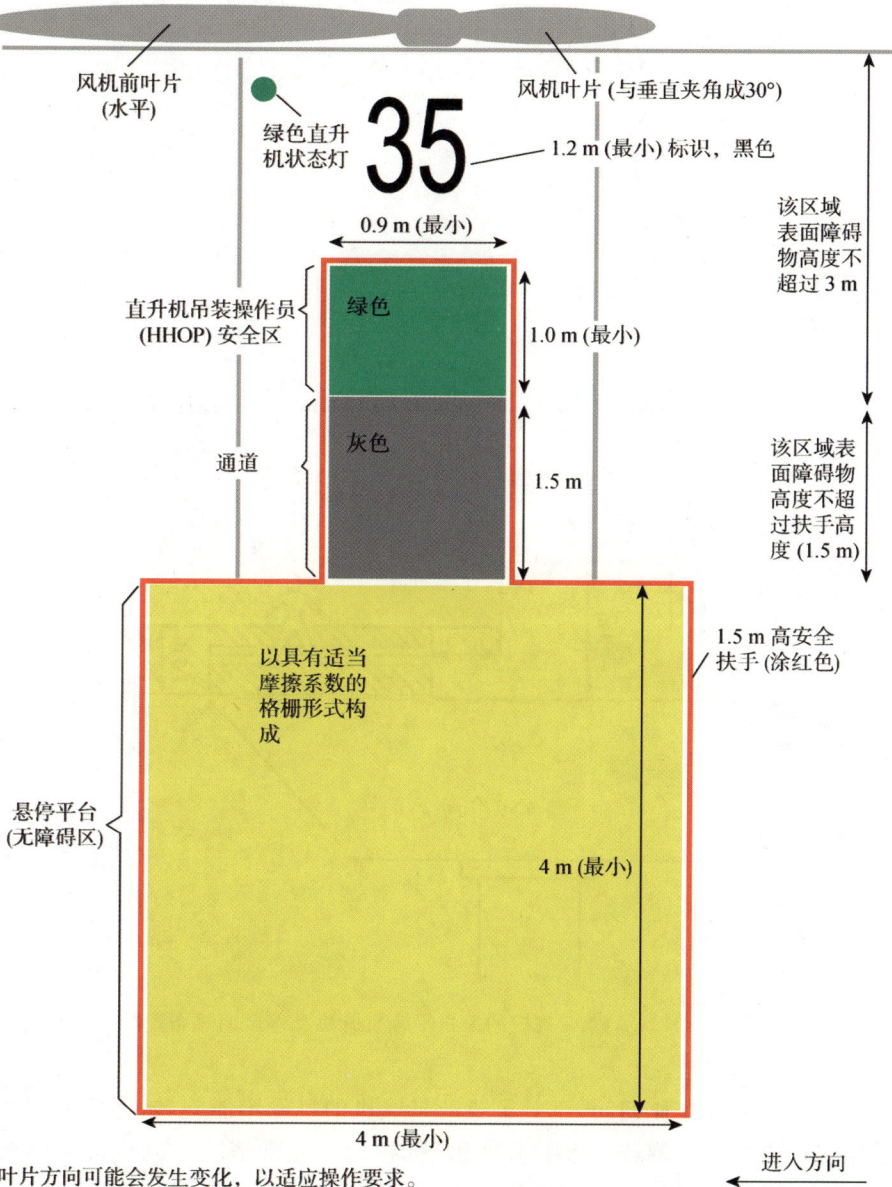

注:叶片方向可能会发生变化, 以适应操作要求。

图 7-40　CAP437 规定的风机平台直升机悬停区、进出通道和安全区

注:叶片方向可能会发生变化,以适应操作要求。

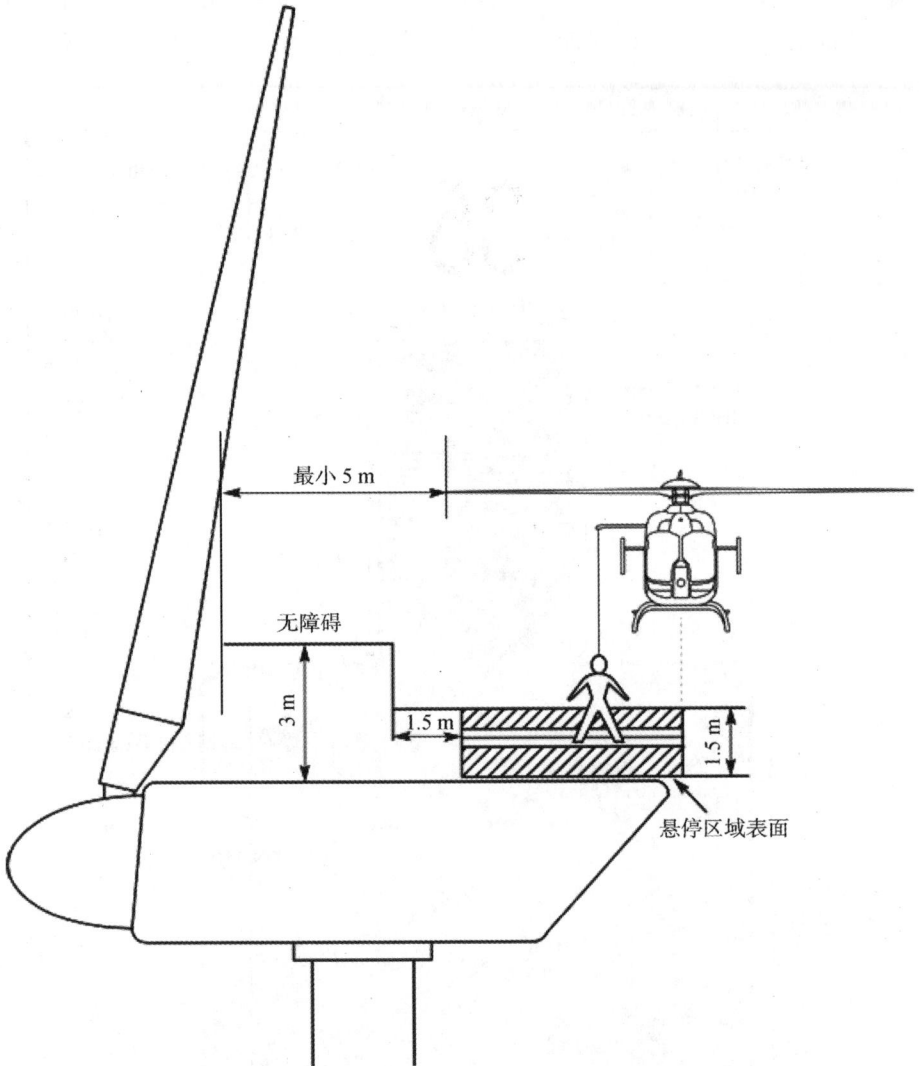

图 7-41　CAP437 规定的风机平台直升机悬停区的总布置图

　　在直升机吊放作业期间,至关重要的是风机的机舱不能旋转,还应采用刹车制动系统防止风机叶片旋转。根据其他领域的经验,通常情况下风机机舱应与风向成 90°角,以使叶片处于顶风水平状态并且指向主风向。这被认为是直升机吊装作业的首选方向,然而叶片的实际方向可能会发生变化以适应特定的作业要求。

　　(2) 障碍物限制

　　① 在从悬停(无障碍)区量起 1.5 m 的水平距离内,不允许有任何障碍物超过

1.5 m 高的栏杆顶部。

② 在高出 1.5 m 至风机叶片旋转平面的距离范围内,允许障碍物的高度不超过悬停区表面以上 3 m。此要求仅适用于与作业安全有关的固定障碍物,如风速仪杆、通信天线、直升机作业状态灯等。

（3）视觉设施

① 悬停区的表面(最小 4 m 的方形"无障碍区"内)应涂成黄色。安全区建议使用绿色,与之相连的进出通道应使用对比显著的灰色(图 7-40)。

② 围绕整个悬停区、安全区和与之相连的进出通道的栏杆应涂上显眼的颜色,最好是红色。

③ 为了能从空中清晰地识别出风机,应使用简单的标识(通常为两位或三位数字),并使用对比明显的颜色涂上 1.5 m(最小值)大小的字符,最好为黑色。风机代号应涂在机舱顶盖上,最好在风机叶片附近的区域。

④ 在直升机吊放作业开始前,应向直升机操作员表明风机叶片和风机机舱已安全固定到位。根据其他领域的经验,最好是提供直升机状态灯。该状态灯应布置在风力发电机机舱上,且在飞行员的视野范围内,并可从平台本身或机舱内远程控制。同 CAA 协商已经制订出利用绿灯显示两种信号模式的规则。显示常亮的绿灯是向飞行员提示风机的叶片和机舱是安全的,并且作业也是安全的。显示闪光的绿灯则是提示风机处于准备接受吊放作业的状态,或是显示在吊放作业期间参数已经超出极限。绿灯熄灭则是向操作员表示此时进行直升机吊放作业是不安全的。

⑤ 在直升机进行吊放作业之前和期间,应关闭悬停区附近可能对飞行员或直升机吊放作业人员造成眩光的障碍物灯。

（4）作业条件

① 按英国的作业方式,正常做法是将吊放设备安装在直升机的右手侧,同时飞行员正好位于舷外的悬停(无障碍区)平台栏杆的内侧(图 7-41)。在这种配置下,平台和风机叶片在飞行员的视野中不受阻碍,通常不需要提供任何额外的视觉提示来帮助维持直升机主旋翼和最接近的主要障碍物之间横向的安全距离。

② 假如需跨驾驶舱进行直升机吊放作业时,一般需要建立瞄准点系统,来协助飞行员确定直升机相对于悬停区平台和障碍物的位置。这可以通过提供瞄准点标记系统或类似的辅助设备来实现。可以从飞行业务监察局(直升机)部门获得进一步的指导。

附录　参考资料[①]

[1]　中国船舶工业集团公司,中国船舶重工集团公司,中国造船工程学会.船舶
　　　　设计实用手册:舾装分册.3版.北京:国防工业出版社,2013.

[2]　IMO.国际海上人命安全公约2014综合文本(中英文合订本).中国船级
　　　　社,译.北京:人民交通出版社,2015.

[3]　中华人民共和国海事局.国际航行海船法定检验技术规则(2014).北京:人
　　　　民交通出版社,2014.

[4]　中华人民共和国海事局.国际航行海船法定检验技术规则2018年修改通
　　　　报.北京:人民交通出版社,2018.

[5]　中华人民共和国海事局.国内航行海船法定检验技术规则(2020).北京:人
　　　　民交通出版社,2020.

[6]　中国船级社.钢质海船入级规范(2018).北京:人民交通出版社,2018.

[7]　DNV. Recommended Practice RP B401 Cathodic Protection Design,2005.

[8]　BV. Corrosion Protection of Steel Offshore Units and Installations. Rec-
　　　　ommended Practice,2006.

[9]　GL. Rules & Guidelines 2010.

[10]　IMO A.798(19),专用海水压载舱防腐系统的选择、应用和维护指南.

[11]　IMO MSC.215(82),船舶压载舱保护涂层性能标准(PSPC).

[12]　IMO MSC.244(83),散货船/油船空舱涂层性能标准(PSPC VS).

[13]　IMO MSC.288(87),原油船货油舱涂层性能标准(PSPC COT).

[14]　IMO. International Convention on the Control of Harmful Anti-fouling
　　　　Systems on Ships,2001.

[15]　GB 8923—1988 涂装前钢材表面锈蚀等级和除锈等级.

[16]　GB/T 13288—1991 涂装前钢材表面粗糙度等级的评定(比较样块法).

---

　　① 由于本书的第一版出版较早,且许多是引用的国外的资料,因此有些参考文献查不到
出处。为了方便读者查阅,已尽量查询文献的相关出版信息,查不到的文献仅保留了作者提供
的文献信息。对于国际规则、国标类文献,标注了规则号、国标号,方便需要的读者查询。

[17] CB* 3230—1985 船体二次除锈评定等级.

[18] GB/T 6747—2008 船用车间底漆.

[19] GB/T 6822—2014 船体防污防锈漆体系.

[20] CB/T 3855—1999 海船牺牲阳极阴极保护设计和安装.

[21] GB/T 4950—2002 锌-铝-镉合金牺牲阳极.

[22] GB/T 4948—2002 铝-锌-铟系合金牺牲阳极.

[23] GB/T 3108—1999 船体外加电流阴极保护系统.

[24] GB/T 6994—2006 船舶电气设备 定义和一般规定.

[25] CB* 3220—1984 船用恒电位仪技术条件.

[26] GB/T 7388—1999 船用辅助阳极技术条件.

[27] GB/T 7387—1999 船用参比电极技术条件.

[28] CB/T 3455—1992 船用阳极屏蔽层的设计与涂装.

[29] GB 7788—1987 船舶及海洋工程阳极屏涂料通用技术条件.

[30] 赵达荣.近海工程和压载水舱的阴极保护设计.船舶,1997(4):17-19.

[31] 黄维.FPSO的阴极保护设计.中船第七〇八所浮式生产储油船(FPSO)设计文集,2003.

[32] 金晓鸿.防腐蚀涂装工程手册.北京:化学工业出版社,2008.

[33] 刘登良.涂料工艺.北京:化学工业出版社,2009.

[34] 江树德.船用航行仪器.北京:人民交通出版社,1957.

[35] 《航海手册》编写组.航海手册:第一分册:航海图书与航行、船用水文气象、船舶定位.北京:人民交通出版社,1980.

[36] 《航海手册》编写组.航海手册:第二分册:船舶助航仪器.北京:人民交通出版社,1980.

[37] IMO.1972年国际海上避碰规则(1982年修订本).北京:人民交通出版社,1983.

[38] IMOA.910(22),《1972年国际海上避碰规则修正案》.

[39] IMOA.736(18),《1972年国际海上避碰规则修正案》.

[40] 《航海手册》编写组.航海手册:第三分册:船舶操纵、船舶避碰与信号.北京:人民交通出版社,1980.

[41] 第七〇八研究所.国际主要通航运河及五大湖航行规则,1993.

[42] IMO MSC.98(73).国际消防安全系统规则.中国船级社,译.北京:人民交通出版社,2001.

[43] 中国船级社.船舶消防指南(1999).北京:人民交通出版社,1999.

[44] GB 4397—1998 手提式1211灭火器.

[45] GB 4398—1999 手提式水型灭火器.

[46] GB 4399—1984 手提式二氧化碳灭火器.

[47] GB 4400—1984 手提式化学泡沫灭火器.

[48] GB 4401—1984 手提式酸碱灭火器.

[49] GB 4402—1998 手提式干粉灭火器.

[50] IMO A.951(23),《船用手提式灭火器改进指南》.

[51] IMO MSC.1/Circ.1275 通函.SOLAS 公约第 Ⅱ-2 章关于船上手提式灭火器的数量和布置的统一解释.

[52] 大连海运学院.船艺:上册.北京:人民交通出版社,1966.

[53] CB* 3166—1983 海洋货船舱面属具备品及供应品定额.

[54] GB/T 16695—1996 造船　球鼻艏和侧推器符号.

[55] IMO Resolution A.952(23),GRAPHICAL SYMBOLES FOR SHIP-BOARD FIRE CONTROL PLANS.

[56] IMO A.760(18),《救生设备及装置的相关符号》.

[57] 海安会决议 MSC.82(70),《通过对关于救生设备和装置符号的大会决议 A.760(18)的修正案》.

[58] IMO A.752(18),《客船低位照明的评估、测试和应用指南》.

[59] CB 3838—1998 船用安全标志.

[60] GB 2894—1996 安全标志.

[61] GB 13495—1992 消防安全标志.

[62] GB 16179—1996 安全标志使用导则.

[63] GB 16557—1996 海船救生设备标志.

[64] 海安会通函 MSC/Circ.895,《有关客滚船直升机降落区域的建议》.

[65] 中国民航总局令第 151 号,《小型航空器商业运输运营人运行合格审定规则》(2005 年 9 月 20 日公布).

[66] International Chamber of Shipping. Guide to Helicopter/Ship Operations 4th Edition. May 2008.

[67] UK Civil Aviation Authority. CAP 437 Standards for Offshore Helicopter Landing Areas. Amendment 01/2018 September 2018.